高职高专财务会计类专业规划教材

管 理 会 计

主 编 杨 立

副主编 赵 曜 冯钰洁

参 编 杨 鑫 章凌琦

机械工业出版社

管理会计是将现代管理方法与会计融合形成的一门综合性学科，是会计学的重要分支，近年来受到经营管理者、投资者、财会人员的高度重视，对于经营管理决策及提高企业经济效益意义重大。

本书以项目为驱动，融理论分析、方法运用及实务操作为一体，包括 10 个项目、34 个任务，主要内容有管理会计导论、成本性态分析、变动成本法、本量利分析、预测与决策分析、全面预算、标准成本控制系统、责任会计、作业成本法、战略管理会计，另附复利及年金终值、现值表，以方便查表学习。

本书体系完整，简明实用，内容紧贴前沿理论，并可通过扫描二维码深入学习"知识链接""拓展阅读""案例分析"等内容，明确项目目标，增设项目导入，且在项目小结后设置实训操作及综合测试等，注重培养学生的综合分析决策能力及创新意识。

为方便教学，本书配备电子课件、习题答案等教学资源。凡选用本书作为教材的教师均可登录机械工业出版社教育服务网 www.cmpedu.com 下载。咨询电话：010-88379375；服务 QQ：945379158。

图书在版编目（CIP）数据

管理会计/杨立主编．—北京：机械工业出版社，2019.8（2025.1 重印）
ISBN 978-7-111-63793-6

Ⅰ．①管… Ⅱ．①杨… Ⅲ．①管理会计 Ⅳ．①F234.3

中国版本图书馆 CIP 数据核字（2019）第 208194 号

机械工业出版社（北京市百万庄大街 22 号　邮政编码 100037）
策划编辑：孔文梅　　责任编辑：孔文梅　乔　晨
责任校对：李亚娟　　封面设计：鞠　杨
责任印制：邓　博
北京盛通数码印刷有限公司印刷
2025 年 1 月第 1 版第 3 次印刷
184mm×260mm・19.75 印张・461 千字
标准书号：ISBN 978-7-111-63793-6
定价：48.00 元

电话服务　　　　　　　　　　网络服务
客服电话：010-88361066　　　机　工　官　网：www.cmpbook.com
　　　　　010-88379833　　　机　工　官　博：weibo.com/cmp1952
　　　　　010-68326294　　　金　书　网：www.golden-book.com
封底无防伪标均为盗版　　　　机工教育服务网：www.cmpedu.com

前 言

管理会计是一门以现代企业所处的社会经济环境为背景，密切联系现代会计的预测、决策、规划、控制、考核评价等职能，系统地介绍现代管理会计的基本理论、基本方法和实用操作技术的课程。同时，它也是一门理论性较强、计算内容较多的课程。通过对该课程的学习，学生能够领会管理会计的精髓，掌握管理会计的基本理论和基本方法，学会各种分析方法的应用技巧，不断提高分析问题和解决问题的能力。

本书的编写本着通俗易懂又不乏深度的原则，不论是理论还是实务，都围绕着应用技能型高等教育人才培养目标和培养模式，以就业和创新创业为导向，以管理会计实际工作岗位为核心，按照高等教育学生的认知特点，让学生在完成具体项目、任务的过程中构建相关理论知识，并形成职业素养，培养职业能力。在内容上，本书结合了目前的理论动向和大量的实际案例，在语言表述上力求平实凝练，使纯理论的内容变得生动、通俗易懂、层次分明；在实务上，萃选精华，深入浅出，使学生更容易掌握管理会计的新知识。

全书共涵盖10个项目、34个任务。在结构安排上，尽可能考虑到经管类不同专业的需求，每一个项目都有"知识目标""技能目标""素质拓展目标""项目导入"；内容上除了学习任务还穿插有"知识链接""拓展阅读"和"案例分析"；课后编排了"关键术语""实训操作"（包括实训项目、实训情境和实训任务）、"综合测试"（包括单项选择题、多项选择题、判断题、问答题和技能题）。这样，学生在学习每一项目内容时能够做到有的放矢，增强学习效果；综合测试对学生所学知识的巩固加深大有裨益，同时案例、实训又使学生加深对管理会计理论与实务的理解，学会在实际工作中把基本的理论和实务应用技巧付诸实践。

根据培养普通高等教育应用技能型人才的需要，本书力求体现以下特色：

（1）结构合理，体系规范。本书针对财经管理类课程的特点，将内容庞杂的管理会计基础知识系统性地呈现出来，力求做到理论知识必需、够用，体系科学规范，内容简明实用，帮助学生为今后从事相关工作打下基础。

（2）内容求新，突出应用。本书从财经管理类课程的教学规律出发，与实际接轨，介绍了新的管理会计的理论知识和案例，在注重管理会计必要理论的同时，强调管理会计实务基本技能的应用；主要引导学生"学中做"和"做中学"，一边学理论，一边将理论知识加以应用，实现理论和实训一体化。

（3）栏目丰富，形式生动。本书栏目丰富多样，每个项目设有"知识目标""技能目标""素质拓展目标""项目导入""实训操作""综合测试"等栏目。

(4)课程资源，配套上网。我们充分发挥信息技术在教学中的优势，开展基于"教师主导、学生主体"的开放式教学，充分利用网络学习平台、在线资源及二维码为开放式教学提供支持和保障。此外，还设计制作了电子课件、习题答案、课程教学大纲、模拟试卷等，充分发挥网络课程资源的作用，探索"互联网+职业教育"有机结合的新途径。

根据"项目引导、任务驱动、实操技能"的课程体系要求，我们组织了无锡城市职业技术学院一线双师型、研究生骨干教师与行业、企事业单位财务专家等校企"双元"专家队伍共同编写了本书，其中，杨立主要编写项目四、六、七、八、九、十及项目五中的任务一和任务二，并负责整理附录；赵曜主要编写项目一、二、三及项目五中的任务三；冯钰洁参与编写项目四、六、七、八的部分内容；上海同捷科技股份有限公司财务部会计师、审计师杨鑫参与编写部分实训、案例、习题；无锡城市职业技术学院财务处会计师章凌琦参与编写部分案例等；最后由杨立总纂并定稿。

本书适合各教育层次的会计学、财务管理、审计、资产评估等经济管理类专业方向的学生使用，同时也可作为专升本层次学生考试的辅助教材及各类职业教育培训学生的学习教材。本书在编写过程中，获得江苏高校"青蓝工程"、"无锡城市职业技术学院重点教材"项目、教育部人文社科青年基金、江苏省教育科学"十三五"规划重点课题、江苏省职业教育教学改革研究课题等资助，同时获得了机械工业出版社、院校相关领导、专家、师生的大力支持，并参阅了相关教材和著作，谨此一并表示衷心的感谢！由于编写时间仓促，加之编者水平有限，本书难免存在一些不足之处，恳请专家、学者批评指正，以便改进与完善。

为方便教学，本书配备电子课件、习题答案、课程教学大纲、模拟试卷等教学资源。凡选用本书作为教材的教师均可登录机械工业出版社教育服务网 www.cmpedu.com 下载。咨询电话：010-88379375；服务 QQ：945379158。

编　者

目 录

前 言

项目一 管理会计导论/001

任务一 管理会计的形成和发展 / 002
任务二 管理会计的基本理论 / 005
任务三 管理会计与财务会计的关系 / 017
任务四 管理会计师的职业道德 / 020
项目小结 / 022
关键术语 / 022
实训操作 / 022
综合测试 / 023

项目二 成本性态分析/025

任务一 成本的概念和分类 / 026
任务二 成本性态的概念和分类 / 031
任务三 成本性态分析 / 039
项目小结 / 047
关键术语 / 047
实训操作 / 048
综合测试 / 048

项目三 变动成本法/052

任务一 成本计算系统 / 053
任务二 完全成本法 / 055
任务三 变动成本法 / 058
任务四 变动成本法和完全成本法的比较及评价 / 061
项目小结 / 076
关键术语 / 076
实训操作 / 076
综合测试 / 077

项目四　本量利分析/081

04
- 任务一　本量利分析概述 / 082
- 任务二　盈亏平衡点分析 / 088
- 任务三　本量利分析的应用 / 101
- 任务四　本量利分析的局限性 / 103
- 项目小结 / 106
- 关键术语 / 107
- 实训操作 / 107
- 综合测试 / 108

项目五　预测与决策分析/113

05
- 任务一　预测分析 / 114
- 任务二　经营决策分析 / 123
- 任务三　投资决策分析 / 130
- 项目小结 / 142
- 关键术语 / 142
- 实训操作 / 143
- 综合测试 / 143

项目六　全面预算/147

06
- 任务一　全面预算概述 / 148
- 任务二　全面预算编制的基本方法 / 153
- 任务三　全面预算编制的其他方法 / 167
- 项目小结 / 176
- 关键术语 / 176
- 实训操作 / 177
- 综合测试 / 178

项目七　标准成本控制系统/184

07
- 任务一　标准成本控制系统概述 / 185
- 任务二　成本差异分析 / 193

　　　　任务三　成本差异的账务处理 / 201
　　　　项目小结 / 206
　　　　关键术语 / 206
　　　　实训操作 / 207
　　　　综合测试 / 207

项目八　责任会计 /212
　　　　任务一　责任会计概述 / 213
　　　　任务二　责任中心 / 218
　　　　任务三　内部转移价格 / 227
　　　　任务四　责任报告与业绩考核 / 230
　　　　项目小结 / 234
　　　　关键术语 / 234
　　　　实训操作 / 234
　　　　综合测试 / 235

项目九　作业成本法 /241
　　　　任务一　作业成本法概述 / 242
　　　　任务二　作业成本法的应用 / 250
　　　　任务三　评价作业成本法 / 255
　　　　项目小结 / 263
　　　　关键术语 / 263
　　　　实训操作 / 263
　　　　综合测试 / 264

项目十　战略管理会计 /268
　　　　任务一　战略管理会计概述 / 269
　　　　任务二　战略管理会计的方法体系 / 279
　　　　任务三　战略管理会计的发展趋势 / 288
　　　　项目小结 / 292
　　　　关键术语 / 292

实训操作 / 293
综合测试 / 293

附录/297
附录 A　复利终值系数表 / 297
附录 B　复利现值系数表 / 299
附录 C　年金终值系数表 / 301
附录 D　年金现值系数表 / 303

参考文献/305

项目一
管理会计导论

项目目标

1. 知识目标

理解管理会计的形成过程和发展历程；掌握管理会计的基本内容和程序、管理会计的基础理论、管理会计与财务会计的关系。

2. 能力目标

能够认知管理会计在现代社会中的作用；提高专业会计理论的应用能力、职业判断能力和相关知识的更新能力。

3. 素质拓展目标

能够结合企业实际情况，提高个人分析和总结能力、语言表达能力及与人合作能力。

【项目导入】

管理会计在中国移动通信公司的实践

中国移动通信公司从 2011 年开始进行管理会计体系的探索和实践，并通过"以点带面""逐个突破""创新模式""推进管理会计核算信息化"等措施逐渐搭建、分步推进具有自身特色的管理会计体系。具体包括以下几方面内容。

（1）以项目为单位，以点带面，推进管理会计体系的渗透和深入。公司采取项目管理制方式，广泛推广应用成熟项目的经验、成果、模式，同时选取知名管理会计咨询公司介入，共同搭建具有自身特色的管理会计体系，弥补公司管理会计理论体系认识的局限性，确保体系的先进性和与时俱进。

（2）顶层设计，推动管理会计核算体系搭建。公司从集团层面组织重新探索 COA（会计科目表）体系的内涵和定位，对 COA 体系进行重构，使 COA 科目的内容不仅满足财务会计的需要，也能适应管理会计核算的需要，并能清晰区分这两套体系，满足公司对外披露、对内管理的双重要求。

（3）逐个突破、重点突出，推进管理会计核算体系重点维度。在基本管理会计核算体系框架形成的基础上，选取网络维修费、水电费、房屋租赁费、酬金等，有一定影响的重点成本费用类型开展管会核算，推动成本精细化管理，降本增效，提高效益。

（4）积极总结应用试点成果，构建管理会计实践应用案例库，推广最佳实践案例。组织集团内三级联动，搭建业务部门与财务部门的协同虚拟团队，对管理会计体系的产出结果深入推进，灵活应用，并形成了一系列优秀的管理会计实践应用案例和管理会计核算指引，推动全公司管理会计核算和应用实践，并在全国范围内分享、推广。

（5）加强管理会计的信息化支撑。搭建多维度成本管理系统，实现生产数据、业务数据、财务数据的采集、融合，进行管理会计核算；探索搭建网络维修费、水电费等重点费用的业务财务系统或电子台账系统，实现对不同维度业务财务信息的采集和组合，最小经营管理单元的成本精细化核算和标杆管理；将管理会计相关信息化系统建设纳入财务系统整体规划中；各省级公司自主探索公司级大数据中心，致力于业务财务大数据管理，通过数据收集、数据挖掘识别客户特征、客户行为，开展针对性的营销，支撑经营决策。

（6）注重管理会计人才培养和建设。新设管理会计岗位，专职开展管理会计相关工作，形成管理会计人才队伍。每年定期开展管理会计理论知识体系的培训、学习、研讨，组织管理会计深入业务部门，实地了解公司成本费用发生机理，掌握公司实际运营情况，发掘管理短板，深挖业务部门管理需求。

管理会计是中国移动通信公司共享财务、战略财务、业务财务"三分财务体系"的产物，加速了会计职能的转变。它主要对公司经营活动进行记录、计量、报告，利用有关信息参与决策、规划未来、控制和评价经济活动，其核算结果广泛应用于公司渠道、客户群、政企产品、增值业务的效益分析和综合评估，使管理人员从不同角度了解公司经营效益、经营状况，引导资源的正确投向，在降低财务成本、提升财务效率、成本精细化管理、提高效益方面具有显著效果，对公司的经营管理发挥了监督、决策作用。

资料来源：邓薇. 管理会计在中国移动通信公司的实践[J]. 中国总会计师，2015（8）：49-51.

◎ 讨论
什么是管理会计？其在现代企业中有何重要意义？

任务一　管理会计的形成和发展

管理会计的形成与发展受企业管理实践及经济理论的双重影响：一方面，社会经济的发展要求加强企业管理；另一方面，经济理论的形成又使企业管理实践不断得到深化。管理会计在其形成和发展的各个阶段，无不体现着这两方面的影响。

一、管理会计的形成阶段（20世纪初至20世纪50年代）

20世纪初期，人类社会在经济和科学技术双重力量的推动下取得了长足的发展，股份公司作为一种企业组织形式逐渐占据了主导地位。由于股权分散，加之企业经营管理日趋复杂化和专业化，导致所有权和经营权明显分离。企业治理结构的改变使股东对企业经营信息的需要越来越迫切，促进了财务会计的发展。与此同时，管理会计开始逐渐从财务会计中分离出来。20世纪20年代，西方资本主义国家逐渐进入工业经济时期，但企业管理依然固守着传统的经验管理方法，难以摆脱管理混乱、经营粗放、资源浪费严重等现象。为探索先进的科学管理技术和方法，1911年，美国管理学家弗雷德里克·温斯洛·泰勒出版了《科学管理原理》一书，用科学管理理论取代了传统的经验管理方法，开创了企业管理的新纪元。泰勒科学管理学说的核心是强调提高生产和工作效率，把工人多年积累的经验、知识和传统的技巧归纳整理并结合起来，然后进行分析比较，从中找出其具有共性和规律性的东西，并将其标准化，这样就形成了科学的方法。用这一方法对工人的操作方法、使用的工具、劳动和休息的时间进行合理搭配，同时对机器安排、环境因素等进行改进，消除种种不合理的因素，把最好的因素结合起来，这就使工人的操作规程更加科学、合理，最大限度地提高了劳动生产率。

在20世纪初，美国企业会计实务中开始出现了以差异分析为主要内容的标准成本计算制度和预算控制。这就是管理会计的原始雏形。1911年，美国会计师卡特·哈里森设计了最早的标准成本制度，实现了成本控制，从而大大提高了生产效率。标准成本制度的建立标志着人们观念的转变，由被动的事后反映和分析转变为积极的、主动的事前预算和事中控制，达到了对成本进行管理的目的。1919年创立的美国成本会计师协会有力地推动了标准成本计算的开展。到20世纪20年代，标准成本计算制度已经十分普及。

1922年美国学者奎因坦斯出版了《管理的会计：财务管理入门》一书，第一次提出了"管理会计"这一概念。同年，麦金西发表了《预算控制》，进而于1924年又公开刊印了世界上第一部以"管理会计"命名的著作《管理会计》。

这些西方早期管理会计的学术代表作，主要侧重于介绍会计中如何应用标准成本、差异分析和预算控制的经验和做法，主张把会计服务的重心从对外提供信息转移到对内强化经营管理上来，但这些理论在当时并没有引起会计界的普遍重视。

二、管理会计的快速发展阶段（20世纪50年代至20世纪80年代初期）

20世纪50年代以后，西方国家进入"二战"后调整时期，经济发展出现许多新的特点：产品生产周期缩短，更新换代速度加快；产品工艺和加工过程复杂化；生产专业化程度较高；企业规模日趋扩大，生产经营越来越复杂。上述变化对企业管理提出了挑战：一方面要求企业内部管理更加合理化、科学化；另一方面要求企业具有灵活的反应能力和高度的适应能力，避免在激烈的市场竞争中被淘汰。在这种形势下，企业为了战胜对手，增强竞争力，就十分重视提高内部工作效率，广泛推行职能管理和行为科学管理，借以提高产品质量，降低产品成本，扩大企业利润。这时，专门配合职能管理和行为科学管理的"责任会计"和"成本-业务量-利润分析"等专门方法也就应运而生，并加入到原有的会计方法体系中，于是会计学的深度和广度就有了较大突破。在这个阶段上，管理会计适应现代经济管理的要求，不仅完善发展了规划控制会计的理论与实践，而且还逐步充实了以"管理科学学派"为依据的预测决策会计和以"行为科学"为指导思想的责任会计等内容。

随着管理会计实践内容的推陈出新，其应用范围日益扩大，作用越来越明显，越来越受到重视，而且一些国家还相继成立了专业的管理会计团体，这标志着现代管理会计进入了成熟期。

1952年，在伦敦举行的会计师的国际代表大会上，正式通过了"管理会计"这个专用名词。此后，美、英等发达国家陆续将管理会计学课程作为高等院校会计专业和其他财经管理专业的主干课程。早在20世纪50年代，美国会计学会就设立了管理会计委员会。

1969年，全美会计师协会成立了专门研究管理会计问题的高级委员会——管理会计实务委员会，并陆续颁布了一系列指导管理会计实务的公告，以"促进管理会计师的职业化和提高会计学的教学水平"。

三、管理会计的创新阶段（20世纪80年代中期至今）

20世纪80年代中期以后，社会经济条件发生重大变革，科学技术迅猛发展，管理会计进入一个崭新的发展阶段，出现了许多新的研究领域。

1981年，著名管理学家赫伯特·西蒙首次提出了"战略管理会计"一词。之后，西方理论界对此进行了深入研究，指出不同企业战略所要求的管理会计侧重点应有所区别。雷蒙德·迈尔斯和查尔斯·斯诺依据企业对外部环境变化所持的不同战略，将企业分为防卫型、开拓型、分析型和被动型四类，之后迈克尔·波特在1980～1990年的10年间，先后出版了《竞争战略》《竞争优势》《国家竞争优势》等著作。在上述战略思想的影响下，战略与管理会计结合的速度加快，促进了战略管理会计的进一步发展。

在现代管理会计的发展演进过程中，数量经济分析、风险分析、数理统计推断、运筹学、管理工程学、现代决策论、控制论、信息论、系统论、现代心理学、行为科学以及计算机应用技术被广泛应用，极大地丰富了管理会计学的内容。

分析管理会计产生与发展的历史，我们可以得出结论：社会生产力的进步、市场经济的繁荣及其对经营管理的客观要求，是导致管理会计形成与发展的内在原因。现代计算机的应用加速了管理会计的完善与发展。在管理会计形成与发展的过程中，现代管理科学理论起到了积极的推动作用。

四、管理会计的影响因素

会计和管理都不是人类社会一开始就有的，它们都是社会生产力发展到一定阶段的产物，并随着社会生产力的进步而不断发展。由于社会生产力的进步对经济管理不断提出新的要求，会计作为管理的组成部分，必然要适应这种要求。归根结底，社会生产力的进步是管理会计产生与发展的根本原因。与此同时，管理会计的产生与发展又必然与一定时期的社会历史条件密切相关。进入21世纪以来，世界经济形势的变化，尤其是信息技术条件下的现代化大生产为会计发挥预测、决策、规划、控制、考核评价职能创造了物质基础。高度繁荣的商品经济，特别是全球范围内市场经济的迅速发展为管理会计开辟了用武之地，使之经历了由传统管理会计到现代管理会计，再到战略管理会计的发展过程。

在管理会计形成与发展的过程中，管理科学理论起到了积极的促进作用。作为管理会计实践的理论总结和知识体系，管理会计学与管理科学的发展、完善过程密切相关。科学管理、管理科学、行为科学、战略管理以及组织理论等不仅为管理会计学奠定了理论基础，而且不断为其内容的充实提供理论依据，从而使管理会计学逐步成为完善的理论体系，能够更好地用于指导管理会计实践。但是，正如不能将管理会计同管理会计学混为一谈一样，也不能将管理会计说成是管理理论的产物，因为从客观内容上看，管理会计工作是一项实践活动，而并非纯粹的理论抽象。理论来源于实践又服务于实践，但实践绝对不会是理论的产物。

总之，社会生产力的进步、管理水平的提高促进了会计事业的发展；现代化大生产、商品经济的高度发展既为管理会计的产生创造了物质条件，又为其发展开辟了广阔的天地。尽管管理会计受到管理理论的影响，但它并不是管理理论的产物。

任务二　管理会计的基本理论

一、管理会计的定义

自 19 世纪末 20 世纪初期问世以来，管理会计已经有了一个多世纪的发展史。国内外会计学界有关学者在不同时期、从不同角度对管理会计进行了界定，但迄今为止尚未形成一个统一的管理会计定义。几种有代表性的说法如下所述。

（1）美国会计学会于 1958 年和 1966 年先后两次为管理会计提出了定义，认为"管理会计是指在处理企业历史和未来的经济资料时，运用适当的技巧和概念来协助经营管理人员拟订能达到合理经营目的的计划，并做出能达到上述目的的明智的决策"。可见，该定义将管理会计的活动领域限定于微观企业环境，指出管理会计的核心是计划和决策。

（2）从 20 世纪 70 年代起，在"信息论""系统论""控制论"的指导下，许多人将管理会计描述为"现代企业会计信息系统中区别于财务会计的另一个信息子系统"，该子系统为协助管理者规划和控制企业的各种经济活动提供信息。

（3）1981 美国全国会计师协会的一个下属委员会在其颁布的公告中指出："管理会计是为管理当局用于企业的计划、评价和控制，保证适当使用各项资源并承担经营责任，而进行确认、计量、累积、分析、解释和传递财务信息等的过程"，并指出管理会计同样适用于非营利的机关团体。这一定义扩大了管理会计的活动领域，指明管理会计的活动领域不应仅限于"微观"，还应扩展到"宏观"。

（4）国际会计师联合会继承了美国全国会计师联合会的上述观点，1988 年 4 月在其发表的《论管理会计概念（征求意见稿）》第一章管理会计绪论中将管理会计定义为："在一个组织中，管理部门对用于计划、评价和控制的（财务和经营）信息进行确认、计量、收集、分析、处理、解释和传输的过程，以确保其资源的合理使用并履行相应的经营责任。"

（5）英国特许管理会计师公会将管理会计定义为："向企业管理当局提供信息，以便于制定企业政策、计划和控制企业活动、在各备选方案中选择实施的决策、向实体外部人士（如股东或其他人士）提示相关信息、向雇员提示相关信息以及保护企业资产。"该定义的要点在于向企业管理当局提供所需的会计信息，以便他们尽可能有效地经营企业。至于如何完成上述任务，没有什么特定的规则。但是，为了发挥管理会计的功能，多年来管理会计已建立起一套理论和惯例。

（6）1988 年，英国伦敦经济学院布拉米奇教授在《管理会计的定义与范围：从管理角度的认识》一文中指出："战略管理会计是管理会计的发展，是未来处在高级管理岗位的管理会计人员所必须掌握的。战略管理会计不仅仅是收集企业竞争对手的信息，更应该研究与竞争对手相比企业自身的竞争优势和创造价值的过程、企业产品或劳务在其生命周期中所能实现的且为客户需求的价值以及产品及劳务的营销能给企业带来的长期持续收益。"

综合以上定义可知，人们对管理会计的认识是伴随其产生、发展或演变的历史进程而逐步深化的。管理会计的实践与理论最早起源于西方社会，就其实质或客观内容而言，被西方称为"管理会计"的那个客体实际上是指在现代会计系统中区别于传统会计，能够更明显、更集中地体现会计预测经营前景、参与经营决策、规划经营方针、控制经济过程、考核评价责任业绩等内在职能的那部分工作内容。随着管理会计的不断发展和完善，管理会计从企业内部的微观层面开始向战略层面发展，如何监察企业和竞争对手的战略、创造企业自身的竞争优势、为企业带来长期持续收益等应被管理会计，特别是战略管理会计所关注。

20世纪70年代，管理会计被引入我国。我国会计学者对管理会计提出的定义，比较有代表性的观点有以下三种：

汪家佑教授认为："管理会计是西方企业为了加强内部经营管理，实现利润最大化，灵活运用多种多样的方式方法，收集、加工和阐明管理人员的计划和有效控制经济过程所需的信息，围绕成本、利润、资本三个中心，分析过去、控制现在、规划未来的一个会计分支。"

温坤教授认为："管理会计是企业会计的一个分支。它运用一系列专门的方法来收集、分类、汇总、分析和报告各种经济信息，借以进行预测和决策，对经营业务进行控制，并对业绩进行评价，以保证企业改善经营管理，提高经济效益。"

李天民教授将管理会计定义为："管理会计主要是通过一系列的专门方法，利用财务会计、统计及其他有关资料进行整理、计算、对比和分析，使企业内部各级管理人员能据以对整个企业及其各个责任单位的经济活动进行规划、控制与评价，并帮助企业领导做出各种专门决策的一整套信息处理系统。"

本书将管理会计的基本概念概括为：管理会计是以加强企业经营管理、提高经济效益为目的，以企业经营活动为对象，通过对经营信息的加工和利用，实现对经营过程的预测、决策、规划、控制、考核和评价等职能的一个会计分支。

正确研究和理解管理会计应注意以下四点：

（1）从属性上看，管理会计属于管理学中会计学科的边缘学科，是以提高经济效益为最终目的的会计信息处理系统。

（2）从范围上看，管理会计既为企业管理人员的管理目标服务，也为股东、债权人、规章制度制定机构及税务局甚至国家行政机关等非管理集团服务。

（3）从内容上看，管理会计既要研究传统管理会计所要研究的问题，也要研究管理会计的新领域、新方法。

（4）从目的上看，管理会计运用一系列专门的方法，为管理和决策提供信息。

二、管理会计的基础理论

（一）管理会计在会计学科体系中的位置

要了解管理会计的定位，尤其是了解管理会计课程与财务会计、审计、财务管理等课程之间的关系，首先应对会计学科有个全景式的把握，然后分清这些课程各自的使命与职能，才可能把各自的位置界定得较为清楚。

1. 会计信息处理流程

一讲到会计，很多会计人就会条件反射式地浮现出"原始凭证—记账凭证—账簿—会计报表"这个处理流程。严格来说，这个标准化的流程是指狭义的会计，即财务会计的信息处理过程。站在会计学科体系或者微观经济学角度对会计学科的需求层面看，这显然是不够的。

首先，会计主体在生产、经营、管理过程或活动中对会计信息的需求，除了以上标准化过程所提供的财务会计信息以外，还需要许多也许是非标准化的会计信息及其处理过程。例如，根据销售预测来判断某种产品的定价及其产生的收益状况，根据某种商品的商业寿命周期来统筹分析各阶段的成本与收益状况等。这实际上就是管理会计信息及其处理过程。

包括会计报表在内的会计信息形成后，其真实性如何呢？这就产生了对审计的需要。当然，不同类型的审计所针对的会计信息的范围是有不小差异的。一般而论，独立审计所针对的是被众多利益相关者共同需要的、可称为公共信息产品的财务会计信息；而内部审计还应把只为会计主体经营管理决策与执行服务的管理会计信息包括进来。

会计信息（包括会计报表）的真实性得到一定保证之后，对它的分析与运用才有更加可以信任的基础，这就产生了财务（报表）分析，其基本目的就是帮助各利益相关者更好、更清楚、更有针对性地理解这些信息。当然，为不同利益相关者服务的财务分析在范围、深度、价值等方面大相径庭，为经营管理与执行而进行的财务分析所涉及的会计信息理应最广泛，展开的分析应最全面、最深刻。

财务管理主要是经营主体为增值目的而对其资金运动过程进行调控与管理，相对于会计类课程而言，它更强调信息的运用，更强调经营主体的主动性。当然，会计信息的提供是它的基础性支撑。

2. 管理会计理论框架

管理会计理论框架是管理会计诸多理论要素及其相互联系的逻辑系统。迄今为止，理论界对此问题尚未达成一致意见，比较有代表性的观点有以下几种：

几十年来，权威会计组织给出的管理会计基本框架包括：管理会计目标、术语、概念、惯例、方法及会计活动管理等。

陈今池在《西方现代会计理论》一书中提出，管理会计框架包括：①管理会计目标；②管理会计概念；③管理会计特征；④管理会计技术。

宋献中在《中国管理会计——透视与展望》中指出，管理会计理论框架包括：①管理会计理论和方法基础；②管理会计本质；③管理会计目标；④管理会计对象；⑤管理会计基本要素，包括收入、成本、损益、现金流量等；⑥管理会计基本特征。

孟焰在《西方现代管理会计的发展及对我国的启示》中提出管理会计框架，包括：①管理会计目标；②管理会计对象；③管理会计假设；④管理会计本质；⑤管理会计要素；⑥管理会计特征；⑦管理会计方法体系。

孙茂竹在《管理会计的理论思考与架构》一书中明确管理会计框架包括：①管理会计假设；②管理会计对象；③管理会计目标；④管理会计信息质量特征；⑤管理会计职责；⑥管理会计重要活动。

综合各专家观点，本书提出一个以基础理论为基石、以程序和方法为支撑，包括基础理论、成本归集与计算、预测与决策、控制与评价四大模块的管理会计框架体系。其中，基础理论模块包括管理会计概念、假设与原则、目标职能与方法、信息质量特征等；成本归集与计算模块包括成本性态分析、变动成本法；预测与决策模块包括本量利分析、预测与决策分析；控制与评价模块包括全面预算、标准成本控制系统、责任会计、作业成本法、战略管理会计。

（二）管理会计假设与原则

近年来，美国会计学会在对管理会计进行规范研究时，参照财务会计基本概念框架结构，提出管理会计假设与原则。各国学者对此展开研究，至今尚无统一定论。

1. 管理会计假设

管理会计假设是决定管理会计运行的基本前提，用于界定管理会计工作的时间和空间范围、统一管理会计操作方法和程序，是组织管理会计工作不可缺少的前提条件。管理会计假设包括以下四个方面：

（1）多层主体假设。该假设规定了管理会计工作对象的基本活动空间。管理会计侧重服务于企业内部，解决预测、决策、规划控制和业绩评价问题，其核算主体为企业内部的各个责任中心，包括企业整体、分公司（分厂）、车间、班组等，体现出研究主体的多层次性。

（2）理性行为假设。该假设包括两层概念：①管理会计在预测、决策、规划控制和业绩评价过程中，常常面临程序和方法的选择问题，不同程序和方法对工作结果会产生一定程度的影响，因此该假设假定人们在履行管理会计职能时，能够采取理性行为，自觉按照科学程序与方法行事；②该假设假定管理会计目标的提出完全出于理性考虑，从客观实际出发。

（3）合理分期假设。该假设也称灵活分期假设，是对管理会计对象在时间上所做的限定，即将企业持续不断的经营、筹资和投资活动划分为一定的区间。管理会计分期的时间跨度不受年度、季度和月份约束，应根据企业实际需要，灵活分期并编制内部报告。

（4）充分掌握信息假设。该假设假定人们在行使管理会计职能时，充分掌握企业内外部相关信息，包括价值量信息和非价值量信息，并能满足现代信息处理技术的要求。

2. 管理会计原则

美国会计学会沿用财务会计原则框架，将管理会计原则概括为相关性原则、可靠性原则、一贯性原则、客观性原则、及时性原则、可理解性原则、重要性原则、效益大于成本原则和激励原则。本书采用冯巧根教授的观点，将管理会计原则归纳为六个方面：最优化原则、效益性原则、决策有用性原则、及时性原则、重要性原则和灵活性原则，下面分别加以说明。

（1）最优化原则。该原则要求人们在预测、决策工作中，按照优化设计思想，组织数据的收集、筛选、加工和处理，提供最优的管理信息，制定最优的管理决策。

（2）效益性原则。该原则有两层含义：①管理会计提供的信息必须能够体现管理会计为提高企业总体经济效益服务的要求；②管理会计活动必须坚持成本—效益原则，不论是信息收集与处理，还是决策方案的选择，其预期收益必须大于成本。

（3）决策有用性原则。该原则要求管理会计信息在质量上必须符合相关性和可信性要求。相关信息必须是决策有用的信息，有助于管理人员评价过去的决策，证实或修正过去的有关预测，因而具有反馈价值；相关信息还应具有预测价值，有助于管理人员预测未来的经营状况。可信性包括可靠性和可理解性两层含义，前者是指管理会计提供的信息误差必须在可接受的范围内,后者是指管理会计信息应清晰明了,不会导致决策者产生误解。

(4) 及时性原则。该原则用于规范管理会计信息提供时间要求。及时的会计信息是指在最短时间内,完成会计信息的收集、处理和传递工作。

(5) 重要性原则。该原则要求人们在处理管理事项时,主次分明,重点突出。对关键会计事项应重点处理,对次要事项可简化处理。需要强调的是,遵循重要性原则必须兼顾效益性原则、决策有用性原则和及时性原则要求。

(6) 灵活性原则。管理会计涉及的业务类型繁多,不同业务需要采用不同的处理程序和方法,因此管理会计信息处理不可能采用统一模式,应根据需要选择灵活多样的方法,提供多样化的管理信息。

(三) 管理会计目标

管理会计目标是指在一定的经营环境下,管理会计活动要达到的目的和预期效果。管理会计目标的确定需要考虑两个因素:社会需求和实现的可能性。任何社会实践活动的预期效果都是由"需求"转化而来的,管理会计目标也不例外。但管理会计的社会需求并不一定都能转化为管理会计目标,只有经过管理会计特征"过滤"后的需求才有可能由管理会计来实现,成为管理会计目标。可见,管理会计目标是由需求和可能两个因素共同决定的。

管理会计目标包括总目标和具体目标两个层次。管理会计总目标是提高企业经济效益,实现最大的价值增值。而对于管理会计具体目标,理论界众说纷纭,代表性的观点有以下两种。

(1) 1966 年,美国会计学会在《基本会计理论》中指出,管理会计目标是为管理人员服务,帮助管理人员制定合理的经济目标,并为实现该目标进行合理决策。

(2) 1986 年,美国全国会计师协会下设的管理会计实务委员会在《管理会计公告:管理会计的目标》中明确规定,管理会计应实现两个具体目标:①为管理和决策提供信息。②参与企业经营管理。

(四) 管理会计的方法体系

管理会计方法是从管理会计实践中总结出来,用来发挥管理会计职能,进而实现管理会计目标的手段和技术。随着社会经济和科学技术的发展,管理会计职能不断拓展,管理会计方法也相应得到了改进和革新。根据管理会计的职能和内容,其方法体系由以下两大类构成:

1. 会计规划方法

会计规划方法是指管理会计为企业管理者规划企业未来生产经营活动而服务的一系列方法,主要包括以下方法:

(1) 预测分析法。预测分析法主要包括定量分析法和定性分析法。定量分析法有趋势预测分析法和因果预测分析法;定性分析法有调查分析法、判断分析法等。

(2) 决策分析法。决策分析法主要包括短期经营决策方法和长期投资决策方法。

(3) 预算编制法。预算编制法包括综合平衡法、固定预算法、弹性预算法、零基预算法、滚动预算法等。

2．会计控制方法

会计控制方法是指管理会计为企业管理者分析、评价和控制企业过去、现在和未来的生产经营活动服务的一系列方法，主要包括以下方法：

（1）成本控制法。成本控制法包括标准成本法、价值工程控制法、差异分析法等。

（2）责任会计法。责任会计法包括责任中心划分法、预算编制法、内部转移定价法、内部结算法和业绩考评法等。

三、管理会计的内容

管理会计的内容是指与其职能相适应的工作内容，包括预测分析、决策分析、全面预算、成本控制和责任会计等方面。其中预测分析和决策分析合称为预测决策会计，全面预算和成本控制合称为规划控制会计。预测决策会计、规划控制会计和责任会计三者既相对独立、又相辅相成，其中预测决策会计是前提，规划控制会计是核心，责任会计是保证。三者共同构成了现代管理会计的基本内容。

1．预测决策会计

预测决策会计是以企业的经营目标为依据，运用一系列现代管理技术和方法预测企业前景，决定日常业务经营和长期投资活动的可行性方案，主要包括短期经营决策和长期投资决策等方面，是现代管理会计形成的关键标志之一。

2．规划控制会计

规划控制会计是指企业在进行预测与决策的基础上，将预测所确定的目标进一步细化与分解，将决策所选取的最优方案进一步落实，从而制定出详细的预算，并对预算的执行情况进行监督与检查的过程，主要包括全面预算、成本控制等。

3．责任会计

责任会计是指在组织企业经营时，按照分权管理思想划分各内部管理层次的相应职责、权限及所承担义务的范围和内容，通过考核评价各有关方面履行责任的情况，反映其真实业绩，从而调动企业全体职工积极性的管理会计子系统。责任会计的内容主要包括确定责任中心、落实责任预算、记录实际结果、比较执行情况、编制责任报告、控制和调整生产经营活动等。

四、管理会计的职能

现代企业管理具有预测、决策、规划、控制和业绩评价五项职能。与此相对应，管理会计的职能可以概括为以下五个方面。

1．预测经济前景

预测是指采用科学的方法预计、推测客观事物未来发展必然性或可能性的行为。管理会计发挥预测经济前景的职能，就是按照企业未来的总目标和经营方针，充分考虑经济规律的作用和经济条件的约束，选择合理的量化模型，有目的地预计和推测未来企业销售、利润、成本及资金的变动趋势和水平，为企业经营决策提供第一手信息。

2．参与经济决策

决策是在充分考虑各种可能的前提下，按照客观规律的要求，通过一定程序对未来实践的方向、目标、原则和方法做出决定的过程。决策既是企业经营管理的核心，也是各级各类管理人员的主要工作。由于决策工作贯穿于企业管理的各个方面和整个过程的始终，因而作为管理有机组成部分的会计（尤其是管理会计）必然具有决策职能。企业的重大决策，都应该有会计部门参加，因此也有人将其称为参与决策。管理会计发挥参与经济决策的职能，主要体现在根据企业决策目标搜集、整理有关信息资料，选择科学的方法计算有关长短期决策方案的评价指标，并做出正确的财务评价，最终筛选出最优的行动方案。

3．规划经济目标

管理会计的规划职能是通过编制各种计划和预算实现的。它要求在最终决策方案的基础上，将事先确定的有关经济目标分解落实到各有关预算中去，从而合理有效地组织协调供、产、销及人、财、物之间的关系，并为控制和责任考核创造条件。

上述预测、决策、规划三项职能是管理会计的事前管理职能，随着战略管理会计体系的建立，在对企业生产经营活动的预测、决策、规划过程中，战略管理会计将视角更多地投向影响企业生产经营的外部环境因素，包括政治形势、社会文化环境、自然环境、法律环境和经济环境等，尤其密切关注整个市场的变化趋势和竞争对手的动向，对进入威胁、替代威胁、买方讨价还价能力、供方讨价还价能力和现有竞争对手的竞争5种基本竞争力量之间的相互作用进行分析，确定行业的竞争状态和盈利能力，发现企业自身存在的问题，进而调整、改变战略与战术。因此，战略管理会计特别关注相对价格、相对成本、相对现金流量、相对市场份额等相对指标或比较指标的计算和分析。相较于战略管理会计，传统管理会计对外部环境因素的关注度要少得多，或者说战略管理会计对外部环境因素的关注程度远超过内部因素。

4．控制经济过程

控制经济过程是管理会计的重要职能之一。这一职能的发挥要求将对经济过程的事前控制同事中控制有机地结合起来，即事前确定科学、可行的各种标准，并根据执行过程中的实际与计划发生的偏差进行原因分析，以便及时采取措施进行调整，改进工作，确保经济活动的正常进行。

在战略管理会计体系中，对经济过程的控制同样具有新的内涵，即通过"作业成本计算"以及"作业管理"，区分有效作业与无效作业并消除无效作业，进而推动"企业再造工程"的实施以及企业组织的变革，提高企业的竞争能力。

5．评价经营业绩

现代管理十分注重充分调动人的积极性，贯彻落实责任制是企业管理的一项重要任务。管理会计履行考核评价经营业绩的职能，是通过建立责任会计制度来实现的，即在各部门、各单位及每个人均明确各自责任的前提下，逐级考核责任指标的执行情况，找出成绩和不足，从而为奖惩制度的实施和未来工作改进措施的形成提供必要的依据。

在西方国家，企业内部组织大体上包括生产部门和服务部门两大类。前者也可称为业务部门或直线部门，具有业务权限，是直接负责处理产品（或劳务）的生产和销售活动的部门；后者也可称为参谋部门或辅助部门，具有辅助权限，是支持生产部门工作或是为生产部门服务的部门。

会计机构隶属于服务部门。构成现代企业会计两大分支的管理会计和财务会计各自有专职的会计人员，两个部门并行，共同接受总会计师的领导。

管理会计人员的主要工作是根据企业的经济实力和未来发展方向，对其经营目标和实施方案进行预测、决策，编制预算，对经营活动进行全方位、全过程的价值控制，组织成本核算管理，考核评价有关方面的经营业绩，为加强企业内部管理献计献策。可见，管理会计工作可以渗透企业的各个方面，它既为企业总体管理服务，本身又属于整个企业管理系统的有机组成部分，并处在价值管理的核心地位。

不同的企业实施管理会计的方法各不相同，对管理会计的重视程度也存在差异。在一些企业中，可能很难将管理会计从整体会计功能中清晰地划分出来。但通过管理会计报告的信息来源便可以判断一个企业是否单独设置管理会计部门。企业内非会计部门的管理人员，是考察管理会计部门是否提供有助于有效经营企业的信息，以及管理会计部门是否和企业其他部门相协调的最佳人选。管理会计部门所需的大多数原始数据就是由这些管理人员提供的，反过来他们又是使用管理会计报告和信息的人。

对非营利性组织来说，管理会计也同样重要。例如，一个慈善机构，如果希望有效地规划未来并充分地利用其资源，它就要像企业那样，需要有良好的管理会计信息，帮助管理者实现其目标。

在我国历经数十年的发展，管理会计在企业管理工作中的重要性逐渐被人们所认识，其应用日益广泛。在大中型企业的财务部门，一般都设有预算管理与绩效考评岗位，专职负责企业全面预算的编制准备、执行情况统计汇总以及与人力资源管理部门协同开展的绩效考评工作；对于企业未来生产经营活动的预测、决策以及日常控制工作，目前一般由财务人员兼做，尚未发现专设预测、决策、控制工作岗位和人员的企业，这样势必妨碍管理会计工作的顺利开展。在我国企业设立专门的管理会计机构不仅是十分必要的，而且也是完全可能的。

【拓展阅读 1-1】

管理会计是做什么的

LK 公司是一家纸制品生产公司，主要生产各种复印纸、包装纸等。每一类纸张又有许多规格，如复印纸又区分为 A4、B5 等，包装纸又可区分为普通包装纸和专用包装纸等。以前由于竞争不激烈，公司的成本会计系统只按大类计算成本，责任报告分别反映复印纸和包装纸的业绩。自从去年开始，当地又开设了一家新的包装纸生产公司，生产 LK 公司所生产的包装纸中的普通包装纸系列产品。由于其报价低于 LK 公司，所以 LK 公司的一部分普通包装纸业务开始流失。面对这种情况，LK 公司的领导层要求会计人员立刻提供详细的业绩分析报告。会计人员经过一番努力，调整了包装纸的成本计算体系，终于拿出了反映各种规格包装纸利润率的责任报告。原来的责任报告表明，包装纸的平均利润率达到了 40%，重新分析后却发现，其中普通包装纸的利润率为 50%，而专用包装纸几乎不赚钱。于是 LK 公司决定，将包装纸生产部门划分为两个责任中心：普通包装纸责任中心和专用包装纸责任中心。对于普通包装纸，采取了降价措施，同时要求会计人员密切关注竞争对手的业绩信息，每周提供一次报告，以便及时根据该公司的财务业绩、定价策略和市场渗透情况做出反馈；而对于专业包装纸，则要求会计人员提供相应的建议，以便帮助监督和控制其成本，以提高该部分生产的利润率。会计人员明显感到，在新的竞争环境下自身的责任重了，迫切需要掌握新的管理会计技能来适应管理者的新需求。

（资料来源：世界经理人网站）

五、管理会计的一般程序

管理会计是为企业管理服务的,因此,要说明管理会计的一般程序,首先应该明确企业管理的程序。

1. 企业管理循环

在企业管理实践中,通常把管理程序分为"规划"和"控制"两大部分,每一部分又可具体分成几个步骤,这些步骤周而复始地循环,因此也称为"企业管理循环"。具体包括以下六个步骤。

(1)判断情况。管理人员的重要任务之一就是正确分析和判断企业所处的内外部环境,充分掌握企业经营活动的基本信息。只有科学、准确地把握企业的环境特征,才能形成正确的企业战略和经营目标。

(2)形成决策。根据环境判断的结果,对企业的经营目标、经营政策和具体措施进行科学的决策。这是管理的核心环节。

(3)合理组织。根据设定的经营目标,通过合理途径将企业的人力、财力、物力、信息、时间和空间等资源,以及生产经营活动中的供应、生产、销售、运输等环节进行有效的组织,力求以最小的劳动消耗和资金占用获得最大的经济效益。

(4)实际执行。根据经营目标、经营计划以及合理组织的要求,实施各项经济活动。

(5)监督指导。按照经营目标和经营计划,对实际执行情况进行监督和指导,发现问题应及时加以干预,以保证预期目标的实现。

(6)衡量业绩。对照经营目标和经营计划,对各单位、各部门经济活动的业绩进行评价、考核,从效率、效益角度考查经营目标、经营计划的实现程度。其衡量结果与下一轮的"判断情况"衔接起来,为下一期制订、修订经营目标、计划和措施提供依据。

2. 管理会计循环

管理会计既是会计与管理相结合的产物,又直接服务于企业管理。因此,企业管理的一般程序与步骤要求管理会计与之相配合,管理会计的相应程序也就构成了"管理会计循环",具体包括以下六个步骤。

(1)财务报表分析。财务报表是根据一般公认会计原则(GAAP),采用统一、规范的语言反映企业一定时点的财务状况和一定时期的财务成果及现金流量情况,一般能够集中、客观地反映企业经济活动的历史信息。这些信息不仅满足外部报表使用者了解企业经营情况和财务状况的需要,也可以帮助企业管理人员有效地进行企业经营状况和发展能力的分析与判断。

(2)预测、决策和编制全面预算。企业管理会面临日常生产经营决策和长期投资决策问题,管理会计可通过采用多种专门的预测分析和决策分析方法及技术,帮助企业决策者在若干备选方案中进行择优,然后通过编制全面预算,以表格与数量的形式反映预测、决策过程中确定的目标和任务。

(3)建立责任会计系统。根据企业性质和特点,在企业内部划分若干责任中心,按照责权利相结合的原则和激励约束原理,构建责任会计系统,把全面预算确定的综合指标进行分解,然后落实到各个责任单位,再根据预算标准对责任单位的业绩进行考核和评价。

(4) 计量和定期编制责任报告。采用标准成本制度和变动成本法,对全面预算和责任预算的执行情况进行跟踪、计量和记录,定期编制责任报告。

(5) 调节、控制经济活动。将各责任单位责任报告所提供的实际数与预算数进行对比,若发现偏离了原定的目标和要求,应及时反馈给有关责任单位,以便调节和控制其经济活动。

(6) 差异分析。根据责任报告找出偏差发生的原因,并用以评价和考核各责任单位的工作业绩;根据分析,指出成绩与问题,并用以奖优罚劣;同时,还应向企业管理人员提出改进建议,以便结合下一轮的财务报表分析,为以后的预测分析、决策分析和预算编制提供依据。

六、管理会计信息的种类

管理会计可以为企业管理决策提供有用的信息。管理会计信息形式多种多样,可以归纳为定量信息和定性信息两类。定量信息是以数据形式体现,如企业存货记录、成本数据和会计报告等;定性信息是难以用数量表达的非财务信息,如拟选厂址的自然环境、交通便利与否等。

定量信息和定性信息在决策过程中起着同等重要的作用。在实际工作中,通常将两种信息结合应用,在定量信息判断的基础上,再综合考虑各种非量化信息的影响。例如,某企业生产产品需要一批原材料,A、B两个厂家均可供货,材料质量相当。从定量计算角度看,A厂家采购成本(买价、运杂费等)较低。但目前A厂家所在地区遭遇洪涝灾害,道路被毁,需要几天休整,而企业原材料储存已接近零。在此情况下,企业做出由B厂家供货的决策,其中定性信息在决策中起到了非常关键的作用。

七、管理会计信息的质量特征

管理会计作为加强企业内部经营管理,实现最佳经济效益的信息管理系统,在对企业的经济活动进行预测、决策、规划、控制和考核时,其是否有效取决于管理会计所提供信息的质量特征。所以管理会计提供的信息必须具备一定的质量要求,主要有以下五点。

1. 准确性

准确性是指管理会计所提供的信息在一定范围内必须是正确的。不正确的信息会导致管理当局的决策失误。

强调信息的正确性,必须明确信息的正确性与精确性是两个不同的概念。要求提供正确的信息,并不意味着要求提供的信息越精确越好,因为管理会计的侧重点是规划未来,在许多情况下,需要采用近似的方法,以线性关系代替非线性关系,以基于确定性的分析方法代替基于不确定性的分析方法,以求得事物发展的规律性,反而可以取得较好的经济效果。例如,在制订生产计划时,有关未来销售的预测数,比来自过去销售的精确数据更为有用。

2. 相关性

相关性又称有用性,是指管理会计所提供的信息必须与管理当局的决策相联系,以有助于提高人们决策能力的特性。无论是进行短期经营决策还是长期经营决策，都需要在备选方案中寻求最佳方案并做出判断和决策。只要存在可供选择的不同方案，就表明决策中存在"差别"，需要进行分析、比较和评价，以便从"差别"中选出最优方案，作为未来活动的依据。因此，管理会计信息的相关性，就是指帮助信息使用者提高决策能力所需要的发现"差别"、分析和解释"差别"，从而能从"差别"中做出选择和判断的特性。这就要求会计人员首先必须确定管理当局对信息的需要情况，然后对各种可取得的数据进行加工分析，并从中选出对管理当局决策有用的信息。

必须注意的是，相关性是就某一特定目的而言的，对某一决策目的相关的信息，对另一决策目的就不一定相关。所以相关性是相对的，而不是绝对的。

3．时效性

时效性又称及时性，是指管理会计必须为管理当局的决策提供最为及时、迅速的信息。只有及时的信息才有助于管理当局做出正确的决策；反之，过时的信息将会导致决策的失误。强调信息的及时性，必须明确及时性与精确性的关系，二者有时矛盾。在需要信息时，速度要求往往高于精确要求，信息获得速度越快，则管理人员越能迅速解决问题。在准确性和及时性之间，管理会计更重视及时性，甚至牺牲部分准确性以换取信息的及时性。所以在管理会计中，估计值或近似值比精确的信息更为有用。及时性本身不增加相关性，但不及时的相关信息将使相关性完全消失。

4．简明性

会计信息的价值在于对决策有用。简明性是指管理会计所提供的信息，不论在内容上还是形式上，都应简单明确，易于理解，使信息使用者理解其含义和用途，并懂得如何加以使用。明确而易于理解的信息，有助于管理人员将注意力集中于计划与控制活动中的重大因素上。例如，在为管理当局提供成本控制的信息时，揭示成本差异的信息将有助于管理当局重视差异，并采取有效措施，消除不利差异，保持有利差异，从而促进企业健康发展。为此，简明性要求：凡是对管理者做出决策有重大影响的信息，必须详细提供；而对管理者做出决策没有重大影响的信息，可合并或简化提供。

管理会计信息的简明性是相对的，它取决于企业内部各个组织对信息的具体要求。处于企业内部不同层次的组织，在信息的综合程度上具有不同的要求，越是接近基层的单位，越要求提供较为直接、具体而明确的信息；而越是接近高阶层的单位，则越要求提供较为综合的信息，才能较好地分别适应其管理上的需要。

5．效益性

管理会计所提供信息的效益性是指提供和使用信息的成本小于使用信息所产生的效益。以上各项管理会计信息的质量特征可以看作是为适应管理当局的各种需要提供的通用指南。在运用这些指南时，必须同时考虑各管理人员的各种特定需要，并根据其需要提供管理会计信息。但取得这些信息要花费一定的代价。因此，必须将形成、使用一种信息所花费的代价与其在决策、控制上所取得的效果进行具体比较分析，借以确定在信息的形成、使用上如何以较小的代价取得较大的效果。不论信息有多重要，只要其成本超过其所得，就不应形成并使用该信息。所以，信息的效益性可以看作是管理会计信息的一个约束条件。

知识链接 1-1

管理会计的工作组织

管理会计是现代化企业组织结构中的一个重要组成部分，它在企业管理中具有其他会计手段无法替代的巨大作用。能否发挥其应有的作用，不仅与管理会计工作者的主观努力息息相关，更重要的是取决于其在企业管理中的地位高低。而企业的组织形式可以在一定程度上反映管理会计在企业管理中的地位高低。

在西方国家，企业一般实行董事会领导下的总经理负责制。会计部门和财务部门直接受财务副总经理的领导。会计部门的负责人是"主计长"或"会计长"，财务部门的负责人是"财务主任"或"财务长"。其组织形式如图 1-1 所示。

由图 1-1 可知，在西方国家，现代企业会计的两大分支财务会计和管理会计是两个相互独立和平等的机构，它们各自有不同的职责范围，从而能够充分发挥财务会计和管理会计各自的作用。

在我国，由于管理会计尚处在形成和发展的过程中，因此，在大部分企业中，还没有专门的管理会计机构和专职人员。在实际工作中，如果需要管理会计方面的信息，一般都由财务会计人员提供，并采用做什么管什么的方式。例如，销售组负责销售预测，成本组负责成本控制，财务组负责全面预算，材料组负责存货控制等。一些大型的企业也会在会计机构中专门设置管理会计组，负责推行管理会计。随着我国经济体制改革的深入以及大中型企业总会计师制度的不断完善，管理会计专职机构在我国会计机构中的建立和逐步健全是可以预见的，它必将促进管理会计在我国的迅速发展。

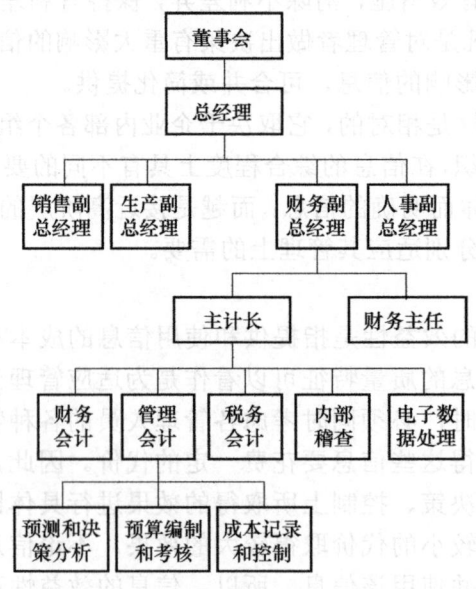

图 1-1　会计与财务机构组织形式图

任务三　管理会计与财务会计的关系

一、管理会计与财务会计的联系

（一）起源相同

管理会计与财务会计两者源于同一母体，都是由传统会计孕育、发展而来的，都属于现代会计，共同构成了现代会计系统的有机整体，两者相互依存、相互制约、相互补充。

（二）目标相同

尽管管理会计与财务会计分别对企业内部与外部提供信息，但最终目标都是使企业能够获得最大利润，提高经济效益。

（三）基本信息同源

管理会计所使用的信息尽管广泛多样，但基本信息来源于财务会计，有的是财务会计资料的直接使用，有的则是财务会计资料的调整和延伸。

（四）服务对象交叉

虽然管理会计与财务会计有内外之分，但服务对象并不严格、唯一，在许多情况下，管理会计的信息可以为外部利益集团所利用（如盈利预测），财务会计信息对企业内部决策也至关重要。

二、管理会计与财务会计的区别

（一）会计主体不同

管理会计主要以企业、车间、班组或个人等各个责任单位为对象，并对它们的日常业绩进行控制、评价与考核；财务会计主要以整个企业为主体，以整个企业为对象，综合评价与考核企业财务状况和经营成果。

（二）服务对象不同

管理会计侧重为企业内部管理人员服务。管理会计人员向企业内部管理人员提供有关经济信息，以帮助他们正确确定经营目标，制定经营决策，编制计划预算，实施控制考核，以提高企业的管理水平和经济效益，因此管理会计被称为"内部会计"。财务会计虽然对内、对外都能提供有关企业最基本的财务成本信息，但主要是侧重为企业外部团体或个人服务，是"外部会计"。

（三）信息内容不同

财务会计信息系统只包含明显的特征（如数据、货币余额等），被财务会计人员称为"会计交易"的组织活动信息。财务会计报告主要以货币的计量形式来汇总这些结果。而管理会计报告则汇总了许多对决策者有用的不同种类的信息。它们既包括货币信息又包括非货币信息，如原材料的数量及成本、雇员人数、工时及劳动成本、产品销售量及销售收入、废品率及其成本等。从严格意义上讲，其中有些信息就是非货币信息，如新产品开发期、产品质量、废品率、竞争对手的市场份额等。

（四）工作重点不同

管理会计的工作重点在于为企业内部各级管理人员提供所需的会计信息资料，它不仅反映过去，更侧重于利用历史资料来预测前景、参与决策、规划未来、控制和评价企业的一切经济活动；财务会计的工作重点在于向企业外部的投资者和债权人全面、公允地报告企业的财务状况和经营成果，并根据日常的记录，定期编制财务会计报告。

（五）核算方法和程序不同

1. 核算方法不同

财务会计采用货币为统一计量单位，核算时往往只需要运用简单的算术方法。其选择的会计方法比较稳定，为了避免由于轻易变动会计方法而影响某些相关者的利益，或以变动会计方法为手段去谋求某些相关者的利益而侵害其他相关者的利益，各国的会计准则均规定，财务会计选用某种会计方法后，一般不得轻易变动。如确有改动的必要而变动会计方法时，一般需要在会计报表中做出说明。而管理会计采用多种计量单位，核算时运用多种现代数学核算方法，大量运用运筹学和计算机等现代手段。管理会计方法灵活多样，如本量利分析、标准成本计算、预算管理、边际分析、责任会计等。对不同的问题进行分析处理，即使对相同的问题也可根据需要和可能而采用不同的方法，它不拘泥于固有的会计程序或规范，不受月、季、年的限制，可应管理工作之需，在任何期间编制有关管理会计报表，甚至编制未来某一期间的有关报表。

2. 核算程序不同

财务会计的核算程序是固定的，凭证、账簿、报表等都有规定的格式和种类，从制作凭证到登记账簿，直至编报财务报告，都必须按规定的程序处理，不得随意变更其工作内容或颠倒工作顺序。而管理会计核算的程序性较差，没有固定的程序可以遵循，可以自由选择，所用报表可自行设计，没有规定的格式和种类，有较大的回旋余地，企业可以根据自己的实际情况设计管理会计的工作流程。

（六）作用时效不同

财务会计实质上属于算"呆账"的"报账型会计"。财务会计的作用时效主要在于反映过去，记录和总结企业经营状况，对财务报表进行制作、报告和审计。管理会计实质上属于算"活账"的"经营型会计"。所谓算"活账"，是指管理会计把面向未来的作用时效摆在第一位，在财务报表的基础上进行大量的分析和比较，履行预算、决策、规划、控制和考核的职能。所谓"经营型会计"，是指管理会计在分析过去的基础上能动地利用财务会计的资料进行预测和规划未来，同时，分析过去是为了控制现在和更好地指导未来，从而横跨过去、现在、未来三个时态。

（七）报告形式不同

财务会计定期地向与企业有利害关系的集团或个人提供较为全面、系统、连续和综合的财务信息，其报告形式为统一格式的资产负债表、利润表、现金流量表以及报表附表、附注、财务情况说明书。管理会计所提供的信息往往是为满足内部管理的特定要求而有所选择的、部分的和不定期的管理信息。它们既包括定量资料，也包括定性资料；其计量单位既可以使用货币单位，又可以选择实物量单位、时间量单位和相对数单位。其中，凡涉及未来的信息不要求过于精确（无此必要和可能），只要求满足及时性和相关性。由于它们往往不向社会公开发表，故不具有法律效能，只有参考价值。管理会计的信息载体大多为没有统一格式的各种内部报告，而且对这些报告的种类也没有统一的规定。此外，随着高级制造技术、计算机辅助设计与制造、弹性制造系统、计算机集成制造系统等先进技术的日趋普及，以及适时生产管理系统、零存货管理系统、全面质量管理等先进的管理观念和技术的广泛运用，迫切需要管理会计提供实时信息，信息技术的发展为此解决了技术上的难题。

（八）信息披露法律责任不同

管理会计提供的报告是非正式报告，不需要定期编制，只在需要时编制；一般没有统一格式，不要求绝对准确，不需要承担法律责任。财务会计提供的报告是正式报告，必须定期编制；具有固定格式，要求绝对准确，需要承担法律责任。一个公司有可能会由于在其年度报告中存在误导的财务信息而被其股东或债权人起诉。相反，由于管理会计报告不需要与公认会计准则一致而且没有需要公开的文件，一个管理者只可能对那些非法的或不道德的行为负责，导致这种责任的直接原因是行为本身，而不是管理会计报告。

（九）价值取向不同

财务会计的着眼点在于如何真实准确地反映企业生产经营过程中人、财、物要素在供、产、销各个阶段的分布、使用及消耗情况，十分重视定期报告企业的财务状况和经营成果的质量，因而不大关心管理过程及其结果对企业内部各方面人员心理和行为的影响。然而，管理会计不仅看中实施管理行为的结果，而且更为关注管理的过程。在管理会计观念中，企业中的每一个人都是财富和效益的创造者，属于可开发的人力资源，绝不能仅将其看成被管制的对象，一味机械地实行"管、卡、压"。因此，一方面要注意合格人才的培养并核算人力资源成本；另一方面必须密切注意管理过程及其结果对企业内部各方面人员心理和行为的影响，千方百计地调动起他们的积极性和工作热情，充分发挥他们的主观能动性。

（十）体系的完整程度不同

财务会计同样应"与时俱进"，以适应不断发展变化的形势，但就其体系的完善程度而言，现在已经达到相对成熟和稳定的地步，形成了通用的会计规范和统一的会计模式。也正是在这个意义上，财务会计具有统一性和规范性。管理会计体系正处于不断发展和完善的过程中，目前尚不够完整，因而它缺乏统一性和规范性。

（十一）对会计人员素质的要求不同

由于管理会计的方法灵活多样、没有固定的可以遵循的工作程序、工作中涉及的内容比较复杂，从事管理会计工作的人员必须具备较宽的知识面和较深厚的专业造诣，具有较强的分析问题、解决问题的能力和果断的应变能力。因此，管理会计工作需要由复合型高级会计人才来承担，对会计人员素质的要求起点比较高。虽然会计人员素质的高低也同样会影响财务会计工作的质量，但相比之下，对财务会计人员素质的要求不如对管理会计人员的要求高，而且侧重点也不同。财务会计工作需要操作能力较强、工作细致的专门人才来承担。

  应当说明的是，虽然管理会计与财务会计各自具有不同的特征，或者说有着明显的区别，但二者之间也存在密切的联系。首先，从逻辑上讲，在管理会计产生之前，也无从谈起财务会计，甚至连这个概念都没有；其次，从结构关系角度考察，管理会计与财务会计都属于现代企业会计的有机组成部分，两者相互依存、相互制约、相互补充，共同构成了现代企业会计系统的有机整体；最后，管理会计和财务会计都处于现代经济条件下的企业环境中，二者的工作对象从总体上看都是企业经营过程中的价值运动，二者共同为实现企业内部经营管理的目标和满足企业外部有关方面的要求服务，特别是战略管理会计体系形成后，管理会计与财务会计对外部环境因素的关注度都大为增强。

任务四 管理会计师的职业道德

  管理会计师作为一种特殊的职业，对其职业道德的要求是非常严格的，其本身的义务中就有对自己职业和公众保持最高的道德行为准则。目前，在我国还没有专门的管理会计师，也没有这样的协会组织。但是随着时代的发展，我国一定会有专门的管理会计师。本项目主要对美国管理会计师的职业道德标准和管理会计师在遇到与职业道德发生矛盾时的解决措施进行介绍，目的在于：一方面用以指导我国会计人员的工作，以利于我国会计人员在企业管理中的作用得到更好的发挥；另一方面也为推动我国专业管理会计师行业的进步和发展提供一些指导。

一、美国管理会计师的职业道德标准

  管理会计师的职责是为了帮助企业实现利润最大化的目标，在履行其职责时必须遵循职业道德规范。美国全国会计师协会曾于1982年颁布"管理会计师职业道德标准"，遵循这些标准是实现管理会计目标的必要条件。这些职业道德标准包括以下内容。

1．专业技能

（1）要在平时不断自学或者是参加培训，提升自己相关的职业技能和水平。

（2）管理会计师的行为必须既符合国家的相关法律和规定，同时也要符合自身所在岗位的要求。

（3）对于其在工作中所获得的一切资料或者是信息，都一定要经过科学、合理的分析之后，才可以对其进行有条理且完整的报告。

2．保密性

（1）对于管理会计师来讲，除了接到某人或者组织的授权之外，对于所获得的一切机密的信息或者资料都不允许对外泄露。当然，法律上对于管理会计师的责任和要求除外。

（2）对于管理会计师的保密工作，不仅限于其本人。对于其下属的工作人员也要做好一切资料或者信息的保密工作，同时还要对其下属行为进行监督。

（3）管理会计师有获得机密文件和资料的机会，但绝对不允许其本人利用机密资料获取非法的利益。

3．正直性

（1）要避免因为利益而发生矛盾或者冲突，并告诫有关各方避免任何潜在的冲突；同时，也要对各种潜在的冲突进行监督，并在冲突发生前将其处理好。

（2）不得参与一切有损于管理会计师正当履职的活动。

（3）管理会计师应拒绝收受任何影响其行为的馈赠和宴请。

（4）严禁主动或被动地破坏企业组织的合法性及其道德目标的实现。

（5）禁止交流或传达有碍于正确做出职业判断和顺利完成工作的相关信息。

（6）禁止交流或者传达有利或者不利的信息，以及其职业判断或意见。

（7）禁止从事或支持任何有害于职业团体的活动。

4．客观性

（1）公允而客观地交流信息。

（2）公允地披露信息，帮助报告使用者对各项报告、评论及建议获得正确的了解。

二、职业道德冲突的解决

应用职业道德各项行为标准时，管理会计师常常会面临确认非道德行为以及违反道德的处理问题。如遇到严重的职业道德问题，管理会计师应当遵循专业组织制定的有关政策，若这些政策不能解决特定的职业道德问题，管理会计师应采取下列措施：

（1）管理会计师一旦遇到一些与职业道德相矛盾的问题，首先应和自己的直接主管坦诚地交流和讨论。如果直接主管卷入该道德冲突则应将问题提交给更高一级的主管，甚至在有需要的情况下，可以直接到最高管理层那里获得帮助或取得最终答案。

如果直接主管是最高级主管（如总经理），则应将问题提交给审计委员会、执行委员会、董事会、理事会或业主等机构讨论，并提出解决意见。

（2）管理会计师在遇到与职业道德相矛盾的问题时，还可以和那些比较公正的顾问进行讨论。在讨论中必须说清楚所有的事项，从而既有利于其对事件始末的明确了解，也有利于帮助找到可以解决的办法或措施。

（3）管理会计师如果遇到与职业道德相矛盾的重大问题，并在尽了自己的最大努力后仍然无法解决道德冲突，只能向组织提出辞职，并向接替自己工作的人员提交其信息备忘录，办理工作交接手续。

【拓展阅读1-2】

英美两国的管理会计师

美国管理会计师协会（IMA）成立于1919年，最初为美国成本会计师协会（NACA），后期协会名称变更为美国会计师协会（NAA），1991年正式更名为美国管理会计师协会（IMA）。在国际上，作为美国国家反虚假财务报告委员会发起机构委员会（COSO）的创始成员以及国际会计师联合会（IFAC）的主要成员，IMA在管理会计、公司内部规划与控制、风险管理领域均参与到全球前沿实践。IMA还在美国财务会计准则委员会（FASB）和美国证券交易委员会（SEC）等组织中起着非常重要的作用。

美国注册管理会计师（CMA）是美国管理会计师协会创立的专业资格。CMA与美国注册会计师（AICPA）是美国两个最主要、最权威的会计师资格。CMA证书是一个财务管理综合能力考核的证书，考试涉及经济、金融、管理、会计等多方面内容，考试主要以基础知识、实用知识为主，知识覆盖面广，具有很强的实用性、可操作性。

英国特许管理会计师公会（CIMA）是全球最大的国际性管理会计师组织之一，是国际会计师联合会（IFAC）的创始成员之一。CIMA成立于1919年，是英国管理会计师的考试、管理与认证机构，总部设在伦敦。CIMA资格不局限于会计内容，而是涵盖了管理、战略、市场、人力资源、信息系统等方方面面的商业知识与技能。

项目小结

本项目主要介绍管理会计的定义、历史沿革、特征、职能、机构设置以及管理会计师职业道德等基本问题。

管理会计是以现代企业经营活动为对象，通过对财务等信息的深加工和再利用，对经济过程进行预测、决策、规划、控制、责任考核与评价，以强化企业内部经营管理，实现最佳经济效益的信息管理系统。通过对管理会计发展不同阶段的历史回顾和分析，说明管理会计与社会经济发展之间存在密切的关系；通过对管理会计基本理论的介绍，使学生对管理会计的基本内容、职能、方法体系和信息的质量特征有一个基本的了解；通过对管理会计与财务会计的联系与区别的介绍，使学生在学习中可以正确理解二者的关系。

关键术语

管理会计　财务会计　会计规划方法　会计控制方法

实训操作

【实训项目】

调查管理会计在当地企业中的运用。

【实训情境】

通过实地调查当地各类型的企业，访问企业管理人员和会计人员，培养学生关注企业的习惯，将所学理论知识与企业实际紧密结合，学以致用；培养学生学习管理会计的兴趣，锻炼参加社会实践活动的人际沟通能力与协调能力。

【实训任务】

要求：完成一篇字数不少于1 000字的分析报告，报告中请说明：

（1）企业的经营活动和主要的生产工艺流程。

（2）企业组织机构的构建。

（3）企业的管理会计制度和工作情况。

（4）了解企业管理会计人员的职称、职务和职责，以及胜任该职务所必需的职业技能等情况。

综合测试

一、单项选择题

1. 管理会计开始逐渐从财务会计中分离出来是在（   ）。
   A. 19 世纪 90 年代　　　　　　　　　B. 20 世纪初期
   C. 20 世纪 50 年代　　　　　　　　　D. 20 世纪 70 年代
2. 不属于管理会计职能的有（   ）。
   A. 对会计事项进行账务处理　　　　　B. 预测资金需要量
   C. 以各种指标评价投资方案　　　　　D. 制定成本定额，控制成本支出
3. 我国会计界正式将西方管理会计理论与方法引入我国是在（   ）。
   A. 20 世纪 70 年代　　　　　　　　　B. 20 世纪 40 年代
   C. 20 世纪 50 年代　　　　　　　　　D. 20 世纪 90 年代
4. 现代企业会计具有两大分支：一是财务会计，二是（   ）。
   A. 成本会计　　　　　　　　　　　　B. 预算会计
   C. 税务会计　　　　　　　　　　　　D. 管理会计
5. 管理会计的基本内容包括预测决策会计、规划控制会计和（   ）。
   A. 内部会计　　　　　　　　　　　　B. 外部会计
   C. 责任会计　　　　　　　　　　　　D. 管理会计
6. 下列项目中，不能够解释管理会计与财务会计之间共性特征的表述是（   ）。
   A. 两者都是现代会计的组成部分　　　B. 两者的具体目标相同
   C. 两者共享部分信息　　　　　　　　D. 两者相互制约、相互补充
7. 管理会计的服务对象侧重于（   ）。
   A. 股东　　　　　　　　　　　　　　B. 外部集团
   C. 债权人　　　　　　　　　　　　　D. 企业内部的经营管理者
8. 管理会计与财务会计最本质的区别在于（   ）。
   A. 服务对象　　　　　　　　　　　　B. 会计原则
   C. 会计方法　　　　　　　　　　　　D. 会计假设
9. 在某种意义上被称为"内部会计"的是（   ）。
   A. 财务会计　　　　　　　　　　　　B. 成本会计
   C. 管理会计　　　　　　　　　　　　D. 责任会计
10. 要求管理会计提供的信息应能正确反映客观事实，不允许有任何错漏和虚假成分，体现了高质量信息最重要的（   ）特征。
    A. 一致性　　　　　　　　　　　　　B. 相关性
    C. 准确性　　　　　　　　　　　　　D. 及时性

二、多项选择题

1. 管理会计属于（   ）。
   A. 现代企业会计　　　　　　　　　　B. 经营型会计
   C. 外部会计　　　　　　　　　　　　D. 报账型会计

E．内部会计
2．下列各项中，属于管理会计职能的有（　　）。
　　A．预测经济前景　　　　　　　　B．参与经济决策
　　C．规划经营目标　　　　　　　　D．控制经济过程
3．（　　）属于现代管理会计的基本内容。
　　A．预测决策会计　　　　　　　　B．责任会计
　　C．预算会计　　　　　　　　　　D．规划控制会计
4．管理会计与财务会计的区别体现在（　　）。
　　A．会计主体不同　　　　　　　　B．服务对象不同
　　C．方法体系不同　　　　　　　　D．信息准确程度不同
　　E．资料时效不同
5．管理会计与财务会计的联系可归纳为（　　）。
　　A．两者会计信息同源　　　　　　B．两者服务对象相互交叉
　　C．两者的目标相同　　　　　　　D．两者的会计主体相同
　　E．两者的信息内容相同

三、判断题

1．管理会计是以加强企业经营管理、提高经济效益为目的。（　　）
2．“管理会计”一词最早源于1952年伦敦国际会计师联合会（IFAC）年会。
　　　　　　　　　　　　　　　　　　　　　　　　　　　　（　　）
3．管理会计只研究传统会计所要研究的问题。（　　）
4．因为管理会计只为企业内部管理服务，因此与对外服务的财务会计有着本质上的区别。（　　）
5．管理会计的基本内容是指与管理会计职能相适应的工作内容。（　　）
6．管理会计与财务会计的奋斗目标是完全一致的。（　　）
7．财务会计提供信息的形式非常规范，而管理会计提供信息的形式可以多种多样，方式方法灵活多样。（　　）
8．管理会计又被称为"内部会计"，财务会计又被称为"外部会计"。（　　）
9．管理会计实质上属于算"呆账"的"报账型会计"。（　　）
10．相关性是管理会计高质量信息最重要的特征。（　　）

四、问答题

1．管理会计形成与发展的原因是什么？
2．管理会计的职能有哪些？
3．管理会计使用的方法有哪些？
4．高质量管理会计信息应具备哪些特征？
5．管理会计与财务会计有什么联系与区别？

项目二
成本性态分析

项目目标

1. 知识目标

理解成本的概念与分类；熟知成本性态的概念与分类；掌握成本性态分析的概念和方法。

2. 能力目标

能够运用相关知识和成本性态分析方法对成本进行分析，特别是对混合成本进行分析。

3. 素质拓展目标

能够结合企业实际情况辨析成本的种类并在实际工作中进行运用。

【项目导入】

中国联合航空公司正式转型为国有低成本航空公司

在北京第二个民用机场南苑机场，东航集团2014年7月2日宣布，旗下中国联合航空有限公司（以下简称"中联航"）正式转型为低成本航空公司。中国第一家国有低成本航空公司的诞生，宣告了东航成为中国第一家"混合经营制"大型航空运输中央企业。

时任东航集团公司总经理、股份公司董事长刘绍勇7月2日表示，在中国全面深化改革之际，这一重大战略决策体现了航空运输业中央企业在快速适应世界航空业变革，推进资源配置市场化，加快打造现代航空服务集成商、世界一流航空企业。中联航转型启航，标志着东航战略转型迈出新的一步，成为中央企业中首家集"传统的全服务经营模式"和"低成本经营模式"于一体的"混合经营制"大型航空运输集团。

据介绍，作为独立承运人充分享有自主经营权，中联航将按照低成本运营理念和现代航空企业运营框架，全面引入市场化管理机制，建立起全新的运营系统。到2014年年底，中联航运营的波音737飞机达到31架，并继续巩固和发展北京南苑机场、佛山沙堤机场全流程服务的独特优势，积极开辟更多的航线，加速布局国内旅游航线和周边国际旅游航线，丰富北京与各省会城市之间点对点的航线网络。

20世纪70年代，低成本航空运输在北美市场出现并迅速在全球推广。目前，全球低成本航空公司超过170家，全球市场份额超过26%。在欧洲航空市场上，低成本航空已经进入欧盟航空公司前五强，美国也基本形成低成本航空占据显著位置的市场格局。在亚太地区，低成本航空市场份额接近30%。然而在世界第二民航大国——中国，低成本航空公司却远落后于全球乃至东南亚地区发展水平。

"低成本航空公司正以自己独特的经营模式挑战着传统网络型航空公司的地位，表现出强劲的发展势头。而在整个中国民航业保持持续快速增长的时代背景下，低成本航空公司运输量在中国国内市场上所占份额不到7%，低于全世界26%的平均水平。"刘绍勇说，从市场份额的角度来看，中国发展低成本航空潜力巨大。

2014年以来，从西北到西南，从上海到广州，低成本航空公司规划纷纷出台。天津航空、西部航空、首都航空等，都在加快转型。这一趋势也是中国政府提出简政放权、让市场发挥资源配置决定性作用等政策后，民间资本进入航空运输业的一个新高潮。中国经济的持续增长，带动了消费升级、大众化和自助旅游的兴起。中国民用航空局正式提出，从提高高端型消费向满足大众经济型消费扩展，提高民航服务的覆盖能力。这些因素推动了东航对发展低成本航空的战略选择。

截至2017年年底，东航机队规模已超过650架，年旅客运输量超过1.1亿人，位列全球第七。

中联航总经理张兰海对记者证实，未来中联航将整建制迁入北京第二机场，不断扩大运营规模。"中联航致力于发展成为中国最大、具有国际一流水平的低成本航空公司，承担起中国低成本航空发展的历史使命，引领航空业的大众化、经济型消费，促进社会经济结构的转型升级。"

资料来源：钱春弦.中国联合航空有限公司正式转型为国有低成本航空公司[EB/OL].[2014-07-02]. http://finance.people.com.cn/n/2014/0703/c1004-25231387.html.（对资料进行相应改编而成）

◎ 讨论

哪些因素导致航空公司进行低成本转型？

任务一　成本的概念和分类

一、管理会计中成本的概念

我国传统财务会计认为，成本是在一定条件下，企业为生产一定产品所发生的各种耗费的货币表现；西方财务会计认为，成本是企业为了获取某项资产或达到一定的目的，而导致货币测定的价值牺牲；而管理会计中的成本则是指企业在生产经营过程中对象化的、以货币表现的、为达到一定目的而应当或可能发生的各种经济资源的价值牺牲或代价。

管理会计中成本的概念与财务会计中成本的概念相比，具有以下几个特点。

（一）成本具有不可确定性

成本的不可确定性表现为：对于可能发生或应当发生的成本，实际上并不一定真的发生，或发生多少也不一定与估计的相同。为了进行成本控制，我们需要建立标准成本制度，预算出相应的成本水平，但实际工作中发生的成本并不一定与该标准成本相同。

一台机器可以用来加工零件，也可以用来出租。如果加工零件，就不能获得租金收入，管理会计认为加工零件所放弃的租金收入也构成了零件加工的一项成本。但这个成本并不是实际的耗费，它没有发生，也不能记入会计账簿，却影响了该机器是用来加工零件还是出租的决策结果。

（二）成本的时态包括过去、现在与将来

管理会计在进行成本控制时，首先要制定标准成本——未来的成本，为进行成本控制确定标准；其次要将当期实际发生的成本——现在的成本与标准成本进行比较，考核标准的完成情况；最后要根据当期和以往发生的实际成本——历史成本，研究、修改并确定新的标准成本，使今后的成本控制标准更加科学、合理，并促进成本控制水平的提高。

（三）成本中包含了机会成本

在西方经济学中，机会成本是指在选择最优方案时，所放弃的次优方案带来的收益。简单来说，机会成本就是指放弃的收益。在管理会计进行方案的决策时，不仅要考虑已经发生的可以记入账簿的成本费用，还要考虑不能记入会计账簿的放弃的次优方案的收益。由于考虑了机会成本，方案的选择才更加科学、可靠。

二、成本的几种常见分类

（一）成本按经济用途分类

由于各种管理职能的目的不同，因而所需的成本信息也不尽相同，因此需要根据各种管理职能的要求来核算和提供符合各种用途的成本信息。按照企业管理的不同要求，成本一般是按经济用途分类的。这是财务会计中有关成本分类的最主要方法，也是一种传统的成本分类方法。其分类结果主要用来确定存货成本和期间损益，满足对外财务报告的需要。成本按经济用途的不同可以分为制造成本和非制造成本两类。

1．制造成本

制造成本也称为生产成本，是指为制造产品或提供劳务而发生的支出。就制造企业而言，制造成本可根据其具体的经济用途分为直接材料、直接人工和制造费用。

（1）直接材料。直接材料是指在生产过程中直接用于构成产品主要实体的各种材料成本。这里所说的材料对具体企业而言，是指构成其产品的各种物资。例如：汽车制造厂所用的汽车轮胎购自橡胶厂，对橡胶厂而言，轮胎当然是产成品；而对汽车制造厂来说，轮胎只不过是汽车这一产品的原材料之一。

（2）直接人工。直接人工是指在生产过程中直接对制造对象施以影响以改变其性质或形态所耗费的人工成本。会计核算上即为生产工人的工资。直接材料和直接人工的共同特征是都可以将其成本准确地归属于某一产品，最能体现成本"归属性"这一传统意义上的本质属性。

（3）制造费用。制造费用是指为制造产品或提供劳务而发生的各项间接生产费用。从会计核算的角度看，包括直接材料、直接人工以外的，为制造产品或提供劳务而发生的、只是无法直接归属于某一产品的全部支出。制造费用内容复杂，通常可以进一步分为间接材料、间接人工和其他制造费用。

1）间接材料。间接材料是指在产品制造过程中被耗用、但不容易归入某一特定产品的材料成本，或者是不必要单独选择分配标准以确定其归属某一特定产品的材料成本，如各种工具、物料的消耗成本。

2）间接人工。间接人工是指为生产提供劳务而不直接进行产品制造的人工成本，如设备维护、维修人员的工资。

3）其他制造费用。其他制造费用是指不属于直接人工和直接材料的其他各种间接费用，如固定资产的折旧费、保险费，车间用动力费、照明费等。

应该指出的是，生产方式的改进对上述直接材料、直接人工和制造费用的划分或三者的构成有直接的影响。例如，生产自动化水平的提高会导致上述意义上的制造费用在生产成本总量中所占的比重增大；生产专业化分工的加深会导致制造费用的形象更加"直接化"。

当制造费用按一定的标准在各受益对象，即产品中分配完毕，制造成本也就演化成为所谓的"产品成本"，即以产品品种来识别的成本。

2．非制造成本

非制造成本也称为期间成本或期间费用，这些成本是根据它们发生的期间来确认的，主要包括销售费用、管理费用和财务费用。其中，销售费用是指为了销售产品和在产品销售过程中发生的各项费用，如专职销售人员的工资、销售机构固定资产的折旧费、广告费、宣传费、展览费、包装费等；管理费用是指企业行政管理部门为组织和管理生产而发生的各项费用，如董事经费、行政管理人员薪金、办公费、管理部门固定资产折旧费、财产保险费、业务招待费、技术转让费等；财务费用是指企业为筹集生产经营资金等而发生的费用，如利息支出、手续费、汇兑损失等。

（二）成本按可控性分类

成本的可控性是指责任单位对其成本的发生是否可以在事前预计并落实责任、在事中施加影响以及在事后进行考核。按照可控性的不同，成本可以分为可控成本与不可控成本两类。

从一个责任单位或部门来看，成本的发生属于这个单位或部门权责范围内，能够被这个单位或部门所预计、计量及施加影响的，称为这个单位或部门的可控成本。反之，成本的发生不属于这一单位或部门的权责范围内，不能被这个单位或部门加以控制的，称为这个单位或部门的不可控成本。应当注意，成本的可控性是有条件的，这取决于特定的单位和特定的时期以及不同层次决策问题的权力大小。

成本按可控性分类旨在明确各单位或部门的经济责任，以便评价或考核其工作业绩，促使可控成本不断降低。

（三）成本按可辨认性分类

成本的可辨认性是指成本的发生与特定的归集对象之间的关系，又称可追踪性。成本按可辨认性的不同，可以分为直接成本和间接成本两类。

直接成本是指那些与特定的归集对象有直接的联系，能够明确判断其归属的成本。间接成本是指那些与特定的归集对象无直接的联系或无法追踪其归属的成本。

成本按可辨认性分类有助于保证产品成本计算的准确性。正确地划分直接成本和间接成本是准确计算产品成本的重要条件。

（四）成本按可盘存性分类

成本的可盘存性是指一定期间内发生的成本是否计入产品成本，并作为资产结转下期。按照可盘存性的不同，一定期间内发生的成本可分为产品成本和期间成本两类。

产品成本是指与产品的生产有着直接联系的成本，以产品为归属对象，随产品的流动而流动。期间成本是指和企业生产经营活动持续期的长短成比例的成本，以期间为归属对象，不随产品流动。

成本按可盘存性分类有助于指导企业准确进行存货估计，正确计算损益。

（五）成本按实际发生的时态分类

成本按实际发生的时态可以分为历史成本和未来成本两类。

历史成本是指以前时期已经发生的或本期刚刚发生过的成本，即财务会计中的实际成本。未来成本是指在产品生产前预先测算的成本，又称预计成本，如估算成本、计划成本、预算成本、标准成本等。未来成本实际上是一种成本目标和控制标准。

成本按实际发生的时态分类有助于合理组织事前成本决策、事中成本控制和事后成本计算、分析和考核。

（六）成本按核算目标分类

成本按核算目标的不同可以分为业务成本、责任成本和质量成本三大类。

业务成本是指企业为生产或完成一定业务量而发生的全部成本。从这个意义上说，可以把业务成本看成以产品为中心、以其开支范围为半径的所有成本的集合。责任成本是指各责任中心当期发生的各项可控成本之和，它以责任中心为对象归集生产或经营管理的耗费，归集的原则是"谁负责、谁承担"。质量成本是指企业为保持或提高产品质量所支出的一切费用以及因产品质量未达到规定水平所产生的一切损失。

成本按核算目标分类有助于企业做好成本核算、加强成本的责任管理，提高产品质量。

三、成本的特性

经营决策中，需要通过比较不同备选方案经济效益的大小进行最优化选择。而影响经济效益大小的一个重要因素就是成本的高低。在某些情况下，成本的高低甚至决定了备选方案的优劣。当然，与财务会计相比，管理会计进行决策所应用的成本概念在内涵和外延上都有很大不同。为此，必须熟悉这些成本特性。

（一）成本的时效性

成本的时效性是指不同时期发生的成本会对决策产生不同的影响。按照成本的时效性的不同，可将成本分为沉没成本、重置成本和付现成本。

沉没成本是指过去已经发生并无法由现在或将来的任何决策所改变的成本，即历史成本。由于沉没成本是对现在或将来的任何决策都无影响的成本，因此决策时不予考虑。重置成本是指目前从市场上购买同一项原有资产需支付的成本，亦可称为现时成本或现行成本。付现成本是指由现在或将来的任何决策所能够改变其支出数额的成本。付现成本是决策必须考虑的重要影响因素。

（二）成本的差异性

成本的差异性是指不同备选方案发生的成本一般是不会相等的，即存在着差异和分歧。按照成本的差异性的不同，可将成本分为差量成本和边际成本。

差量成本是指两个备选方案的预期成本的差异数额。边际成本是指产品成本对产品产量无限小变化的变动部分，其实质是在企业的生产能力的相关范围内，每增加或减少一个单位产量而引起的成本变动数额。

（三）成本的排他性

成本的排他性是指任何一项成本支出，用于某一方面就不能同时用于另一方面的特性。按照成本的排他性的不同，可将成本分为机会成本和实付成本。

机会成本是指在使用资源的决策分析过程中，选取某个方案而放弃其他方案所丧失的"潜在收益"（即可能实现的收益）。实付成本是指过去和现在实际发生的现金流出，并应记入会计账册的成本。

（四）成本的可避免性

成本的可避免性是指成本中有一部分可随管理者的决策行动改变其数额的特性。按照成本的可避免性的不同，可将成本分为可避免成本和不可避免成本。

可避免成本是指通过管理者的决策行动可改变其支出数额的成本。不可避免成本是指通过管理者的决策行动不能改变其支出数额的成本。

（五）成本的可递延性

成本的可递延性是指已决定选用的方案的成本中，有一部分推迟到以后会计年度再行支付的特性。按照成本的可递延性的不同，可将成本分为可递延成本和不可递延成本。

在企业财力负担有限的情况下，对已决定选用的某一方案如推迟执行，还不致影响企业大局，那么与这一方案有关的成本，就称为可递延成本或可延缓成本。不可递延成本是与可递延成本相对立的成本，若对其暂缓开支会对企业未来生产产生重大不利影响，即使在企业财力负担有限的情况下，也必须及时保证对不可递延成本的支付，也称为不可延缓成本。

（六）成本的可溯性

成本的可溯性是指固定成本中有一部分可被认定归属于某些特定成本对象的特性。按照成本的可溯性的不同，可将成本分为专属成本和共同成本。

专属成本是指明确可归属于某种产品、某批次产品或某个部门的固定成本。共同成本是指那些需由几种产品、几批产品或几个有关部门共同分担的固定成本。

（七）成本的可分性

成本的可分性是指在联产品或半成品成本中，有一部分可按阶段分开。按照成本的可分性的不同，可将成本分为可分成本和联合成本。

可分成本是指联产品或半成品在进一步加工阶段中所需追加的变动成本和固定成本。联合成本是指联产品或半成品在进一步加工前所发生的变动成本和固定成本。

（八）成本的相关性

成本的相关性是指成本中有一部分与当前或未来的决策有关联。按照成本的相关性的不同，可将成本分为相关成本和无关成本。

相关成本是指与未来决策有关联的成本。该方案采用，该成本就发生，否则该成本就不会发生，如重置成本、付现成本、差量成本、边际成本、机会成本、可避免成本、可递延成本、专属成本、可分成本等。无关成本是指过去已经发生，或虽已发生但对未来决策没有影响的成本，如沉没成本、实付成本、不可避免成本、不可递延成本、共同成本、联合成本等。

【案例分析 2-1】

"机会成本"的作用

黄先生打算用自己的临街房开一个小卖部，他估算每月收入6 000元，每月进货成本2 000元，水、电及税费等支出300元，折旧费200元，一名临时工的月工资1 000元，黄先生每月可净赚2 500元（6 000-2 000-300-200-1 000）。同时，黄先生考虑到，如果自己不开这个小卖部，可以将房子出租，以房子的所在地段每月可收取租金1 000元；如果上班，以自己的能力月工资也能达到2 000元。分析之后，黄先生认为不应该开这个小卖部。

你知道黄先生为什么不开这个小卖部吗？黄先生所考虑的成本中既包括实实在在发生的可以记入账簿中的支出，也包括由于自己开这个小卖部而放弃的潜在收益，即每月可收取的租金1 000元以及可能获得的月工资2 000元。因此，黄先生认为开这个小卖部的全部成本是6 500元（2 000+300+200+1 000+1 000+2 000）。

☞ 问题

你知道他这样考虑的成本和以往所学的财务会计中的成本有什么不同吗？你认为他这样考虑有什么好处？

任务二　成本性态的概念和分类

一、成本性态的概念

成本性态是指在一定条件下成本总额与特定业务量之间的依存关系。这里的成本总额是指为取得营业收入而发生的全部成本费用，包括全部生产成本和非生产成本。这里的业务量是指企业在一定生产经营期间内投入或完成的经营工作量的统称，可以是产量、销量，也可以是直接人工小时、机器工作小时等。业务量可以使用多种计量单位表现，包括绝对量和相对量两类。其中，绝对量又可具体分为实物量、价值量和时间量三种形式；相对量可以用百分比或比率等形式反映。在简单条件下，业务量通常是指生产量或销售量。

因此，成本总额与业务总量的依存关系是客观存在的，而且具有规律性。研究成本性态分类可以说是管理会计这一学科的重要基石，可以揭示成本与业务量之间的规律性联系，可以使企业进行最优管理决策，改善经营管理绩效。管理会计作为决策会计，其许多决策方法特别是短期决策方法，必须借助于成本性态这一概念。

二、成本性态的分类

按成本性态的不同,可以将企业的全部成本分为固定成本、变动成本和混合成本三类。

(一)固定成本

1. 固定成本的定义

固定成本是指在相关范围内成本总额不受业务量变动的影响而保持固定不变的成本。例如,行政管理人员薪金、办公费、财产保险费、按直线法计提的固定资产折旧费、职工教育培训费等,均属于固定成本。固定成本具有总额不变性和单位固定成本反比例变动性等特点。固定成本总额不变性是指在相关范围内,其成本总额总是保持在同一个水平上;单位固定成本反比例变动性是指单位固定成本与业务量的乘积恒等于一个常数的特征,即单位固定成本与业务量呈反比关系。

2. 固定成本的性态模型

假设 y 表示成本总额,x 表示业务量,a 表示固定成本总额,则固定成本总额的性态模型可表示为

$$y = a$$

单位固定成本的性态模型可表示为

$$y = a/x$$

在坐标图中,固定成本总额的性态模型是一条平行于 x 轴的直线;单位固定成本的性态模型是一条反比例曲线。固定成本的性态模型如图 2-1 所示。

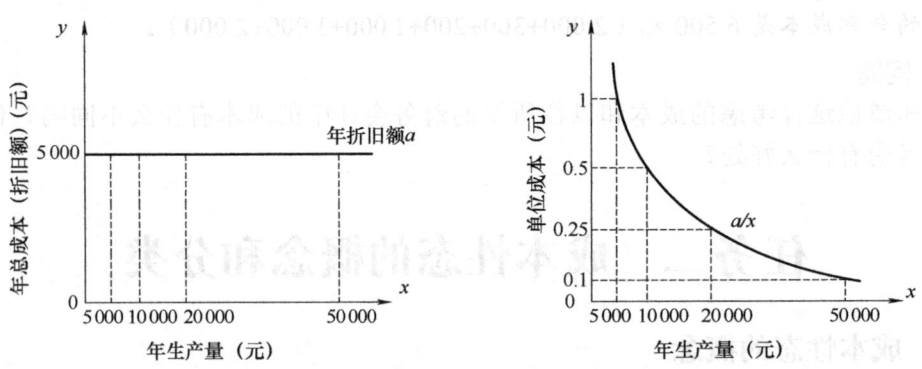

图 2-1 固定成本的性态模型

例 2-1 某企业生产用一台设备,年最高生产能力为 50 000 件产品,按直线法计提折旧,每年折旧额为 5 000 元,年生产量与年折旧额之间的关系如表 2-1 所示。

表 2-1 年生产量与年总成本(折旧额)之间的关系

年生产量(件)	年总成本(折旧额)(元)	单位成本(元)
5 000	5 000	1.00
10 000	5 000	0.50
20 000	5 000	0.25
50 000	5 000	0.10

从【例 2-1】可以看出，每年最多可生产产品 50 000 件，机器设备的年折旧额保持不变，即每年计提折旧 5 000 元。尽管年折旧额不变，但随着产量的变化，单位产品所负担的固定成本与产量呈反比关系，即产量的增加会导致单位产品负担的固定成本下降，反之亦然。如表 2-1 所示，每件产品的单位成本从 1 元降至 0.1 元。

将【例 2-1】的有关数据在坐标图中表示，固定成本的性态模型如图 2-1 所示。

3．固定成本的分类

固定成本按其是否受管理者短期决策行为的影响，可进一步细分为酌量性固定成本和约束性固定成本。区分固定成本的意义在于寻求降低固定成本的正确途径。

（1）酌量性固定成本。酌量性固定成本也称为选择性固定成本或任意性固定成本，是指管理者的决策可以改变其支出数额的固定成本，如广告费、租赁费、职工教育培训费、技术开发费等。酌量性固定成本具有以下特征：

1）预算期较短，通常为一年。由于其预算额只在预算期内有效，因此企业的管理人员可以根据情况的变化及时调整不同预算期的开支数额。

2）成本支出数额大小由企业根据经营方针确定。因此，管理者的判断能力就显得非常重要了。

当然，这并不意味着酌量性固定成本可有可无、可以拒绝。因为，从性质上讲，酌量性固定成本仍是企业的一种"存在成本"，是一种为企业的生产经营提供良好条件的成本，而非生产产品的成本。从短期看，其发生额同企业的业务活动水平并无直接关系。要降低这部分成本，应在预算时精打细算，在执行中厉行节约，在保证不影响生产经营的前提下尽量减少其支出总额。我们通常讲的降低固定成本总额就是指降低酌量性固定成本。

（2）约束性固定成本。约束性固定成本也称为经营能力固定成本，是指管理者的决策不能随意改变其支出数额的，用于形成和维护生产经营能力、对生产经营能力具有约束力的固定成本，如厂房及机器设备按直线法计提的折旧费、房屋及设备租金、财产税、财产保险费、照明费、管理人员薪金等。约束性固定成本具有以下特征：

1）成本支出额大小取决于生产经营能力的规模和质量。它在很大程度上制约着企业正常的生产经营活动，管理者的当前决策无法改变，即不能轻易削减此项成本。

2）预算期比较长。如果说酌量性固定成本预算着眼于在总量上进行控制，那么约束性固定成本预算则只能着眼于更为经济合理地利用企业的生产经营能力。

约束性固定成本是企业维持正常生产经营能力所必须负担的最低固定成本，其支出数额只取决于企业生产经营的规模和质量，因而具有很大的约束性，企业管理者的当前决策不能改变其数额。正是由于约束性固定成本与企业的经营能力相关，因而又被称作"经营能力固定成本"，又由于企业的经营能力一旦形成，短期内难以改变，即使经营暂时中断，该项固定成本仍将维持不变，因而也被称为"能量成本"。

因此，约束性固定成本具有很大的约束性，要想降低约束性固定成本，只能从合理充分地利用其创造的生产经营能力的角度入手，提高产品产量，相对降低其单位成本。

4．固定成本的相关范围

固定成本的"固定性"并不是绝对的，而是有限制条件的。这一条件通常称为"相关范围"。固定成本的相关范围具有以下两层含义：

（1）相关范围是指特定的期间。固定成本表现为在某一特定期间内具有固定性。因为从较长时期看,所有成本都具有变动性,即使"约束性"很强的约束性固定成本也是如此。随着时间的推移,一个正常成长的企业,其经营能力无论是从规模上还是从质量上均会发生变化,如厂房扩大、设备更新、管理人员增加等,均会导致折旧费用、财产保险费、财产税、管理人员薪酬的增加。经营能力的逆向变化当然也同样会导致上述费用发生变化。由此可见,只有在一定的期间内,企业的某些成本才具有不随产量变动的固定性特征。

(2)相关范围是指特定的业务量水平。因为业务量一旦超出这一水平,企业势必会扩大厂房、更新设备和增加管理人员,相应的费用也势必增加。很显然,固定成本的固定性也是针对某一特定业务量范围而言的,如果脱离了一定的"相关范围",固定成本的固定性将不复存在。

(二)变动成本

1. 变动成本的定义

变动成本是指在相关范围内成本总额随着业务量的增减变动而呈正比例变动的成本。例如,直接材料费、产品包装费、按件计酬的工人薪金、推销佣金及按加工量计算的固定资产折旧费等,均是典型的变动成本项目。变动成本具有变动成本总额正比例变动性和单位变动成本不变性的特点。变动成本总额正比例变动性是指在相关范围内,其成本总额随着业务量的变动而呈正比例变动的特性;单位变动成本不变性是指无论业务量怎样变化,其单位成本都保持在原有水平上的特性。

2. 变动成本的性态模型

仍以 y 表示成本总额,x 表示业务量,b 表示单位变动成本,则变动成本总额的性态模型可表示为

$$y = bx$$

在坐标图中,变动成本总额的性态模型是一条通过原点,以单位变动成本 b 为斜率的直线。显然,单位变动成本越大,即斜率越大,变动成本总额线的坡度越陡。

如果以 y 表示成本,则单位变动成本的性态模型可表示为

$$y = b$$

在坐标图中,单位变动成本的性态模型是一条平行于 x 轴的直线。变动成本的性态模型如图 2-2 所示。

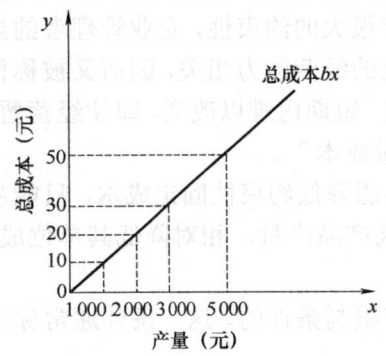
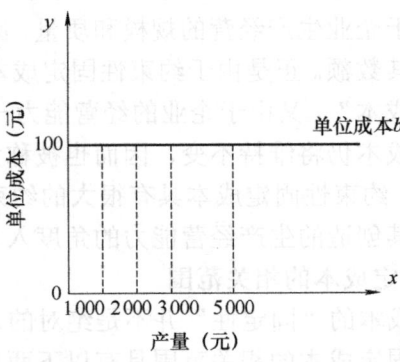

图 2-2 变动成本的性态模型

例 2-2 某企业生产 A 产品，以甲材料为原材料，甲材料成本是该产品的变动成本，每件 A 产品耗费甲材料的成本为 100 元，该企业 A 产品的产量与甲材料成本之间的关系见表 2-2。

表 2-2 产量与成本消耗之间的关系

产量（件）	单位成本（元）	总成本（元）
1 000	100	100 000
2 000	100	200 000
3 000	100	300 000
5 000	100	500 000

由此可见，该企业发生的产品材料总成本（bx）与完成的产品产量呈正比例变化关系，但单位产品的材料成本（100 元）却与产量的多少没有任何关系。

将【例 2-2】有关数据在坐标图中表示，则变动成本的性态模型如图 2-2 所示。

3．变动成本的分类

变动成本按其发生原因可进一步分为技术性变动成本和酌量性变动成本。

（1）技术性变动成本。技术性变动成本是指单位成本受客观因素影响、数额由技术因素决定的变动成本。这类成本与产量有明确的技术或实物关系，降低这类成本可以通过技术革新或提高劳动生产率等来实现。例如，生产一台计算机必须配套一块主板、一个显示器、一个键盘，其成本就是由设计技术决定的、与计算机产量呈正比例变动的技术性变动成本。

（2）酌量性变动成本。酌量性变动成本是指单位成本不受客观因素影响、企业管理者可以改变其数额的变动成本。这类成本的发生额可通过企业管理决策行为改变，降低这类成本可以通过科学决策、合理控制开支以及优化劳动组合等来实现。例如，在达到质量要求的情况下，企业可以采用价格水平不同的原材料，原材料成本就属于酌量性变动成本。

4．变动成本的相关范围

与固定成本一样，变动成本的变动性，即"随着业务量的变动而呈正比例变动"也有其"相关范围"。

从时间范围看，即使业务量保持不变，随着时间的推移，由于客观条件的变化，如价格波动等原因，也会使得单位产品成本发生改变。

从业务量范围看，通常当企业的产品产量较小时，单位产品的材料成本和人工成本可能比较高。但当产量逐渐上升到一定范围时，由于材料的利用可能更加充分、工人的作业安排可能更加合理等，会使单位产品的材料成本和人工成本逐渐降低。而当产量突破上述范围继续上升时，可能使某些变动成本项目超量上升，从而导致产品的单位成本由降转升。因此，可以说明同一产品的生产，在小量生产、正常生产和超量生产这三种情况下，单位产品原材料和工时消耗量是不同的，所以不同产量的单位变动成本也可能是不相等的。

（三）混合成本

1．混合成本的概念

从成本性态来看，固定成本与变动成本只是两种极端的类型。前者与业务量无关，后者与业务量呈正比例变化。实际上，大多数成本与业务量之间的关系介于两者之间。也就是说，一方面，它们要随业务量的变化而变化；另一方面，它们的变化又不能与业务量的变化保持严格的正比例关系，这就是管理会计中所称的混合成本。因此，混合成本是介于固定成本和变动成本之间的成本项目，它同时具有固定成本和变动成本的双重特性。混合成本的发生额虽受业务量变动的影响，但二者并不呈严格的比例关系，如机器设备的维修费，化验员和检验员的工资等。

2．混合成本的分类

混合成本根据其中固定成本与变动成本不同的构成情况，还可以分为半变动成本、半固定成本、延期变动成本、曲线式混合成本四类。

（1）半变动成本。半变动成本通常有一个初始量，这类似于固定成本。在这个基础上，随着业务量的增加，成本也会呈比例增加，又类似于变动成本，如固定电话座机费、煤气费等。例如，电话费每月都有一个基本的费用，然后每打一次电话，收一次打电话的费用。再如，有些工人的工资分两部分，基本工资一般保持不变，视同固定成本；另一部分是在基本工资的基础上增加额度，按每月完成数量增加，工资随着产量提高而上升的部分属于变动成本。故半变动成本总额虽然随着业务量变动而有所变化，但不保持严格的正比例关系。其性态模型如图 2-3 所示。

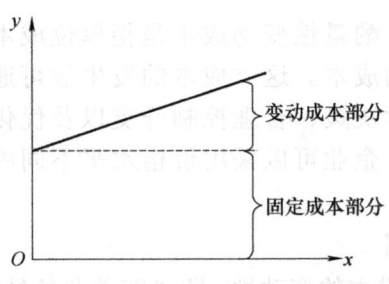

图 2-3　半变动成本性态模型

例 2-3　某公司租用一台专用设备，租约规定每月支付租金 5 000 元。此外，机器每运转 1 小时，还需支付租金 2 元。如果该机器一个月运转 500 小时，其全月的租金总额为 6 000 元（5 000+2×500），其中包括固定成本 5 000 元和变动成本 1 000 元。

（2）半固定成本。这种成本在一定业务量范围内的发生额是固定的，当业务量增长到一定程度时，其发生额就突然跳跃到一个新的水平，然后在业务量增长的一定范围内，其发生额又保持不变，当业务量增长再超出一定程度，它又跳跃到一个更高的水平。如检验人员的基本工资、机器设备维修费等都具有这种性质。由于它的性态模型呈间断的阶梯状，故亦称为阶梯式变动成本。其性态模型如图 2-4 所示。

例 2-4 假设某企业的产品生产下线以后，需要经过专门的质检员检验方能入库。按照规定，每个质检员最多检验 1 000 件产品，也就是说，产量每增加 1 000 件就必须增加 1 名质检员。假设质检员的工资标准为 3 000 元，则质检员工资支出的性态模型图可以用图 2-4 表示。

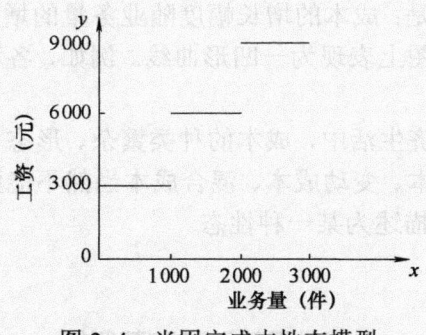

图 2-4 半固定成本性态模型

（3）延期变动成本。延期变动成本也称低坡式混合成本。此类成本的特征是，在业务量的某一临界点以下，其总额表现为固定不变，超过这一业务量的限度，则表现为变动成本。例如：当企业员工的工资实行计时工资制时，其支付给员工的正常工作时间内的工资总额是固定不变的；但当企业员工的工作时间超过了正常水平，企业需按规定支付加班工资，且加班工资的多少与加班时间的长短存在着某种比例关系。

延期变动成本的性态模型如图 2-5 所示。

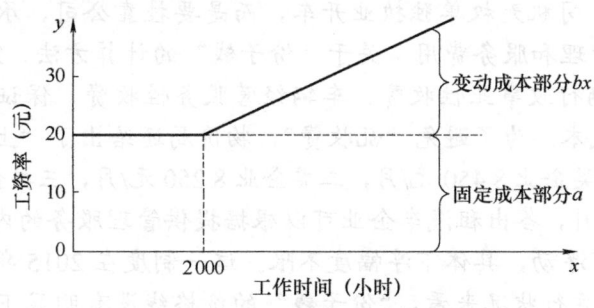

图 2-5 延期变动成本性态模型

例 2-5 假设某企业员工正常工作时间为 2 000 小时，正常工资总额为 40 000 元（即小时工资率为 20 元），员工加班时按规定需支付 2 倍的工资。该企业工资总额的成本性态如图 2-5 所示。将图 2-5 与图 2-3 中的半变动成本进行比较，不难看出，延期变动成本就是将 x 轴"延伸"至业务量"临界点"时的半变动成本。延期变动成本的性态模型可以表示为

$$y=a+bx$$

（4）曲线式混合成本。曲线式混合成本通常有一个初始量，一般保持不变，相当于固定成本；在这个初始量的基础上，成本随业务量变动但并不存在线性关系，在坐标图上表现为一条抛物线。按照曲线斜率的不同变化趋势，这类混合成本可进一步分为递减型混合成本和递增型混合成本两类。

递减型混合成本的特点是：成本的增长幅度小于业务量的增长幅度，成本的斜率随业务量递减，反映在坐标图上是一凸形曲线。例如，热处理使用的电炉设备，每班都需要预热，因预热而耗用的成本（初始量）属于固定成本性质，而预热后进行热处理的耗电单位成本，随着业务量的增加逐步下降，总成本呈一上凸抛物线。

递增型混合成本的特点是：成本的增长幅度随业务量的增长而呈更大幅度变化，成本的斜率呈递增趋势，在坐标图上表现为一凹形曲线。例如，各种违约金、罚金和累进计件工资等都属于这类成本。

需要说明的是，现实经济生活中，成本的种类繁杂、形态各异，从性态划分成本也是如此。上述所介绍的固定成本、变动成本、混合成本当然不能囊括成本的全部内容，但至少可以将某一种成本近似地描述为某一种性态。

【案例分析2-2】

为"份子钱"的改革叫好

继调整价格、治理拒载之后，广州出租车改革又有了大动作。2019年6月12日，广州市政府部门定期新闻发布会上透露，广州正在鼓励、引导出租车企业开展司企收入分配机制改革，建立"运营风险共担、利益合理分配"的新型司企收入分配机制。一句话，改革"份子钱"制度。

作为出租车特许经营制度下的产物，"份子钱"的准确说法是"承包费"。也就是说，牌照资源是稀缺的，司机无权单独执业开车，而是要挂靠公司，承包公司的车辆，并向公司缴纳一定的管理和服务费用。关于"份子钱"的计算方法，2007年广州市物价局明确了四项：车辆行政事业性收费、车辆经营服务性收费、保证正常营运的成本、提供管理和服务的成本。为了避免"乱收费"，物价局还给出了"上限"指导价，具体承包费基准价为：一类企业8 450元/月，二类企业8 250元/月，三类企业（及未评定等级类别企业）8 050元/月，各出租汽车企业可以根据提供管理服务的内容和水平，在承包费基准价基础上向下浮动，具体下浮幅度不限。这一制度在2015年变成了完全"由市场调节"，但从实际运行状况来看，"份子钱"的价格线没有明显下挫，同时，面对网约车的竞争，改革"份子钱"的呼声也越来越强烈。

"份子钱"的核心议题在于，它是一种风险（成本）转嫁策略。作为公司来讲，计算"份子钱"考虑的是"旱涝保收"的情形，意思是假设一辆车在未被充分利用的情况下，公司也要保证是赚的。但事实上，很少有出租车能24小时充分使用，即便采取了黑白轮休的双班制，司机也需要吃饭，车也需要保养。更重要的是，"份子钱"是一种固定成本开支，会对司机形成心理上的"压迫感"，正如一些司机所抱怨的，"每个月还没运营，就已经欠了公司一大笔费用"。为了应对这种成本和压力，司机唯一的办法就是提高车的利用率。许多问题都生发于此，比如议价拒载，这是因为司机在自己的那一班里，要尽量多载客多挣钱，于是他更偏爱远程和顺程，讨厌空车和堵车；又如服务态度差，有可能是司机过度疲劳却又不敢请假所致。在这些情境里，公司将风险转嫁到司机身上，消费者则是最后的承受者。

广州出租车调价还不到一个月，就吸引了优质司机的回流，使得消费者体验有了改观。这让我们更深刻地认识到，出租车改革的核心问题，就在于探索"运营风险共担、利益合理分配"的经营机制。此次试行的全新司企分配模式，正是从根本上改变过去企业收取固定承包费"旱涝保收"，司机却得不到公平收入的情况。具体来说，是通过互联网技术对司机运营的每一笔收入进行实时的清分——在司机和企业事先签订的合同框架范围内，每一笔收入构成都进行了清晰的分配，比如应该支付的租车成本，应该缴纳的税费，应该给企业上缴的有关管理费用。这是一种动态机制，如果一辆车没有拉客，它就没有发生成本，在拥堵高峰期载客，它也有更灵活的分成方式。可以预见，这将有助于提升司机的合理收入和职业满意度，从而进一步提高出租车司机的服务品质。

"触动利益往往比触动灵魂还难。"出租车问题具有行业性与地方性叠加的特殊性，改革需要顶层设计和地方探索之间的良性互动、相向而行，当遇到"份子钱"这样的症结，尤其需要"明知山有虎，偏向虎山行"的勇气和智慧。广州能够率先向"份子钱"开刀，是非常有魄力的动作，是值得拍掌叫好的一步。我们期待能有更多的深入探索，推动出租车行业持续向前发展。

资料来源：王庆峰.为"份子钱"的改革叫好. [2018-06-14]. http://yn.people.com.cn/n2/2018/0614/c372441-31704101.html

问题
案例中什么是固定成本？固定成本有何特征？它对企业的生产经营有何重要影响？

任务三　成本性态分析

一、成本性态分析的含义

成本按性态分类是管理会计的重要贡献之一，但固定成本与变动成本只是经济生活中诸多成本性态的极端类型，多数成本是以混合成本的形式存在的，需要将其进一步分解为固定成本和变动成本。

成本性态分析是指在成本按性态分类的基础上，按照一定的程序和方法，将全部成本分解为固定成本和变动成本两大类，并建立成本性态分析模型的过程。成本性态分析是管理会计的一项最基本的内容，通过成本性态分析，可以揭示成本与业务量之间的依存关系，从而为应用变动成本法提供前提条件；成本性态分析为企业进行本-量-利分析、预测分析、决策分析、全面预算、制定标准成本等奠定基础。

成本性态分析和成本按性态分类既相互联系又相互区别。二者的联系在于都以企业的成本为对象，在一定的条件下，成本性态分析以成本按性态分类作为前提和基础。只有了解成本按性态分类的结果，掌握固定成本、变动成本和混合成本的特性，才可能完成成本性态分析的任务。它们的区别主要表现在两方面：①性质不同。前者既包括定性分析，也包括定量分析，后者则仅仅属于定性分析。②最终结果不同。前者最终将全部成本分为固定成本和变动成本两个部分，并建立相应的成本模型；后者只要求将全部成本区分为固定成本、变动成本和混合成本三大类。

二、成本性态分析的基本假设

（一）相关范围假设

广义的相关范围是指不会改变固定成本和变动成本性态的有关期间及业务量的特定变动范围；狭义的相关范围是指不会改变固定成本和变动成本性态的业务量因素的特定变动范围。无论从较长时期看，还是从业务量的无限变动来看，没有绝对不改变数额的成本，也不可能存在绝对正比例变动的成本。因此，进行成本性态分析，必须假定固定成本和变动成本总是处在相关范围之中，即假定时间和业务量因素总是在不改变成本性态的范围内变动。

（二）一元线性假设

实际工作中，成本可能受到多个因素的影响。如果按实际情况分析，则需要花费很多的时间和精力，从成本-效益分析的角度看不合算。另外，所建立的成本函数模型也会因过分复杂而失去实际应用价值。一个简便易行的办法是假定总成本只是一种因素（如业务量）的函数。同时，为简化分析，假定总成本可以近似地用一元线性方程 $y=a+bx$ 来描述。其中，a 代表固定成本总额，即真正意义上的固定成本与混合成本中的固定部分之和；bx 代表变动成本总额，即真正意义上的变动成本与混合成本中的变动部分之和。

三、成本性态分析的程序

成本性态分析的程序是指完成成本性态分析任务所经历的步骤，共有以下两种程序：

（一）单步骤分析程序

单步骤分析程序是将总成本一次直接分解为固定成本部分和变动成本部分，建立成本模型。在单步骤分析程序下，无须将总成本按成本性态分为固定成本、变动成本和混合成本，而是把总成本视作混合成本，采用一定方法直接将其分解为固定成本总额和变动成本总额两部分。

（二）多步骤分析程序

多步骤分析程序是将总成本先按成本性态分为固定成本、变动成本和混合成本，然后再将混合成本分解为固定成本、变动成本，最后分别把原固定成本和混合成本的固定部分相加，确定出固定成本总额；把原变动成本和混合成本的变动部分相加，确定出变动成本总额。这样最终建立总成本性态模型。总之，多步骤分析程序大致经过以下几个步骤：

（1）总成本（y）分为固定成本（a）、变动成本（bx）和混合成本（y_1）三部分。

（2）对总成本中的混合成本进行分解，建立混合成本性态模型 $y_1=a_1+b_1x$。

（3）将混合成本分解出来的固定成本、变动成本汇集于原固定成本部分和变动成本部分，建立总成本性态模型：$y=(a+a_1)+(b+b_1)x$。

四、成本性态分析的方法

成本性态分析的方法是指完成成本性态分析任务必须采取的技术手段。常用的成本性态分析的方法有技术测定法、直接分析法和历史资料分析法。

（一）技术测定法

技术测定法又称工程技术法，是指由工程技术人员利用某种技术方法所测定的企业正常生产过程中投入与产出的关系，分析确定在实际业务量基础上其固定成本和变动成本水平的一种方法。采用该方法的关键，在于准确测定在一定生产技术和管理水平下，影响投入产出的规律性联系的各种消耗量标准。例如，生产一定数量产品所需耗用的各原材料数量、机器小时或人工小时等，将这些数量标准与相应的单位价格相乘，即得到各标准成本。

例 2-6 某公司设有一设备维修部门，其发生的费用为混合成本，管理会计人员在一个月里选择若干天观察其维修工作，并确信最合理的成本动因是维修小时。管理会计人员根据该部门工资及设备费用估计月固定成本为 10 000 元。同时，根据所观察的物料使用情况，估计变动成本为每小时 50 元。

则维修成本函数为

$$y=10\,000+50x$$

如果预计下个月有 400 个维修小时，则可预测设备维修成本为

$$y=10\,000+50\times400=30\,000（元）$$

制定标准成本和编制预算时，该方法的分析结果更具有客观性、科学性和先进性，分析过程大为简化。但是，技术测定法的分析成本较高，不适用于那些不能直接将其归属于特定投入与产出过程的成本，或者属于不能单独进行观察的联合生产过程中的成本，如各项间接成本。

（二）直接分析法

直接分析法又称个别确认法，是指在事先已经掌握有关项目成本性态的基础上，在成本发生时对每项成本的具体性态进行直接分析，使其分别归属于变动成本或固定成本的一种方法。

例 2-7 某公司 2019 年 1 月的部分费用项目以及对应的成本性态见表 2-3。

表 2-3 某公司部分费用项目以及对应的成本性态

（单位：元）

项　　目	1 月成本	固定成本	变动成本
管理人员工资	3 800	3 800	
工人工资	14 674		14 674
设备折旧	5 873	5 873	
设备修理	5 604		5 604
清洁物料	7 472		7 472
总维修成本	37 423	9 673	27 750

假定某公司 1 月的实际维修工时为 370 小时，则每小时变动成本为 75 元（27 750÷370），其维修成本函数为

$$y=9\,673+75x$$

直接分析法简便易行，凡具有一定会计知识和业务能力的人都能掌握；属于典型的单步骤分析程序，适用于管理会计基础工作开展较好的企业。但是，这种方法要求掌握第一手资料，实际分析的工作量过大，因此不适于规模较大企业的成本性态分析。

（三）历史资料分析法

历史资料分析法是指在占有若干期相关的成本（y）和业务量（x）历史资料的基础上，运用一定数学方法对其进行数据处理，从而确定常数 a 和 b 的数值，以便完成成本性态分析任务并在此基础上估算未来成本的一种定量分析方法。该方法要求企业资料齐全，成本数据与业务量的资料要同期配套，具备相关性，并以企业的历史成本与未来成本具有相似性为前提。因此，此法适用于生产条件较为稳定、成本水平波动不大以及有关历史资料比较完备的老企业。

实践中，常用的历史资料分析法包括高低点法、散布图法和回归直线法三种。

1．高低点法

高低点法是根据过去一定期间成本与相应业务量资料，从中选出最高点业务量和最低点业务量所对应的两点坐标，并据此来推断固定成本总额和单位变动成本的一种成本性态分析方法。其基本原理是运用成本性态模型 $y=a+bx$，以某一期间最高业务量（即最高点）的混合成本和最低业务量（即最低点）的混合成本的差额，除以最高业务量和最低业务量的差额，确定出单位变动成本，进而分别确定出混合成本中的变动成本总额和混合成本总额。

高低点法的具体步骤如下：

（1）确定高低两点坐标。根据特定期间的成本和业务量资料，以最高点、最低点业务量为准，确定出最高点（x_2, y_2）和最低点（x_1, y_1）。

（2）计算单位变动成本 b，公式为

$$b = \frac{y_2 - y_1}{x_2 - x_1}$$

（3）计算固定成本 a。

将最高点或者最低点坐标值和 b 值代入成本方程 $y=a+bx$，则得到：

$$a = y_1 - bx_1$$

或

$$a = y_2 - bx_2$$

（4）将 a、b 值代入成本方程 $y=a+bx$，建立成本性态模型。

例 2-8 某企业维修费为混合成本。2019 年 1~6 月各月份的维修工时和维修费等有关资料见表 2-4，请确定混合成本分解公式。

表 2-4　1~6 月各月的维修工时和维修费资料

月　　份	1	2	3	4	5	6	合　　计
维修工时（小时）	600	700	800	1 000	900	850	4 850
维修费（元）	2 000	2 100	2 150	2 200	2 100	2 050	12 600

(1) 计算单位变动成本 b。

$$b = \frac{2\,200 - 2\,000}{1\,000 - 600} = \frac{200}{400} = 0.5\ (元/小时)$$

(2) 计算固定成本总额 a。

$a = 2\,200 - 0.5 \times 1\,000 = 2\,200 - 500 = 1\,700$（元）

或 $a = 2\,000 - 0.5 \times 600 = 2\,000 - 300 = 1\,700$（元）

(3) 确定混合成本分解公式为

$y = 1\,700 + 05x$

应当注意的是，采用高低点法所选用的成本数据应能代表业务活动的正常情况，不能含有任何不正常状态下的成本。此外，通过高低点法分解而求得的成本公式，只适用于相关范围内的情况，超出相关范围即不适用。换言之，高低点为所建立混合成本函数相关范围的两个极点。此外，选择高低点坐标应以自变量业务量的高低为标准，而不是按因变量成本的高低来选择。业务量相同而成本相异时，选择成本最大（或最小）的点作为最高（或最低）点。

高低点法的优点在于简便易行，便于理解。其缺点是由于只选择了诸多历史资料中的两组数据作为计算依据，计算结果具有一定的偶然性，使得建立的成本性态模型很可能不具有代表性，从而导致较大的计算误差。这种方法只适用于成本变化趋势比较稳定的企业。

2．散布图法

散布图法是以横轴代表业务量（x），纵轴代表混合成本金额（y），把过去某一定期间混合成本的历史数据逐一标明在（x, y）代表的坐标图上，这样各个历史成本数据就形成若干个成本点散布在坐标图上。然后通过目测，在各个成本点之间画一条能反映成本变动的平均趋势直线，并据以确定混合成本中的固定成本和变动成本各为多少的一种分解混合成本的图示方法。其具体做法如下：

首先在坐标图中标出成本点，然后在成本点之间画出一条能够反映混合成本的平均变动趋势的直线，使成本点均匀地分布在这条直线的左右，那么这条直线与纵轴相交之处，就是固定成本总额（a），该直线的斜率就是单位变动成本（b）。在直线上选定一点 x_0，目测 y_0，则 y_0 即为 x_0 业务下的混合成本，然后按照公式：

$$y = a + bx$$

得：

$$y_0 - a = bx_0$$

例 2-9 某公司 2019 年 1～6 月份各月的维修工时和维修费等有关资料见表 2-5。

表 2-5　1～6 月份各月的维修工时和维修费资料

月　份	1	2	3	4	5	6	合　计
维修工时（小时）	12	8	10	14	18	17	79
维修费（元）	240	200	210	260	250	255	1 415

用散布图法分解混合成本的具体步骤如下：

根据成本与业务量的数据，在坐标图中绘出各成本总额散布图，如图 2-6 所示。

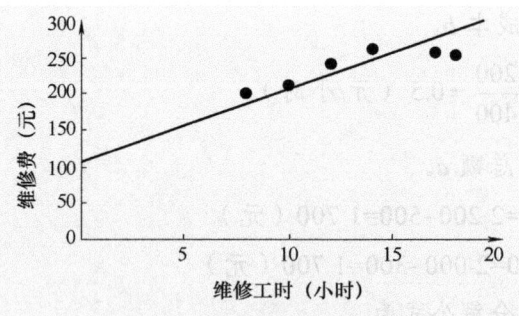

图 2-6 混合成本性态模型

（1）通过目测，画一条成本变动趋势直线，使其尽可能通过或接近所有坐标点。从图 2-6 中，确定固定成本总额：$a=120$。

（2）确定单位变动成本（b），任选一点，比如选（8，200），得：

$$b=\frac{y_0-a}{x_0}=\frac{200-120}{8}=10$$

（3）确定该混合成本的性态模型为

$$y=120+10x$$

散布图法较高低点法的精度高，因为它考虑了所能提供的全部历史数据，其图像可反映成本的变动趋势，同时可排除偶然因素的影响。但是，该方法在计算过程中存在视觉误差，客观性差，计算结果不唯一。

3．回归直线法

回归直线法又称为最小二乘法，是指利用微分极值原理对若干期全部业务量与成本的历史资料进行处理，并据此来推算固定成本（或混合成本中的固定部分）和单位变动成本（或混合成本中的单位变动额）的一种成本性态分析方法。该方法的基本原理是以 $y=a+bx$ 这一线性方程模型为基础，确定一条能够正确反映 x 和 y 之间具有最小误差的直线，按照数理统计的回归分析法可直接套用公式计算出回归系数 a、b，据以求出固定成本总额和单位变动成本。

利用回归直线法确定出的混合成本的直线方程为：

$$y=a+bx$$

式中，y 代表混合成本总额；a 代表混合成本中的固定成本总额；b 代表混合成本中的单位变动成本；x 代表业务量。

根据上述混合成本的基本方程式及实际所采用的 n 个观测值，即可建立回归直线的联立方程式，然后把上述基本方程式，用 n 个观测值和的形式来反映，即：

$$\sum y=na+b\sum x \qquad (2-1)$$

再将式（2-1）的左右双方各项用业务量（x）来加权得出：

$$\sum xy=a\sum x+b\sum x^2 \qquad (2-2)$$

把式（2-1）移项化简，可得：

$$a = \frac{\sum y - b \sum x}{n} \quad (2-3)$$

将式（2-3）代入式（2-2）并移项化简，可得：

$$b = \frac{n \sum xy - \sum x \sum y}{n \sum x^2 - (\sum x)^2} \quad (2-4)$$

根据式（2-3）和式（2-4），求出 a、b，就可以确定该混合成本的性态模型，并可以计算得出相关范围内不同业务量下，该混合成本中的固定成本和变动成本。

例 2-10 承例 2-9，用回归直线法进行该项混合成本的性态分析。

根据表 2-5 中所列 1～6 月各月份的维修工时和维修费数据资料进行相关计算，见表 2-6。

表 2-6 对表 2-3 中各月的维修工时和维修费进行相关计算

月份	业务量（x）(机器小时)	维修费（y）(元)	xy	x^2
1	12	240	2 880	144
2	8	200	1 600	64
3	10	210	2 100	100
4	14	260	3 640	196
5	18	250	4 500	324
6	17	255	4 335	289
n=6	$\sum x$=79	$\sum y$=1 415	$\sum xy$=19 055	$\sum x^2$=1 117

根据表 2-6 最后一行的合计数，代入式（2-3）和式（2-4），分别确定 a 与 b 的值。

$$b = \frac{n\sum xy - \sum x \sum y}{n \sum x^2 - (\sum x)^2} = \frac{6 \times 19055 - 79 \times 1415}{6 \times 1117 - 79^2} = \frac{2545}{461} = 5.52 \text{（元/小时）}$$

$$a = \frac{\sum y - b \sum x}{n} = \frac{1415 - 5.52 \times 79}{6} = \frac{978.92}{6} = 163.15 \text{（元）}$$

由上述计算得出该项混合成本的性态模型为

$y = 163.15 + 5.52x$

回归直线法的优点在于充分利用了离差平方和最小的原理，使分析结果比较精确，避免了主观上的误差。其缺点在于计算工作量大，对资料要求较高。这种方法适用于成本增减变动趋势较大的企业。

以上三种数学方法，高低点法最简便，但不够准确；回归直线法最精确，但相对来说它的工作量也最大，不太适用于手工计算；散布图法，由于是通过目测画线，所以会出现因人而异的现象，因而结果也不够准确。事实上，这三种方法都带有估计的成分，因而对混合成本的分解都不可能绝对准确。所以在实际工作中，一些小型企业可以近似地将混合成本归为固定成本来看待。

4．其他方法

分析混合成本除了用高低点法、散布图法和回归直线法等数学方法求解外，还可以采用以下几种非数学方法分解。

（1）会计法。会计法就是根据某项混合成本的主要成本性态，观察其比较接近于哪一类成本，如比较接近固定成本则划入固定成本；如比较接近变动成本则划入变动成本。这种方法由于受主观意图影响较大，因此可信度较低。

（2）合同认定法。合同认定法就是按合同规定的计价作为混合成本，把不论业务量多少都需支付的金额划为固定成本，而把按业务量多少计价的部分划为变动成本。这种方法的优点是比较正确，但它必须在有合同的情况下才能使用，因此具有一定的局限性。

（3）五五归类法。如果某成本项目的成本性态不太明显，确认比较困难，为简化核算，可将一半划为固定成本，一半划为变动成本，这种方法称为五五归类法。

混合成本分解为固定成本和变动成本后，企业的全部成本就都可以划分为固定成本和变动成本两大类，那么整个企业的总成本就可表达为 $y=a+bx$。这里的 a 就是整个企业的固定成本，b 就是整个企业的单位变动成本，也就是说，整个企业的总成本可表述为业务量的函数式。

五、成本性态分析的特点及应用

（一）成本性态分析的特点

由于相关范围的存在，成本性态分析通常具有相对性、暂时性和可转化性等特点。

（1）相对性是指在同一时期内，同一成本项目在不同企业之间可能具有不同的性态。这种相对性决定了不同企业都有着区别于其他企业的不同的成本特性。

（2）暂时性是指就同一企业而言，同一成本项目在不同时期可能有不同的性态，将产品成本划分为固定成本和变动成本的基本条件是"相关范围假定"。然而，从长远看，任何一种成本不可能永久保持不变，也不可能与业务量永久保持线性关系，传统成本性态划分是传统管理会计目标及行为短期性的体现。此外，传统成本性态将固定成本简单地做短期的期间化处理，掩盖了大量的长期性和战略性的重要信息，使企业多项活动的绩效难以真正体现。因此，就某一企业而言，应当经常进行成本性态分析，而不能将某次成本性态分析的结果作为一成不变的标准。

（3）可转化性是指在同一时空条件下，某些成本项目可以在固定成本和变动成本之间实现相互转化。因此，任何企业在进行成本性态分析时，都要从实际出发，具体问题具体分析。

（二）成本性态分析在生产成本管理中的应用

企业的所有成本都要区分为固定成本与变动成本两类，不同的成本性态为制定成本控制策略指明了方向。变动成本一般受消耗定额执行情况的影响，因而控制和降低单位产品的变动成本主要应从控制和降低单位产品消耗量入手。其主要途径通常有：①提高劳动生产率；②编制先进合理的劳动定额和编制定员，制订出勤率指标，控制非生产性损失，实行合理的工资制度和奖励制度，努力降低产品成本中的工资费用；③降低材料的消耗，不断降低材料的消耗是降低成本的重要途径；④努力降低材料采购成本，进行材料买价控制、材料采购费用控制，确定最优定购批量；⑤加强现有设备的技术改造，提高生产设备的利用程度。固定成本总额在相关范围内的变化具有惰性，节约固定成本主要通过提高固定资产利用率和增加产销数量等途径来实现。

知识链接 2-1

成本性态分析中应注意的问题

成本性态分析将所有成本通过一定方法划分为固定成本与变动成本两大类，在企业成本管理中具有重大的意义，得到了广泛的应用，但由于它与我国传统的财务会计的完全成本法有着较大的区别，在实际应用中也会不可避免地存在着一些问题：

（1）会计人员素质低与管理者意识不强。这直接影响成本划分的正确与否，最终影响成本的控制管理。

（2）原始资料不足。有些成本资料难以全面获得，因此成本的正确划分与分析也就存在隐患。

（3）假设的局限性。一方面，"成本与业务量之间的完全线性关系"的假定不可能完全切合实际。另一方面，如前所述，固定成本与变动成本的成本性态，只有在一段有限的期间和一个有限的产量范围内，才是正确的，如果超过了一定时期或者一定的业务量范围，成本性态的特点就有可能发生变化，使得成本性态分析及其结果的应用必须保持在一定的相关范围内。也正是因为相关范围的多变性，使得成本性态分析只能用于短期分析，而不能用于企业的长期分析。

项目小结

本项目主要介绍成本的概念及其分类、成本按其性态的分类以及成本性态分析方法。

在西方传统的财务会计中，通常把产品总成本按其经济用途分为两大类：制造成本和非制造成本。制造成本也称生产成本，是指为生产产品或提供劳务而发生的支出。它由三种基本要素构成，即直接材料、直接人工和制造费用。非制造成本也称期间费用，是指生产成本以外的成本，一般可以分为销售费用、管理费用和财务费用。

成本性态是指成本总额与业务总量的依存关系。成本按其性态分类可以分为固定成本、变动成本和混合成本三大类。常用的成本性态的分析方法有技术测定法、直接分析法和历史资料分析法。常用的历史资料分析法包括高低点法、散布图法和回归直线法。

关键术语

成本性态；固定成本；变动成本；混合成本；历史资料分析法

实训操作

【实训项目】

成本性态分析的训练。

【实训情境】

刘先生是一家洗衣机厂的经理。该厂 7 月份投产一批新型洗衣机,产量为 800 台,每台成本为 360 元。由于消费者对该型号洗衣机不太了解,当月产出的洗衣机 80%没能销售出去,于是 8 月份的产量降为 400 台,而每台成本却上升至 400 元,成本升幅超过 10%。为此,刘经理对新型洗衣机生产车间的所有员工给予严厉批评,并扣发了每个人的当月奖金。但是该生产车间的主任感到委屈,并向刘经理提供了相关数据。这些数据表明:8 月份成本实际上比 7 月份还要略低些。然后,刘经理对财务科提供的成本资料的准确性表示不满,而财务科科长坚决否认,并提供了充足的证据说明他们提供的成本信息完全是准确的。

【实训任务】

请结合成本性态理论,对这种情况给出一个合理的解释并回答下列问题:

(1) 洗衣机的生产中哪些是固定成本?哪些是变动成本?

(2) 单位变动成本与产量的关系如何?

(3) 单位固定成本与产量的关系如何?

(4) 在坐标图中画出此情境下模型曲线。

综合测试

一、单项选择题

1. 在财务会计中,应当将销售费用归属于( )。
   A. 制造费用　　　B. 主要成本　　　C. 加工成本　　　D. 非制造成本

2. 下列成本项目中不属于固定成本的是( )。
   A. 广告费　　　　　　　　　　　　B. 管理人员工资
   C. 按件计酬的生产工人工资　　　　D. 房屋租赁费

3. 下列项目中属于酌量性固定成本的是( )。
   A. 保险费　　　　　　　　　　　　B. 折旧费
   C. 管理人员工资　　　　　　　　　D. 职工教育培训费

4. 企业质量检验员的工资属于( )。
   A. 半固定成本　　　　　　　　　　B. 半变动成本
   C. 延期变动成本　　　　　　　　　D. 曲线式混合成本

5. 在应用历史资料分析法进行混合成本分解时,首先确定 a 然后才能计算 b 的方法是( )。
   A. 直接分析法　　　　　　　　　　B. 高低点法
   C. 散布图法　　　　　　　　　　　D. 回归直线法

6. 在历史资料分析法的具体应用方法中，计算结果最为精确的方法是（　　）。
    A．高低点法　　　B．散布图法　　　C．回归直线法　　　D．直接分析法
7. 下列费用中属于约束性固定成本的是（　　）。
    A．管理人员工资　B．广告费　　　C．职工教育培训费　D．业务招待费
8. 混合成本按一定方法分解后，可分为（　　）。
    A．固定成本和变动成本　　　　　　B．固定成本、变动成本和半变动成本
    C．酌量性固定成本和约束性固定成本　D．变动成本
9. 延期变动成本属于（　　）。
    A．期间费用　　　B．混合成本　　　C．固定成本　　　D．变动成本
10. 在一定业务量范围内其总额保持固定不变，但超过这个范围后，其数额随业务量的增长呈正比例变动。具备这一特点的成本项目称为（　　）。
    A．半变动成本　　B．半固定成本　　C．阶梯式变动成本　D．延期变动成本

二、多项选择题
1. 根据成本性态，可将成本划分为（　　）。
    A．固定成本　　　B．责任成本　　　C．变动成本　　　D．混合成本
2. 按经济用途对成本进行分类，应包括的成本类型有（　　）。
    A．制造成本　　　B．非制造成本　　C．未来成本　　　D．责任成本
3. 下列成本中属于变动成本的有（　　）。
    A．直接材料费　　　　　　　　　　B．外部加工费
    C．动力费　　　　　　　　　　　　D．计时工资下的生产工人工资
4. 成本性态分析的历史资料分析法包括（　　）。
    A．直接分析法　　B．高低点法　　　C．散布图法　　　D．回归直线法
5. 固定成本具有（　　）的特点。
    A．成本总额的不变性　　　　　　　B．单位固定成本的反比例变动性
    C．成本总额的正比例变动性　　　　D．单位成本的不变性
6. 下列属于固定成本的是（　　）。
    A．直接材料费　　B．保险费　　　　C．直接人工费　　D．管理人员工资
7. 固定成本可以进一步划分为约束性固定成本和酌量性固定成本，以下属于酌量性固定成本的是（　　）。
    A．广告宣传费　　B．职工教育培训费　C．保险费　　　　D．新产品研发费
8. 下列成本项目中属于约束性固定成本的有（　　）。
    A．机器设备折旧费　　　　　　　　B．职工教育培训费
    C．新产品研发费　　　　　　　　　D．管理人员薪金
9. 变动成本的特征是（　　）。
    A．在相关范围内，变动成本总额随业务量的增减呈正比例变动
    B．在相关范围内，单位变动成本随业务量的增减呈正比例变动
    C．在相关范围内，变动成本总额不随业务量的变动而变动
    D．在相关范围内，单位变动成本不随业务量的变动而变动

10．分析混合成本的主要方法有（　　　）。
  A．高低点法　　　B．散布图法　　　C．回归直线法　　　D．工程法

三、判断题

1．成本按经济用途分类，是财务会计传统成本核算的基础。（　　）
2．成本性态分析的最终目的就是要把全部成本区分为固定成本、变动成本和混合成本三类。（　　）
3．定期支付的广告费属于约束性固定成本。（　　）
4．在一般情况下，直接成本与变动成本具有相同的内容，间接成本与固定成本具有相同的内容。（　　）
5．高低点法的优点是计算精度高，缺点是计算过程过于复杂。（　　）
6．成本性态模型 $y=a+bx$ 中的 b，就是指单位变动成本。（　　）
7．按成本性态分类，制造费用可分为间接材料、间接人工和其他制造费用三个子项目。（　　）
8．生产工人的工资无论采取何种工资形式，都属于变动成本。（　　）
9．固定成本总额和单位固定成本都不受业务量变动的影响而保持固定不变。（　　）
10．单位变动成本不受业务量变动的影响，在相关范围内保持固定不变。（　　）

四、问答题

1．管理会计中成本的概念相对于财务会计中成本的概念，具有哪些特点？
2．成本按不同标准，具体可以分为哪些种类？
3．什么是成本性态？成本性态分析的方法有哪些？
4．成本性态分析的假设及程序分别是什么？
5．成本性态分析有哪些特点？

五、技能题

1．某企业甲产品 1～6 月份的产量及总成本资料见表 2-7。

表 2-7　某企业甲产品 1～6 月份的产量及总成本资料

月　份	1	2	3	4	5	6
产量（件）	140	100	80	120	170	180
总成本（元）	2 600	2 100	2 000	2 400	2 550	2 500

要求：分别采用高低点法和回归直线法建立成本性态模型，并说明两者结果不同的原因。

2．某企业 2019 年 1～6 月份实际发生的业务量和维修费有关资料见表 2-8。

表 2-8　2019 年 1～6 月份实际发生的业务量和维修费有关资料

月　份	1	2	3	4	5	6
业务量（小时）	5	7	6	8	9	6
维修费（元）	25	33	27	31	36	24

要求：

（1）根据上述资料，用高低点法和回归直线法分解维修费的固定成本和变动成本部分，并写出混合成本公式。

（2）如果预计 2019 年 7 月份的业务量为 10 小时，则其维修费是多少？

3．某企业全年各月的维修成本资料见表 2-9。

表 2-9　全年各月的维修成本

月　份	业务量（工时）	维修费支出（元）
1	190	2 100
2	220	2 300
3	230	2 600
4	120	1 700
5	120	1 700
6	90	1 500
7	70	1 400
8	110	1 600
9	140	1 900
10	140	1 900
11	210	2 300
12	80	1 500

要求： 根据上述资料，采用高低点法将维修成本分解为变动成本和固定成本，并写出维修成本公式。

项目三
变动成本法

项目目标

1. 知识目标

理解变动成本法及其理论依据;熟知变动成本法的特点;熟知变动成本法与完全成本法的差异;掌握变动成本法与完全成本法税前净利差异的原因及转换、优缺点及结合运用。

2. 能力目标

能够运用两种成本计算方法计算相关指标,并就相关指标间的差异进行比较并说明理由;能够编制不同成本计算法下的利润表。

3. 素质拓展目标

能够结合企业实际合理地运用两种成本分析方法。

【项目导入】

多家上市公司现大幅度亏损,彩电行业的寒冬来了

除了财报周期不同、尚未公布数据的创维之外,彩电企业中只有海信电器 2015 年前三季度实现了利润的增长。根据其公布的数据,2015 年 1~9 月份,公司实现营业收入 221.30 亿元,同比增长 4.91%,实现归属于上市公司股东的净利润 9.28 亿元,同比增长 0.96%。其他几家的业绩数据并不怎么好看。根据 TCL 多媒体(现已更名为 TCL 电子)公布的三季报,尽管期内营业额增长了 7.7%,但截至 9 月底的第三季度亏损 4.38 亿元,上年同期为盈利 5 868.4 万元,受第三季度亏损的影响,TCL 多媒体 2015 年前 9 个月亏损 3.02 亿元,与上年同期的盈利 2.28 亿元形成了鲜明对比。几乎同时,四川长虹披露的三季报也显示,前三季度长虹营收 459.58 亿元,同比增长 11.13%;净利润为亏损 4.95 亿元,亏损幅度比上年同期增加近 2 亿元,比上半年增加 3 亿元。

而更早些时候,深康佳 A 发布的 2015 年前三季度的业绩预告则显示,2015 年其前三季度将出现 8.3 亿元至 8.8 亿元的巨额亏损,与上年同期的盈利 4 757.93 万元相差甚远,其中仅第三季度的亏损就在 5.3 亿元至 5.8 亿元之间,而上年同期净利润为 221.91 万元。康佳财报中分析自己前三季度亏损的原因,包括退回节能补贴资金事项减少约 2.2 亿元,2015 年前三季度不含大额非经常性收益,上年同期类似收益为 4.05 亿元,以及公司管理层频繁变动等,此外,还提到的互联网企业挑起的市场价格的竞争和汇率变动造成的汇兑损失则是行业共同面临的问题。TCL 多媒体也在三季报中表示,一

方面，为应对市场竞争，集团采取了更为积极主动的竞争策略，却导致毛利率下跌；另一方面是人民币兑美元贬值引起汇兑损失及成本上升。长虹虽未详述近 5 亿巨亏的原因，但此前曾在上半年公告中也指出，行业增速放缓、行业竞争加剧导致产品均价下行、毛利空间收窄是其亏损的主要因素。

行业的统计数据也佐证了彩电企业面临的竞争压力，中怡康截至 2015 年 9 月 27 日的报告显示，2015 年中国整体平板电视机零售量同比下跌 14%。TCL 集团董事长李东生此前接受记者采访时也坦言，2015 年不管是国内还是全球市场的经济环境和产业环境都比较严峻，全球主要市场的表现都差强人意。行业资深观察人士刘步尘则认为，除了与经济大环境有关外，彩电行业形势严峻也与手机等移动互联网产品快速崛起有关，移动互联网的崛起，弱化了电视存在的价值，挤压了利润空间。

彩电行业的整体低迷影响的不仅是整机企业，也波及了上游面板产业。行业调查机构 HIS Display Search 的数据显示，2015 年全球前 15 大彩电制造商的液晶电视总出货量预计为 1.85 亿台，比年初预计的 1.999 亿台减少了 7.3%，尤其是中国彩电消费市场的低迷，使得中国品牌厂商需求疲弱，这些都给上游面板产业带来巨大压力。这一趋势在面板厂商的三季报中已有所体现。行业巨头 LG Display 发布的其 2015 年第三季度业绩报告显示，尽管其营收一直呈现环比及同比增长的态势，但盈利能力已经开始受到影响。2015 年 7～9 月，LG Display 营收 7.16 万亿韩元，环比第二季度增长 7%，同比上年增长 9%，但 3 329 亿韩元的营业利润和 1 987 亿韩元的净利润，环比分别下滑 32%和 45%，同比上年则分别下滑 30%和 44%。

国内面板企业的情况也是如此，但得益于运营产线的增加，京东方 1～9 月营收 364.2 亿元，净利润 19.92 亿元，分别同比增长 44.02%和 7.42%，但是第三季度京东方净利润同比大幅下降了 94.93%，仅有 4 121.67 万元，除了行业大势的影响外，这其中还有人民币贬值导致的 7.28 亿元汇兑损失。作为 TCL 集团的"利润奶牛"，前三季度 TCL 集团能够实现 26.10 亿元的净利润，华星光电 17.91 亿元的净利润贡献功不可没。前三季度，华星光电实现销售收入 127.11 亿元，净利润 17.91 亿元，其中经营性净利润 13.18 亿元，同比增长 10.8%。不过受产品价格低于上年同期水平以及华星光电 T_2 生产线处于爬坡期影响，第三季度华星光电的盈利同比上年有所降低。

资料来源：钱玮珏. 多家上市公司现大幅度亏损彩电行业寒冬来了[N]. 南方日报，2015-10-29.

讨论

上市公司亏损的原因是什么？从成本的角度而言，彩电行业的寒冬有什么启示？

任务一　成本计算系统

一、成本计算系统的概念及内容

成本计算是企业经营管理的一项基本工具，也是企业成本管理的重要组成部分。一般而言，成本管理包括成本预测、成本计划、成本核算、成本控制、成本考核等一系列相关工作。成本计算系统越完善，企业的经营管理也就越好。

成本计算有狭义和广义之分。其中，狭义的成本计算是指一般意义上的成本核算，即一种归集和分配实际成本费用的过程；广义的成本计算是指现代意义上的成本管理系统，由成本预测、成本计划、成本核算、成本控制和成本考核等子系统有机结合而成。管理会计采用广义的成本计算概念。

为满足不同管理目的的需要，产生了不同的成本计算方法。其中，变动成本法提供的信息更多地用于预测、决策、计划、控制和业绩考核。完全成本法提供的信息更多地用于存货计价、损益计算、报表编制等目的。对企业管理者来说，了解、掌握成本计算原理以及各种成本计算方法非常重要，这样他们就可以在其管理范围内有效利用成本计算系统，或对改进成本计算制度提出有益的建议。

二、成本计算对象、成本单元与成本中心

成本计算对象是指归集、分配生产费用的对象，它与企业的生产组织形式与工艺特点密切相关。按不同的生产组织形式与工艺特点，产品成本计算对象分为品种、工序或步骤、批别或订单以及类别，所以传统成本会计中的成本计算方法分为品种法、分步法、分批法、分类法等。通过成本计算对象，企业可以计算当期为生产一定数量的产品而发生的生产成本总额。

成本计算对象的一个单位，即能与成本相联系的一个产品或一个劳务单位通常被称为成本单元。毫无疑问，成本单元的性质也取决于产品或劳务的类型。在任何企业，成本单元都不外乎是企业试图销售的产品或提供的劳务。在确定成本单元的基础上，企业可以计算当期所生产产品的单位成本或平均成本。

成本中心就是企业中与成本相联系的某个独立可识别的部门。之所以定义成本中心，主要原因在于企业在生产经营过程中发生的许多成本不能直接分配到某个成本单元上，因为这些成本可能同时与几个成本单元相关。因此，成本中心是将共同成本按某个公平基础进一步分配给成本单元之前的一个成本归集点。成本中心可能是生产性成本中心（如家具制造厂的上光车间），也可能是与生产相关的辅助成本中心（如制造企业的维修车间），或管理成本中心（如会计部门），或销售成本中心（如地区销售部）。不同的企业有不同的成本中心，因此可以举出无数个成本中心的例子。但许多企业一般都会有下列成本中心：会计部门、人事部门、包装部门、维修车间、计算机部门、营销部门、常务董事办公室、工厂食堂、运输部门等。

三、成本分配基础与成本动因

成本计算过程实际上是成本的收集和分配过程。前者是指生产产品或提供劳务发生的材料成本、人工成本与间接制造费用的归集过程；后者是指按照一定的成本分配基础或标准将各项间接费用分配到成本计算对象或成本单元上去。传统的成本计算系统中，间接费用的分配基础或标准包括生产工人工时、生产工人工资、机器设备实际工时、机器设备定额工时、年度计划分配率等。

在生产过程中提高先进技术的使用程度，通常一方面会使企业直接人工成本下降；另一方面会使间接成本（包括通常较大的先进技术成本和操作先进技术的非直接生产人员成本）增加，这使得间接成本成为企业生产成本中占比重最大的成本。如果按照传统成本计算系统中的间接费用分配基础或标准，就会歪曲成本计算的数据，结果会对企业的业绩产生不利影响。因此，在采用先进生产技术的企业中，企业的生产间接成本，应该以产生间接成本的原

因为基础，分配给各个不同的成本单元。这些产生间接成本的原因被称作"成本动因"。例如，材料处理成本通常是签发领料单引起的，因此签发领料单是材料处理成本动因。

四、成本计算的基本程序

企业成本计算必须按照下列五个步骤进行：

收集成本信息
↓
按成本计算对象分配直接成本
↓
按成本中心分配生产间接成本
↓
按成本计算对象分配生产间接成本
↓
按成本计算对象归集成本中心的生产间接成本

收集成本信息是企业管理信息系统的基本功能之一。在设计企业管理信息系统时，必须注意准确而高效地记录所有成本信息，并易于为企业管理者所理解。收集成本信息的方法取决于相关成本单元的特点（是订单成本计算法还是分步成本计算法）。

直接成本的归集和分配没有什么问题，因为根据定义，直接成本和成本单元之间的关系清晰明了。

将生产间接成本分配到成本中心时，成本计算有些复杂。所有生产间接成本（不包括非生产间接成本），按管理者确定的合理基础，分配给不同的成本中心。然后，再根据管理者的判断，将辅助成本中心的间接费用按辅助生产劳务使用量分配给生产性部门。间接成本的分配，实务上要比理论上困难得多。

随着先进生产技术的采用，产生了一种新的间接成本分配方法，即作业成本法。作业成本法力图按更能实际反映间接成本发生情况的基础分配间接成本。在作业成本法下，间接成本的分配基础是成本动因。成本动因是管理者认为引起相关成本发生的最主要因素。

然后将归集在各个生产性部门的间接成本，按某些公平基础分配给与该成本中心有关的成本单元。分配率是根据预计数量和预计间接成本事先确定的。当利用预定分配率分配间接成本并记载在管理会计记录时，分配额和实际发生额的差额就是少分配或多分配的间接成本。

直接成本加上分配到的间接成本，就是企业当期生产产品和提供劳务的总成本。

为了保证计算结果的准确性，企业成本计算必须正确划分五个界限，具体包括：①生产经营管理费用与非生产经营管理费用的界限；②生产费用与经营管理费用的界限；③各个月份的费用界限；④各种产品的费用界限；⑤完工产品与在产品的费用界限。

任务二　完全成本法

一、完全成本法的定义

完全成本法是指在组织常规的产品成本计算过程中，以成本按其经济用途分类为前提，将全部生产成本作为产品成本的构成内容，而将非生产成本作为期间成本，按传统式损益确定程序计量损益的一种成本计算模式,在英国也被称为"吸收成本法"。我国在1993年改革会计核算制度时,为区别原有的成本核算模式,将此法称为"制造成本法"。

二、完全成本法的原理及其理论依据

完全成本法是目前广泛采用的成本计算方法。完全成本法根据成本的经济职能把企业的全部成本划分为生产领域里的成本、销售领域里的成本和管理领域里的成本三大类,其产品成本的内容则是指生产领域里的直接材料、直接人工和全部制造费用。该方法在计算产品生产成本和存货成本时,把一定期间所发生的直接材料、直接人工、制造费用(包括变动与固定制造费用)都包括在内,而销售费用和管理费用则均作为期间费用在当期全额扣除。因为它的特点是把变动成本和固定成本都归集到产品成本中,故亦称为归纳(或吸收)成本法。在完全成本法下,本期已销产品和期末未销产品具有完全相同的成本构成。

完全成本法的倡导者认为,既然是算产品成本,就没有必要区分固定制造费用或变动制造费用,这些费用都是为生产产品而发生的,因而在计算产品成本时,理应同等对待,全部计入产品成本中去。只有所有的制造费用都按一定的比例分摊到产品中去,这样计算出来的产品成本才是完全的产品成本。

三、完全成本法的分类

为适应各种类型生产特点、生产组织形式以及管理的要求,在产品成本计算工作中,应当区别不同的成本计算对象,采用不同的产品成本计算方法。按照不同的生产组织形式与工艺特点,工业企业产品或劳务的成本计算对象分为品种、工序或步骤、批别或订单以及类别等。因此,我国完全成本计算方法分为品种法、分批法、分步法和分类法。

(一)品种法

品种法是指按照产品的品种计算产品成本的方法。这种方法既不要求按照产品的批别计算成本,也不要求按照产品的生产步骤计算成本。它适用于大量大批生产的单步骤生产或者管理中不要求按照生产步骤计算成本的多步骤生产。例如,供水、供气、供电以及采煤等属于单步骤大量生产,小型水泥厂生产水泥、冶金厂的熔炼与铸造以及玻璃制品厂的熔制等虽然属于多步骤生产,但一般采用品种法计算成本。

(二)分批法

分批法也称订单法,是指按照产品的批别(分批、不分步)计算产品成本的方法。这种方法适用于小批量或单件生产。例如,精密仪器、专用设备、重型机械和船舶的制造,新产品的试制和机器设备的维修,以及辅助生产的工具模具制造等,一般采用分批法计算成本。在小批量或单件生产的企业中,产品的品种和每批产品的批量往往根据需用单位的订单确定,因而按照产品的批别计算产品的成本,往往也就是按照订单计算产品的成本。

在小批量或单件生产的加工厂或车间中,同一月内投产的产品批数往往很多,有的多至几十批,甚至几百批。如果各种间接费用在各批产品之间按月进行分配,其工作量就会极其繁重。为简化核算工作,采用不分批计算在产品成本的简化分批法。

(三)分步法

分步法是指按照产品的生产步骤(分步、不分批)计算产品成本的一种方法。它适用于大批大量,而且管理上要求分步骤计算成本的多步骤生产。纺织、造纸以及大量大批生产的机械制造等产品生产一般按照多个步骤进行,因而一般采用分步法计算产品成本。应当明确的是,产品成本计算的分步与实际的生产步骤不一定完全一致。根据各生产步骤成本结转方式的不同,分步法又可分为逐步结转分步法和平行结转分步法两种。

(四) 分类法

在一些工业企业中,生产的产品品种或规格繁多,如果按照产品的品种归集费用、计算成本,计算工作就极为繁重。产品成本计算的分类法,就是在产品品种繁多,但可以按照一定的标准分类的情况下为了简化计算工作而采用的一种成本计算方法。

分类法的特点是:按产品类别归集费用,计算成本;同一类产品内同品种产品的成本采用一定的分配方法分配确定。在采用这种方法时,先要根据产品的结构、所用的原材料和工艺过程的不同,将产品划分为若干类,按照产品的类别设立产品成本明细账,归集产品的生产费用,计算各类产品成本;然后选择合理的分配标准,在每类内的各种产品之间分配费用,计算每类产品内各种产品成本。

同类产品内各种产品之间分配费用的标准,有定额消耗量、定额费用、售价,以及产品的体积、长度和重量等。选择分配标准时,应当考虑分配标准是否与产品成本的大小之间存在密切的联系。各成本项目既可以采用同一分配标准,也可以按照成本项目的性质,分别采用不同的分配标准,以使分配结果更加合理。例如,原材料费用可按照定额原材料消耗量比例分配,工资及福利费等其他费用可按定额工时比例分配。

四、完全成本法的优缺点

(一) 完全成本法的优点

(1) 鼓励企业管理者提高产品产量。采用完全成本法,在产量越高的情况下,单位产品分摊的固定制造成本越少,使整个产品单位成本下降,从而大大提升企业提高产品产量的积极性。第二次世界大战后,即 20 世纪 50 年代中叶至 20 世纪 70 年代中叶,西方企业为努力降低产品成本、增强企业竞争能力,大量采用新工艺、新设备,对固定资产投资猛增。最近 20 年,由于采用自动化机器设备生产,许多人工已被机器所取代,机器人、计算机辅助设计、计算机辅助制造等日趋普及,从而使固定成本占总成本的比例大幅度增加。单位产品固定制造成本的降低与提高产量之间形成了密不可分的关系。

(2) 产品成本计算和存货计价完整。尽可能客观地计算、确定产品的实际成本是理论与实务中必须着重解决的一个重大问题。现行成本会计或财务会计将成本定义为"成本是为了达到一个特定的目的而已经发生或可能发生的以货币计算的耗费"。产品成本包括为生产产品而发生的所有变动成本和固定成本。依据完全成本法计算的产品成本符合人们的传统成本概念。

(3) 便于直接编制对外财务报表。企业财务报表的使用者,如投资人、债权人等都是以一种长期的观点来衡量一个企业的。为了满足他们的要求,企业应当提供产品及其存货的全部成本资料,满足他们制定长期决策的需要。完全成本法提供的成本资料可以直接用来编制对外财务报表,不需要进行任何加工处理。

（二）完全成本法的缺点

（1）不利于成本控制和考核。完全成本法所计算的单位产品成本，包括了变动制造成本和固定制造成本，因此单位产品成本的高低不仅受成本控制好坏的影响，而且也受产量多少的影响。

（2）完全成本法所确定的分期损益，难以为管理部门所理解。在产品的售价、变动成本和固定成本都不变的情况下，利润的多少和销售量增减不能保持相应比例，有时销售量增加，税前净利反而减少；有时即使销售量相同，由于产量增加，期末存货量增加，也可能导致营业利润增加。

（3）固定制造费用的分摊十分烦琐。在完全成本法下，对于固定制造费用要采用不同的分摊方法和分摊标准，在不同的产品中进行摊销，不仅工作量很大，而且分摊的方法及分配结果，不可避免地要受主观臆断的影响。

（4）提供的成本资料不便于预测、决策。采用完全成本法，不按成本性态将变动成本和固定成本分开，计算的产品成本包括了固定成本、变动成本和混合成本，提供的成本资料不能把成本—业务量—利润之间的内在关系有机地联系起来，不便于进行预测、决策分析及编制弹性预算，管理人员在规划和控制企业的经营活动时，还需要进行加工整理。

任务三　变动成本法

一、变动成本法产生的时代背景

任何一种成本计算法的产生总是与其特定的经济环境相联系的。传统会计系统中的完全成本法是在产业革命的推动下，为配合生产过程管理而采用的。但是，随着生产经营模式的变革，以及以销定产、定制生产和生产个性化、柔性化发展，这种诱导企业盲目追求产量的完全成本法开始面临来自各方面的批评。

随着市场竞争的日益激烈，企业管理者对经营活动的预测、决策、规划和控制逐渐加强，对固定成本和变动成本信息的使用频率日益提高，从而使变动成本法在西方发达国家的企业中广泛运用。第一篇专门论述变动成本计算的思想和方法的论文是由美籍英国会计学家乔纳森·哈里斯撰写的，发表于1936年1月15日的《全国会计师联合会公报》。文章追溯到哈里斯在杜威—阿尔末化学公司设计"直接标准成本制造计划"中所发现的问题。当时，该公司销售量上升利润反而下降的现象引起了哈里斯的注意，他发现问题的根源在于采用传统的完全成本法。依据此资料，哈里斯对比新旧两种方法对营业净利润的不同影响，揭示了变动成本法的优点。自哈里斯的文章公开发表之后，变动成本法的概念才得以迅速传播。变动成本法是针对完全成本法的缺陷而提出来的，改变了完全成本法所确定的税前利润要受存货变动影响的不合理情况，但它在当时并没有受到充分关注。

第二次世界大战以后，随着企业环境的改变，人们逐渐认识到传统的完全成本法提供的会计信息越来越不能满足企业内部管理的需要，必须重新认识变动成本法，充分发挥其积极作用。美国的一些会计师和经理人又重新研究并开始在实务中试行变动成本法，并将变动成本法中的边际贡献这一概念用于本量利分析及其他方面。同时，人们越来越多地认识到变动成本法不仅有利于企业加强成本管理，而且对制订利润计划、组织科学的经营决策也十分有用。从此，变动成本法开始受到人们的普遍重视。到 20 世纪 60 年代，变动成本法开始风靡，并被美国、日本、加拿大、澳大利亚等发达国家的企业广泛运用于内部管理方面，成为管理会计的一项重要内容。这种方法在 20 世纪 70 年代末传入我国，在一些企业，主要是机械行业得到了试点和运用。随着我国会计准则与国际惯例的接轨和企业经营机制的转变，变动成本法将会有更广阔的应用空间。

尽管完全成本法因符合公认会计准则而被人们所熟悉，并作为编制对外财务报表的基础。然而，在实际工作中，变动成本法计算的结果更加有利于企业内部预测和决策，在加强企业经营管理方面起着完全成本法不可比拟的作用，而且在具体实践上已经成为企业规划、控制经济活动、制定经济决策的重要手段。

二、变动成本法的概念

变动成本法又称直接成本法、边际成本法，是指企业在组织常规的产品成本计算过程中，以成本性态分析为前提，只将变动成本作为产品成本的构成内容，而将固定生产成本及非生产成本作为期间成本，按贡献式损益确定程序计量损益的一种成本计算模式。在变动成本法下，产品成本包括生产成本中的直接材料、直接人工和变动制造费用；期间成本包括管理费用、销售费用和财务费用等非生产成本与固定制造费用。由于变动成本法下的产品成本不包括全部生产成本，不符合公认会计原则，所以与现行的财务会计准则不相符。

三、变动成本法的理论依据

1. 变动成本法的实质与理论前提

（1）变动成本法对完全成本法中怪现象的解释。所谓"怪现象"，是指在完全成本法下，常常会出现有成本而没有产品或是销售不变利润却增加的情况。我们都知道，只有生产产品才会有产品成本，没有销售也就不会有利润，因此这种怪现象既不符合生产销售理论，也不符合会计理论。因为在这种成本计算方法中，要把固定制造费用分配到各个产品中，那么产量越高，每个产品中分配的固定制造费用就越少，单位产品成本就降低了。假设销售量和销售单价不变，为了增加利润，就可以通过提高产量实现。这种情况明显是不合理的，销售没有变，利润却上去了。而变动成本法是在将成本划分为固定成本和变动成本的基础上计算产品成本的，它只计量产品生产过程中所消耗的变动制造成本，包括直接材料、直接人工和制造费用中的变动部分，而将全部固定成本及制造费用中的固定部分在发生当期直接计入当期损益。制造费用中的固定部分被视为期间成本而在相应的收入中全部扣除。这样就避免了销售不变，利润却上升的问题出现。产品成本中不包括固定制造费用，所以在没有生产的情况下，产品成本就为零；产量增加或减少，也不会影响单位产品成本的大小。变动成本法消除了完全成本法下常常出现的有成本而没有产品或是销售不变利润却增加的所谓"怪现象"，而这正是变动成本法的实质所在。

（2）变动成本法的理论前提。按照管理会计理论的解释，在相关范围内，产品成本数额的多少必然与产品产量的大小密切相关，在生产工艺没有发生实质性变化、成本水平保持不变的条件下，产品成本总额应当随着产品的产量呈正比例变动。显然，按照传统成本计算和分配方法，当期即使没有生产产品，由于制造费用仍然要分配给产品，那么就会出现有成本而没有产品的怪现象。并且，传统成本计算方法忽略了成本与产量、利润与销量之间的关系。经过进一步分析，过去某些我们认为应当组成产品成本的费用只是定期地创造了可供企业利用的生产能力，因而与期间的关系更密切。并且，变动成本是因制造产品所引起的成本，为了降低变动成本，就应从降低单位产品的消耗量着手。因此，根据成本性态核算产品成本，变动成本法成为管理会计学中核算成本的基本方法。其理论前提为：产品成本只应该包括变动生产成本，而不应包括固定生产成本，固定生产成本必须作为期间成本处理。

2．变动成本法的理论基础

（1）产品成本只包括变动生产成本。在管理会计中，产品成本是指那些随产品实体流动而流动的成本，只有当产品实现销售时，才能与相关收入实现配比得以补偿的成本。随产品实体流动而流动的"成本"是指构成产品成本的价值要素，最终要在产品的各种实体形态上得以体现，表现为本期销货成本与期末存货成本。由于产品成本只有在产品实现销售时，才能转化为与相关收入相配比的费用。因此，本期发生的产品成本得以补偿的归属有两种可能：①以销货成本的形式计入当期的利润表，成为与当期收入相配比的费用；②以当期完工但尚未售出的产成品和当期在产品等存货成本的形式计入期末资产负债表递延下期，与以后期间实现的销售收入相配比。按照变动成本法的解释，产品成本必然与产品产量密切相关，在生产工艺没有发生实质性变化及成本水平不变的条件下，所发生的产品成本总额应当随所完成的产品产量呈正比例变动。若不存在产品的物质承担者，就不应当有产品成本存在。显然，在变动成本法下，只有变动生产成本才能构成产品成本的内容。

（2）固定生产成本应当作为期间成本处理。在管理会计中，期间成本是指那些不随产品实体的流动而流动，而随企业生产经营持续时间长短而增减，其效益随时间的推移而消逝，不能递延到下期，只能于发生的当期计入利润表由当期收入补偿的成本。这类成本的归属期只有一个，即于发生的当期直接转作本期费用，因而与产品实体流动无关，不能计入期末存货价值。按照变动成本法的解释，并非在生产领域内发生的所有成本都是产品成本，如生产成本中的固定制造费用，在相关范围内，它的发生与各期的实际产量的多少无关，它只是定期创造了可供利用的生产能力，因而与期间的关系更为密切。在这一点上，它与销售费用、管理费用和财务费用等非生产成本一样，只是定期地创造了维持企业经营的必要条件，具有时效性。因此，固定制造费用（即固定生产成本）应当与非生产成本同样作为期间成本处理。

四、变动成本法的特点

与传统的完全成本法相比，变动成本法的特点主要体现在以下三个方面：

（一）以成本性态分析为基础

在变动成本法下，将全部成本划分为固定成本和变动成本两大类是最基本的前提条件，还要把与产品生产过程存在直接联系的变动成本归集到产品成本中，固定成本作为期间成本直接从本期收入中扣除。

（二）企业利润由贡献式利润表确定

为获得关键的贡献毛益信息，变动成本法把企业利润改由贡献式利润表来计算确定。贡献式利润表由两个步骤组成：

销售收入
<u>减：已售产品的变动成本</u>
贡献毛益
<u>减：期间成本</u>
税前利润

（三）成本信息主要服务于企业内部管理

尽管变动成本法具有其优越性，但由于现行会计准则和税收法规均要求企业以全部成本计算为基础确定利润和对外报告，因此它不能取代完全成本法，变动成本法下的各种成本信息仅限于企业内部管理部门使用。

【拓展阅读 3-1】

北汽微车短期不盈利但可分摊固定成本

2011 年 3 月 29 日，北汽集团发布首款微车产品威旺 BC306，2011 年威旺 BC306 的销售目标是 3 万辆，外加下半年即将推出的 BC301Z，到 2015 年，北汽微车销量要占到全国微客车型销量的 10%。但是，市场的情况却是，上海通用五菱、长安汽车、东风小康已经占有国内微客市场 91%的市场份额，北汽属于微车市场的后来者，且随着国家汽车下乡政策的推出，微车市场需求也会受到一定程度的影响。那么，微车会不会拖累北汽业绩呢？北汽集团有关人士表示，微车一上市就盈利是不可能的，但是中国企业最大的优势就在于控制得很好。一方面，北汽直接购买萨博知识产权实现国产化后，成本会降低到基本要求；另一方面，微车利用原有的厂房、技术、人员，可以在很大程度上摊薄固定成本。对于北汽而言，目前最重要的是扩大北汽的整体规模，相对而言，自主品牌现金流比利润更重要，因此只要微车有销售收入，摊薄固定成本的规模效应就会显现。例如，生产 10 万辆车和生产 50 万辆车的单车成本差异是很大的，只要收入能够覆盖固定成本就可以生产。

任务四　变动成本法和完全成本法的比较及评价

变动成本法以成本性态分析为前提，将全部成本划分为变动成本和固定成本两大部分。其中，直接材料和直接人工为变动成本；属于混合成本性质的制造费用按与业务量变动的关系分解为变动制造费用和固定制造费用两部分。销售费用、管理费用、财务费用同样也要分解为变动和固定两部分。

完全成本法则以全部成本按经济用途分类为前提，将全部成本划分为生产成本和非生产成本两类。

对于固定制造费用，变动成本法采取了不同于完全成本法的处理方式，使得两种方法在产品成本构成、存货估价和当期损益方面存在着一系列的差异。

一、成本计算目的不同

变动成本法主要在于满足企业内部经营管理的需要，主要适用于管理会计系统，用于编制对内管理会计报告，提供服务于预测、决策、规划、控制和业绩考核等内部管理工作的信息。完全成本法依据公认会计原则汇集企业在一定期间内所发生的成本，主要适用于财务会计系统，提供用于存货计价、损益计算、报表编制等相关信息。

二、应用的前提条件不同

变动成本法以成本性态分析为前提，把全部成本划分为变动成本和固定成本两大部分，尤其要把混合成本性质的制造费用按生产量分解为变动制造费用和固定制造费用两部分。而完全成本法则是把全部成本按照经济用途分为生产成本和非生产成本。凡在生产领域中为生产产品发生的成本就归属于生产成本；发生在流通领域和服务领域、由于组织日常销售或进行日常行政管理而发生的成本则归属于非生产成本。

三、产品成本的构成不同

如前所述，变动成本法下，产品成本包括直接材料、直接人工和制造费用中的变动部分；完全成本法下，产品成本包括直接材料、直接人工和全部的制造费用。在变动成本法下，产品成本全部由变动生产成本所构成，计算公式为

$$产品成本=直接材料+直接人工+变动制造费用$$

在完全成本法下，产品成本包括全部生产成本。计算公式为

$$产品成本=直接材料+直接人工+变动制造费用+固定制造费用$$

例 3-1 假定甲公司只生产一种产品，某年有关资料见表 3-1。现要求按两种成本法计算产品成本。

表 3-1 甲公司有关资料

基础资料		成本资料			
项目	数量（件）	项目	金额（元）	明细项目	金额（元）
本年产量	1 000	直接材料	35 000	—	—
期初存货	0	直接人工	20 000	—	—
期末存货	100	制造费用	20 000	变动费用	5 000
				固定费用	15 000
本年销售量	900	销售费用	15 000	变动费用	5 000
				固定费用	10 000
销售单价	100元	管理费用	5 000	变动费用	1 000
				固定费用	4 000

根据表 3-1 的有关资料，分别运用两种成本法计算产品成本，并编制成本计算单，见表 3-2。

表 3-2　甲公司产品成本计算单　　　　　　　　　　　　（单位：元）

基础资料	变动成本法		完全成本法	
	总成本	单位成本	总成本	单位成本
直接材料	35 000	35	35 000	35
直接人工	20 000	20	20 000	20
变动制造费用	5 000	5	5 000	5
变动生产成本	60 000	60	60 000	—
固定制造费用	—	—	15 000	15
全部生产成本	—	—	75 000	75

从计算结果可以看出，按照变动成本法，甲公司单位产品成本为 60 元，比完全成本法少了 15 元，就是因为变动成本法没有吸收固定制造费用所致。本例中，固定制造费用为 15 000 元，分摊到本期产量，则每件产品少负担固定成本 15 元（15 000÷1 000）。

四、对存货的估价不同

如前所述，采用变动成本法，只在产品成本中归集变动生产成本，而不包括固定制造费用。若采用完全成本法，则由于在已销产品、库存产品以及在产品之间进行固定制造费用的分配，因此一定时点上的期末产成品、在产品的存货成本，既包括变动生产成本，也包括分摊的固定制造费用。这样，完全成本法下的期末存货成本就会高于变动成本法下的存货成本。

在变动成本法下，期末存货是以变动制造费用计价的，不包括固定制造费用。即期末存货成本的计算公式为

期末存货成本=单位期末存货成本×期末存货量
=单位变动制造费用×期末存货量

在完全成本法下，全部生产成本需要在本期已销售产品与期末存货之间进行分配。期末存货的计价包含直接材料、直接人工和制造费用。可见，完全成本法下的期末存货计价必然大于变动成本法下的期末存货计价。其计算公式为

期末存货成本=单位期末存货成本×期末存货量

例 3-2　承例 3-1，根据甲公司的有关资料，可以计算出两种成本法下的期末存货成本，见表 3-3。

表 3-3　甲公司期末存货成本计算单

摘　要	变动成本法	完全成本法
单位产品成本（元）	60	75
期末存货数量（件）	100	100
期末存货成本（元）	6 000	7 500

五、销货成本的计算公式不完全相同

从理论上说，如果企业期初存货不为零且采用先进先出法结转存货成本，在当期销售量大于或等于期初存货量时，两种成本法下企业本期销货成本和期末存货成本的通用计算公式为

本期销货成本=期初存货成本+（本期销售量–期初存货量）×本期单位产品成本

期末存货成本=（期初存货量+本期生产量–本期销售量）×本期单位产品成本
= 期末存货量×本期单位产品成本

在相关范围内，企业期初、期末的成本性态不会发生变化，即单位变动生产成本、固定生产成本是不变的。因此，变动成本法下的期初单位存货成本、本期单位产品成本和期末单位存货成本三者完全相等，即期初、期末单位产品成本都等于单位变动生产成本。这种情况下，企业本期销货成本和期末存货成本可以用下列简化公式计算：

本期销货成本=本期销售量×单位产品成本

期末存货成本=期末存货量×单位产品成本

在完全成本法下，如果期初存货不为零，即使期初、期末存货计价方法不变，产品生产过程中单位变动生产成本和固定生产成本不变，但由于期初、期末产品产量的不同，期初单位存货成本、本期单位生产成本和期末单位存货成本必然不同。完全成本法下，只有在期初、期末产量均不变的极特殊情况下，上述三种单位产品成本才相同，才可以直接运用以上简化公式计算销货成本和存货成本，但两种成本法下的单位产品成本水平还是不同的。在多数情况下，完全成本法需要按通用公式而不能按简化公式计算确定本期销货成本和期末存货成本。

六、分期损益不同

由于两种成本法所确定的产品成本不同，导致与当期收入配比的产品销售成本、期末存货成本不同，并使得当期损益也不同。同时，由于期末存货中所吸收的固定生产成本实际上递延到了以后的会计期间，从而产生了分期损益差异。在完全成本法下，利润表把成本项目按照生产、销售、管理等不同经济职能进行排列，主要满足企业外界的报表使用者的需要，故也称为"职能式利润表"；而变动成本法下的利润表则将全部成本项目按其性态划分为变动成本、固定成本两大类排列，主要目的在于获取贡献毛益信息，以适应企业内部管理人员规划与控制经济活动的需要，因此也称为"贡献式利润表"。

在变动成本法下，只能按贡献式利润确定程序计量销售利润；而在完全成本法下，则必须按传统式利润确定程序计量销售利润。两种方法下相关计算公式如下：

1. 税前利润

（1）在变动成本法下：

贡献毛益=销售收入–变动成本总额

在这里，变动成本总额应包括已售产品的变动生产成本和变动期间费用。

税前利润=贡献毛益–固定成本总额

在这里，固定成本总额应包括固定制造费用和固定期间费用。

（2）在完全成本法下：

$$销售毛利=销售收入-销售生产成本$$

在这里，销售生产成本包括已售产品的变动生产成本和固定制造费用。

$$税前利润=销售毛利-期间费用$$

在这里，期间费用包括全部的变动和固定的期间费用。

2．期间费用

（1）在变动成本法下，期间费用由固定制造费用，全部的销售费用、管理费用和财务费用所构成。即：

$$期间费用=固定制造费用+销售费用+管理费用+财务费用$$

（2）在完全成本法下，期间费用则仅包含全部非生产成本（即全部销售费用、全部管理费用、全部财务费用）。即：

$$期间费用=销售费用+管理费用+财务费用$$

3．销售成本

从理论上来说，无论是变动成本法还是完全成本法，销售成本都可以按下列公式计算求得，即：

$$本期销售成本=期初存货成本+本期发生的生产成本-期末存货成本$$

在变动成本法下，由于在相关范围内，单位变动成本不随业务量的变动而变动，上式因而可以改写成：

$$本期销售成本=单位变动成本\times（期初存货量+本期生产量-期末存货量）$$
$$=单位变动成本\times本期销售量$$

而在完全成本法下，单位产品成本既包括单位变动成本，也包括单位固定成本。在相关范围内，单位固定成本与业务量呈反比例变动，因而本期销售成本既与销售量有关，又与生产量有关。在完全成本法下，当期初、期末的生产量不相同时，其单位固定成本就会改变，所以本期销售成本应按照下述公式计算：

$$本期销售成本=期初存货成本+本期发生的生产成本-期末存货成本$$

例 3-3 承例 3-1，分别采用两种成本法计算当期损益，结果见表 3-4 和表 3-5。

表 3-4 甲公司职能式利润表（按完全成本法编制）

（单位：元）

项　　目	金　　额
销售收入（900×100）	90 000
销售成本：	
期初存货成本	0
加：本期生产成本	75 000
可供销售的产品生产成本	75 000

(续)

项目	金额
减：期末存货成本	7 500
销售成本合计	67 500
销售毛利	22 500
减：销售费用	15 000
管理费用	5 000
期间费用总额	20 000
税前利润	2 500

表 3-5　甲公司贡献式利润表（按变动成本法编制）

（单位：元）

项目	金额
销售收入（900×100）	90 000
变动成本：	
变动生产成本（900×60）	54 000
变动销售成本	5 000
变动管理成本	1 000
变动成本总额	60 000
贡献毛益总额	30 000
减：期间成本	
固定制造费用	15 000
固定销售费用	10 000
固定管理费用	4 000
期间成本总额	29 000
税前利润	1 000

由表 3-4 和表 3-5 可知，按完全成本法计算的税前利润为 2 500 元，按变动成本法计算的税前利润为 1 000 元，两者的差额为 1 500 元。其差异形成的原因是：在完全成本法下，期末存货"吸收"了部分固定制造费用。这 1 500 元被完全成本法列入"资产负债表"中作为资产项目的"存货"处理，而在变动成本法中，则被列入"利润表"中作为当期损益。

七、两种成本计算方法对利润计算的影响

（一）广义差额和狭义差额

在同样的前提条件下，完全成本法和变动成本法计算的营业利润往往是不同的。将某期分别按两种成本法确定的营业利润之差简称为该期两种成本法下营业利润的广义差额。

广义差额以公式表示为

某期两种成本法下营业利润的广义差额
=该期完全成本法下的营业利润-该期变动成本法下的营业利润

从定义可知，不同期间两种成本法下的营业利润广义差额可能大于，也可能小于或者等于零。其中，不等于零的营业利润差额称为狭义差额。

为了进一步说明两种成本法对利润计算的影响，以下分两种情况举例进行分析：①各期产量不变、销量逐期变化；②各期销量不变、产量逐期变化。

1．各期产量不变、销量逐期变化

例 3-4 假定 A 公司只生产一种产品，单位产品售价为 12 元，产品单位变动成本（包括直接材料、直接人工和变动制造费用）为 5 元，基于正常生产能力 8 000 件的固定制造费用总计为 24 000 元，每件产品应分摊 3 元（24 000÷8 000）。假定各年产量稳定。销售与管理费用全部为固定成本，每年发生额均为 25 000 元。该公司最近三年的产销情况见表 3-6。

表 3-6 公司最近三年的产销情况 （单位：件）

	第 一 年	第 二 年	第 三 年
期初存货	0	0	1 000
本期生产	8 000	8 000	8 000
本期销售	8 000	7 000	9 000
期末存货	0	1 000	0

要求：根据上述资料，不考虑销售税金，分别采用变动成本法和完全成本法计算各年的营业利润。

根据上述资料，按完全成本法编制的利润表和按变动成本法编制的利润表分别见表 3-7 和表 3-8。

表 3-7 公司按变动成本法编制的利润表 （单位：元）

年 份	第 一 年	第 二 年	第 三 年
销售收入（销售量×12）	96 000	84 000	108 000
变动成本（销售量×5）	40 000	35 000	45 000
贡献毛益	56 000	49 000	63 000
固定成本			
固定制造费用	24 000	24 000	24 000
管理费用和销售费用	25 000	25 000	25 000
小计	49 000	49 000	49 000
营业利润	7 000	0	14 000

表 3-8 公司按完全成本法编制的利润表 （单位：元）

年 份	第 一 年	第 二 年	第 三 年
销售收入（销售量×12）	96 000	84 000	108 000
销售成本			
期初存货成本	0	0	8 000
当期产品成本	64 000	64 000	64 000
可供销售产品成本	64 000	64 000	72 000
期末存货成本	0	8 000	0
小计	64 000	56 000	72 000
毛利	32 000	28 000	36 000
管理费用和销售费用	25 000	25 000	25 000
营业利润	7 000	3 000	11 000

通过表 3-7 和表 3-8 可以看出：在第一年，完全成本法下的营业利润等于变动成本法下的营业利润，二者的差额为 0 元；在第二年，完全成本法下的营业利润大于变动成本法下的营业利润，二者的差额为 3 000 元；在第三年，完全成本法下的营业利润小于变动成本法下的营业利润，二者的差额为 –3 000 元。

在成本消耗水平及售价不变的情况下，可以得出如下结论：①如果当期期末存货等于期初存货（即产销量相同），按两种成本法计算的营业利润相等。②如果当期期末存货大于期初存货（即产量大于销量），按变动成本法计算的营业利润小于按完全成本法计算的营业利润。③如果当期期末存货小于期初存货（即产量小于销量），按变动成本法计算的营业利润大于按完全成本法计算的营业利润。

2．各期销量不变、产量逐期变化

例 3-5 假定 A 公司从事某单一产品生产，单位产品售价 200 元；管理费用和销售费用均为固定成本，两项费用各年总额均为 50 000 元；产品单位变动成本（包括直接材料、直接人工、变动制造费用）为 90 元；固定制造费用为 20 000 元。该公司连续三年销量和产量资料见表 3-9。

表 3-9 A 公司连续三年销量和产量资料 （单位：件）

	第 一 年	第 二 年	第 三 年
期初存货	0	0	200
本期生产	1 000	1 200	800
本期销售	1 000	1 000	1 000
期末存货	0	200	0

要求：根据上述资料，不考虑销售税金，分别采用变动成本法和完全成本法计算各年的营业利润。

根据上述所给资料编制的变动成本法下和完全成本法下的利润表分别见表 3-10 和表 3-11。

表 3-10 A 公司按变动成本法编制的利润表　　　　　　（单位：元）

年　　份	第　一　年	第　二　年	第　三　年	合　计
销售收入（销售量×200）	200 000	200 000	200 000	600 000
变动成本（销售量×90）	90 000	90 000	90 000	270 000
贡献毛益	110 000	110 000	110 000	330 000
固定成本				
固定制造费用	20 000	20 000	20 000	60 000
管理费用和销售费用	50 000	50 000	50 000	150 000
小计	70 000	70 000	70 000	210 000
营业利润	40 000	40 000	40 000	120 000

表 3-11 A 公司按完全成本法编制的利润表　　　　　　（单位：元）

年　　份	第　一　年	第　二　年	第　三　年	合　计
销售收入（销售量×200）	200 000	200 000	200 000	600 000
销售成本				
期初存货成本	0	0	21 333	21 333
当期产品成本	110 000	128 000	92 000	330 000
可供销售产品成本	110 000	128 000	113 333	351 333
期末存货成本	0	21 333	0	21 333
小计	110 000	106 667	113 333	330 000
毛利	90 000	93 333	86 667	270 000
管理费用和销售费用	50 000	50 000	50 000	150 000
营业利润	40 000	43 333	36 667	120 000

通过表 3-10 和表 3-11 可以看出：在第一年，完全成本法下的营业利润等于变动成本法下的营业利润，二者的差额为 0 元；在第二年，完全成本法下的营业利润大于变动成本法下的营业利润，二者的差额为 3 333 元；在第三年，完全成本法下的营业利润小于变动成本法下的营业利润，二者的差额为-3 333 元。

在各期销量不变、产量逐期变化的情况下，可以得出如下结论：①在售价、成本不变的情况下，只要销量不变，无论产量增减多少，按变动成本法计算的各年营业利润均保持不变。②按完全成本法计算的各年营业利润，尽管各年的销售水平相同，但各年的营业利润不一定相等。实际上，完全成本法下的营业利润不仅与销售量有关，而且还要受到产量变动的影响。

（二）两种成本法下营业利润差额的变动规律

以上示例表明，依据两种不同的成本法计算的营业利润往往出现狭义差额。其原因何在呢？

第一，在两种成本计算方法下，销售收入是完全相同的，不会导致营业利润出现狭义差额。

第二，因为在两种成本法下销售费用、管理费用和财务费用只是在计入利润表的位置和补偿途径方面有形式上的区别，所以也不会对两种成本法下分期营业利润是否出现狭义差额产生影响。

第三，由于变动生产成本在不同的成本法下均为产品成本的构成内容，因而也不可能使分期营业利润出现狭义差额。

第四，只有固定制造费用在不同的成本法下处理方式不同。分析两种成本法下分期营业利润出现狭义差额的根本原因，必须从分析固定制造费用入手。

实际上，两种成本法下分期营业利润出现狭义差额的根本原因在于：两种成本法计入当期利润表的固定制造费用（即固定生产成本）出现了差异。这种差异又具体表现为完全成本法下期末存货吸收的固定生产成本与期初存货释放的固定生产成本之间的差异。因为在变动成本法下，计入当期利润表的是当期发生的全部固定制造费用；而在完全成本法下，计入当期利润表的固定制造费用的数额，除了受当期发生的全部固定制造费用的影响，还要受期末存货和期初存货的影响。

在其他条件不变的前提下，只要某期完全成本法下期末存货吸收的固定生产成本与期初存货释放的固定生产成本不同，就意味着两种成本法计入当期利润表的固定生产成本的数额不同，一定会使两种成本法计算的当期营业利润不相等；如果某期完全成本法下期末存货吸收的固定生产成本与期初存货释放的固定生产成本相同，就意味着两种成本法计入当期利润表的固定生产成本相同，两种成本法计算的当期营业利润必然相等。

上述关系可以用以下公式证明：

完全成本法计入当期利润表的固定生产成本=期初存货释放的固定生产成本+
本期发生的固定生产成本−期末存货吸收的固定生产成本

变动成本法计入当期利润表的固定生产成本=本期发生的固定生产成本

两种成本法计入当期利润表的固定生产成本差额
=完全成本法下期初存货释放的固定生产成本−
完全成本法下期末存货吸收的固定生产成本

在其他因素相同的情况下，以下公式成立：

两种成本法下当期营业利润的差额
=完全成本法下期末存货吸收的固定生产成本−
完全成本法下期初存货释放的固定生产成本
=完全成本法下期末存货的单位固定生产成本×期末存货量−
完全成本法下期初存货的单位固定生产成本×期初存货量

通过上述公式的分析，可以从两方面得出两种成本法下分期营业利润差额的一些变动规律。

（1）期初、期末存货成本中固定制造费用变动及其对比关系与两种成本法下营业利润差额之间的规律。

1）若完全成本法下期末存货吸收的固定生产成本等于期初存货释放的固定生产成本，则两种成本法确定的营业利润差额必然为零，即它们的营业利润相等。

2）若完全成本法下期末存货吸收的固定生产成本大于期初存货释放的固定生产成本，则两种成本法确定的营业利润差额必然大于零，即按完全成本法确定的营业利润一定大于按变动成本法确定的营业利润。

3）若完全成本法下期末存货吸收的固定生产成本小于期初存货释放的固定生产成本，则两种成本法确定的营业利润差额必然小于零，即按完全成本法确定的营业利润一定小于按变动成本法确定的营业利润。

（2）期初、期末存货量（产销量）与两种成本法下营业利润差额之间的规律。

1）当期末存货量不为零，而期初存货量为零时，完全成本法确定的营业利润大于变动成本法确定的营业利润。

2）当期末存货量为零，而期初存货量不为零时，完全成本法确定的营业利润小于变动成本法确定的营业利润。

3）当期末存货量和期初存货量均为零，即产销量平衡时，两种成本法确定的营业利润相等。

4）当期末存货量和期初存货量均不为零，而它们的单位固定生产成本相等（即期初、期末固定生产成本和产量均不变）时，则两种成本法所确定的营业利润之间的差额取决于期末存货量和期初存货量的数量关系。

① 当期末存货量和期初存货量相等（即产销量平衡）时，两种成本法确定的营业利润相等。

② 当期末存货量大于期初存货量（即产量大于销量）时，完全成本法确定的营业利润大于变动成本法确定的营业利润。

③ 当期末存货量小于期初存货量（即产量小于销量）时，完全成本法确定的营业利润小于变动成本法确定的营业利润。

在实务中，两种成本法对营业利润计算的影响并不存在一成不变的关系，只有在特定条件下，才有一定规律可循，不能盲目地照搬套用。

（三）两种成本法下计算税前利润的相互转换

两种成本法计算的分期税前利润的差额具体表现为完全成本法下计算的期末存货吸收的固定制造费用与期初存货释放的固定制造费用之间的差额，用公式表示为

完全成本法的税前利润=变动成本法的税前利润+（完全成本法期末存货吸收的固定制造费用−完全成本法期初存货释放的固定制造费用）

或者：

变动成本法的税前利润=完全成本法的税前利润−（完全成本法期末存货吸收的固定制造费用−完全成本法期初存货释放的固定制造费用）

该公式可以用于两种成本法下税前利润的转换，对会计理论和实践都有一定的指导作用。

【案例分析 3-1】

优信有限公司生产甲产品，10 月份生产量为 400 件，单位产品成本为 7.5 元，其中单位固定制造费用为 2 元。由于销售欠佳，11 月份产量减少了一半，即为 200 件，每件产品单位成本为 9 元，成本增长了 20%。经理在进行业绩评价时，认为这是成本管理不善造成的结果，提出要对车间负责人和相关生产工人进行处罚，但是管理会计人员提出了一系列的成本资料，认为不是成本增加了，实际上是成本下降了，在材料和人工耗费方面每件下降了 0.5 元，应该奖励。

◎ 问题

如何运用变动成本法和完全成本法的知识分析此案例？

八、两种成本法的评价

（一）变动成本法的优缺点

1．变动成本法的优点

变动成本法是适用于面向未来、加强企业内部管理的需要而产生的。由于它能够提供反映成本与业务量之间、利润与销售量之间变化规律的信息，因而有助于加强成本管理，强化管理预测、决策、规划、控制和业绩考核等职能。变动成本法的优点主要包括以下六个方面：

（1）能够促进企业重视市场。从理论上讲，在产品售价、成本水平不变的情况下，变动成本法计算的利润应与销售量的变动相一致，使利润真正成为反映企业经营状况的晴雨表，促使管理者重视市场销售，增强现代经营管理意识，实现以销定产，防止盲目生产带来的产品大量积压，提高企业的经济效益。

（2）能够提供重要的管理信息。采用变动成本法提供的单位变动成本和贡献毛益，揭示了业务量与成本水平变化的内在规律，表现了产销量、成本和利润之间的依存关系，提供了各种产品盈利能力的重要资料和经营风险等重要信息，这些都为企业管理部门进行本量利分析，以及正确地进行成本计划、控制和经营决策提供了重要依据，增强了成本信息的有用性，有利于企业短期决策。从前面的例子中可以看出，完全成本法下计算的利润受到存货变动的影响，而这种影响是违背逻辑规律的。尽管产品的生产是企业实现利润的必要条件之一，但只有产品销售出去其价值才为社会所承认，企业也才能取得收入和利润。产品销售不仅是企业实现收入和利润的必要条件，也是充分条件，多销售才会多得利润。而在完全成本法下，多生产即可多得利润，这当然有悖于逻辑规律。至于在产销均衡的条件下，多生产当然会多得利润，但这在变动成本法和完全成本法下计算的结果是完全一致的。

完全成本法下由于产量波动而导致的利润波动，有时会达到令人无法忍受的程度，即当期增加销售不仅不会提高利润，反而会使利润下降。也就是说，完全成本法下提供的成本信息不仅无助于进行正确的决策，有时还可能是不利的。而在变动成本法下则可以完全避免上述问题的发生。

变动成本法将产品制造成本按成本性态划分为变动制造费用和固定制造费用两部分，认为只有变动制造费用才构成产品成本，而固定制造费用应作为期间成本处理。换句话说，变动成本法认为固定制造费用转销的时间选择十分重要，它应该属于为取得收益而已经丧失的成本。

（3）更符合"配比原则"。变动成本法以成本性态分析为基础计算存货成本。它的基本原理就是将当期所确认的费用，按照成本性态分为两个部分。一部分是与产品生产数量直接相关的成本（即变动成本），包括直接材料、直接人工和变动制造费用。这部分成本中由已销售产品负担的相应部分（即当期销售成本）需要与销售收入（即当期收益）相配比，未销售产品负担的相应部分（即期末存货成本）则需要与未来收益相配比。另一部分则是与产品生产数量无直接联系的成本，即固定制造费用。这部分成本是企业为维持正常生产能力所必须负担的成本，它们与生产能力的利用程度无关，既不会因为产量的提高而增加，也不会因为产量的下降而减少，只会随着时间的推延而丧失，所以是一种为取得收益而已经丧失的成本，当然应全部列为期间成本而与当期的收益相配比。至于销售费用与管理费用，变动成本法下同样是作为期间成本，只不过在进行相关决策时，也需要按成本性态进行必要的划分。

（4）可以简化成本计算。采用变动成本法，把所有的固定成本都列作期间成本，从贡献毛益中直接扣除，节省了许多间接费用的分摊手续，简化了成本计算工作。同时，也避免了间接费用中的主观随意性。因为在变动成本法下，固定制造费用被全部作为期间成本而从贡献毛益中一次性扣除，从而省却了各种固定制造费用的分摊工作（在完全成本法下则必须分摊）。

这样做不仅大大简化了产品成本的计算工作，而且避免了各种固定制造费用分摊中的主观随意性。在多品种生产的企业，变动成本法的上述优点尤为突出。

（5）便于进行各部门的业绩评价。制定标准成本和费用预算、考核执行情况、兑现奖惩是加强企业管理的有效做法，变动成本法为这些做法提供了正确的思路和恰当的操作方法。

1）关于供应部门。供应部门的业绩如何，通常可以从以下两个方面来评价：①供应总成本即供应资金的占用情况。在不影响生存需要的前提下，供应资金占用越小越好，因此应当实行总量控制。②单位供应成本，包括采购成本和保管成本。采购成本包括买价、包装费、运输费、途中保险费、途中损耗、入库前的挑选整理费、差旅费等，保管成本则主要包括保险费、财产税以及库中损耗等。上述单位供应成本基本上是变动成本法下的变动成本概念，应建立标准成本进行控制和业绩评价。至于供应部门的其他费用，要么可控程度不高，如工资、办公费、维修费等；要么根本不可控，如自设仓库的折旧费、水电费、空调费、取暖费等，基本上属于固定成本而与存货的供应数量没有关系，对供应部门的业绩评价也基本上不包括上述内容。

2）关于生产部门。变动成本法便于业绩评价这一优点在生产部门表现得最为突出。生产部门只为生产产品的物耗水平负责，直接材料、直接人工和变动制造费用诸方面如有节约或超支，会立即从产品的变动生产成本指标上反映出来。至于固定制造费用，如按期计提的厂房和设备折旧费，其高低通常由管理部门评价而不是由业绩评价，对生产部门的业绩评价也基本上不包括固定制造费用。

3）关于销售部门。变动成本法便于业绩评价这一优点在销售部门表现得最为直接。销售部门只为销售数量负责，销售越多则业绩越好。生产数量是销售数量的上限，销售部门业绩的好与差只能根据特定时间销售数量的高低独立进行评价，当然不能根据前述的"销售量相同而生产量不同时各期损益不同"这一不合逻辑的情况来评价。

（6）能够促使企业管理者重视销售，防止盲目生产。扩大产品销售以增加企业利润是一种常识，但在完全成本法下，却会出现"销售量下降只是由于产量大幅度上升所导致的，利润不减反增"这样一种不正常的现象。这样一种信息必然会导致企业盲目生产，其结果是产品积压。产品积压不仅会导致资金长期占压和保管成本上升，还可能会导致产品的永久损失，如折价、毁损、报废等。

采用变动成本法后，由于产量的高低与存货的增减对企业的利润均无影响，所以当销售品种构成、销售价格、单位变动成本不变时，企业利润将只随销售数量的变化而变化，销售量大则利润高。这样一种信息必然会使管理者更加重视销售环节，把注意力更多地集中在分析市场动态、开拓销售渠道、以销定产、搞好售后服务这些方面，也就可以防止盲目生产这一情况的出现。

在分析"完全成本法重视生产而变动成本法重视销售"这一问题时，还必须注意到：随着生产水平的不断提高，成本构成不断增多，设备折旧费这项重要的固定制造费用在两种成本法下的"杠杆作用"也就会越来越大。换句话说，它会使人们在完全成本法下更重视生产，而在变动成本法下更重视销售。

与完全成本法相比，应该说变动成本法的优点是主要的，正因为如此，不少人认为变动成本法不仅适用于提供与短期决策相关的成本信息，也适用于对外报告计算利润的基础。

2．变动成本法的缺点

（1）产品成本不符合会计准则规定。按照传统的成本观念，产品成本应该包括变动生产成本和固定生产成本。而变动成本法按成本性态将成本划分为固定成本与变动成本，本身具有局限性，这种划分在很大程度上是假设的结果，并且其产品成本至少目前不合乎税法的相关规定。

（2）难以适应长期决策的需要。因为从长期来看，固定成本不可能不发生变动。而长期决策涉及的时间较长，并要解决生产规模的问题，则必然要超过相关范围。因此变动成本法所提供的资料，不适用于长期决策的需要。

（3）现实中的问题——对所得税、投资者的影响。由于目前国内外财务会计都采用完全成本法，因此，产品存货成本包括了变动生产成本和固定生产成本，几乎所有正常生产经营的企业，年末都有一定的产品存货。如果下个年度开始施行变动成本法计算产品成本，那么势必导致新的年度要多承担上个年度递延下来的固定生产成本，从而导致新年度的营业利润降低，进而影响国家的税收和投资者的收益。这也是阻碍变动成本法推行的原因。

（二）完全成本法的优缺点

1．完全成本法的优点

（1）有利于调动企业管理者提高产品产量的积极性。在完全成本法下，产品成本由固定生产成本和变动生产成本组成，因而单位产品成本就由单位固定生产成本和单位变动生产成本组成，其中，单位固定生产成本等于固定生产成本总额除以当期产量。由此可见，在单位变动生产成本和固定生产成本总额不变的条件下，单位产品成本的高低完全就由受产量影响的单位固定生产成本决定，产量越高，单位固定生产成本越低，产品成本就越低，因此提高产量可以降低从当期收入扣减的销货成本，增加企业的利润。因此，采用完全成本法有利于调动企业生产的积极性。

（2）符合传统成本概念，便于直接编制对外财务报表。与变动成本法相比，完全成本法的产品成本符合传统成本概念。编制的财务报表，便于外部利益相关者使用，可以更好地为他们服务。

2．完全成本法的缺点

（1）不利于进行成本控制和考核。完全成本法将固定制造费用计入产品成本，增加了成本计算的工作量，影响了成本计算的及时性和准确性，并且产品成本未按照成本性态划分，使成本控制变得复杂。

（2）提供的资料不便于进行预测、决策分析。预测分析和短期经营决策分析是在成本性态分析的基础上进行的，而完全成本法未按照成本性态划分，因此，完全成本法不利于进行预测、决策分析。

（三）变动成本法与完全成本法的结合运用

如前所述，变动成本法和完全成本法各有其优缺点。在管理会计实践中，两种方法提供的信息互有侧重，可以相互结合、相互补充，共同实现会计职能。

一般认为，企业会计具有两个方面的基本职能：一方面，应按照公认会计原则和会计信息披露的规定，定期编制财务报告，为企业外部的投资人、债权人和其他有关利益集团服务；另一方面，要通过灵活多样的方法和手段，为企业内部经营管理提供决策、规划、控制等诸方面的信息支持。为了能够同时兼顾企业内外两个方面的信息需要，实践中已经形成了两种不同的变动成本法与完全成本法的结合模式。

1．双轨核算制

双轨核算制也称"双轨制"，即原有的财务会计核算体系不变，在系统外另行建立一个变动成本核算系统，对外报告按完全成本法进行，对内报告则采用变动成本法，设置两套账务进行平行核算，生成两种各自独立的成本信息，满足不同的需要。由于这种模式相当于另起炉灶，工作量较大，会造成人力、物力和财力的极大浪费，因此，其推广运用存在很大的困难。

2．单轨核算制

单轨核算制也称"单轨制"，即对原有财务会计核算系统进行适当改造，建立以一种成本法为主，辅之以另外一种成本法的统一成本计算系统。由于企业内部管理工作是经常性的、大量的，会计系统满足内部需要是最为重要的，而对外报告通常是定期的，频率也不高，因此，以变动成本法为基础，同时对其进行适当调整和变通，以适应外部报告的要求，就是一种相对理想的选择。单轨制既能满足内、外两个方面的信息需要，又可极大地简化核算工作量，避免重复劳动。

在单轨制下，日常成本核算以变动成本法为依据，将生产成本项目按成本性态划分，在产品、产成品成本均按变动生产成本反映；同时增设"变动制造费用"和"固定制造费用"账户，用以归集各种间接费用；其他会计科目的内容可按会计制度的要求进行核算。到会计期末，将"固定制造费用"和"管理费用""销售费用""财务费用"科目的本期发生额作为期间费用，列入变动成本法下的利润表；对外报告时，将"固定制造费用"本期发生额按照比例在已销产品、产成品和在产品之间进行分配，应由本期销售产品负担的部分转入"产品销售成本"账户，并列入利润表内作为本期销售收入的扣减项目，这时的利润表就能够提供符合公认会计原则要求的完全成本法下的损益信息。

项目小结

本项目主要介绍了成本计算系统的一些重要概念，回顾了完全成本法的基本原理、分类及优缺点，在此基础上重点分析了变动成本法的相关理论及其现实应用。

管理会计采用广义的成本计算概念，它是指现代意义上的成本管理系统，由成本核算、成本计划、成本控制和成本考核等子系统有机结合而成。成本计算制度包括一系列的重要概念，包括成本计算对象、成本单元与成本中心以及成本分配基础与成本动因，它们在成本计算过程中具有重要的作用。

完全成本法是指在组织常规的产品成本计算过程中，以成本按其经济用途分类为前提，将全部生产成本作为产品成本的构成内容，而将非生产成本作为期间成本，按传统式损益确定程序计量损益的一种成本计算模式。该方法按照工业企业产品或劳务的成本计算对象不同，可以分为品种法、分批法、分步法、分类法。

变动成本法是指在组织常规的产品成本计算过程中，以成本性态分析为前提，只将变动生产成本作为产品成本的构成内容，而将固定生产成本及非生产成本作为期间成本，按贡献式损益确定程序计量损益的一种成本计算模式。由于对固定制造费用的处理方式不同，两种成本法计算的营业利润往往不同，并且在其他因素保持不变时，会表现出一定的规律性。

关键术语

变动成本法　完全成本法　产品成本　分期损益　期间费用

实训操作

【实训项目】
完全成本法和变动成本法的应用。

【实训情境】
某企业只销售一种产品，其有关材料见表 3-12。

表 3-12　产品销售相关资料　　　　　　　　　　（金额单位：元）

期初存货（件）	0
生产量（件）	5 000
销售量（件）	4 000
单位产品售价	100
制造成本	
直接材料	25 000
直接人工	40 000
制造费用	35 000

	（续）
其中：变动制造费用	20 000
固定制造费用	15 000
销售和管理费用	
其中：单位变动销售和管理费用	10
固定销售和管理费用	4 000

【实训任务】
（1）分别采用两种不同的成本法计算产品的期末存货成本。
（2）分别采用两种不同的成本法计算编制利润表。

综合测试

一、单项选择题

1. 变动成本法的产品成本是指（　　）。
    A．固定生产成本　　　　　　　　B．变动生产成本
    C．固定非生产成本　　　　　　　D．变动非生产成本
2. 完全成本法下计算的营业利润比变动成本法下计算的营业利润（　　）。
    A．高　　　　　B．低　　　　　C．相等　　　　　D．不一定
3. 在变动成本法下，固定制造费用应当列作（　　）。
    A．非生产成本　B．期间成本　　C．产品成本　　　D．直接成本
4. 在变动成本法下，销售收入减变动成本等于（　　）。
    A．贡献毛利　　B．税后利润　　C．税前利润　　　D．边际贡献
5. 变动成本法下的期末存货成本不包括（　　）。
    A．直接材料　　　　　　　　　　B．直接人工
    C．固定制造费用　　　　　　　　D．变动制造费用
6. 完全成本法下的期间费用包括（　　）。
    A．直接材料　　　　　　　　　　B．变动制造费用
    C．销售及管理成本　　　　　　　D．固定制造费用
7. 在变动成本法下，其利润表所提供的中间指标是（　　）。
    A．贡献毛益　　B．营业利润　　C．销售毛利　　　D．期间成本
8. 按完全成本法计算确定的产品总成本与单位成本要比变动成本法确定的（　　）。
    A．高　　　　　B．低　　　　　C．相等　　　　　D．不一定
9. 变动成本法和完全成本法下均计入产品成本的项目是（　　）。
    A．固定制造费用　　　　　　　　B．变动制造费用
    C．变动销售与管理费用　　　　　D．固定销售与管理费用
10. 在变动成本法与完全成本法下，营业利润出现差异的根本原因在于两种成本法下计入当期损益的（　　）存在差异。
    A．变动生产成本　　　　　　　　B．销售收入
    C．固定制造费用　　　　　　　　D．期间费用

二、多项选择题

1. 在完全成本法与变动成本法下均作为期间成本处理的项目是（　　）。
   A. 变动制造费用　　　　　　　　B. 固定制造费用
   C. 管理费用　　　　　　　　　　D. 财务费用

2. 完全成本法和变动成本法共同的产品成本有（　　）。
   A. 直接材料　　　　　　　　　　B. 直接人工
   C. 固定制造费用　　　　　　　　D. 变动制造费用

3. 变动成本法下的期间成本有（　　）。
   A. 变动销售费用　　　　　　　　B. 固定销售费用
   C. 固定制造费用　　　　　　　　D. 全部管理费用

4. 变动成本法与完全成本法的区别表现在（　　）。
   A. 产品成本的内容　　　　　　　B. 净收益额
   C. 利润表格式　　　　　　　　　D. 期末存货成本的内容

5. 变动成本法所提供的信息对强化企业管理有相当大的积极作用，如可以（　　）。
   A. 加强成本管理　　　　　　　　B. 促进以销定产
   C. 调动企业增产的积极性　　　　D. 简化成本核算

6. 变动成本法下，产品成本的特征有（　　）。
   A. 产品成本只包括变动生产成本
   B. 非生产成本作为期间成本处理
   C. 固定制造费用与非生产成本做相同处理
   D. 固定生产成本作为期间成本处理

7. 在（　　）情况下，变动成本法所计算出的营业利润低于完全成本法所计算出的营业利润。
   A. 本期生产量等于本期销售量
   B. 本期生产量大于本期销售量，且期初无存货
   C. 本期生产量小于本期销售量，且期末无存货
   D. 本期生产量大于本期销售量，且期初期末均有存货

8. 完全成本法与变动成本法对（　　）费用的处理方法相同，只是在计入利润表的位置和补偿途径方面有形式上的区别。
   A. 销售　　　　B. 管理　　　　C. 财务　　　　D. 制造

9. 完全成本法下的营业利润与变动成本法下的营业利润之间的关系是（　　）。
   A. 可能大于　　B. 可能小于　　C. 可能等于　　D. 有规律可循

10. 变动成本法使用的贡献式利润表与完全成本法使用的传统式利润表包含的共同指标有（　　）。
    A. 销售收入　　B. 变动成本　　C. 贡献毛益　　D. 营业利润

三、判断题

1. 按变动成本法的解释，期间成本中只包括固定成本。（　　）

2. 无论是哪一种成本法，非生产成本都被作为期间成本处理，必须在发生的当期全额计入利润表；所不同的只是计入利润表的位置或补偿的顺序上有差别。（　　）

3．变动成本法既有利于短期决策，也有利于长期决策。（   ）
4．两种成本法计入当期利润表的期间费用，虽然形式上不同，但实质上相同。
（   ）
5．两种成本法出现不为零的利润差额，只有可能性，没有必然性。（   ）
6．如果本期生产量大于本期销售量，且期初无存货，则变动成本法下的营业利润大于完全成本法下的营业利润。（   ）
7．在完全成本法下，如果各期产品销售量相同（销售价格不变），则各期所对应的营业利润也相同。（   ）
8．在变动成本法下，其营业利润是和销售量直接相关的，呈正比例关系。（   ）
9．变动成本法计算的产品成本包括直接材料、直接人工、变动制造费用和变动销售及管理费用，不包括固定制造费用。（   ）
10．两种成本法在编制利润表时所计算的期间成本是相同的。（   ）

四、问答题

1．什么是变动成本法？
2．什么是完全成本法？
3．变动成本法的特点是什么？
4．完全成本法的特点是什么？
5．变动成本法的优缺点分别是什么？
6．完全成本法的优缺点分别是什么？
7．变动成本法与完全成本法相比有哪些区别？

五、技能题

1．某企业生产一种产品，有关数据如下：期初存货量 0 件，本年投产完工量 1 200 件，本年销售量 900 件，单位售价 50 元，直接材料和直接人工 8 000 元，变动制造费用 5 000 元，固定制造费用 8 000 元，变动销售及管理费用 2 000 元，固定销售及管理费用 3 000 元。

要求：

（1）按变动成本法计算单位产品成本。
（2）按完全成本法计算单位产品成本。
（3）分别求出变动成本法和完全成本法下的营业利润。

2．某公司采用完全成本法编制的分年利润表和产销量分别见表 3-13 和表 3-14，每年的单位变动成本为 2 元，固定制造费用总额 36 000 元；每年的单位变动销售及管理费用为 1 元，其余为固定销售及管理费用；产品存货采用先进先出法。

表 3-13　分年利润表

（单位：元）

项　　目	20×6 年	20×7 年	20×8 年
销售收入	75 000	60 000	75 000
期初存货成本	0	0	20 000
加：本期产品成本	56 000	60 000	52 000
减：期末存货成本	0	20 000	13 000
销售毛利	19 000	20 000	16 000
减：管理费用和销售费用	15 000	13 000	15 000
营业利润	4 000	7 000	1 000

表 3-14　产销量

(单位：件)

项　　目	20×6 年	20×7 年	20×8 年
生产量	10 000	12 000	8 000
销售量	10 000	8 000	10 000

要求：
（1）按变动成本法编制该公司的分年利润表。
（2）将两种成本法下的营业利润做比较，并加以说明。

3．某企业仅产销一种产品，有关成本资料如下：单位产品的直接材料为 5 元，单位产品的直接人工为 4 元，单位产品的变动制造费用为 1 元，全年固定制造费用总额为 50 000 元；全年产量为 10 000 件，单位售价为 28 元；单位变动销售费用为 1 元，全年固定销售费用为 3 000 元；单位变动管理费用为 1 元，全年固定管理费用为 2 000 元；假定当年销售量为 9 000 件。

要求：
（1）分别计算两种成本法下的单位产品成本。
（2）分别计算两种成本法下的存货成本。
（3）分别计算两种成本法下的期间成本。
（4）分别计算两种成本法下的产品销货成本。
（5）分别计算两种成本法下的税前利润。

项目四
本量利分析

项目目标

1. 知识目标

掌握本量利分析的基本原理和分析方法;理解本量利分析的基本假设;掌握本量利分析的基本公式和相关指标;掌握相关因素变动对保本点,对实现目标利润、安全边际的影响;掌握本量利分析中的敏感分析;掌握影响利润的各变量临界值的确定;了解本量利分析在预测、决策中的用途。

2. 能力目标

理解本量利分析的概念、作用、基本原理;掌握保本点、保利点的有关计算;能够应用本量利分析、经营安全程度评价指标解决企业的实际问题。

3. 素质拓展目标

能够合理地运用本量利分析方法,提高计算能力,塑造管理会计职业生涯。

【项目导入】

过多的固定成本对于一个企业而言可能并非好事。曾经的卫星广播业巨头——XM 卫星广播公司(以下简称 XM)对于这一点有深刻的体会。XM 卫星广播公司成立于 1992 年 6 月 6 日,最初的名字叫美国移动广播公司,在 1998 年 10 月 12 日改为现名,1997 年 3 月 10 日获得美国联邦通信委员会颁发的数字音频广播服务牌照。2001 年初,为了开展卫星广播业务,XM 花费了超过 10 亿美元用于购买广播牌照、发射两颗卫星和进行技术引进。即使在开始经营后,XM 仍投入了数十亿美元用于其他诸如编程、卫星传输、研发之类的固定支出项目。与此形成鲜明对比的是,XM 的变动成本很小,仅包括版税、客户服务成本等。事实上,XM 的卫星广播业务开创了一种高经营杠杆的业务模式,即在支出结构中包含很大比例的固定成本支出。因此,XM 盈利的唯一途径就是积累大量的用户以及出售广告。

很快,这一高经营杠杆业务模式的弊端就显现出来了。2002 年 Sirius 卫星广播公司(以下简称 Sirius)进入市场并提供与 XM 几乎相同的服务,即向全美国用户提供 100 多个音乐和谈话类节目频道的收视服务,并收取月租费。与 XM 一样,Sirius 也将盈利的希望寄托在了用户的增长和广告销售上。XM 还面临着其他潜在的竞争者,但传统广播业务仍然占有大量的市场份额。而在 XM 和 Sirius 起步的同时,苹果公司也推出了它的第一款 iPod 数字音乐播放器。显然,苹果的播放器业务比卫星广播拥有更低的经营杠杆,即更少的固定成本支出和更多的变动成本,这使得 iPod 在很低的销售量下也能实现盈利。

为了应对众多的竞争者,XM 开始将在独家节目上投入大量资金,它花费 6.5 亿美元买下了美国职业棒球联盟的独家卫星转播权,又支付给奥普拉·温弗瑞 5 500 万美元用于在 XM 开办节目。Sirius 则花费 5 亿美元买断了国家橄榄球比赛的转播权。然而,巨额的支出并未获得应有的回报。到 2006 年,尽管已经有了 800 万用户,XM 却从未实现盈利。观察家甚至预言 XM 和 Sirius 永远不可能收回它们的巨额固定支出。2007 年,在成本和市场空间的双重压力下,XM 同意与 Sirius 合并。正如一位观察家所说,这是一次"为了阻止我们继续烧钱"的合并。

究竟是什么造成了 MM 的卫星广播业务的失败?XM 的卫星广播业务与传统广播业务及苹果的业务在支出结构上有何不同?

资料来源:刘运国. 管理会计学[M]. 中国人民大学出版社,2011.

(根据哈佛商学院案例"XM Satellite radio"(No.9-504-009)改写)

☞ 讨论

作为 XM 的管理者,如何才能确定公司业务盈利所要达到的最低用户数量?如何在销售价格、变动成本等因素发生变化时将这些变化的影响反映到目标利润上?要解决这些问题,先要了解本量利的原理及成本、业务量与利润之间的关系。

任务一　本量利分析概述

一、本量利分析的含义及意义

(一)本量利分析的含义

本量利分析也称 CVP 分析(Cost-Volume-Profit Analysis),是成本—业务量—利润关系分析的简称,是指在变动成本计算模式的基础上,以数学化的会计模型与图式来揭示固定成本、变动成本、销售量、单价、销售额、利润等变量之间的内在规律性联系,为会计预测、决策和规划提供必要的财务信息的一种定量分析方法。这一分析方法是在人们认识到成本可以也应该按性态进行划分的基础上发展起来的,主要是研究销售量、价格、成本和利润之间的相互关系。

本量利分析的文字记载最早出现在 1904 年英国出版的会计百科全书中;1922 年美国哥伦比亚大学的一位会计学教授提出了完整的保本分析理论;进入 20 世纪 50 年代以后,本量利分析方法在西方会计实践中得到广泛应用,其理论日臻完善,成为现代管理会计学的重要组成部分;20 世纪 80 年代初,我国引进本量利分析理论。本量利分析作为加强企业内部管理的一项有效措施,可以为企业的预测和决策提供十分有用的信息。

本量利分析与传统会计分析有差异,传统会计分析往往认为,产品的售价和成本水平在保持不变的情况下,销售利润的增减变化与销售量的增减变化变化方向一致,是正比例关系。按本量利分析观点,实际情况并非如此,企业销售利润的增减幅度往往要大于销售量的增减幅度。在本量利分析中,根据成本性态将产品在生产过程中的耗费划分为固定成本和变动成本。由于固定成本总额在企业一定的生产技术条件下,即在一定的生产能力范围内是相对固定的,它不随产销量的变化而变化。因此,当产销量增加时,总成本增加,但总成本增加额中增加的仅仅是相应产销量的变动成本,固定成本总额并没有增加。这样,利润的增幅势必大于产销量的增幅。同样,当产销量减少时,总成本减少,但总成本中减少的只是相应产销量的变动成本,固定成本总额并没有减少。因此,利润的减幅也大于产销量的减幅。

(二)本量利分析的意义

本量利分析的应用无论是在西方国家还是在我国都十分广泛。本量利分析所提供的原理、方法在管理会计中有着广泛的用途,同时它又是企业进行决策、计划和控制的重要工具。

(1)可用来预测企业盈亏平衡点,绘制盈亏平衡图。企业固定成本有哪些?额度多大?企业生产规模多大时保本?这些问题绘制盈亏平衡图予以标示,有助于企业管理者明确经营思路,并为企业具体的经营决策提供理论支撑。

(2)以目标利润为中心进行生产方案决策。根据边际贡献原理,制定企业目标利润,挖掘企业盈利潜力,进行生产方案决策,并制订经营措施方案计划。

(3)有利于制定销售决策。在企业的经营中,管理人员需要知道一些相关问题:企业至少应销售多少产品才能保本;在销售一定数量产品的情况下,能获得多少利润;期望获得一定数量的利润,必须销售多少产品;怎样在降低产品售价与增加销售量之间进行决策,使得获利最优等。诸如此类涉及产品的价格、数量、成本和利润之间关系的问题,都需要经过本量利分析来解决。

(4)在降低价格和扩大产销量之间进行正确权衡,有效提高企业的经济效益。

二、本量利分析的基本假设

本量利分析是建立在一定的基本假设基础上的。为了便于揭示成本、业务量及利润三者之间的数量关系,管理会计学对于本量利分析的研究是基于以下基本假设为前提条件的。

(一)相关范围假设

该假设包括"期间假设"和"业务量假设"两层含义。

1. 期间假设

无论是固定成本还是变动成本,其固定性与变动性均是体现在特定的期间内,其金额的大小也是在特定的期间内加以计量而得到的。随着时间的推移,固定成本及其内容会发生变化,单位变动成本及其内容也会发生变化。

2. 业务量假设

同样,对成本按性态进行划分而得到的固定成本和变动成本,是在一定业务量范围内分析和计量的结果,业务量发生变化特别是变化较大时,即使成本的性态不发生变化(成本性态是有可能变化的),也需要重新加以计量。

(二)模型线性假设

(1)固定成本不变假设。

（2）变动成本与业务量呈完全线性关系假设。
（3）销售收入与销售数量呈完全线性关系假设。

（三）产销平衡假设

本量利分析的核心是分析收入与成本之间的对比关系。产量这一业务量的变动无论是对固定成本，还是对变动成本都可能产生影响，这种影响当然也会影响收入与成本之间的对比关系。所以当站在销售数量的角度进行本量利分析时，就必须假设产销关系平衡。

（四）品种结构不变假设

本假设是指在一个多品种生产和销售的企业中，各种产品的销售收入在总收入中所占的比重不会发生变化。由于多品种条件下各种产品的获利能力一般不尽相同，如企业产销的品种结构发生较大变动，势必导致预计利润与实际利润之间出现较大的"非预计"性出入。

对于本量利分析的四个基本假设不但应牢固掌握其各自的含义，还应该深入理解其相互之间的联系。本量利分析的基本假设是本量利分析的基础，但它实际上是在一定程度上为简化研究而提出来的，实践中往往很难完全满足这些基本假设。

三、本量利分析的基本公式及相关指标计算

（一）本量利分析的基本公式

本量利分析是以成本性态分析和变动成本法为基础的。本量利分析中所考虑的因素主要包括固定成本（a）、单位变动成本（b）、销售量（x）、单价（p）、销售收入（px）和营业利润（P）。依据上述因素之间的关系，即可建立本量利分析的基本公式：

$$\begin{aligned}营业利润 &= 销售收入 - 总成本\\ &= 销售收入 - （变动成本+固定成本）\\ &= 单价 \times 销售量 - 单位变动成本 \times 销售量 - 固定成本\\ &= （单价 - 单位变动成本）\times 销售量 - 固定成本\end{aligned}$$

用符号表示为

$$\begin{aligned}P &= px - bx - a\\ &= (p-b)x - a\end{aligned}$$

由于本量利分析的数学模型是在以上公式的基础上建立的，故可将以上公式称为本量利分析的基本公式。在上述公式中的五个因素中，通常假设其中有三个因素为常量，则其余两个因素构成因果函数关系。企业在进行利润预测时，假设单价、单位变动成本及固定成本总额为常数，如果已知某期间的销售量，即可依据本量利基本公式预测企业可实现的营业利润。需要说明的是，未扣除所得税的营业利润是目标利润（TP）。

（二）贡献毛益及相关指标计算

贡献毛益又称边际贡献、贡献边际、边际利润、创利额等，是指产品销售收入扣除变动成本后的差额。贡献毛益是反映企业产品的创利水平，并作为企业决策活动中选择最优方案的重要依据。贡献毛益有贡献毛益总额、单位贡献毛益和贡献毛益率三种表现形式。

1. 贡献毛益总额

贡献毛益总额（TCM）是指产品的销售收入总额与其相应的变动成本总额之间的差额。其公式表示为

$$贡献毛益总额（TCM）=销售收入总额-变动成本总额=px-bx$$
$$=单位贡献毛益\times 销售量=CM\times x$$
$$=销售收入总额\times 贡献毛益率=px\times CMR$$
$$=固定成本+营业利润=a+P$$

2. 单位贡献毛益

单位贡献毛益（CM）是指产品的单价与相应的单位变动成本之间的差额。其公式表示为

$$单位贡献毛益（CM）=销售单价-单位变动成本=p-b$$
$$=贡献毛益总额\div 销售量=TCM/x$$
$$=销售单价\times 贡献毛益率=p\times CMR$$

3. 贡献毛益率

贡献毛益率（CMR）又称边际贡献率，是指贡献毛益总额占销售收入总额或单位贡献毛益占单位销售收入的百分比。它是一个相对数指标，表示每百元销售收入所能提供的贡献毛益额。该指标是判断产品盈利能力大小的主要依据。通常情况下，贡献毛益率的大小和产品创利能力成正比。其公式表示为

$$贡献毛益率（CMR）=贡献毛益总额\div 销售收入总额\times 100\%=TCM/px\times 100\%$$
$$=（销售单价-单位变动成本）\div 销售单价\times 100\%=(p-b)/p\times 100\%$$
$$=单位贡献毛益\div 销售单价\times 100\%=CM/p\times 100\%$$

4. 变动成本率

变动成本率（bR）是指变动成本总额占销售收入总额或单位变动成本占销售单价的百分比。其公式表示为

$$变动成本率（bR）=变动成本总额\div 销售收入总额\times 100\%=bx/px\times 100\%$$
$$=单位变动成本\div 销售单价\times 100\%=b/p\times 100\%$$

变动成本率是一个与贡献毛益率存在互补性质的指标。企业变动成本率越高，贡献毛益率就越低；反之，企业变动成本率越低，则贡献毛益率越高。用公式表示为

$$CMR+bR=1$$

例 4-1 某企业 2019 年只生产 A 产品，销售单价为 100 元，单位变动成本为 55 元，企业全年固定成本总额为 300 000 元，本年销售量为 10 000 件。

要求：
（1）计算贡献毛益指标。
（2）计算变动成本率，并验证与贡献毛益率的关系。
（3）计算营业利润。

解：
（1）贡献毛益指标计算如下：

单位贡献毛益 CM=$p-b$=100−55=45（元/件）
贡献毛益总额 TCM=$px-bx$=100×10 000−55×10 000=450 000（元）
贡献毛益率 CMR=（CM/p）×100%=（45÷100）×100%=45%
（2）变动成本率计算如下：
bR=（55÷100）×100%=55%
CMR+bR=45%+55%=1
（3）营业利润计算如下：
P=TCM−a=450 000−300 000=150 000（元）

知识链接 4-1

当本量利分析中的诸因素表现为完全线性关系时，本量利分析本身，不论是确定盈亏平衡点还是目标利润，都非难事。例如，在图解法中，完全线性关系下的收入线和总成本线均为直线，两条直线的交点就是盈亏平衡点，亏损区域与盈利区域也由此点截然分开，至多再以公式法予以验证。但是，如果上述因素表现为不完全的线性关系，情况就复杂了，收入线和总成本线就会表现为一条折线，两条折线的交点（即盈亏平衡点）可能不止一个，而且图中的数值还会变得更加模糊；亏损区域与盈利区域也可能不止一个，区域界限也会变得模糊。

如果收入、成本与业务量之间为非线性关系，就要采用曲线分析方法。也就是先用曲线方程来描述收入与成本，再据以建立利润方程，进而进行本量利的有关分析。当收入或成本随业务量的增长表现为一条直线时，其线性方程为 $y=bx$ 或 $y=a+bx$；而当收入或成本随业务量的增长表现为沿曲线而不是直线散布时，就有可能应用非线性回归。非线性回归分析中最常用的方程式为

$$y=a+bx+cx^2$$

式中，y 表示收入或成本；x 表示业务量；a 为常数；b 和 c 是自变量的系数。

非线性关系下的本量利分析，就是通过对有关数据的收集和加工，求取非线性回归方程的系数，再分别求 x 的一阶和二阶导数，以分别计算盈亏平衡点和预计目标利润。

就非线性关系的本量利分析而言，可以有以下三种情况：

（1）收入为直线而成本是曲线。例如，企业的产品在同类产品市场中占有率很低，其销售数量的改变不足以影响产品的市场价格，此时销售收入与销售量之间呈直线关系。而成本与产量之间可能呈非线性关系，那么就应该采用非线性方程来描述成本的性态。

（2）成本为直线而收入是曲线。此种情况与上一种情况相反。例如，企业的产品在同类产品市场中占有率较高，那么其销售数量的改变就可以对产品的市场价格产生影响，价格成为销售量的函数。销售收入也不再是直线而成为曲线，应该采用非线性方程来描述收入。而对于产量规模较大的企业来说，产量的变化虽然会对总成本产生一些"非线性"的影响，但通常影响不大，总成本线至少可以近似地认为是直线。

（3）收入和成本都为曲线。当企业的状况介于上述两种情况之间，收入和成本就

可能都是曲线，需要用不同的非线性方程来分别描述收入和成本，进而建立利润方程，并以此方程为基础进行本量利分析。

非线性本量利分析的关键是找出盈亏平衡点和最大盈利点。为此，可依据以下具体步骤和方法进行分析计算。

（1）数据采集。数据采集是整个分析的第一步。在实际工作中，可从被分析单位的会计资料中分析取得。主要确定"销售量—销售收入"和"销售量—成本"两组数据。

（2）曲线方程的拟合方法。根据采集的数据绘制散点图，根据散点图来观察成本、业务量、收入之间的关系。所采集的数据在本量利分析图上只是一个个散落点，如何将这些散落点拟合成正确的收入曲线和成本曲线，并确定曲线的方程式是整个非线性本量利分析中的最大难点。传统的方式是建立收入曲线或成本曲线的非线性回归方程，如指数方程、对数方程、高次方程等，然后求取非线性回归方程的系数。可通过计算不同方程的置信区间，比较置信区间大小的方法来确定所选择的回归方程是否适合既定条件下的收入或成本的描述。置信区间越狭窄，说明所选择的回归方程越理想。这种方法计算过程较为烦琐。

用常用的 Excel 表格就能完成从散布点到拟合曲线，再确定方程式的全过程。具体方法为首先将"销售量—销售收入"和"销售量—成本"两组数据分别输入 Excel 表中。选中销量收入数据的单元格，选择"插入""图表"，在"所有图表"中选择"XY 散点图"后按"确定"按钮。然后在生成的图上选择一个散布点，按右键选择"添加趋势线"，在弹出的窗口中的"趋势线选项"中选择合适的趋势线（一般选多项式），再将"显示公式"一项打钩。确定后就能得出收入曲线和拟合的方程式。同理也可得出成本曲线和拟合的方程式。

（3）盈亏平衡点和最大盈利点的计算。对拟合的收入和成本曲线的方程式联立求解，即可得出两个盈亏平衡点（x_1, y_1）与（x_2, y_2）的值。对收入的曲线方程求导数，并令 $P_0=0$，则可求出最大盈利点（x, y）的值。

【案例分析 4-1】

小昕刚刚大学毕业，不想从事朝九晚五的工作，自主创业一直是他的梦想。他考虑在大学校园经营网吧是个不错的选择，于是把地点选在了一所离市区较远的新建立的大学，学生人数有 6 000 多，学校附近没有网吧。经过与学校协商，结果如下：

（1）租用学校 105 平方米的闲置小屋，月租金 8 000 元，租期 7 年。

（2）每天上午免费提供给学校 3 个小时的机器使用时间，学生们在此上计算机课。

小昕测算了一下，去掉学校一年中要放假 3 个月，其他时间网吧均可营业，觉得此项目投资能赚钱。于是对房子进行了装修布置，支付装修费 10 000 元；购置 80 台计算机，安上了宽带，共投入 240 000 元。聘用了两名机器维护人员，月工资共计 6 000 元。网吧 24 小时开放，每台计算机每小时收费 2 元，估计每天 80 台机器的使用率为 90%，每台机器平均每天使用 16 个小时，每台机器每小时的电费为 0.4 元。按直线法计提折旧，期末无残值。

> **问题**
> （1）小昕从哪些要素入手分析网吧能否赚钱？这里面隐含着什么原理？
> （2）如小昕所估计的那样，他每月能获得多少利润？全年（共9个月）能获得多少利润？

任务二 盈亏平衡点分析

一、盈亏平衡点的含义

盈亏平衡点又称保本点，是指企业的经营规模（销售量）刚好使企业达到不盈不亏的状态。盈亏平衡点分析就是根据成本、销售收入、利润等因素之间的函数关系，预测企业在怎样的情况下达到不盈不亏的状态。具体而言，盈亏平衡点分析主要包括三个方面的内容：盈亏平衡点的基本计算模型、盈亏平衡图以及相关因素变动对盈亏平衡点的影响。

二、盈亏平衡点的计算分析——公式法

（一）单一品种的盈亏平衡分析

单一品种的保本点有两种表现形式：一种是盈亏平衡点销售量，即保本点销售量，简称保本量；另一种是盈亏平衡点销售额，即保本点销售额，简称保本额。

1．盈亏平衡点销售量（BE 量）

根据本量利分析基本模型，结合盈亏平衡点的含义，可以将盈亏平衡点销售量理解为利润为零时的销售量，即令基本模型中 P=0，可得：

$$px-bx-a=0$$

整理得　　BE 量=固定成本÷（销售单价−单位变动成本）=$a/(p-b)$
或　　　　BE 量=固定成本÷单位贡献毛益=a/CM

2．盈亏平衡点销售额（BE 额）

得到盈亏平衡点销售量后，将这个销售量与销售单价相乘即可求得盈亏平衡点销售额。因此可得：

$$BE\ 额=BE\ 量×p$$

又因为 BE 量=a/CM，所以 BE 额=$a/(CM/p)$
而 $CM/p×100\%=CMR$，所以 BE 额=$a×100\%/CMR$

> **例 4-2**　光明企业生产销售 A 产品，每件售价为 17 元，单位变动成本为 12 元，固定成本总额为 10 000 元。要求：计算盈亏平衡点。
>
> 解：BE 量=$a/(p-b)$=10 000÷（17−12）=2 000（件）
> 　　BE 额=BE 量×p=2 000×17=34 000（元）
>
> 以上计算结果表明：销售一件 A 产品可以获得贡献毛益 5 元（17−12），当销售量达到 BE 量时，贡献毛益达到 10 000 元（2 000×5），正好抵补了固定成本，使企业达到盈亏平衡的状态。在这个基础上，每多销售一件，就可获利 5 元。相反，每少销售一件，就会亏损 5 元。

（二）多品种的盈亏平衡分析

实际上绝大多数企业不可能只生产、销售一种产品。企业在产销多种产品的情况下，因为不同品种的销售量无法直接相加，所以其保本点分析就不能用实物量表现，而只能用货币形式表现。

1. 综合贡献毛益率法

综合贡献毛益率法是指在确定多种产品的综合贡献毛益率的基础上，进行本量利关系分析的一种方法。

根据综合贡献毛益率计算方法的不同，又可以具体分为以下三种方法：

（1）加权平均贡献毛益率法。当一个企业产销多种产品，其固定成本很难正确地分摊给各产品时，一般应用加权平均贡献毛益率法先确定企业的综合保本点。由于各种产品的销售结构比例是可以预计的，因此可以此为出发点再确定各种产品的保本点。

加权平均贡献毛益率法计算步骤：

计算各种产品贡献毛益率→确定权数（各种产品预计销售收入比重）→计算综合贡献毛益率→确定各种产品的 BE 量和 BE 额。

有关计算公式如下：

$$销售总额 = \sum(各种产品的单价 \times 该产品的预计销售量)$$

$$销售比重 = \frac{某种产品的销售额}{全部产品的销售总额}$$

$$综合贡献毛益率 = \sum(各产品的贡献毛益率 \times 各产品的销售比重)$$

$$综合盈亏平衡点销售额 = \frac{固定成本总额}{综合贡献毛益率}$$

各种产品的盈亏平衡点销售额 = 综合盈亏平衡点销售额 × 各产品的销售比重

$$各种产品的盈亏平衡点销售量 = \frac{各种产品盈亏平衡点销售额}{各种产品的单位售价}$$

例 4-3 某企业生产和销售 A、B、C 三种产品，年固定成本为 660 000 元，有关资料见表 4-1。

表 4-1 产品资料表

产品	销量（件）	单价（元）	销售收入（元）	单位变动成本（元）	单位贡献毛益（元）	贡献毛益（元）
A	400 000	20	8 000 000	16	4	1 600 000
B	100 000	40	4 000 000	32	8	800 000
C	40 000	100	4 000 000	50	50	2 000 000
合计	540 000		16 000 000			4 400 000

要求：用加权平均贡献毛益率法进行保本分析。

解：1）计算各种产品的贡献毛益率：

A = [（20−16）÷20] ×100% = 20%

B = [（40−32）÷40] ×100% = 20%

C = [（100−50）÷100] ×100% = 50%

2）计算全部产品的预计销售总额：
销售总额=400 000×20+100 000×40+40 000×100=16 000 000（元）
3）计算各种产品的销售比重：
A=400 000×20÷16 000 000×100%=50%
B=100 000×40÷16 000 000×100%=25%
C=40 000×100÷16 000 000×100%=25%
4）计算该企业综合贡献毛益率：
综合贡献毛益率=20%×50%+20%×25%+50%×25%=27.5%
5）计算整个企业的综合盈亏平衡点销售额：
660 000÷27.5%=2 400 000（元）
6）分别计算各种产品的盈亏平衡点销售额：
A=2 400 000×50%=1 200 000（元）
B=2 400 000×25%=600 000（元）
C=2 400 000×25%= 600 000（元）
7）计算各种产品的盈亏平衡点销售量：
A=1 200 000÷20=60 000（件）
B=600 000÷40=15 000（件）
C=600 000÷100=6 000（件）

（2）贡献毛益率总和法。贡献毛益率总和法是先将固定成本总额按一定标准在各种产品之间进行分配，然后对每一个品种分别计算贡献毛益率，最后将各个品种的保本额汇总，计算出多品种保本销售额的本量利分析方法。

贡献毛益率总和法计算步骤：
计算各种产品为企业创造的贡献毛益率→计算贡献毛益率总和→确定综合盈亏平衡点销售额

注：该方法无法进一步确定每种产品的保本点指标。

有关计算公式如下：
某种产品为整个企业创造的贡献毛益率=（该产品创造的贡献毛益÷企业全部产品销售收入总额）×100%

贡献毛益率总和=∑各种产品为企业创造的贡献毛益率

综合盈亏平衡点销售额=固定成本总额÷贡献毛益率总和

例 4-4 承例 4-3，根据表 4-1 的资料，做出该企业销售数据，见表 4-2。采用贡献毛益率总和法计算该企业的盈亏平衡点销售额。

表 4-2 企业销售数据表

品　　名	A	B	C	合计
销售收入（万元）	800	400	400	1 600
变动成本（万元）	640	320	200	1 160
贡献毛益（万元）	160	80	200	440

解： A产品为整个企业创造的贡献毛益率=160÷1 600×100%=10%

B产品为整个企业创造的贡献毛益率=80÷1 600×100%=5%
C产品为整个企业创造的贡献毛益率=200÷1 600×100%=12.5%
贡献毛益率总和=10%+5%+12.5%=27.5%
综合盈亏平衡点销售额=66÷27.5%=240（万元）

（3）贡献毛益保本率法。贡献毛益保本率法是根据一定条件下企业各种产品的贡献毛益总额与销售收入总额之比来确定综合贡献毛益率，并在此基础上计算确定综合盈亏平衡点指标的方法。

贡献毛益保本率法计算步骤：

计算各种产品贡献毛益→计算各种产品的贡献毛益总额→计算综合贡献毛益率→确定综合盈亏平衡点销售额

注：该方法无法进一步确定每种产品的保本点指标。

例 4-5 承例 4-3，采用贡献毛益保本率法计算该企业的盈亏平衡点销售额。

解：综合贡献毛益率=（440÷1 600）×100%=27.5%

综合盈亏平衡点销售额=66÷27.5%=240（万元）

2. 联合单位法

联合单位法是指采用"联合单位"作为计量单位，通过确定每一联合单位的单价和单位变动成本，进行多品种条件下本量利分析的一种方法。

其中：联合单位是指统一反映一组产品业务量的，按固定实物量比例构成所计算的销售量计量单位。

有关计算公式如下：

$$盈亏平衡点的联合销售量 = \frac{固定成本}{（联合单价-联合单位变动成本）} = \frac{固定成本}{联合单位贡献毛益}$$

其中：

联合单价=∑（各产品的单价×联合单位中该产品数量）

联合单位变动成本=∑（各产品的单位变动成本×联合单位中该产品数量）

联合单位贡献毛益=∑（各产品的单位贡献毛益×联合单位中该产品数量）

某产品的盈亏平衡点销售量=盈亏平衡点的联合销售量×联合单位中该产品的销量比

例 4-6 承例 4-3 的资料。请用联合单位法进行保本分析。

解：企业生产的 A、B、C 三种产品的销量比为 10:2.5:1。

1）联合单价=20×10+40×2.5+100×1=400（元）

2）联合单位变动成本=16×10+32×2.5+50×1=290（元）

3）盈亏平衡点联合销售量=660 000÷（400-290）=6 000（联合单位）

盈亏平衡点联合销售额=联合单位×联合单价=6 000×400=2 400 000（元）

4）其中，A 产品：盈亏平衡点销售量=6 000×10=60 000（件）

盈亏平衡点销售额=60 000×20=1 200 000（元）

B 产品：盈亏平衡点销售量=6 000×2.5=15 000（件）
　　　　　　盈亏平衡点销售额=15 000×40=600 000（元）
　　C 产品：盈亏平衡点销售量=6 000×1=6 000（件）
　　　　　　盈亏平衡点销售额=6 000×100=600 000（元）

（三）经营安全分析

1. 安全边际

安全边际是指实际（预计）的销售量与盈亏平衡点销售量或实际（预计）的销售额与盈亏平衡点销售额之间的差额，表明销售量（额）下降多少企业仍不至于亏损。它是一个绝对量，用来评价同一企业不同时期的经营安全程度。安全边际有安全边际量和安全边际额两种形式。安全边际和安全边际率的计算公式如下：

$$\text{安全边际量（MS量）}=\text{实际或预计销售量}-\text{盈亏平衡点销售量}$$

$$\text{安全边际额（MS额）}=\text{实际或预计销售额}-\text{盈亏平衡点销售额}$$

$$=\text{安全边际量}\times\text{单价}$$

$$\text{安全边际率（MSR）}=\frac{\text{安全边际量}}{\text{实际或预计销售量}}\times 100\%$$

$$=\frac{\text{安全边际额}}{\text{实际或预计销售额}}\times 100\%$$

安全边际率越大，表明企业经营的安全程度越高；安全边际率越小，表明企业经营的安全程度越低。可以根据安全边际率的不同，将企业经营的安全程度进行等级划分，见表4-3。

表 4-3　企业经营安全性检验标准

安全边际率	40%以上	30%~40%	20%~30%	10%~20%	10% 以下
安全等级	很安全	安全	较安全	值得注意	危险

例 4-7　某企业实际销售 A 产品 1 800 件，单价为 20 元，盈亏平衡点销售量 1 200 件，问安全边际量、安全边际额和安全边际率各是多少？

解：安全边际量=1 800-1 200=600（件）

安全边际额=1 800×20-1 200×20=12 000（元）

安全边际率=600÷1 800×100%=33.3%

2. 保本作业率

保本作业率是指盈亏平衡点销售量占实际（预计）销售量或盈亏平衡点销售额占实际（预计）销售额的百分比，也可称为危险率。它是一个逆指标，数值越小，企业的经营越安全；反之，则越不安全。保本作业率还可以说明企业在保本状态下生产经营能力的利用程度。计算公式如下：

$$\text{保本作业率（dR）}=\frac{\text{盈亏平衡点销售量}}{\text{实际或预计销售量}}$$

$$=\frac{\text{盈亏平衡点销售额}}{\text{实际或预计销售额}}$$

安全边际率+保本作业率=1

例 4-8 假设企业盈亏平衡点销售量为 7 000 件,预计正常销售量为 11 000 件,销售单价为 10 元。要求:
(1)计算该企业安全边际指标。
(2)计算该企业保本作业率。
(3)评价该企业经营安全程度。

解:
(1)安全边际量(MS 量)=11 000−7 000=4 000(件)
安全边际额(MS 额)=11 000×10−7 000×10=40 000(元)
安全边际率=(4 000÷11 000)×100%=36.4%
(2)保本作业率=(7 000÷11 000)×100%=63.6%
(3)由于企业的安全边际率为 36.4%,可以判定该企业的经营状况为安全。

3．影响盈亏平衡点指标的因素分析

(1)固定成本变动对盈亏平衡点的影响。一方面,固定成本的增加会导致盈亏平衡点升高,固定成本的减少会导致盈亏平衡点降低;另一方面,固定成本虽然不随业务量的变动而变动,但企业经营能力的变化和管理决策都会导致固定成本的升降,特别是酌量性固定成本更容易发生变化。

例 4-9 假设某企业生产和销售单一产品。产品的售价为 65 元,单位变动成本为 45 元,全年固定成本为 600 000 元。则盈亏平衡点的销售量是多少?

盈亏平衡点销售量=600 000÷(65−45)=30 000(件)

假设其他条件不变,只是固定成本由原来的 600 000 元下降到了 500 000 元,则盈亏平衡点的销售量由原来的 30 000 件变为多少?

盈亏平衡点销售量=500 000÷(65−45)=25 000(件)

(2)单位变动成本变动对盈亏平衡点的影响。单位变动成本的增加会导致盈亏平衡点升高,单位变动成本的减少会导致盈亏平衡点降低。

例 4-10 承例 4-9,假设单位变动成本降为 40 元,其他条件不变,则盈亏平衡点的销售量变为多少?

盈亏平衡点销售量=600 000÷(65−40)=24 000(件)

(3)销售价格变动对盈亏平衡点的影响。

销售价格的上升会导致盈亏平衡点降低,销售价格的下降会导致盈亏平衡点升高。

例 4-11 承例 4-9,假设产品的售价变为 55 元,其他条件不变,则盈亏平衡点的销售量变为多少?

盈亏平衡点销售量=600 000÷(55−45)=60 000(件)

综上所述,诸因素的变动与盈亏平衡点的取值之间存在着必然的、内在的联系。这种联系是:固定成本与变动成本的下降、销售价格的提高会使盈亏平衡点的取值变小(在传统图解法下则表现为盈亏平衡点由原来的位置左移);反之,固定成本与变动成本的上升、销售价格的下降则会使盈亏平衡点的取值变大。另外，产品品种构成变动对盈亏平衡点的影响一般是针对产销多种产品的，由于各种产品的获利能力不会完全相同，有时差异可能还比较大，出现的情况也各不相同，因此盈亏平衡点势必会发生变化。

（四）保利点分析

企业的经营目标肯定不是利润为零，而是尽可能超越盈亏平衡点，以达到实现目标利润的目的。可以说，目标利润分析是盈亏平衡点分析的延伸。

只需令本量利分析基本模型中的营业利润为目标利润，即令 P=TP，即可得到目标利润分析模型。可表述为

$$px - bx - a = \text{TP}$$

整理可得：

$$\text{保利量} = (a + \text{TP})/(p - b)$$
$$= (a + \text{TP})/\text{CM}$$
$$\text{保利额} = \text{保利量} \times p$$
$$= (a + \text{TP})/\text{CMR}$$

例 4-12 假设某企业生产和销售单一产品，产品单价为 50 元，单位变动成本为 20 元，固定成本为 65 000 元。如果目标利润为 40 000 元，则保利量和保利额分别为多少？

保利量 =（40 000+65 000）÷（50−20）=3 500（件）
保利额 =（40 000+65 000）÷（20÷50×100%）=262 500（元）

目标利润 TP 是指税前利润。而除了税前利润，企业管理者还需要确定税后目标利润 TTP。确定税后目标利润的模型可表述为

$$\text{保利量} = [a + \text{TTP}/(1 - \text{tR})]/\text{CM}$$
$$\text{保利额} = \text{保利量} \times p$$
$$= [a + \text{TTP}/(1 - \text{tR})]/\text{CMR}$$

式中，tR 为所得税税率。

例 4-13 承例 4-12，假设税后利润为 30 000 元，企业所得税税率为 25%，请计算保利量和保利额。

保利量 =[65 000+30 000÷（1−25%）]÷（50−20）=3 500（件）
保利额 =[65 000+30 000÷（1−25%）] ÷（20÷50×100%）=262 500（元）

三、盈亏平衡点的计算分析——图解法

盈亏平衡分析的图解法就是通过盈亏平衡图，将盈亏平衡点分析反映在直角坐标系中来进行本量利关系分析。盈亏平衡图可根据所掌握的不同资料绘制成不同形式。通常有基本式、贡献毛益式和量利式三种。

（一）基本式盈亏平衡图

基本式盈亏平衡图也叫作传统式盈亏平衡图，是最常见、最基本的反映本量利关系的图形。

绘制方法：

（1）在直角坐标系中，以横轴表示销售量 Q，以纵轴表示成本 C。

（2）绘制销售收入线——TR。

（3）绘制固定成本线——FC。

（4）绘制总成本线——TC。

（5）确定盈亏平衡点——BE。

结果如图 4-1 所示。

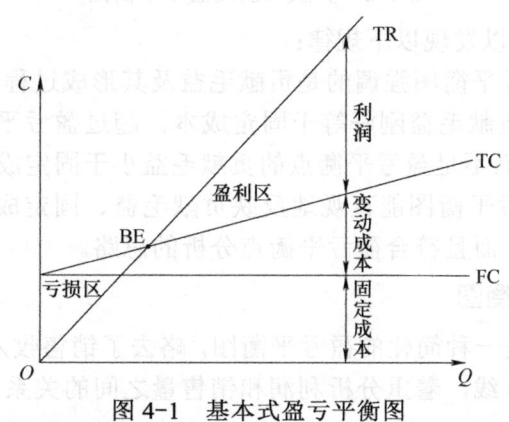

图 4-1　基本式盈亏平衡图

通过观察图 4-1，可以发现以下规律：

（1）在盈亏平衡点既定的情况下，销售量越大，能实现的利润越多或亏损越少；反之，销售量越小，能实现的利润越少或亏损越多。

（2）在销售量既定的情况下，盈亏平衡点越低，能实现的利润就越多或亏损越少；反之，盈亏平衡点越高，能实现的利润就越少或亏损越多。

（3）在总成本既定的情况下，盈亏平衡点随销售单价的变动而反向变动。因为销售单价是销售收入线的斜率，因此，单位售价越高，销售收入线的斜率越大，盈亏平衡点就越低；反之盈亏平衡点就越高。

（4）在总收入既定的情况下，盈亏平衡点随固定成本和单位变动成本而正向变动。第一个决定因素是固定成本。固定成本越高，盈亏平衡点就越高；反之，固定成本越低，盈亏平衡点就越低。第二个决定因素是单位变动成本。因为单位变动成本是总成本线的斜率，因此，单位变动成本越高，总成本线的斜率越大，盈亏平衡点就越高；反之盈亏平衡点就越低。

（二）贡献毛益式盈亏平衡图

绘制方法：先确定销售收入线（TR）和变动成本线（VC）（均以原点为起点），然后以固定成本（FC）为起点，画一条与变动成本线（VC）平行的直线，即为总成本线（TC），以总成本线（TC）和销售收入线（TR）的交点确定盈亏平衡点（BE），如图 4-2 所示。

贡献毛益式盈亏平衡图的特点是将固定成本置于变动成本之上。这样可以直观地反映贡献毛益的构成情况，体现 $CM=p-b$ 的关系。

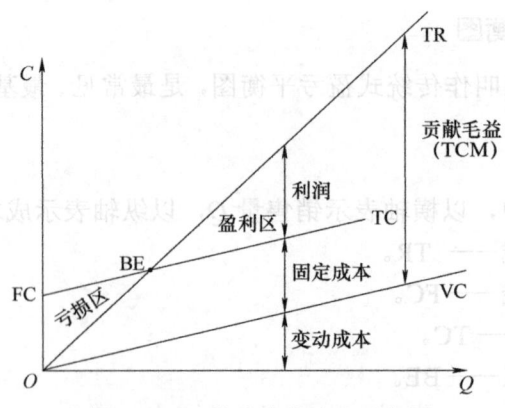

图 4-2 贡献毛益式盈亏平衡图

通过分析图 4-2，可以发现以下规律：

（1）贡献毛益式盈亏平衡图强调的是贡献毛益及其形成过程。

（2）盈亏平衡点的贡献毛益刚好等于固定成本；超过盈亏平衡点的贡献毛益大于固定成本，即实现了利润；而不足盈亏平衡点的贡献毛益小于固定成本，即表明发生了亏损。

（3）贡献毛益式盈亏平衡图能直观地反映贡献毛益、固定成本及利润的关系，不但符合变动成本法的思路，而且符合盈亏平衡点分析的思路。

（三）量利式盈亏平衡图

量利式盈亏平衡图是一种简化的盈亏平衡图，略去了销售收入和成本因素，用利润线代替销售收入线和总成本线，着重分析利润和销售量之间的关系。

绘制方法：

（1）在直角坐标系中，横轴表示销售量，纵轴表示利润或亏损。

（2）在纵轴上标识出销售量为零时的亏损数，即固定成本的负值。

（3）在横轴上任取一个销售量数据计算其损益，并将这点与纵轴上的固定成本负值点连接，即为利润线。

（4）利润线与横轴的交点即为盈亏平衡点。

结果如图 4-3 所示。

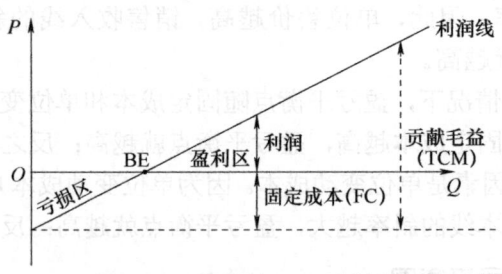

图 4-3 量利式盈亏平衡图

通过分析图 4-3，可以发现以下规律：

（1）当销售量为零时，企业的亏损额与固定成本相等。

（2）当产品的销售价格及成本水平不变时，销售量越大，利润就越多或亏损越少；反之，销售量越小，利润就越少或亏损就越多。

（3）利润线的斜率是单位贡献毛益，在固定成本不变的情况下，贡献毛益率越高，利润线斜率越大，盈亏平衡点也就越小。

四、本量利的敏感性分析

（一）敏感性分析的含义

敏感性分析研究的是当一个系统的周围条件发生变化时，会导致这个系统的状态发生怎样的变化，是变化大（敏感）还是变化小（不敏感）。销售量、单价、单位变动成本、固定成本诸因素中的某个或某几个的变动，都会对盈亏平衡点和目标利润产生影响。但由于各因素在计算盈亏平衡点和目标利润的过程中作用不同，影响程度当然也就不一样，或者说盈亏平衡点和目标利润对不同因素变动所做出的反应在敏感性上存在着差异。

（二）确定有关因素的临界值

销售量、单价、单位变动成本和固定成本的变化，都会对利润产生影响。当这种影响是消极的且达到一定程度时，就会使企业的利润为零而进入盈亏临界状态；如这种变化超出上述程度，企业就转入了亏损状态，发生了质的变化。敏感性分析的目的就是确定能引起这种质变的各因素变化的临界值。简单来说，就是求达到盈亏平衡点的销售量和单价的最小允许值以及单位变动成本和固定成本的最大允许值。根据本量利分析模型 $(p-b)x-a=P$，推导出当目标利润 TP=0 时其他各因素的最大值、最小值公式如下：

$$销售量最小值 = 固定成本 \div （单价 - 单位变动成本）$$
$$= a/(p-b)$$
$$单价最小值 = 固定成本 \div 销售量 + 单位变动成本$$
$$= a/x + b$$
$$单位变动成本最大值 = 单价 - 固定成本 \div 销售量$$
$$= p - a/x$$
$$固定成本总额最大值 = 销售量 \times （单价 - 单位变动成本）$$
$$= x(p-b)$$

例 4-14 假设某企业生产和销售单一产品。计划年度内预计有关数据如下：销售量为 5 000 件，单价为 50 元，单位变动成本为 25 元，固定成本为 50 000 元。请计算目标利润及相关临界值。

目标利润 = 5 000×（50-25）-50 000 = 75 000（元）
销售量的临界值（最小值）= 50 000÷（50-25）= 2 000（件）
单价的临界值（最小值）= 50 000÷5 000+25 = 35（元）
单位变动成本的临界值（最大值）= 50-50 000÷5 000 = 40（元）
固定成本总额的临界值（最大值）= 5 000×（50-25）= 125 000（元）

（三）有关因素对利润变化的影响程度分析

如果有的因素的较小变动，却导致利润发生了较大变化，就称这些因素为敏感因素；如果有的因素虽然发生较大变化，但利润的变化却不大，就称这些因素为非敏感因素。企业的决策人员需要知道利润对哪些因素的变化比较敏感，而对哪些因素的变化不太敏感，以便分清主次，抓住重点，确保目标利润的实现。某因素敏感系数的计算公式为

某因素敏感系数 = 目标值变化百分比÷参量（因素）值变化百分比

例 4-15 假设例 4-14 中的销售量、单价、单位变动成本和固定成本总额均分别增长 20%，计算各因素的敏感系数。

（1）计算销售量的敏感系数。

销售量增长 20%，则有：

增长后的销售量=5 000×（1+20%）=6 000（件）

增长后的利润=6 000×（50-25）-50 000=100 000（元）

利润变化百分比=[（100 000-75 000）÷75 000]×100%=33.33%

销售量的敏感系数=33.33%÷20%=1.67

（2）计算单价的敏感系数。

单价增长 20%，则有：

增长后的单价=50×（1+20%）=60（元）

增长后的利润=5 000×（60-25）-50 000=125 000（元）

利润变化百分比=[（125 000-75 000）÷75 000]×100%=66.67%

单价的敏感系数=66.67%÷20%=3.33

（3）计算单位变动成本的敏感系数。

单位变动成本增长 20%，则有：

增长后的单位变动成本=25×（1+20%）=30（元）

增长后的利润=5 000×（50-30）-50 000=50 000（元）

利润变化百分比=[（50 000-75 000）÷75 000]×100%=-33.33%

单位变动成本的敏感系数=-33.33%÷20%=-1.67

（4）计算固定成本总额的敏感系数。

固定成本增长 20%，则有：

增长后的固定成本=50 000×（1+20%）=60 000（元）

增长后的利润=5 000×（50-25）-60 000=65 000（元）

利润变化百分比=[（65 000-75 000）÷75 000]×100%=-13.33%

固定成本总额的敏感系数=-13.33%÷20%=-0.67

两点规律性的结论：

（1）关于敏感系数的正负。某一因素的敏感系数为负值，表明该因素的变动与利润的变动为反向关系；为正值则表明是同向关系。

（2）关于敏感系数的大小。从上述计算式不难看出，由于各因素敏感系数的分子均为利润变化百分比，所以其相互间的大小关系直接取决于其各自分母数值的大小，应具体分析。

【拓展阅读 4-1】

管理会计应用指引第 402 号——敏感性分析

第一章 总则

第一条 敏感性分析，是指对影响目标实现的因素变化进行量化分析，以确定各因素变化对实现目标的影响及其敏感程度。

敏感性分析可以分为单因素敏感性分析和多因素敏感性分析。

第二条 敏感性分析具有广泛适用性，有助于识别、控制和防范短期营运决策、长

期投资决策等相关风险，也可以用于一般经营分析。

第三条 企业在营运计划的制定、调整以及营运监控分析等程序中通常会应用到敏感性分析，敏感性分析也常用于长期投资决策等。

第四条 企业应用敏感性分析，应遵循《管理会计应用指引第400号——营运管理》中对应用环境的一般要求。

第二章 在短期营运决策中的应用程序

第五条 短期营运决策中的敏感性分析主要应用于目标利润规划。

第六条 短期营运决策中的敏感性分析的应用程序一般包括确定短期营运决策目标、根据决策环境确定决策目标的基准值、分析确定影响决策目标的各种因素、计算敏感系数、根据敏感系数对各因素进行排序等程序。

第七条 在利润规划敏感性分析中，利润规划的决策目标是利润最大化，有关公式如下：

利润=销售量×（单价−单位变动成本）−固定成本总额

第八条 在确定利润基准值时，企业通常根据正常状态下的产品销售量、定价和成本状况，使用本量利公式测算目标利润基准值。

第九条 企业根据本量利公式分析和识别影响利润基准值的因素，包括销售量、单价、单位变动成本和固定成本。

企业在进行敏感性分析时，可视具体情况和以往经验选取对利润基准值影响较大的因素进行分析。

第十条 企业在进行因素分析时，通过计算各因素的敏感系数，衡量因素变动对决策目标基准值的影响程度。企业可以进行单因素敏感性分析或多因素敏感性分析。

第十一条 单因素敏感性分析，是指每次只变动一个因素而其他因素保持不变时所做的敏感性分析。敏感系数反映的是某一因素值变动对目标值变动的影响程度，有关公式如下：

某因素敏感系数=目标值变动百分比÷因素值变动百分比

在目标利润规划中，目标值为目标利润，变动因素为销售量、单价、单位变动成本和固定成本。敏感系数的绝对值越大，该因素越敏感。

第十二条 多因素敏感性分析，是指假定其它因素不变时，分析两种或两种以上不确定性因素同时变化对目标的影响程度所做的敏感性分析。

企业在进行目标利润规划时，通常以利润基准值为基础，测算销售量、单价、单位变动成本和固定成本中两个或两个以上的因素同时发生变动时，对利润基准值的影响程度。

第十三条 企业应根据敏感系数绝对值的大小对其进行排序，按照有关因素的敏感程度优化规划和决策。

有关因素只要有较小幅度变动就会引起利润较大幅度变动的，属于敏感性因素；有关因素虽有较大幅度变动但对利润影响不大的，属于弱敏感性因素。

在短期利润规划决策中，销售量、单价、单位变动成本和固定成本都会对利润产生影响，应重点关注敏感性因素，及时采取措施，加强控制敏感性因素，确保利润规划的完成。

第十四条 在对利润规划进行敏感性分析时，企业应确定导致盈利转为亏损的有关变量的临界值，即确定销售量和单价的最小允许值、单位变动成本和固定成本的最大

允许值,有关公式如下:

销售量的最小允许值=固定成本÷(单价-单位变动成本)

单价的最小允许值=(单位变动成本×销售量+固定成本)÷销售量

单位变动成本的最大允许值=(单价×销售量-固定成本)÷销售量

固定成本的最大允许值=(单价-单位变动成本)×销售量

第三章 在长期投资决策中的应用程序

第十五条 长期投资决策中的敏感性分析,是指通过衡量投资方案中某个因素的变动对该方案预期结果的影响程度,做出对项目投资决策的可行性评价。

第十六条 长期投资决策敏感性分析的一般步骤参考本指引第六条。

第十七条 长期投资决策模型中决策目标的基准值通常包括净现值、内含报酬率、投资回收期、现值指数等。

企业通常需要结合行业和项目特点,参考类似投资的经验,对决策目标基准值的影响因素进行识别和选取。决策目标基准值的影响因素通常包括项目的期限、现金流和折现率。

第十八条 长期投资决策中的敏感性分析,通常分析项目期限、折现率和现金流量等变量的变化对投资方案的净现值、内含报酬率等产生的影响。

第十九条 以净现值为目标值进行敏感性分析的,可以计算投资期内的年现金净流量、有效使用年限和折现率的变动对净现值的影响程度;也可以计算净现值为零时的年现金净流量和有效使用年限的下限。

第二十条 以内含报酬率为基准值进行敏感性分析,可以计算投资期内的年现金净流量和有效使用年限变动对内含报酬率的影响程度。

第四章 工具方法评价

第二十一条 敏感性分析的主要优点是:方法简单易行,分析结果易于理解,能为企业的规划、控制和决策提供参考。

第二十二条 敏感性分析的主要缺点是:对决策模型和预测数据具有依赖性,决策模型的可靠程度和数据的合理性,会影响敏感性分析的可靠性。

第五章 附 则

第二十三条 本指引由财政部负责解释。

资料来源:中华人民共和国财政部(http://kjs.mof.gov.cn/zhengwuxinxi/zhengcefabu/201710/P020171019290297338815.pdf)

【案例分析4-2】

在电子商务时代,网络购物已经成为时尚和便捷的购物方式,也给很多人带来了商机。小李就想利用业余时间经营一家网店,实现自己做老板的梦想。他经过市场调研后,将经营的产品定位为服装。他与广东的一家服装企业联系妥当,准备销售服装。他将自己的网店开在了淘宝商城,须支付保险金50 000元(该项费用可在网站注销时退回),与淘宝商城签订了5年的合同,每年租金30 000元。小李购置了一台计算机,价值3 000元,使用期限为5年,无残值。因为小李需要上班,没有时间照顾网店,于是他从网上联系了2名客服人员,每人每月支付

1 000 元服务费，每月网络广告费 200 元，每月支付给顺丰物流公司和圆通物流公司各 500 元物流费，每月网费 140 元。服装平均每件进价成本 100 元，每件售价 180 元。

☞ **问题**
（1）小李每月销售额达到多少时才能保本？
（2）小李如果每月想赚到 4 000 元，至少要销售多少件服装？

任务三　本量利分析的应用

由于利用本量利分析中的边际贡献概念，能为不同方案的选择提供重要的衡量依据，因此本量利分析被广泛地用于企业的经营决策。在经营决策的分析中，哪种方法能为企业提供更多的边际贡献，更好地弥补和维持现有生产能力所需支付的固定成本，使企业获得更多的利润，哪个方案就是最佳方案。本量利分析在经营决策中主要可用于不同生产方法的选择、目标利润的预测等方面。

一、本量利分析在目标利润的预测方案中的应用

根据本项目对本量利分析基本模型的表述，可以轻松地预测出企业计划期生产经营所要达到的目标利润，令企业依据目标利润组织销售收入，控制成本费用支出，合理地安排和使用资金，促使企业不断改善经营管理，提高经济效益。

例 4-16 大光公司生产并销售丁产品，该公司预计计划期可实现丁产品销售量为 5 500 件，单位产品售价为 200 元，单位变动成本为 130 元，计划期固定成本总额为 350 000 元。试预测计划期该公司利润额。

预计利润额 $=x(p-b)-a$
$\qquad=5\,500\times(200-130)-350\,000$
$\qquad=35\,000$（元）

如果大光公司在计划期拟实现 210 000 元的目标利润，则该公司销售量应达到多少？

目标销售量 $=(P+a)/(p-b)$
$\qquad=(210\,000+350\,000)\div(200-130)$
$\qquad=8\,000$（件）

通过这一预测可知，大光公司如果能完成计划期 5 500 件的销售量，便可实现 35 000 元的利润，而如果要进一步实现 210 000 元的目标利润，则销售量需要提高到 8 000 件。

预测数据能够给予企业明确的参考，方便企业做出相关决策。

二、本量利分析在新产品投产决策中的应用

例 4-17 大光公司打算投产一种新产品，而为生产该种产品需配置一台专业设备。该设备每年发生的固定成本如折旧等共计 180 000 元。预计生产出来的产品每件可定价

300元,单位变动成本为220元,每年预计销售量能达到1 800件。请判断大光公司是否应投产这种新产品。

盈亏平衡点销售量=$a/(p-b)$=180 000÷(300–220)=2 250(件)

从以上数据可以看出,大光公司投产新产品需要达到2 250件的销售量才可以保本,而预计销售量只有1 800件,预计利润为–36 000元[1 800×(300–220)–180 000],因此不宜投入生产。

本量利分析主要是对各备选方案的成本和利润额关系进行分析,主要关注决策是否能为企业带来盈利。这当然不会是企业进行决策时考虑的唯一因素,实务中的决策往往还要考虑企业的市场定位、市场占有率及企业的长远发展战略等,是各方面综合考量的决定。在后面的学习中,我们还将专门介绍管理会计在企业短期经营决策和长期投资决策中的一系列技术方法,拓展这方面的知识。

知识链接 4-2

作业成本法对本量利分析的影响

本量利分析模型一般以传统成本性态分析为基础,将产销量作为成本的唯一动因来区分固定成本和变动成本,其中固定成本不随产销量的变化而变化,变动成本与产销量之间呈正比例变化关系。随着制造环境的复杂化和企业生产组织的变革,产品成本结构发生了实质性变化,表现在两个方面:①间接成本比例加大,直接成本比例相对降低;②成本驱动因素出现多元化趋势,不仅包括产销量,还有其他各种因素,如设备调试次数、产品检验次数以及材料处理次数或时间等。在日益复杂的制造环境下,固定成本和变动成本的划分需要依据多元成本动因,使传统成本性态分析方法面临着严峻的挑战。下面以作业成本法为基础,研究多元化成本动因对成本分类及本量利分析模型产生的影响。

作业成本法下的本量利分析模型是在作业成本性态分类基础上,运用数量化模型揭示短期变动成本、长期变动成本、固定成本、产销量、作业量、销售单价以及利润之间相互影响、相互制约关系的一种定量分析方法。

作业成本法下,大多数间接费用因作业而产生,受作业动因量影响,与产销量没有直接关系。为了清晰展示各种成本的发生及其分配情况,作业成本法将成本划分为短期变动成本、长期变动成本和固定成本三类,各类成本的内容界定为:①短期变动成本为传统意义上的变动成本,与产销量之间呈正比例变化关系,如直接材料、直接人工等。②长期变动成本不随产销量变动,但与产品消耗的作业量之间呈正比例变动关系,如产品检验成本、设备调整准备成本、原材料处理成本等,其显著特征表现为本期作业量增减不一定立即引起本期长期变动成本发生变化,但作业量累积到一定水平则会引起长期变动成本出现显著性变化。③固定成本类似于传统意义上的约束性固定成本,在较长时期和相关范围内不受产销量和作业量影响。

作业成本法的成本性态分析与传统成本性态分析对成本划分的标准不同:传统成本性态分析中,只要不随产销量变动而变动的成本均被视为固定成本;作业成本法认为不随产销量变动而变动的成本,也可能随着其他作业水平的变动而变动,因而也可能属于变动成本。通过上述比较可以发现,作业成本法的成本性态分析从本质上讲,就是将传统意义上的固定成本进一步划分为长期变动成本和固定成本两部分。

作业成本法下,第 i 种产品盈亏平衡点产销量可表达为

$$x_i = \frac{a_i + \sum_{j=1}^{m} d_{ij} y_{ij}}{p_i - b_i}$$

式中,a_i 为第 i 种产品固定成本,p_i 为第 i 种产品单价,b_i 为第 i 种产品的单位短期变动成本,x_i 为第 i 种产品的产销量,m 为第 i 种产品的作业动因量,d_{ij} 为第 i 种产品第 j 个作业动因的单位成本,y_{ij} 为第 i 种产品第 j 个作业动因量。

【案例分析 4-3】

某加油站内设有一个卖报纸和杂货的商店,周围的居民常来此购物。该商店的销售额每周可达 3 600 元。除此之外,来加油的司机们也会光顾该商店。经理估计,平均每 100 元花费在汽油上的车主会另花费 20 元在商店购物。在汽油销售量波动时,该比率仍维持不变。该地区的商品销售与汽油销售是独立的。汽油的边际贡献率是 18%,而货品的边际贡献率是 25%。当前的汽油销售价是每升 2.8 元,而每周的销售量是 16 000 升。加油站每周的场地固定成本是 4 500 元,而每周工人薪金是固定的 2 600 元。

◎ 问题

(1) 计算当前每周的利润是多少?
(2) 汽油销售的保本量是多少?
(3) 如果汽油销售量跌到 8 000 升,还会有多少利润(损失)?

任务四　本量利分析的局限性

一、本量利分析以完全竞争市场为基本假定

众所周知,传统的本量利分析以完全竞争市场为基本假定,即认为市场参与者的数量足够多,而市场是完全竞争的,企业的利润函数只依赖于自己的选择,而不依赖于"他人"的选择,即企业不管其规模大小、产量的多少,对产品的市场价格没有影响,企业的利润只与企业的产量有关。在这种假定下,企业面临着一个既定的市场价格,都是价格的接受者。但是,在现实的经济生活中,买卖双方的人数常常是非常有限的,在有限人数下,市场不可能是完全竞争的。在当代经济条件下,产品的价格往往是由几个企业集团的共同产量决定的,小企业只能是价格的被动接受者,如电信市场、石油市场。在不完全竞争市场中,人们之间的行为对彼此的影响是直接的。所以,一个人在决策时必须考虑到对方的反应,企业集团之间更是如此。在这种情况下,企业的利润函数不仅依赖于自己的选择,而且依赖于"他人"的选择;企业的最优选择是"他人"选择的函数。这样传统的本量利分析不再适用。

二、本量利分析中的"产销平衡"基本假设有时难以实现

在构建线性本量利分析的理论体系中,推出"产销平衡"假设的原因在于使本量利分析与成本计算无关,而事实上这是难以实现的。只要产销平衡,存货计价不论是完全成本法,还是变动成本法,本量利分析的结果应是一致的。如果是产销不平衡,就有必要分别进行完全成本法下的本量利分析和变动成本法下的本量利分析的研究。在已构建线性本量利分析的理论体系中,正是如此做的。由于产销平衡无法保证两种成本法下的营业净利润相等,也就是无法使本量利分析与成本计算无关。因此,产销平衡假设赖以存在的理论基础已经动摇,本量利分析中设定"产销平衡"也就没有必要。

三、本量利分析中成本性态理论存在局限性

本量利分析所建立和使用的有关数学模型和图形,是以有关成本性态模型 $y=a+bx$ 已经建立为条件的,即全部成本已经被区分为固定成本 a 和变动成本 bx 两部分,变动成本 bx 随销售量 x 的变化而呈正比例变化,固定成本 a 与销售量无关,是固定不变的。若以 p 表示单位售价,P 表示利润(指税前利润),则可得出目标销售量模型:$x=(P+a)/(p-b)$。但实际上,我们碰到的问题是如何将总成本区分成固定成本和变动成本,即成本性态分析本身存在技术上的难点。

四、本量利分析对成本与收入线性关系的假定存在局限性

本量利分析正是根据这一假定,形象而生动地描绘出了著名的盈亏平衡分析图,帮助企业寻找保本点、保利点的盈利区、亏损区。但这种保本分析值得推敲。首先,成本线与收入线并不是直线,而应当是曲线。因为在较长的时间范围内,固定成本总额会呈阶梯状变化,变动成本往往受经营规模和生产效率的影响呈曲线变化,所以总成本不会是一条直线;而且,在市场经济条件下,单价也不可能固定不变,销售收入也并非总是直线。其次,保本点的确定没有实际意义。保本点的计算公式为"保本量=固定成本÷(单价–单位变动成本)"。在劳动密集型行业固定成本很低,因而确定的保本量都非常小。过大或过小的保本点都会失去实际意义。

五、企业对本量利分析所要求的理想状态难以达到

本量利分析所要求的产销一致、品种结构稳定平衡,是企业努力追求的理想状态。在这种理想状态下进行的本量利分析可能给企业决策者造成错觉,尽管这种假定可使分析人员能够集中注意力于价格、成本以及业务量对营业利润的影响。假定在只安排一种产品生产的条件下,生产出来的产品总是可以找到市场,可以实现产销平衡;对于多品种生产的企业,假定在以价值形式表现的产销总量发生变化时,原来的各种产品的产销额在全部产品产销总额中所占的比重并不发生变化。这种假定影响了本量利分析结果的说服力。

【案例分析4-4】

某自主创业者拟在家乡建立一家批发零售冰激凌的加工厂,让自己的父老乡亲随时吃到廉价可口的冰激凌,在酷暑时节给期盼着凉爽的人们驱走炎热。市场调查的相关资料如下:

（1）销售量预测：该地方 1~5 月、11~12 月为销售淡季，销售量为 30 000 支/日；6~10 月为旺季，销售量为 60 000~70 000 支/日。经测算，该加工厂的市场占有率为 60%~65%，定价预计为 0.35 元/支，即在淡季，日需求量为 18 000~19 500 支，旺季的日需求量为 36 000~45 500 支。

（2）成本预测：租入固定资产设备一套 50 000 元；租入厂房一间，月租金 2 500 元；员工每生产 1 000 支产品计价工资为 30 元；管理人员 1 名，月工资 2 500 元；采购人员 1 名，月工资 2 500 元；技术人员 1 名，月工资 3 000 元；其他零星费用支出及税金 2 000 元。产品原材料成本（以每锅为标准，每锅生产 1 000 支冰激凌）300 元。其中：淀粉 120 元、白糖 40 元、奶粉 86 元、食用香精 2 元、其他费用 52 元。

（3）生产量预测：日生产 12 锅；预计全年工作 300 天。

◎ 问题

（1）运用本量利分析理论分析该冰激凌加工厂能否成立？
（2）该加工厂每年能获利吗？获利多少？

【拓展阅读 4-2】

本量利分析中的概率分析

本量利分析一般都是假定销售单价、单位变动成本和固定成本总额是一个定值。事实上，在实际工作中，这些因素往往是不确定的，对它们的变动很难事先预计。在这种情况下，就应采用不确定情况下的本量利分析方法。概率分析法就是不确定情况下的本量利分析方法之一。

在日常经营管理过程中，由于未来往往充满着不确定因素，事先只能大概估计出它们的变动范围及在某个范围内出现的可能性（即概率）。所以，在这种情况下，要计算保本点就必须借助于概率分析。概率是指某一事件发生的可能性，这种可能性的大小可用 0~1 之间的数来表示，越接近于 1，可能性就越大；越接近于 0，可能性就越小。概率分析是运筹学中专门针对风险型决策的不确定因素进行分析的一种方法。

将概率引进本量利分析模型，其目的就是通过考虑各种因素的变化情况及各种情况出现的概率大小，来合理地确定保本点，使保本点的预计更具科学性，从而减少风险。

例 4-18 中华公司计划生产 B 产品，有关售价、成本以及可能出现的概率见表 4-4。试采用概率分析法进行保本点分析。

表 4-4 B 产品售价、成本、概率表

（金额单位：元）

项　目	可能出现的情况	概　率
销售单价	250	0.4
	300	0.6
单位变动成本	200	0.2
	220	0.8
固定成本总额	30 000	0.9
	45 000	0.1

根据上述资料进行保本点的概率分析，见表 4-5。

表 4-5 保本点概率分析表

(单位：元)

销售单价	单位变动成本	固定成本总额	保本点销售额	联合概率	期望值
250 （p=0.4）	200 （p=0.2）	30 000 （p=0.9）	150 000	0.072	10 800
		45 000 （p=0.1）	225 000	0.008	1 800
	220 （p=0.8）	30 000 （p=0.9）	250 000	0.288	72 000
		45 000 （p=0.1）	375 000	0.032	12 000
300 （p=0.6）	200 （p=0.2）	30 000 （p=0.9）	90 000	0.108	9 720
		45 000 （p=0.1）	135 000	0.012	1 620
	220 （p=0.8）	30 000 （p=0.9）	112 500	0.432	48 600
		45 000 （p=0.1）	168 750	0.048	8 100
合计				1.00	164 640

从表 4-5 的计算可以看出，由于销售单价、单位变动成本和固定成本总额各有两种情况出现，所以各种情况的随机组合就有 8 种（2×2×2），每一种组合都有一个保本点销售额。因此，可将每一种组合中各因素的概率进行连乘，分别求出各种组合的联合概率。将各种组合的保本点销售额分别乘其联合概率，即可求得各种组合的期望值。最后，把 8 种组合的期望值加总，即可求得 B 产品的保本点销售额。本例中，中华公司 B 产品的保本点销售额为 164 640 元。

资料来源：乐艳芬. 成本管理会计[M]. 3 版. 上海：复旦大学出版社，2014.

项目小结

本量利分析是对成本、业务量和利润三者之间的相互依存关系进行的分析。通过本项目学习，理解本量利分析的基本原理，掌握保本点、保利点的有关计算，能够应用本量利分析、经营安全程度评价指标解决企业实际问题。本量利分析也称 CVP 分析，是成本—业务量—利润关系分析的简称，是指在变动成本计算模式的基础上，以数学化的会计模型与图式来揭示固定成本、变动成本、销售量、单价、销售额、利润等变量之间的内在规律性联系，为会计预测、决策和规划提供必要的财务信息的一种定量分析方法。这一分析方法是在人们认识到成本可以也应该按性态进行划分的基础上发展起来的，主要是研究销售量、价格、成本和利润之间的相互关系。

通过本量利分析，进一步揭示了贡献毛益、保本点、安全边际、保利点等一系列重要指标，分析了单价、成本和销售量等变动对保本点和保利点的影响。在销售总成本已定的情况下，盈亏平衡点的高低取决于单位售价的高低；在销售收入已定的情况下，盈亏平衡点的高低取决于固定成本和单位变动成本的高低；在盈亏平衡点不变的前提下，销售量越大，企业实现的利润越多；在销售量不变的前提下，盈亏平衡点越低，企业能实现的利润越多。

最后，分析了本量利分析的局限性，即：本量利分析以完全竞争市场为基本假定；本量利分析中的"产销平衡"基本假设有时难以实现；本量利分析中成本性态理论存在局限性；本量利分析对成本与收入线性关系的假定存在局限性；企业对本量利分析所要求的理想状态难以达到等。

关键术语

本量利分析　贡献毛益　贡献毛益率　变动成本率　营业利润　盈亏平衡点　安全边际率　保本作业率　敏感性分析

实训操作

【实训项目】

企业综合贡献毛益率的计算。

【实训情境】

某企业拥有三种产品，预计年销售额为 20 000 万元，年固定成本分摊为 8 600 万元，有如下两种方案：

方案一：每种产品的销售额、变动成本和贡献毛益见表 4-6。

表 4-6　每种产品的销售额、变动成本和贡献毛益

项　　目	A	B	C	合　　计
销售组合①	50%	45%	5%	100%
销售额（万元）	10 000	9 000	1 000	20 000
变动成本（万元）	200	4 500	700	5 400
贡献毛益（万元）	9 800	4 500	300	14 600
固定成本（万元）				8 600
利润（万元）				6 000

① 销售组合指各种产品销售额占总销售额的百分比。

方案二：改变销售组合后的各项数据见表 4-7。

表 4-7　改变销售组合后的各项数据

项　　目	A	B	C	合　　计
销售组合	45%	40%	15%	100%
销售额（万元）	9 000	8 000	3 000	20 000
变动成本（万元）	180	4 000	2 100	6 280
贡献毛益（万元）	8 820	4 000	900	13 720
固定成本（万元）				8 600
利润（万元）				5 120

【实训任务】

两种方案的预计销售额相同,但是所产出的利润却不相同,你能解释原因吗?

综合测试

一、单项选择题

1. 保本点销售量等于（　　）。
   A．单位变动成本÷单位贡献毛益
   B．单位固定成本÷单位贡献毛益
   C．固定成本总额÷单位贡献毛益
   D．总成本÷单位贡献毛益

2. 生产单一产品的企业,保本点销售额等于（　　）。
   A．保本点销售量÷单位利润
   B．固定成本总额÷贡献毛益率
   C．固定成本总额÷单位贡献毛益
   D．固定成本总额÷综合贡献毛益率

3. 企业经营安全程度的判别指标一般是（　　）。
   A．保本量　　　B．保本额　　　C．安全边际　　　D．安全边际率

4. 从有关公式可见,进行保本和盈利分析时,凡计算有关销售额的指标时,均以（　　）为分母。
   A．边际贡献率　　　　　　B．单位边际贡献
   C．固定成本　　　　　　　D．企业所得税税率

5. 下列对盈亏平衡点表述正确的是（　　）。
   A．贡献毛益额等于固定成本总额
   B．贡献毛益额大于固定成本总额
   C．贡献毛益额小于固定成本总额
   D．贡献毛益额可能大于、小于或等于固定成本总额

6. 在本量利分析中,必须假定产品成本的计算基础是（　　）。
   A．完全成本法　　B．变动成本法　　C．吸收成本法　　D．制造成本法

7. 某产品单价为20元,单位变动成本为15元,固定成本为20 000元,目标税后利润为15 000元,所得税税率为25%,则保利点销售量为（　　）件。
   A．6 000　　　B．2 000　　　C．8 000　　　D．10 000

8. 进行本量利分析,必须把企业全部成本区分为固定成本和（　　）。
   A．制造成本　　B．材料成本　　C．人工成本　　D．变动成本

9. 单价单独变动时,会使安全边际（　　）。
   A．同方向变动　　B．反方向变动　　C．不一定变动　　D．不变

10. 贡献毛益又称为边际贡献或边际利润,其实质是（　　）。
    A．税前净利的多少
    B．为企业利润做出贡献的大小

C. 企业销售收入的大小
D. 已销产品的变动成本总额

11. 在计算保本量和保利量时，有关公式的分母是（ ）。
   A. 单位边际贡献　　　　　　　B. 边际贡献率
   C. 单位变动成本　　　　　　　D. 固定成本

12. 已知某产品的销售利润率为9%，安全边际率为30%，则贡献毛益率为（ ）。
   A. 2.7%　　　B. 3.33%　　　C. 30%　　　D. 39%

13. 下列各项中，不属于本量利分析假设的是（ ）。
   A. 销售价格不变　B. 产销平衡　　C. 成本是线性的　　D. 产销不平衡

14. 下列因素单独变动时，不会对保利点产生影响的是（ ）。
   A. 成本　　　B. 单价　　　C. 销售量　　　D. 目标利润

15. 在其他因素不变的条件下，固定成本减少，保本点（ ）。
   A. 升高　　　B. 降低　　　C. 不变　　　D. 不一定变动

16. 在采用图解法确定产品保本点时，保本点是本量利关系图中（ ）的交点。
   A. 变动成本线与销售收入线
   B. 固定成本线与销售收入线
   C. 总成本线与销售收入线
   D. 变动成本线与总成本线

17. 下列公式中不正确的是（ ）。
   A. 利润=贡献毛益率×安全边际额
   B. 安全边际率+贡献毛益率=1
   C. 安全边际率+保本作业率=1
   D. 贡献毛益率=（固定成本+利润）÷销售收入

二、多项选择题

1. 保本点的表现形式有（ ）。
   A. 保本单价　　B. 保本点销售量　　C. 保本点销售额　　D. 安全边际量

2. 当（ ）时，企业一定保本。
   A. 收支相等
   B. 固定成本与变动成本之和小于销售收入
   C. 贡献毛益率等于变动成本率
   D. 贡献毛益等于固定成本

3. 企业处于保本状态，则有（ ）。
   A. 保本作业率为0　　　　　　　B. 保本作业率为100%
   C. 安全边际率为100%　　　　　D. 安全边际率为0

4. 影响保本点的因素有（ ）。
   A. 单价　　B. 单位变动成本　　C. 固定成本总额　　D. 品种结构

5. 边际贡献除了以总额形式表现外，还以（ ）表现。
   A. 单位边际贡献　B. 税前利润　　C. 销售收入　　D. 边际贡献率

6. 安全边际指标的表现形式包括（ ）。

A．安全边际量　　B．安全边际额　　C．安全边际率　　D．保本作业率
7．降低保本点的途径有（　　）。
　　A．降低单价　　　　　　　　　　　B．降低固定成本总额
　　C．提高单价　　　　　　　　　　　D．提高边际贡献率高的产品销售比重
8．某企业生产一种产品，单位变动成本为8元，单价为12元，固定成本为3 000元，销量为1 000件，欲实现目标利润2 000元，则可采取的措施为（　　）。
　　A．固定成本降到2 500元　　　　　B．单价提高到13元
　　C．单位变动成本降至7元　　　　　D．固定成本降至2 000元
9．贡献毛益率可通过（　　）计算。
　　A．1－变动成本率　　　　　　　　 B．贡献毛益÷销售收入
　　C．单位贡献毛益÷单价　　　　　　D．固定成本÷保本点销售额
10．下列比率之和为1的是（　　）。
　　A．安全边际率和贡献毛益率　　　　B．安全边际率和保本作业率
　　C．保本作业率和变动成本率　　　　D．变动成本率和贡献毛益率
11．判断企业处于保本状态的标志有（　　）。
　　A．收支相等　　　　　　　　　　　B．边际贡献等于固定成本
　　C．安全边际量为零　　　　　　　　D．保本作业率为100%
12．当单价单独变动时，会使（　　）同方向变动。
　　A．保本点　　B．保利点　　C．单位边际贡献　　D．边际贡献率
13．提高企业经营安全性的途径包括（　　）。
　　A．扩大销售量　　　　　　　　　　B．降低固定成本
　　C．降低销售单价　　　　　　　　　D．降低单位变动成本
14．下列各指标中，数值越大说明企业经营越安全的有（　　）。
　　A．安全边际量　　B．安全边际率　　C．保本作业率　　D．变动成本率
15．下列说法中正确的有（　　）。
　　A．安全边际与单价同方向变动　　　B．安全边际与固定成本同方向变动
　　C．安全边际与销售量同方向变动　　D．目标利润对安全边际没有影响
16．影响安全边际销售量大小的因素有（　　）。
　　A．保本点销售量　B．预计销售量　C．销售单价　　D．单位变动成本

三、判断题
1．贡献毛益率小于零的企业，必然是亏损企业。　　　　　　　　　　　　（　　）
2．在其他条件不变时，单价降低将使保本点提高。　　　　　　　　　　　（　　）
3．在进行本量利分析时，不需要任何假设条件。　　　　　　　　　　　　（　　）
4．企业的边际贡献应当等于企业的销售毛利。　　　　　　　　　　　　　（　　）
5．销售量的变动只引起利润的变动，对保本点没有影响。　　　　　　　　（　　）
6．在贡献毛益率一定的条件下，安全边际率越高，销售利润率就越低。　　（　　）
7．在其他条件不变的条件下，固定成本越高，保本量越大。　　　　　　　（　　）
8．销售利润率可通过边际贡献率乘以安全边际率求得。　　　　　　　　　（　　）
9．在企业所有的预测中，销售预测处于先导地位，对其他预测起着重要作用。

10．企业要进行销售量预测，必须具备齐全的销售量历史资料才能进行。（　　）
11．当企业生产经营多种产品时，无法使用本量利分析法。（　　）
12．保本作业率能够反映保本状态下的生产经营能力的利用程度。（　　）
13．在多品种生产的条件下，提高贡献毛益率水平较高产品的销售比重，可以降低整个企业的综合保本额。（　　）
14．利润预测是利用本量利的基本关系式，在销售预测、成本预测的基础上，对企业的利润进行预测的方法。（　　）
15．贡献毛益率与变动成本率二者之间存在着密切关系，贡献毛益越大，变动成本率也就越大。（　　）

四、问答题

1．什么是本量利分析？成本、业务量和利润三者之间的关系是什么？
2．本量利分析的前提条件是什么？
3．边际贡献率指标的含义是什么？它和变动成本率的关系是什么？
4．边际贡献指标有哪几种形式？如何计算？
5．单一品种下有关因素变动如何影响保本点、保利点和目标利润？
6．影响保本点和保利点的因素有哪些？它们的变动对保本点和保利点会产生什么样的影响？
7．什么是安全边际？如何计算安全边际？
8．本量利分析图解法各有哪些规律？

五、技能题

1．某公司只销售一种产品，2019年单位变动成本为15元，变动成本总额为63 000元，共获得税前利润18 000元。若该公司计划2020年维持销售单价不变，变动成本率仍维持2019年的30%。要求：
（1）计算该产品销售单价。
（2）计算该公司2019年的销售量和固定成本。
（3）预测2020年的保本额。
（4）若目标利润为98 500元，预测实现目标利润时的销售量。
（5）若2020年的计划销售量比2019年提高8%，预测安全边际额。

2．某公司生产和销售甲、乙两种产品，本月有关数据见表4-8。

表4-8　公司有关产品数据

项　　目	甲产品	乙产品
预计销售量（件）	60 000	80 000
单价（元）	10	5
单位变动成本（元）	4	1.5
全月固定成本（元）	144 000	

要求：根据上述资料，计算以下有关指标。
（1）保本点销售额。
（2）甲、乙两种产品的保本点销售量。

（3）安全边际额。

（4）本月预计利润。

（5）若每月增加广告费 19 400 元，可使甲产品销售量增加到 80 000 件，而乙产品的销售量将减少到 40 000 件，请具体说明采取这一措施是否合算？

3．某企业生产和销售单一产品，该产品单价为 50 元，单位变动成本为 30 元，固定成本总额为 60 000 元，预计正常销售量为 5 000 件。要求：

（1）计算保本量及保本作业率。

（2）计算安全边际及安全边际率。

4．某公司准备生产一种新产品，其单价为 100 元，单位变动成本为 60 元，年固定成本为 200 000 元。要求：

（1）试计算该产品的保本销售量。

（2）计算为达到年目标利润 100 000 元的销售量。

（3）计算当目标销售量为 8 000 件时，该公司的目标利润。

（4）分别说明单价增加 20%，单位变动成本减少 10%，年固定成本比预计低 10%、单位变动成本比预计高 10% 三种情况对目标利润的影响。

5．某企业生产和销售甲、乙两种产品，产品单价分别为：甲产品 6 元，乙产品 3 元。边际贡献率分别为：甲产品 40%，乙产品 30%。全月固定成本为 72 000 元。本月甲产品预计销售量为 30 000 件，乙产品 40 000 件。要求：计算保本额。

6．某公司生产经营甲、乙、丙三种产品，固定成本为 45 900 元。甲产品、乙产品、丙产品的销售单价分别为 100 元、120 元和 160 元，单位变动成本分别为 80 元、90 元和 112 元，销售量分别为 600 件、500 件和 500 件。要求：采用加权平均贡献毛益率法测算企业综合保本点、各产品保本点及全部产品盈利额。

7．某产品单价为 10 元，单位变动成本为 5 元，当期固定成本为 8 000 元，销售 2 000 件。要求：

（1）若其他条件不变，固定成本下降 1 000 元，预计新实现的利润将超过目标利润多少？

（2）若其他条件不变，单位变动成本由 5 元降为 4 元，则预计新实现的利润将超过目标利润多少？

（3）若其他条件不变，单价提高到 11 元，则预计新实现的利润将超过目标利润多少？

项目五
预测与决策分析

项目目标

1. 知识目标

理解预测、经营决策及投资决策分析的概念及意义;掌握预测、经营决策及投资决策分析的基本方法及基本内容。

2. 能力目标

掌握预测、经营决策及投资决策分析的各种方法及适用条件;能够灵活运用预测与决策分析的基本原理及方法进行预测及决策。

3. 素质拓展目标

能够利用相关方法进行预测、经营决策及投资决策分析,具备在企业的预测与决策活动中的相应能力。

【项目导入】

H 公司有很多分部,其中的 A 分部准备推出一个新产品,在研究开发方面已花费 100 万元。新产品 SF 拥有一些独特的性能,A 分部相信可因此而卖得一个较高的价格。然而,A 分部的竞争对手最近也推出了一个与 SF 相似的新产品,但 A 分部仍然认为 SF 的独特性能足以区分 SF 与其他产品。竞争对手的新产品每件售价为 110 元。A 分部被 H 公司批准的定价政策是按直接成本加 300%作为间接费用和利润。然而,由于开发新产品的成本非常昂贵,新产品的定价政策为成本加 400%。A 分部的间接费用大部分是固定的,其中包括 H 公司收取的 15%的总部管理费。此外,H 公司希望所有新产品都能在年内收回其开发成本。根据可靠的估计,人工和材料的直接成本预计为每件 30 元。A 分部预计每年可售出 5 000 件 SF,而这一销售量最少可持续三年。

资料来源:根据对外经济贸易大学《管理会计》案例(http://www.docin.com/p-356033412.html)改编

☞ 讨论

H 公司 A 分部应该进行怎样的定价决策?所定的原售价过高或过低时,A 分部应做出什么行动?

任务一　预　测　分　析

一、预测分析概述

（一）预测分析的含义

所谓预测，就是根据现有的信息资料，对尚未发生或目前还不明确的事物进行预先估计和推测，是在现时对未来将要发生的结果所进行的探讨和寻求。即根据过去和现在预计、测算未来，由已知推定、判断未知的过程。

预测分析是企业管理的必要职能，它是指根据关于企业内部生产经营情况以及企业外部政治、经济、市场、国家宏观政策等信息资料，运用一定的科学预测方法，对企业供应、生产、销售以及资金循环与周转的未来状况所做出的预计、推测和判断的过程。

（二）预测分析的意义

现代企业管理中，管理的中心在于经营，经营的中心在于决策。而正确的决策必须以科学的预测为前提，正确决策的关键在于科学的预测。只有把预测看成是决策的先导，才能避免决策的主观性和盲目性。在企业管理活动中，生产经营预测具有十分重要的意义。

1．预测为决策提供科学依据

决策的基础是科学预测，企业的生产经营活动和财务活动必须建立在正确决策的基础上。预测直接为决策服务，是决策的先导与前提，而决策又是企业经营成败的关键。换言之，如果对未来没有科学、准确的预测，缺少有关未来的信息，就难以做出符合客观发展规律的科学决策。通过预测，科学、准确地预见或描述未来，进而制订直接支配未来的行动方案，即决策。

2．预测是确定经营计划和编制全面预算的前提

企业制订生产经营计划和编制全面预算必须首先进行市场需求调查和预测，以科学的预测为前提。预测也要为规划服务。通过预测所提供的许多数据最终被纳入预算，成为编制预算的基础，预算是预测结果的具体化。但预测的进行往往不受时间的限制，预测既可在计划之前进行，也可在计划或预算的执行过程中进行，以指导、修正计划或预算；另外，预测可根据需要选用不同的方法，其信息只具有指导性或参考性的作用，而计划或预算的程序则具有相对稳定性，其信息具有严肃性和强制性。

3．预测是提高经济效益的重要手段

经济效益是劳动成果和劳动耗费比较的结果。进行预测时，企业需要收集竞争对手的有关资料，了解掌握竞争对手的情况，分析自身的竞争态势。企业要想在当前日趋激烈的市场竞争中立于不败之地，就必须顺应市场发展规律，开展预测分析，并讲求预测方法的科学性以及预测结果的准确性，在激烈的市场竞争中争取主动，尽可能避免经济活动中的盲目与被动，提高企业的竞争力和企业效益。

科学的预测是企业做出正确决策的基础，是企业编制计划、进行科学决策的重要组成部分。现代生产力的迅速发展，使社会经济环境发生了巨大变革。不对企业未来的生产经营状况开展科学的预测，就不能预先估计未来的发展趋势，无法采取积极的应对措施，难以适应不断变化的形势。

(三)预测分析的特征

预测分析的特征主要有以下几点:

1. 科学性

预测分析必须以客观准确的历史资料和合乎实际的经验为依据,充分考虑现实条件,不能主观臆断,凭空捏造,推算未来的发展趋势。

2. 时间相对性

预测分析必须事先明确规定某项预测对象的时间期限范围,预测可分为长期预测和短期预测、时点预测和时期预测。预测时间越短,预测结果越准确;反之,预测结果越不准确。

3. 方法灵活性

进行预测分析可采用的方法很多。选择预测方法时,应先进行测试,具体问题具体分析,事先选择试点加以验证。只有选择简便易行、成本低、效率高的方法配套使用,才能起到事半功倍的作用。

4. 结论可验证性

由于事物未来的发展存在不确定性,预测中出现误差难以避免。正确的预测分析不在于它一定能够避免出现误差,而在于通过误差的验证进行反馈,积极地调整预测程序和方法,尽量减少误差。

(四)预测分析的程序

预测分析一般按照以下程序进行:

1. 确定预测目标

预测分析首先要清楚界定预测的具体对象及预测所要达到的目的,这是企业做好生产经营预测工作的首要前提。预测目标的确定是预测分析的起点和进行预测的依据。企业需要根据总体目标设计和选择预测的内容、期限和范围等,并要保证预测分析能突出重点。

2. 收集整理信息

预测目标确定后,企业应当着手搜集有关经济的、技术的、市场的计划资料和实际资料。在大量资料的基础上,按照一定方法对资料进行审查、加工、整理、归纳,并进行系统分析,发现与预测对象有关的各因素之间的相互依存关系。

3. 选择预测方法

对于不同的预测对象,应根据预测目标、内容、要求和所掌握的资料,选择相应的预测方法。对于定量预测,要建立数学模型,以确定最佳的定量预测分析法;并运用所建立的数学模型进行检验。对于定性预测,应结合以往经验选择最佳的定性预测分析法。

4. 进行预测分析

根据选定的预测方法、建立的预测模型及掌握的未来信息,进行相应的定量预测分析和定性预测分析,在分析内部、外部各种影响因素后,揭示预测对象的变化趋势,并预测其发展方向及水平。

5. 检查验证结论

通过检查前期预测结果是否与当前实际相符,并分析找出误差原因,以验证预测方法是否科学有效,以便于在本期预测过程中及时加以修正,从而完善预测机制。

6．修正预测结论

根据定量预测分析法进行的预测，常常由于某些数据不充分或无法定量而影响预测的精确性，这就需要结合定性分析的方法以及不可比因素的影响对其进行修正和补充，使其更接近实际情况。

7．报告预测结论

在对预测结果进行检验、修正后，最终要将修正完善过的预测结论以一定形式呈报给企业管理者，作为其进行相关决策、编制预算及实施管理的依据。

二、销售预测

（一）销售预测的含义

销售预测又称产品需求预测，是指在市场调查的基础上，通过一定的分析方法，对未来特定时期的全部产品或特定产品的销售量与销售额做出的预计和推测。做好销售预测，可以减少生产的盲目性，使企业的供应、生产和销售之间衔接合理，从而提高企业的经济效益。

广义的销售预测包括两个方面：一是市场调查；二是销售量预测。狭义的销售预测专指销售量预测。市场调查是指通过了解与特定产品有关的供销环境和各类市场的情况，做出该产品有无现实市场或潜在市场以及市场大小的结论的过程。它是销售量预测的基础。销售量预测又叫产品需求量预测，是指根据市场调查所得到的有关资料，通过对有关因素的分析研究，预计和测算特定产品在未来一定时期内的市场销售量水平及变化趋势，进而预测本企业产品未来销售量的过程。销售预测的基本方法分为定性销售预测法和定量销售预测法。

（二）定性销售预测法

定性销售预测法主要包括判断分析法和调查分析法等。

1．判断分析法

判断分析法是指一些具有丰富市场经验的经营管理人员或专家根据其所掌握的历史销售信息进行分析研究，据此推测有关产品在未来期间内销售水平的变化趋势。判断分析法主要包括主观判断法、专家小组法和德尔菲法。

（1）主观判断法。主观判断法是指由熟悉企业业务、对于市场的未来发展变化的趋势敏感的主管人员等根据其多年的实践经验，结合征求的专家意见，进行综合分析，据此预测有关产品在未来期间内销售水平的变化趋势。这个方法可以充分发挥个人的能动性，但也容易受个人能力的限制。

（2）专家小组法。专家小组法是指由企业组织各有关专家成立预测小组，通过召开座谈会等方式，进行广泛的讨论和研究，最终根据专家小组的集体研究成果做出最后判断的预测方法。采用这一方法时，要求各专家从企业的整体利益出发，充分表达各自的观点。

（3）德尔菲法。德尔菲法是指通过采用通信的方式向见识广、学有专长的有关专家发出预测问题调查表来征询他们的意见，并经过多次综合、整理、归纳各专家的意见直至得出一致意见的预测方法。它是一种比较客观的判断法。

2．调查分析法

调查分析法是通过对某种产品在市场上的供需情况和消费者购买意向的调查，来预测该种产品销售量或销售额的方法。调查主要分为以下几个方面：

（1）对产品的调查。主要是调查产品目前处于产品"生命周期"的哪一个阶段。任何产品从投入市场到被市场淘汰一般都要经历投入试销期、成长期、成熟期和衰退期四个阶段。知道了预测时产品所处的阶段及这一阶段持续的时间后，就能综合其他方面的信息，预测出今后产品的销售变化情况。

（2）对消费者情况的调查。主要是调查消费者的购买动机、消费心理、消费行为及消费个性等。

（3）对市场竞争情况的调查。主要是调查竞争对手在产品价格、包装、售后服务及市场占有率等方面采取的方案；其中市场占有率的计算方法为

$$市场占有率 = \frac{本企业产品在市场上的销售量}{同类产品在市场上的总销售量} \times 100\%$$

（4）对市场政治、经济环境的调查。主要是调查国内外政治、经济形势等诸因素对产品可能产生的影响。

（三）定量销售预测法

定量销售预测法主要包括趋势预测分析法和因果预测分析法两类。

1. 趋势预测分析法

趋势预测分析法又称为时间序列分析法，是将已有的历史资料按时间顺序排列起来，运用数理统计的理论和方法，来预计和推断未来一定时期的销售量（额）的一种方法。根据采用的具体数学方法的不同，趋势预测分析法又分为算术平均法、移动加权平均法和指数平滑法等。

（1）算术平均法。算术平均法又称为简单平均法，是以过去若干期的销售量（额）的算术平均数作为未来预测期的销售预测值的一种预测方法。算术平均法下预计销售量计算公式为

$$预计销售量 = \frac{各期销售量之和}{期数}$$

即

$$x = \frac{\sum x_i}{n}$$

（2）移动加权平均法。移动加权平均法是根据掌握的若干期数据资料，赋予各期数据相应的权数，计算移动加权平均数作为销售的预测值。权数根据实际值距离预测值的远近确定，距离预测值越近对预测值影响越大，故赋予其较大的权数；反之，则权数越小。其计算公式为

$$销售预测值（x）= \sum（某期销售量或销售额 \times 该期权数）\div \sum 期数 = \sum x_i w_i / \sum w_i$$

（3）指数平滑法。指数平滑法是指在充分分析相关历史前期预测值和实际销售量（额）的情况下，利用平滑指数对未来销售量（额）进行预测的一种预测方法。采用这种方法需要引入平滑指数，其取值一般在 0.3～0.7 之间。其计算公式为

预测数=平滑指数×前期实际销售量（额）+（1–平滑指数）×前期预测销售量（额）

$$x=aD_{n-1}+(1-a)F_{n-1}$$

式中，D_{n-1} 为前期实际销售量（额）；F_{n-1} 为前期预测销售量（额）。

2．因果预测分析法

因果预测分析法是以所掌握的历史资料及事物发展的因果关系为依据，找出影响事物发展的制约因素及相互关系，从而建立相应的因果预测模型。影响企业产品销售的因素既有主观因素，也有客观因素；既有外部因素，也有内部因素等。因果预测分析法主要有回归分析法、相关分析法等，最常用且最简单的方法是回归分析法。

三、成本预测

（一）成本预测的概念

成本预测是指根据历史资料及企业现有生产经营条件和今后发展前景对未来一定时间内有关产品和劳务的成本水平、发展趋势所做的科学预计和推测。成本预测是企业定价决策、存货决策、投资决策的依据。

（二）成本预测的意义

1．成本预测是组织成本决策和编制成本计划的前提

通过成本预测，掌握未来的成本水平及其变动趋势，有助于把未知因素转化为已知因素，帮助管理者提高自觉性，减少盲目性。做出生产经营活动中可能出现的有利与不利情况的全面和系统分析，还可避免成本决策的片面性和局限性，有了科学的成本决策，就可以编制出正确的成本计划。而且，成本预测的过程，同时也是为成本计划提供系统的客观资料的过程，这一点足以使成本计划建立在客观实际的基础之上。如果将成本预测与成本决策和成本计划联系起来看的话，其关系为：成本预测是成本决策与成本计划的基础和前提条件，成本决策和成本计划则是成本预测的产物。

2．成本预测是加强企业全面成本管理的首要环节

随着社会主义市场经济的进一步发展，企业的成本管理工作也在不断提高。单靠事后的计算分析已经远远不能适应客观的需要，成本工作的重点必须相应地转到事前控制上。这一观念的形成将对促进企业合理降低成本、提高经济效益具有非常重要的作用。

（三）成本预测的方法

成本预测按产品的不同，可以分为可比产品成本预测和不可比产品成本预测。

1．可比产品成本预测

可比产品是指以往年度正常生产过的产品，其过去的成本资料比较齐备，可以根据企业掌握的产品成本有关历史资料进行比较分析，对其成本进行预测。其常用的成本预测方法有高低点法和回归分析法。

（1）高低点法。高低点法是根据企业在若干连续时期的历史资料，选择最高产量和最低产量下成本的差额进行对比，求得单位变动成本 b 和固定成本 a，再按照预计产量来预测未来一定时期内产品的总成本的一种成本预测方法。

总成本的计算公式为

$$y=a+bx$$

其中，y 表示产品总成本，x 表示产品产量。

根据特定期间的成本和业务量资料，以最高点、最低点业务量为准，确定出最高点（x_1，y_1）和最低点（x_2，y_2），计算单位变动成本 b：

$$b=\frac{y_2-y_1}{x_2-x_1}$$

将高点或者低点坐标值和 b 值代入 $y=a+bx$，则得到：

$$a=y_1-bx_1$$

或

$$a=y_2-bx_2$$

将 a、b 值代入 $y=a+bx$，即可求得预测期产品的总成本和单位成本的预测值。

（2）回归分析法。回归分析法是应用数学上的最小平方法的原理来确定自变量 x 与因变量 y 之间误差平方和最小的一条直线的方法，计算出回归系数 a、b，据以求出固定成本总额和单位变动成本。其计算公式为

$$y=a+bx$$

其中，y 代表混合成本总额，a 代表混合成本中的固定成本总额，b 代表混合成本中的单位变动成本，x 代表业务量。

根据上述混合成本的基本方程式及实际所采用的 n 个观测值，即可建立回归直线的联立方程式，然后把上述基本方程式，用 n 个观测值和的形式来反映，即：

$$\sum y=na+b\sum x \tag{5-1}$$

再将左右双方各项用业务量（x）加权得出：

$$\sum xy=a\sum x+b\sum x^2 \tag{5-2}$$

把式（5-1）移项化简，即得：

$$a=\frac{\sum y-b\sum x}{n} \tag{5-3}$$

将式（5-3）代入式（5-2）并移项化简，即得：

$$b=\frac{n\sum xy-\sum x\sum y}{n\sum x^2-(\sum x)^2}$$

2. 不可比产品成本预测

不可比产品是指过去没有正式生产过的产品，其成本无法与过去进行比较，因而不能采用与可比产品同样的方法来控制成本支出。但随着科技发展及产品的更新换代，不可比产品的比重在不断上升，其成本管理与预测同等重要。不可比产品成本预测的主要方法有目标成本法、技术测定法及类比分析法等。

（1）目标成本法。目标成本法是根据收入、成本、利润三者之间的内在关系及产品的价格构成来确定产品目标成本的一种方法。产品价格包括产品成本、销售税金和利润三

部分。企业在实行目标管理的过程中,先确定单位产品售价及单位产品目标利润,然后计算单位产品的目标成本,方法如下:

单位产品目标成本=单位产品售价-单位产品税金及附加-单位产品目标利润

或

$$单位产品目标成本 = 单位产品售价 \times (1-税率) - \frac{目标利润总额}{预测产量}$$

(2)技术测定法。技术测定法是指根据产品设计结构、生产技术和工艺方法,在充分挖掘潜力的基础上,对影响人力、物力消耗的各个因素逐个进行技术测试和分析计算,从而确定产品成本的一种方法。该方法比较科学,预测也比较准确,但由于需要逐项进行测试,所以工作量相对比较大,一般适用于品种少、技术资料比较齐全的产品。

(3)类比分析法。类比分析法是指以国内外同类产品为基础,结合企业自身条件进行对比分析,从而测定产品成本的一种方法。但要注意,若条件不可比或情况有变化,运用类比分析法进行预测时,必须对国内外同类产品成本做出调整或修正。该方法简便易行,工作量小,但预测结果一般不精确。

四、利润预测

(一)利润预测的含义

利润是企业生产经营活动最终取得的财务成果,是企业最终应实现的目标,它关系到企业的生存与发展,因此它是反映和衡量企业经营成果和工作业绩的主要依据。利润预测是指在销售预测的基础上,根据企业未来发展目标及其他相关因素,估计、推测或估算未来应达到和可能实现的利润水平及其变化趋势的过程。其具体包括目标利润预测、利润敏感性分析等内容。

(二)利润预测的方法

目标利润是企业在未来一定时期所要达到的利润指标。目标利润预测是根据企业经营总目标的要求,以市场调查为基础,结合本企业的具体情况,采用一定的预测方法对目标利润进行科学合理测算的过程。预测目标利润的方法主要有以下几种:

1. 本量利分析法

本量利分析法是在成本性态分析和保本分析的基础上,根据有关产品的成本、销售量与利润之间的关系,确定未来一定时期的目标利润的一种方法。

单一品种条件下目标利润的计算公式为

目标利润=预计销售量×(预计销售价格-预计单位变动成本)-固定成本

多品种条件下目标利润的计算公式为

目标利润=预计产品销售收入×综合贡献毛益率-固定成本

2. 相关比率分析法

相关比率分析法是根据利润与有关指标之间的内在关系,对计划期的利润进行预测的一种方法。根据所选取利润率指标的不同,又分为以下三种情况:

根据销售利润率预测,目标利润计算公式为

$$目标利润=预计产品销售收入×销售利润率$$

根据资金利润率预测，目标利润计算公式为

$$目标利润=预计资金平均占用×资金利润率$$

根据产值利润率预测，目标利润计算公式为

$$目标利润=预计总产值×产值利润率$$

3．经营杠杆系数

经营杠杆（Operating Leverage）是指在企业生产经营中由于存在固定成本而使利润变动率大于产销量变动率的规律。

经营杠杆系数又被称为营业杠杆系数（简记为 DOL），是指企业息税前利润变动率与产销量变动率之间的比率。其理论计算公式为

$$经营杠杆系数（DOL）=息税前利润变动率÷产品产销量变动率$$

还可推导出：

$$息税前利润变动率=产品产销量变动率×经营杠杆系数$$

预计息税前利润的计算公式为

$$预计息税前利润=基期实际利润×（1+息税前利润变动率）$$

经营杠杆系数的变动规律有：

（1）只要固定成本不等于零，经营杠杆系数恒大于1。

（2）在前后期单价、单位变动成本和固定成本不变的情况下，产销量越大，经营杠杆系数越小；产销量越小，经营杠杆系数越大。所以产销量的变动与经营杠杆系数的变动方向相反。

（3）成本指标的变动与经营杠杆系数的变动方向相同。

（4）单价的变动与经营杠杆系数的变动相反。

（5）在同一产销量水平上，经营杠杆系数越大，利润变动幅度就越大，风险也就越大。

五、资金预测

（一）资金预测的含义

资金是企业进行生产经营活动必备的条件。因此，预测并筹集足够数量的资金，是企业的生产经营活动预测的重要内容。资金预测又称资金需要量预测，是指在销售预测、利润预测及成本预测的基础上，对企业未来需要的资金数额、来源渠道、运用方向及其效果进行预测的过程。广义的资金需要量预测包括资金需要量以及资金来源预测、现金流量的分布预测以及资金的运用效果预测。狭义的资金需要量预测包括固定资产投资项目投资需要量预测、流动资金需要量预测和追加资金需要量预测。

（二）资金预测的方法

用于资金需要量预测的方法主要有销售百分比法和回归分析法，常用的方法就是以销售额为基础的销售百分比法。销售百分比法是指根据资金各个项目与销售收入总额之间的

依存关系，按照计划期销售额的增长情况来预测需要相应追加多少资金的一种定量方法。

销售百分比法一般按照以下三个步骤进行：

1．区分资产负债表中的敏感资产与非敏感资产、敏感负债与非敏感负债

敏感资产或敏感负债是指资产负债表中随销售额的变动而发生变动的项目。非敏感资产或非敏感负债是指资产负债表中不因销售额的变动而发生变动或变动非常小、可以忽略不计的项目。即敏感项目会影响资金需求量，而非敏感项目不会影响资金需求量。

一般来说，资产负债表中除预付费用外，其余资产类项目如货币资金、存货和应收账款等都会随着销售的增加而增加，因而属于敏感资产。在负债类项目中，只有应付账款、应付票据会随销售额的增加而增加，属于敏感负债，其余的为非敏感负债。一般情况下，所有者权益项目不会因销售额的变动而改变。

此外，计划期所提取的折旧准备和留存收益两个项目，通常可作为计划期内需要追加资金的内部资金来源。

2．将基期的资产负债表各项目用销售百分比的形式另行编表

（1）计算敏感资产和敏感负债的销售百分比。根据各敏感项目的数额和销售收入计算其销售百分比，计算公式为

$$某敏感项目销售百分比=\frac{基期该项目金额}{基期年销售收入}\times100\%$$

（2）根据敏感项目的销售百分比计算预计资产和负债。

$$预计资产=\sum（预计销售收入\times各敏感资产销售百分比）$$

$$预计负债=\sum（预计销售收入\times各敏感负债销售百分比）$$

3．按公式计算计划期预计需要追加的资金数额

假设基期销售收入总额为 S_0，计划期销售收入总额为 S_1，基期随销售额变动而变动的资产项目总额为 A，基期随销售额变动而变动的负债项目总额为 L，计划期提取的折旧减去用于固定资产更新改造后的余额为 D_1，基期的税后销售利润率为 R_0，计划期的股利发放率为 d_1，计划期的零星资金需要量为 M_1，则计划期预计需要追加的资金数额为

$$计划期预计需要追加的资金数额=\left(\frac{A}{S_0}-\frac{L}{S_0}\right)(S_1-S_0)-D_1-S_1R_0(1-d_1)+M_1$$

知识链接 5-1

预测分析具体方法的选择受分析对象、目的、时间及精确程度等因素影响，通常分为两大类，即定性预测分析法和定量预测分析法。实际应用中两者相互补充，相辅相成，并非相互排斥。

定性预测分析法又称为非数量预测分析法，它是依据个人经验和知识进行综合分析，对事物的未来状况的发展趋势做出推测的一种预测方法。这种方法一

般在资料掌握不全面、不系统或不具备数理统计知识时采用。其优点是时间快、费用少、简便易行；其缺点是受预测者水平高低的影响较大，往往带有主观片面性，精度也较差。

定量预测分析法又称数量分析法，是指在完整掌握与预测对象有关的各种要素定量资料的基础上，运用现代数学方法进行数据处理，据以建立能够反映有关变量之间规律性联系的各类预测模型的方法体系。这种方法一般在已知过去和现在的数据，预测将来的未知数值时采用。其优点是比较客观、可靠，准确性较高，用途较广；其缺点是对社会动态，如社会、政治、环境等因素的变化无法进行预测，同时还要求预测者有较详细的资料数据，具备一定的数学知识。定量预测分析法又可分为趋势预测分析法和因果预测分析法两类。

趋势预测分析法也叫时间序列分析法或趋势外推分析法，是指将时间作为制约预测对象变化的自变量，把未来作为历史的自然延续，属于按事物自身发展趋势进行预测的一种动态预测方法。这种方法的基本原理是：企业过去和现在存在的某种发展趋势将会延续下去，而且过去和现在发展的条件同样适用于未来，可以将未来视为历史的自然延续。

因果预测分析法是指根据预测对象与其相关变量之间存在的因果函数关系，按预测因素，即非时间自变量的未来变动趋势来推测预测对象，即因变量未来水平的一种预测方法。这种方法的基本原理是：预测对象受很多因素的影响，它们之间存在着复杂的关系，可通过对这些变量内在规律性的研究建立一定的数学模型，在已知自变量的条件下，直接推测预测对象的水平。

任务二　经营决策分析

一、经营决策分析概述

（一）决策分析的含义

决策是指人们为了达到预定目标，基于历史、现在的条件和对未来有关因素的预测，而对未来应采取的行动方案做出决定的过程。决策是一种创造性极强的管理活动。广义上的决策涉及经济、政治、文化、军事、科学、教育等各个领域，但管理会计中所说的决策仅限于企事业单位经济管理方面的决策。

决策分析是针对企业未来经营活动所面临的问题，由各级管理人员做出的有关未来经营战略、方针、目标、措施与方法的决策过程。决策分析贯穿于企业生产经营活动的始终，主要包括经营战略决策、经济目标决策、资金筹措决策、技术发展与投资决策、产品品种开发决策、价格决策、市场营销决策、生产组织决策、利润分配与使用决策等。管理的中心在于经营，经营的中心在于决策。决策是关系企业未来发展兴衰成败的关键所在。

（二）决策的分类

研究决策的分类，有助于从各个不同的侧面认识决策及其相互联系。按不同的标准，决策可以进行不同的分类，这反映了企业经营活动的多样性和复杂性。

1．按决策的重要程度进行分类

按照决策的重要程度不同，决策可以分为战略决策和战术决策两类。

战略决策是指对影响企业未来发展的全局性、长远性、战略性的重大问题所进行的决策。它是企业经营成败的关键，直接关系到企业的生存和发展。决策正确可以使企业沿着正确的方向前进，提高竞争力和环境适应力，取得良好的经济效益；反之，就会给企业带来巨大损失，甚至导致企业破产。战略决策一般由高层管理者做出。

战术决策是指对企业日常经营管理活动的具体问题所进行的决策。例如，企业原材料采购，生产、销售的计划，商品的进货来源，人员的调配等都属于此类决策。战术决策一般由企业中层管理人员做出。战术决策要服务于战略决策。

2．按决策的时间跨度进行分类

决策按照其涉及的时间跨度长短，可以分为短期决策和长期决策两类。

短期决策也称经营决策，主要是对如何在企业现有技术装备和经营条件的基础上，有效地开展经营活动所做的决策。它一般不需要购置较多的设备或新增较多的生产能力，决策方案所产生的经济效益体现在一年内或一个营业周期内。

长期决策也称投资决策，主要是为企业的发展方向、新产品的开发、生产规模的扩大等所进行的具有长远性、全面性的决策。其决策方案所产生的经济效益体现在一年以上或未来若干年内。管理会计中的长期决策只对涉及固定资产投资的问题进行讨论。

3．按决策的确定程度进行分类

决策按其确定程度不同，可分为确定性决策、非确定性决策和风险性决策。

确定性决策是指与该决策相关的所有因素都是已知的，对企业中反复出现的经营活动所做出的决策。确定性决策的特点在于决策的相关因素已经确定，并能预先准确地知道每种方案会产生的结果，通过比较，可以从多种可行方案中选出最优方案。

非确定性决策是指凭决策的各项条件无法确定其发生的概率，只能以决策者的经验判断确定的主观概率作为决策依据，由于未来情况的不确定性很大，所以往往需要做出多种方案后才能进行选择的决策，也称为主观决策。

风险性决策也称为随机性决策，是指对未来各项条件不能完全明确，企业在受到外部环境极大影响的情况下制定决策方案，每一方案的执行都可能出现两种或两种以上的结果。但企业可以对每一种状况事先估测其出现概率，这类决策由于结果不唯一，使决策存在一定风险。

（三）决策分析的程序

1．确定决策目标

决策分析首先要弄清楚该项决策要解决什么问题，达到什么目的，即制定决策目标。决策目标是进行具体决策分析的前提，同时也是决策分析的归宿。对于同一问题，确定的决策目标不同，那么最终方案的制定必然也会有差异。所以决策目标是否科学合理至关重要，它直接影响决策方案的制定和最终决策的效果。

2．提出备选方案

明确决策目标后，需要针对决策问题设计各种可能的备选方案。备选方案一般应具备如下特点：①可行性，提出的方案能够实施，能够达到所设定的决策目标；②定量化，所拟定的每一个方案的目标、效果及关键因素尽量能以数据说明；③创新性，备选方案的制定应该是集思广益、鼓励创新的。

3．选择最佳方案

选择最佳方案就是对各个备选方案进行综合的评价比较，并从中选出最优方案的过程。评价各种方案在技术上的先进性，经济上的合理性与可能性，在综合比较各方案优缺点的基础上，按照一定原则确定最终择优的标准及有关方法，筛选较为理想的相对最优方案。

4．决策方案的实施、评价与反馈

在实施方案的过程中，要建立健全信息反馈机制。在方案执行的过程中，很可能会出现偏差，为了保证按方案执行，决策者对已进行的抉择，在实施中应进行评价和修正。通过修正决策目标或决策方案，来应对主客观条件的变化和决策方案本身的错误或遗漏，以尽量减少或避免失误。方案的实施与评价反馈实际上是一个不断完善决策，然后再决策的过程。

二、经营决策的常用方法

（一）差量分析法

差量分析法是指在进行两个互斥方案的决策时，以差量损益指标作为评价方案取舍标准的一种方法。差量分析包含差量收入、差量成本和差量损益三类因素。差量收入是两个备选方案之间预期收入的差异数；差量成本是两个备选方案预期成本的差异数；差量损益是差量收入与差量成本的差额。若差量收入大于差量成本，那么前一个方案是较优方案；相反，若差量收入小于差量成本，则后一个方案是较优方案。

（二）边际贡献分析法

边际贡献分析法是通过对比备选方案所提供的贡献毛益总额的大小来确定最优方案的方法。在应用边际贡献分析法评价各方案优劣时，只需要计算各方案边际贡献指标，选择边际贡献最大的方案即可。边际贡献分析法又可以分为单位边际贡献分析法和边际贡献总额分析法。

1．单位边际贡献分析法

单位边际贡献分析法是将单位资源边际贡献作为决策评价指标及主要标准的决策分析方法。单位资源边际贡献指标是一个正指标，根据该指标进行决策的标准为：哪个方案的该项指标值大，哪个方案就是最优方案。该分析方法比较简单，在实际中经常被用于生产经营决策中的互斥方案决策，如新产品开发品种的决策等。

企业的生产只受某一项资源（如人工工时或某种原材料等）的约束，并且已知备选方案中各种产品的单位边际贡献和单位产品资源消耗定额（如工时定额或材料消耗定额等）的前提下，可以考虑采用该种方法进行短期经营决策。

该方法的计算公式如下：

$$单位资源边际贡献 = \frac{单位边际贡献}{单位产品资源消耗定额}$$

2. 边际贡献总额分析法

边际贡献总额分析法是指将边际贡献总额作为决策评价指标进行决策分析的方法。当有关决策方案的相关收入均不为零，相关成本全部为变动成本时，可以运用边际贡献总额分析法。边际贡献总额显而易见就是单位边际贡献之和，该指标的计算公式为

$$边际贡献总额=销售收入-变动成本$$

该指标是一个正指标，做出决策的判断标准为：哪个方案的该项指标值大，哪个方案便是最优方案。该种方法常常用于短期经营决策中不涉及专属成本和机会成本的单一方案决策和多方案决策中的互斥方案决策，如亏损产品是否停产的决策、新产品开发品种的决策等。

（三）成本无差别点分析法

成本无差别点是指在该业务量水平上，两个不同方案的总成本相等，但当高于或低于该业务量水平时，不同方案就具有了不同的业务量优势区域。成本无差别点分析法是指利用不同方案的不同业务量优势区域进行最优化方案选择的一种方法。在该方法下，相关业务量处于哪一方案的优势区域就选择相应的方案。成本无差别点分析法要求各备选方案的业务量单位必须相同，各方案之间的相关固定成本与单位变动成本水平恰好相互矛盾，或者说各方案都有相对的决策优势（如第一个方案的相关固定成本大于第二个方案的相关固定成本，而第一个方案的单位变动成本又恰好小于第二个方案的单位变动成本），否则无法应用该方法。

成本无差别点分析法通常被应用于业务量不确定的生产决策分析。使用该方法的关键是确定各备选方案的相关成本函数，并在此基础上计算出成本无差别点。当预计业务量大于成本无差别点业务量时，应以固定成本总额较高而单位变动成本较低的方案为优；当预计业务量小于成本无差别点业务量时，应以固定成本总额较低而单位变动成本较高的方案为优。

（四）相关成本分析法

相关成本分析法是在各备选方案收入相同的前提下，只分析每个备选方案新增加的变动成本和固定成本，也就是计算每个方案的增量成本和专属成本，两项之和即为相关成本。在收入相同的前提下，相关成本最低的方案必然是利润最高的方案，所以应选择相关成本最低的方案。

需要注意的是，相关成本分析法必须是在各备选方案业务量确定时采用。相关成本分析法适用于各备选方案业务量确定情况下的生产决策分析，而且便于对多个互斥方案进行比较，计算结果也更直观明确。

（五）直接判断法

直接判断法是指通过比较备选方案是否具备有关判断条件而直接做出决策的方法。该方法以有关判断条件与决策结论之间的内在关系为应用的条件，通常不需要进行复杂的计算，可以广泛应用于各类短期经营决策。但不同的决策方案判断条件各不相同，在应用时，必须具体问题具体分析。

三、经营决策实务

(一) 生产决策

新产品开发的品种决策是指企业在利用现有的绝对剩余生产经营能力开发新产品的过程中,在两个或两个以上可供选择的多个新品种中选择一个最优品种的决策。它属于互斥方案决策的类型,一般采用差量分析法,但当有资源的限制条件时,最好选用单位边际贡献分析法进行决策。

(1) 在新产品开发的品种决策中,如果有关方案均不涉及追加专属成本,可以用单位边际贡献分析法直接进行新产品开发的品种决策。

例 5-1 某企业现有剩余生产能力 8 000 小时,既可用于生产 A 产品,也可用于生产 B 产品,但剩余生产能力有限,目前只能生产一种产品。A、B 产品的有关资料见表 5-1。

请采用单位边际贡献分析法做出开发何种新产品的决策。

表 5-1 A、B 产品有关资料表

项　目	开发 A 产品	开发 B 产品
单位产品售价（元）	35	45
单位产品变动成本（元）	15	20
单位边际贡献（元）	20	25
单位产品耗用机时（小时）	4	10
单位资源边际贡献	5	2.5

根据表 5-1 的计算结果,因为 A 产品的单位资源边际贡献大于 B 产品的单位资源边际贡献,所以应选择开发 A 产品。

(2) 生产决策中差量分析法是根据两个备选方案的差量收入与差量成本的比较来确定哪个方案较优的方法。

例 5-2 某企业计划生产 A 产品或 B 产品。A、B 两种产品预期的销售量分别为 200 件和 100 件;销售单价分别为 32 元和 50 元;单位变动成本分别为 15 元和 24 元。根据以上资料,做出生产哪种产品对企业较为有利的决策。

制造 A 产品与 B 产品的差量成本为:

$$差量成本 = (15 \times 200) - (24 \times 100) = 600 （元）$$

制造 A 产品与 B 产品的差量收入为:

$$差量收入 = (32 \times 200) - (50 \times 100) = 1\ 400 （元）$$

$$差量收益 = 1\ 400 - 600 = 800 （元）$$

计算结果表明,制造 A 产品可比制造 B 产品多获益 800 元,所以生产 A 产品较为有利。如果计算结果为差量损失,则选择 B 产品的生产较为有利。

差量分析法是针对特定的两个方案进行的,只能回答特定的两个方案中哪个方案更好。如果存在两个以上的备选方案,要从中选取最优的方案,就需要分别进行比较分析,直至选出最优方案。

（二）定价决策

1. 以成本为基础定价

以成本为基础定价，即成本加成定价法，是指以单位产品成本为基础，依照一定的加成率进行加成来确定产品价格的定价方法。该方法是企业最常用、最基本的定价方法。其计算公式为

$$价格 = 单位产品成本 \times (1 + 成本加成率)$$

$$成本加成率 = 成本基数$$

成本加成定价法的基本思路是先确定产品的成本作为基数，在此基础上加上预计的加成额，进而确定目标售价。但由于单位产品成本的计算方法包括完全成本法、变动成本法，所以不同计算方法下的成本基数不同，因此加成额也就不同，加成率也相应地不一样。

（1）完全成本加成定价法。在产品的完全成本基础上，加上一定百分比的销售利润，以此确定产品的销售价格。其计算公式为

$$产品单价 = 预计单位产品完全成本 \times (1 + 成本加成率)$$

例 5-3 某企业需要对所生产的 A 产品进行定价。有关单位成本资料如下：直接材料 20 元，直接人工 10 元，变动制造费用 10 元，固定制造费用 15 元。该企业采用完全成本加成定价法定价，成本加成率为 20%。A 产品单位生产成本见表 5-2。请计算 A 产品的售价应为多少。

表 5-2 A 产品单位生产成本

成 本 项 目	金额（元）
直接材料	20
直接人工	10
变动制造费用	10
固定制造费用	15
单位产品完全成本	55

有关计算如下：

$$A 产品的单位完全成本 = 20 + 10 + 10 + 5 = 55（元）$$

$$A 产品单价 = 55 \times (1 + 20\%) = 66（元）$$

（2）变动成本加成定价法。采用变动成本加成定价法时，其作为基础的"成本"是单位产品的变动成本，加成内容包括全部固定成本和目标利润。其计算公式为

$$产品单价 = 单位产品变动成本 \times (1 + 成本加成率)$$

$$成本加成率 = \frac{目标利润 + 固定成本}{预计产量 \times 单位产品变动成本} \times 100\%$$

$$成本加成率 = \frac{贡献毛益}{变动成本总额} \times 100\%$$

$$成本加成率 = \frac{贡献毛益率}{变动成本率} \times 100\%$$

例 5-4 某企业需要对所生产的 A 产品进行定价。有关单位成本资料见表 5-3。该企业成本加成率为 60%。请用变动成本加成定价法计算 A 产品的定价。

表 5-3 单位产品生产成本

成 本 项 目	金额（元）
直接材料	20
直接人工	10
变动制造费用	10
变动摊销及管理费用	5
单位产品变动成本	45

A 产品单价=45×（1+60%）=72（元）

2. 以经营目标为基础定价

（1）保本定价法。保本定价法是指根据成本性态分析理论，在已知成本指标和预计销售量的基础上，计算以保本为目的的保本价格定价方法。在一些情况下，如企业为了开拓市场，争取客户提高产品市场占有率等时，企业生产经营的个别产品价格在一定条件下可能规定得比较低，但只要销售价格略大于或等于保本价格，企业就可出售该产品。

保本定价法的计算公式为

$$保本价格 = 单位变动成本 + \frac{固定成本}{预计销量}$$

例 5-5 某企业生产 B 产品，固定成本总额为 10 000 元，单位变动成本为 50 元，预计 B 产品的销量为 500 件，试计算保本价格。若实际售价为 80 元/件，企业将盈利多少？

$$保本价格 = 单位变动成本 + \frac{固定成本}{预计销量} = 50 + \frac{10\,000}{500} = 70（元/件）$$

若实际售价为 80 元/件，企业盈利为：

利润=80×500−50×500−10 000=5 000（元）

以上分析表明，B 产品保本单价为 70 元，若实际售价高于 70 元/件，则企业盈利；若实际售价低于 70 元/件，则企业发生亏损；若单价为 80 元，企业将盈利 5 000 元。

（2）保利定价法。保利定价法是利用本量利分析的基本原理，在已知目标利润的基础上，计算保利价格的定价方法。

保利定价法的计算公式为

$$保利价格 = 单位变动成本 + \frac{固定成本 + 目标利润}{预计销量}$$

例 5-6 某企业生产 B 产品，固定成本总额为 10 000 元，单位变动成本为 50 元，预计 B 产品的销量为 500 件，假设企业的目标利润为 40 000 元，试计算保利价格。

$$保利价格 = 单位变动成本 + \frac{固定成本 + 目标利润}{预计销量} = 50 + \frac{10\,000 + 40\,000}{500} = 150（元/件）$$

通过计算得知，需要将单价定为 150 元，才可以确保目标利润的实现。

【案例分析 5-1】

某公司的生产部经理就项目 X 的成本问题向你征询意见。项目 X 是该经理准备竞投的一个海外的一次性订单。该项目的有关成本见表 5-4。

表 5-4 项目 X 成本资料

项 目	金额（元）
原材料 A	16 000
原材料 B	32 000
直接人工	24 000
监督成本	8 000
间接费用	48 000
合 计	128 000

相关资料如下：

（1）原材料 A 已存放于仓库，表 5-4 中所列金额为其成本价格。除项目 X 以外没有其他项目会使用原材料 A，假如需要清理原材料 A，费用将是 7 000 元。原材料 B 需要从外面购入，表 5-4 所列金额为其购入成本。

（2）直接人工 24 000 元为从另一项目调配到项目 X 的工人的人工成本。另一项目因为这一调配而需招聘额外的工人的成本为 28 000 元。

（3）监督成本是按项目 X 的直接人工的 1/3 计算得出的，由现有的职员在其既定的工作范围内执行。

（4）间接费用按直接人工的 200% 计算。

（5）公司现在在高于保本点的水平运作。

（6）公司为此项目需购置的新机器，在项目完成后别无他用。机器的成本价为 40 000 元，项目完成后可以卖得 21 000 元。

根据生产部经理的资料，这位海外客户愿意支付的最高价格为 120 000 元，而公司的竞争对手也愿意接受这个价格。基于上述的成本 128 000 元还未包括新购置机器的成本及公司的利润，生产部经理可接受的最低价格是 160 000 元。

问题

（1）阐明公司是否应竞投此项目，并说明原因。如应竞投，则投标价应为多少。

（2）假设公司在低于保本点的水平运作，你又有何建议？并说明理由。

任务三 投资决策分析

一、投资决策概述

（一）投资的概念和分类

1. 投资的概念

投资是指特定经济主体（包括国家、企业和个人）为了在未来可预见的时期内获得收益或使资金增值,在一定时期向一定领域的标的物投放足够数额的资金或实物等货币等价物的经济行为。从特定企业角度看,投资就是企业为获取收益而向一定对象投放资金的经济行为。

2. 投资的分类

(1) 按照投资行为的介入程度不同,投资可分为直接投资和间接投资。直接投资是指不借助金融工具,由投资人直接将资金转移交付给被投资对象使用的投资,包括企业内部直接投资和外部直接投资。前者形成了企业内部直接用于生产经营的各项资产,如各种货币资金、实物资产、无形资产等;后者形成了企业持有的各种股权性资产,如持有子公司或联营公司股份等。

间接投资是指通过购买被投资对象发行的金融工具而将资金间接转移交付给被投资对象使用的投资,如企业购买特定投资对象发行的股票、债券、基金等。

(2) 按照投入的领域不同,投资可分为生产性投资和非生产性投资。生产性投资是指将资金投入生产、建设等物质生产领域中,并能够形成生产能力或可以产出生产资料的一种投资,又称为生产资料投资。这种投资的最终成果将形成各种生产性资产,包括形成固定资产的投资、形成无形资产的投资、形成其他资产的投资和流动资金投资。其中,前三项属于垫支资本投资,最后一项属于周转资本投资。

非生产性投资是指将资金投入非物质生产领域中,不能形成生产能力,但能形成社会消费或服务能力,满足人们的物质文化生活需要的一种投资。这种投资的最终成果是形成各种非生产性资产。

(3) 按照投资的方向不同,投资可分为对内投资和对外投资。对内投资就是项目投资,是指企业将资金投放于为取得供本企业生产经营使用的固定资产、无形资产、其他资产和垫支流动资金而形成的一种投资。

对外投资是指企业为购买国家及其他企业发行的有价证券或其他金融产品(包括期货与期权、信托、保险),或以货币资金、实物资产、无形资产向其他企业(如联营企业、子公司等)注入资金而发生的投资。

此外,按照投资的内容不同,投资还可分为固定资产投资、无形资产投资、流动资金投资、房地产投资、有价证券投资、期货与期权投资、信托投资和保险投资等多种形式。

本任务所讨论的投资,是指属于直接投资范畴的对内投资。

(二) 长期投资决策的概念和特征

长期投资是指涉及投入大量资金,要在很长时间内逐渐收回,能在较长时间内影响企业经营获利能力的投资。与长期投资项目有关的决策,称作长期投资决策。广义的长期投资包括固定资产投资、无形资产投资和长期证券投资等内容。而固定资产投资在长期投资中所占比例较大,所以狭义的长期投资特指固定资产投资,本任务主要论述狭义的长期投资决策。一般来说,长期投资有以下特征:

1. 投资金额大

长期投资,特别是战略性扩大生产能力的投资需要的金额一般较大,往往是企业多年的资金积累。长期投资在企业总资产中占到很大比重,因此对企业未来的财务状况和现金流量有非常大的影响。

2．影响时间长

长期投资的投资期和发挥作用的时间都较长,项目建成后对企业的经济效益会产生长久的效应,并可能对企业的前途有决定性的影响。

3．变现能力差

长期投资的使用期长,一般不会在短期内变现,即使由于种种原因想在短期内变现,其变现能力也较差。长期投资项目一旦建成,想要改变是很困难的,不是无法实现,就是代价太大。

4．投资风险大

长期投资的使用期长,面临的不确定因素很多,如原材料供应情况、市场供求关系、技术进步速度、行业竞争程度、通货膨胀水平等都会影响投资的效果。所以,固定资产投资面临较高的投资风险。

长期投资不仅需要投入较多的资金,而且影响的时间长,投入资金的回收和投资所得收益都要经历较长的时间才能完成。在进行长期投资决策时,一方面要对各方案的现金流入量和现金流出量进行预测,正确估算出每年的现金净流量;另一方面要考虑货币时间价值,还要计算出为取得长期投资所需资金所付出的代价,即资金成本。因此,现金净流量、货币时间价值和资金成本是影响长期投资决策的重要因素。

（三）长期投资决策的程序

投资项目具有相当大的风险,一旦决策失误,就会严重影响企业的财务状况和现金流量,甚至会使企业走向破产。因此,投资项目不能在缺乏调查研究的情况下轻率决定,而必须按特定的程序,运用科学的方法进行可行性分析,以保证决策的正确有效。长期投资决策的程序一般包括下述几个步骤：

1．投资项目方案的提出

为了满足公司生存、发展和获利的需要,根据公司的长远发展战略目标进行投资项目,可以为公司提供更多、更好的发展机遇。公司的各级管理人员都可以提出投资项目。一般而言,公司的最高管理层提出的投资项目多是战略性的,基层管理人员提出的投资项目多是战术性的。

2．投资项目方案的评价

投资项目方案的评价主要涉及以下几项工作：①项目对公司的重要意义及项目的可行性；②估算项目预计投资额,预计项目的收入和成本,预测投资项目的现金流量；③计算项目的各种投资评价指标；④写出评价报告,请领导批准。

3．投资项目方案的决策

对投资项目评价后,根据评价的结果,公司相关决策者要做最后决策。最后决策一般可分为三种情况：

（1）该项目可行,接受这个项目,可以进行投资。

（2）该项目不可行,拒绝这个项目,不能进行投资。

（3）将项目计划发还给投资项目的提出部门,重新调查后,再做处理。

4．投资项目的执行

公司相关决策者做出投资决策,决定对某项目进行投资后,公司相关部门按照投资计划的要求积极筹措资金，实施投资。在投资项目的执行过程中，还要对工程进度、工程质量、施工成本进行控制，以使投资按预算的规定保质并如期完成。

5．投资项目的再评价

在投资项目的执行过程中，应根据项目的执行情况判断原来做出的决策是否合理、正确。一旦发现原方案有不妥之处，或者情况有重大变化，就应对原方案重新审议，必要时应修改原方案或者终止投资，以避免更大的损失。

（四）长期投资决策的意义

1．保持和提高企业生产经营能力、长期获利能力

长期投资决策对于保持和提高企业生产经营能力、长期获利能力具有决定性的作用，最终会影响企业的竞争地位。因为长期投资决策主要是在固定资产方面进行的投资决策。固定资产表现为企业实实在在持有的资产，它能使企业产出产成品，并最终销售出去获得盈利。没有固定资产提供的产成品，企业就不能正常运营。因此，固定资产投资属于战略性投资的范畴。成功的长期投资决策可以为企业带来超额的收入，而不成功的投资决策则可以彻底毁灭一个企业。

2．改变未来成本结构

长期投资项目有利于改变企业未来的成本结构，影响企业未来的经济效益。由于长期投资决策的效用是长期的，势必会影响企业未来的成本和效益。例如，投资购买一台先进的机器设备，必然会降低未来产品的加工成本。但是如果投资失败，企业也将承担该设备的购置成本。企业在保本点以上的成本、收入和利润均取决于企业对未来的投资决策。此外，由于未来因素的不确定性，投资项目在未来长期的效用期间所承担的风险也比较大。

3．可为企业带来超额收益

长期投资决策项目资本支出数额大，若投资正确，可以为企业今后带来丰厚的投资收益。但风险也大，企业必须审时度势，避免因不正确的投资决策而导致亏损，并妨碍从其他投资中获得利润。

二、长期投资决策的影响因素

（一）货币时间价值

1．货币时间价值的含义

货币时间价值是长期投资决策必须考虑的客观经济范畴，它所揭示的是在一定时空条件下，运动中的货币具有增值性的规律。货币时间价值是指货币经历一定时间的投资和再投资所增加的价值，也称为资金时间价值。货币时间价值的表示方法有两种：一是相对数形式，如利息率、折现率等；二是绝对数形式，如利息等。例如，将现在的 1 元钱存入银行，假设银行存款年利率为 10%，1 年后可连本带息得到 1.1 元，其中增加的 0.1 元就是货币的时间价值。企业的资金总是处于不断的使用过程中，随着资金的周转使用，货币会产生增值，投资时间越长，循环周转的次数越多，价值增值便越多，货币时间价值也就越多。

货币时间价值是影响长期投资决策的重要因素。因为长期投资决策的投资额大，项目周期长，若不考虑货币时间价值，容易高估收益，从而做出错误的决策，造成重大损失。

2. 货币时间价值的计算

由于货币在不同时点上具有不同的价值,因而货币时间价值的计算涉及两个概念:现值(PV)和终值(FV)。现值是指未来一定时点的特定货币按一定利率计算到现在的价值,又称为本金。终值是指一定数额的货币按一定利率计算到一定时间后的价值,又称本利和。利息的计算通常包括单利和复利两种方式。在单利方式下,"本能生利",而利息不能生"利"。在复利方式下,"本能生利",利息在下期则转为本金,与原有的本金一起计算利息,即通常所说的"利滚利"。

在实际资本运作过程中,货币的增值额一般都作为追加资本,继续留在企业使用。所以货币时间价值的计算方法一般采用复利计算。

(1) 复利终值和现值计算。

1) 复利终值的计算。复利终值是指按复利计算的某一特定金额在若干期后的本利和。复利终值的计算公式为

$$F_n = P \times (1+i)^n$$

式中,F_n 表示 n 年后的复利终值,P 表示投入的本金,i 表示年利率,n 表示计息期数,$(1+i)^n$ 称为复利终值系数或 1 元复利终值,通常用符号 $(F/P, i, n)$ 来表示,其数值可以通过查阅复利终值系数表得出。

2) 复利现值的计算。复利现值是指未来一定时间的特定资金按复利计算的现在价值,或者说是为取得将来一定的本利和现在所需的资金。复利终值是已知现值求终值,复利现值则是已知终值求现值,因此复利现值的计算是复利终值计算的逆运算。由终值求现值称为贴现,在贴现时使用的利息率称为贴现率。复利现值的计算公式为

$$P = \frac{F_n}{(1+i)^n} = F_n \times (1+i)^{-n}$$

式中,$(1+i)^{-n}$ 称为复利现值系数或 1 元复利现值,通常用符号 $(P/F, i, n)$ 来表示,其数值可以通过查阅复利现值系数表得出。

(2) 年金终值与现值的计算。

年金是指在一定时期内,每隔相同的时间就发生的相同数额的系列收付款项。年金具有连续性和等额性的特点。在现实生活中,年金的应用比较广泛,如利息、租金、养老金、保险费等。

年金按每次收付款发生的时点不同,可分为普通年金、先付年金、递延年金和永续年金。

1) 普通年金终值和现值的计算。普通年金是指每期期末收付等额款项的年金,又叫后付年金。普通年金的应用最为广泛,本书中凡涉及年金问题,如不做特殊说明,均指普通年金。

① 普通年金终值的计算。普通年金终值是指一定时期内每期期末收付等额款项的复利终值之和,就像零存整取的本利和。若年金用符号 A 来表示,普通年金终值的计算公式为

$$F = A \times \frac{(1+i)^n - 1}{i}$$

式中，$\dfrac{(1+i)^n-1}{i}$ 称为年金终值系数，可用符号（F/A，i，n）表示，其数值可以通过查阅年金终值系数表得出。

② 普通年金现值的计算。普通年金现值是指为在以后每期期末取得相等金额的款项，现在需要投入的金额，它是一定时期内每期期末收付款项的复利现值之和，就像是整存零取。普通年金现值的计算公式为

$$P=A\times\dfrac{1-(1+i)^{-n}}{i}$$

式中，$\dfrac{1-(1+i)^{-n}}{i}$ 称为年金现值系数，可用符号（P/A，i，n）表示，其数值可以通过查阅年金现值系数表得出。

2）先付年金终值和现值的计算。先付年金是指在每期期初收付等额款项的年金，又称即付年金或预付年金。先付年金和普通年金的现金流次数相同，区别在于收付款项发生的时间不同，所以终值和现值的计算有所差异。先付年金的终值、现值分别可以通过普通年金终值、现值的计算公式调整得出。

① 先付年金终值的计算。先付年金终值是指一定时期内每期期初收付等额款项在最后一期期末的复利终值之和，其终值可在普通年金终值的计算公式基础上调整算出。先付年金终值的计算公式为

$$F=A\times[(F/A，i，n+1)-1]$$

② 先付年金现值的计算。先付年金现值是指一定时期内每期期初收付等额款项的复利现值之和。先付年金现值的计算公式为

$$P=A\times[(P/A，i，n-1)+1]$$

3）递延年金现值的计算。递延年金是指第一次收付款发生在第二期或第二期以后的年金。递延年金是普通年金的特殊形式，凡不是从第一期开始的普通年金都是递延年金。一般用 m 表示递延期，表示 m 期没有发生过现金流，第一次支付在（$m+1$）期期末，n 表示连续支付次数。递延年金现值的计算公式为

$$P=A\times(P/A，i，n)\times(P/F，i，m)$$

或

$$P=A\times[(P/A，i，m+n)-(P/A，i，m)]$$

4）永续年金的现值计算。永续年金是指无期限收付等额款项的年金，可视为普通年金期限趋于无穷的特殊情况。存本取息是永续年金的典型例子。西方有些债券为无期限债券，这些债券的利息可视为永续年金；优先股因为有固定的利率，而无到期日，优先股的股利也可视为永续年金。此外，也可将利率较高、持续期限较长的年金视同永续年金。

由于永续年金没有终止的时间，也就没有终值。永续年金的现值可以通过普通年金现值的计算公式推导出。永续年金现值的计算公式为

$$P=A\times\dfrac{1-(1+i)^{-n}}{i}$$

当 $n\to\infty$ 时，$(1+i)^{-n}$ 的极限为零，故上式可简化为

$$P = A \times \frac{1}{i}$$

（二）项目计算期

在分析选择长期投资决策最优方案的过程中，项目计算期是需要考虑的一个重要因素，它是指投资项目从投资建设开始到最终清理结束的全部时间，通常以年为单位。

项目计算期包括建设期和生产经营期。本书假设投资在建设期期初一次完成，即建设期为零，建设期期初即为投产日。项目计算期的最后一年记作第 n 年，第 n 年年末称为项目终结点。假定项目最终报废和清理均发生在项目终结点。从投产日到终结点第 n 年年末之间的时间间隔称为生产经营期，是项目预计的经济使用寿命期，包括试产期和达产期。因此假设建设期为零，所以生产经营期即为项目计算期。

（三）现金流量

在长期投资决策中，投资收入与投资支出都是以现金实际收支为基础的。在未来一定时期内的现金流入量与现金流出量统称为现金流量。现金流入量与现金流出量的差额，为净现金流量。这里的"现金"是广义的现金，不仅包括各种货币资金，而且还包括项目需要投入的各种非货币资产的变现价值。例如，一个项目需要使用原有的厂房、设备和材料等，则相关的现金流量是指它们的变现价值，而不是其账面价值。具体估计一个投资方案形成的现金流入与现金流出的数量、时间，以及逐年的净现金流量是正确评价该方案投资效益的必要条件之一。

1. 现金流量的决策意义

在长期投资决策分析中，投资者通常采用现金流量而不是会计利润来评价投资项目的价值，主要是因为现金流量在评价长期投资项目中具有重要的决策意义。

（1）能使决策者正确评价投资项目的经济效益。现金流量是投资项目在未来期间货币资金的实际收支，可以序时动态地反映投资资金的流向和回收之间的投入产出关系，从而使决策者站在投资主体的立场上，更加准确、全面地评价投资项目的经济效益。

（2）能使决策者科学评价投资项目的价值。现金流量作为评价投资项目价值的依据，是以收付实现制为基础的，从而可以避免权责发生制带来的主观随意性问题。例如，采用权责发生制核算项目的效益，不同的投资项目采取的存货估价、费用分摊及折旧计提等方法可能不同，从而导致不同投资方案的会计利润指标的可比性较差。因此，相对于会计利润而言，以现金流量为基础评价投资项目的价值会更科学。

（3）能使决策者充分考虑货币时间价值。不同时点的现金具有不同的价值，现金流量能够正确反映每笔与预期收入和成本相关的收付款的具体发生时间，从而使每笔收付款项与项目计算期内的各个时点紧密结合起来。因此，利用现金流量易于充分考虑货币时间价值以便准确计算投资项目的价值。在计算投资项目的决策评价指标时，还可以应用货币时间价值原理对投资项目的动态投资效果进行评价。

2. 现金流量的有关假设

现金流量作为评价长期投资项目的重要指标，在长期投资决策分析中具有以下假设：

（1）全投资假设。全投资假设是指以投资项目为主体、项目计算期为期间确定现金流量的内容，将整个投资项目的自有资金和借入资金都看作投资额，作为现金流量计算。例如，A公司拟投资一项目，项目原始投资额为6 000万元，企业将自有资金4 000万元和从银行借入的2 000万元一并投资该项目，则6 000万元都应看作项目的现金流出。

（2）建设期投入全部资金假设。不论长期项目的投资是一次投入还是分期投入，除特殊情况外，假设它们都是在建设期内投入的。

（3）项目计算期时点假设。项目计算期的第一年年初即建设起点为第0年，第一年年末记为1，第二年年末记为2，依此类推，最后一年年末为终结点，一般为项目的报废时点。

（4）现金流量符号假设。假设统一用正值表示现金流入，用负值表示现金流出。

3．现金流量的内容

长期投资决策中的现金流量，一般分为初始现金流量、营业现金流量和终结现金流量三个部分。

（1）初始现金流量。初始现金流量是指长期投资项目开始投资时发生的现金流量，主要包括以下内容：

1）建设投资支出。建设投资支出是指在项目投资时企业按项目规模和生产经营需要而购建固定资产、无形资产等的支出。

2）垫支的流动资金。垫支的流动资金是指项目生产经营期周转使用的营运资金投入，包括正常的原材料、产成品、在产品的占用等，另外还包括货币资金的支出。一般在项目生产经营期开始时投入，结束时收回。

3）原有固定资产的变价收入。原有固定资产的变价收入是指固定资产更新时原有固定资产变价所得的现金收入。

4）所得税效应。所得税效应是指固定资产更新项目变价收入的税赋损益。按规定，出售资产时的资本利得（售价高于原价或账面净值的部分）应缴纳所得税，构成现金流出量；出售资产时发生的损失（售价低于原价或账面净值的部分）可以抵减当年所得税支出，少缴纳的所得税构成现金流入量。

5）不可预见费。不可预见费是指在投资项目正式建设之前不能完全估计到的，但很可能发生的一系列费用，如设备价格上涨、出现自然灾害等。这些因素也要合理预测，以便为现金流量预测留有余地。

（2）营业现金流量。营业现金流量是指项目投入使用后，在寿命期内由于生产经营所带来的现金流入和流出的数量。营业现金流量一般是按年计算的。营业现金流量主要包括以下内容：

1）营业收入。营业收入是指项目生产经营期每年以现金形式收回的营业收入和当期收回的应收账款之和。假定正常生产经营期发生的赊销额与回收的应收账款大体相等，这样营业收入在数额上等于当期营业收入净额。

2）营运成本。营运成本是指为了保证项目生产经营期正常生产经营活动而以货币资金支付的制造成本和期间费用，又称为付现成本，是生产经营期内最主要的现金流出量。某年营运成本等于该年总成本扣除该年折旧费和摊销费等非付现成本的差额。

3）各项税款。各项税款是指企业在项目生产经营期内依法缴纳的各项税金，主要指企业所得税。

生产经营期内每年营业现金流量的计算公式如下：

营业现金流量=营业收入−付现成本−所得税

或　　　营业现金流量=营业收入−（总成本−折旧等）−所得税

=营业收入−总成本−所得税+折旧等

=税后净利+折旧等

（3）终结现金流量。终结现金流量是指项目经济寿命终了时所发生的非营业现金流量。终结现金流量主要包括以下几个方面的内容：

1）固定资产报废时的残值收入。固定资产报废时的残值收入是指投资项目所形成的固定资产在终结点报废清理或中途变价转让处理时所发生的现金流入。对于新建项目，它是按固定资产原值乘以净残值率计算的。

2）收回垫支的流动资金。收回垫支的流动资金是指新建项目在项目终结点因不再发生新的替代投资而收回的原垫付的全部流动资金的投资额。

需要说明的是，在生产经营期的最后一年仍然有生产经营活动所引起的现金流入量和现金流出量，其计算和生产经营期的营业现金流量计算方法相同。

企业在估算现金流量时会涉及很多变量，并且可能需要企业多个部门的参与。例如：需要市场部门负责预测市场需求量及售价；需要研发部门估计投资的研发成本等；需要生产部门负责估计工艺设计费用、生产成本等；需要财务部门估计资本成本及相关的现金流量等。

三、长期投资决策的分析方法

长期投资决策的分析方法，按照是否考虑货币时间价值，可以分为非贴现决策分析方法和贴现决策分析方法两大类。所谓非贴现决策分析方法，就是决策分析时不考虑货币时间价值，计算简单，便于理解；所谓贴现决策分析方法，就是决策分析时要考虑货币时间价值，虽然计算稍为复杂，但更贴近实际，更为科学合理。

（一）非贴现决策分析方法

非贴现决策分析方法不考虑货币时间价值，把不同时间的货币收支看成是等效的。这一类方法在选择投资方案时只起辅助作用，主要包括投资利润率法和静态投资回收期法等。

1. 投资利润率法

投资利润率（ROI）又称投资报酬率，是指投资方案的年平均利润额与投资总额的比率。

投资利润率的计算公式为

$$\text{ROI} = \frac{P}{I} \times 100\%$$

式中，P 表示年平均利润额，I 表示投资总额。

投资利润率从会计收益角度反映投资项目的获利能力，即投资一年能给企业带来的平均利润是多少。

利用投资利润率进行投资决策分析时,应将方案的投资利润率与预先确定的基准投资利润率(或企业要求的最低投资利润率)进行比较:若方案的投资利润率大于或等于基准投资利润率,则方案可行;若方案的投资利润率小于基准投资利润率,则方案不可行。一般来说,投资利润率越高,表明投资效益越好;投资利润率越低,表明投资效益越差。

投资利润率的优点主要是计算简单,易于理解。其缺点主要是:①没有考虑货币时间价值;②没有直接利用现金净流量信息;③计算公式的分子是时期指标,分母是时点指标,缺乏可比性。基于这些缺点,投资利润率不宜作为投资决策的主要依据,一般只适用于方案的初选,或者投资后各项目间经济效益的比较。

2. 静态投资回收期法

静态投资回收期是指以投资项目营业现金净流量抵偿原始总投资所需要的全部时间,通常以年来表示,记为 PP。利用静态投资回收期进行投资决策分析时,应将方案的投资回收期与预先确定的基准投资回收期(或决策者期望的投资回收期)进行比较:若方案的投资回收期小于基准投资回收期,则方案可行;若方案的投资回收期大于基准投资回收期,则方案不可行。一般来说,投资回收期越短,表明该投资方案的投资效果越好,则该项投资在未来时期所冒的风险越小。它的计算可分为以下两种情况:

(1)生产经营期年现金净流量相等。此时其计算公式为

$$静态投资回收期 = \frac{原始总投资}{年现金净流量}$$

(2)生产经营期年现金净流量不相等。此时,则需计算逐年累计的现金净流量,然后用插入法计算静态投资回收期。

静态投资回收期的优点主要是简单易算,并且投资回收期的长短也是衡量项目风险的一种标志,所以在实务中被广泛使用。其缺点主要是:①没有考虑货币时间价值;②仅考虑了投资回收期以前的现金流量,没有考虑投资回收期以后的现金流量,而有些长期投资项目在中后期才能得到较为丰厚的收益,投资回收期不能反映其整体的盈利性。

(二)贴现决策分析方法

1. 净现值法

净现值(NPV)是指在项目计算期内,按行业基准收益率或投资者设定的贴现率计算的各年现金净流量现值的代数和。净现值的基本计算公式为

$$NPV = \sum_{i=0}^{n} NCF_t \times (P/F, i, t)$$

式中,n 表示项目计算期(包括建设期与经营期);NCF_t 表示第 t 年的现金净流量;i 表示行业基准收益率或投资者设定的贴现率;$(P/F, i, t)$ 表示第 t 年、贴现率为 i 的复利现值系数。

显然,净现值也可表示为投资方案的现金流入量总现值减去现金流出量总现值的差额,也就是一项投资的未来收益总现值与原始总投资现值的差额。若前者大于或等于后者,即净现值大于或等于零,则投资方案可行;若后者大于前者,即净现值小于零,则投资方案不可行。此时,净现值的计算又分为以下两种情况:

（1）经营期内各年现金净流量相等，建设期为零时，净现值的计算公式为

净现值=经营期每年相等的现金净流量×年金现值系数-原始总投资现值

（2）经营期内各年现金净流量不相等，建设期为零时，净现值的计算公式为

净现值=Σ（经营期各年的现金净流量×各年年金现值系数）-原始总投资现值

使用净现值指标进行投资方案评价时，贴现率的选择相当重要，会直接影响评价的正确性。通常情况下，可以通过企业筹资的资金成本率或企业要求的最低投资利润率来确定。

净现值是长期投资决策评价指标中最重要的指标之一。其优点在于：①充分考虑了货币时间价值，能较合理地反映投资项目的真正经济价值；②考虑了项目计算期的全部现金净流量，体现了流动性与收益性的统一；③考虑了投资风险性，贴现率选择应与风险大小有关，风险越大，贴现率就可选得越高。但是，该指标的缺点也是明显的。其缺点在于：①净现值是一个绝对值指标，无法直接反映投资项目的实际投资收益率水平，当各项目投资额不同时，难以确定投资方案的好坏；②贴现率的选择比较困难，很难有统一标准。

2．净现值率法

净现值率（NPVR）是指投资项目的净现值与原始总投资现值的比率。净现值率的基本计算公式为

$$净现值率 = \frac{净现值}{原始总投资现值}$$

净现值率反映原始投资现值未来可以获得的净现值有多少。若净现值率大于或等于零，则投资方案可行；若净现值率小于零，则投资方案不可行。净现值率可用于投资额不同的多个方案之间的比较，净现值率最高的投资方案应优先考虑。

净现值率这个贴现的相对数评价指标可以从动态角度反映投资方案的资金投入与净产出之间的关系，反映了投资的效率，使投资额不同的项目具有可比性。

3．现值指数法

现值指数（PI）又称获利指数，是指项目投产后按一定贴现率计算的经营期各年现金净流量的现值之和与原始总投资现值之和的比率。其计算公式为

$$现值指数 = \frac{经营期各年现金净流量的现值之和}{原始总投资现值之和} = 1 + 净现值率$$

现值指数反映原始投资的现值未来可以获得报酬的现值有多少。若现值指数大于或等于1，则投资方案可行；若现值指数小于1，则投资方案不可行。现值指数可用于投资额不同的多个相互独立方案之间的比较，现值指数最高的投资方案应优先考虑。

现值指数同样是贴现的相对数评价指标，可以从动态角度反映投资方案的资金投入与总产出之间的关系，同样反映了投资的效率，使投资额不同的项目具有可比性。

4．内含报酬率法

内含报酬率（IRR）又称内部收益率，是指投资方案在项目计算期内各年现金净流量现值之和等于零时的贴现率，或者说能使投资方案净现值为零时的贴现率。

显然，内含报酬率应满足以下等式：

$$\sum_{t=0}^{n} NCF_t \times (P/F, IRR, t) = 0$$

从上式可以看出，根据方案整个计算期的现金净流量就可计算出内含报酬率，它是方案的实际收益率。利用内含报酬率对单一方案进行决策时，只要将计算出的内含报酬率与企业的预期报酬率或资金成本率加以比较，若前者大于或等于后者，则方案可行；若前者小于后者，则方案不可行。如果利用内含报酬率对多个方案进行选优，在方案可行的条件下，内含报酬率最高的方案是最优方案。计算内含报酬率的过程，就是寻求使净现值等于零的贴现率的过程，根据投资方案各年现金净流量的情况不同，可以按以下两种方式进行计算。

（1）简单计算法。如果投资方案建设期为零，全部投资均于建设起点一次投入，而且经营期内各年现金净流量为普通年金的形式，则可用简单计算法计算内含报酬率。

假设建设期为零，全部投资于建设起点一次投入，投资额为 A_0，每年现金净流量为 A，则有：

$$A(P/A, \text{IRR}, n) - A_0 = 0$$

$$(P/A, \text{IRR}, n) = \frac{A_0}{A}$$

然后，通过查附录"年金现值系数表"，用线性插值法计算出内含报酬率。

（2）一般计算法。若建设期不为零，原始投资额是在建设期内分次投入或在经营期内各年现金净流量不相等的情况下，无法应用上述的简单计算法，则应采用逐次测试法，并结合线性插值法计算内含报酬率，其计算步骤如下：

1）估计一个贴现率，用它来计算净现值。如果净现值为正数，说明方案的实际内含报酬率大于预计的贴现率，应提高贴现率再进一步测试；如果净现值为负数，说明方案本身的内含报酬率小于估计的贴现率，应降低贴现率再进行测算。反复测试，直到寻找出贴现率 i_1 和 i_2，$i_1<i_2$，以 i_1 为贴现率计算的净现值 $\text{NPV}_1>0$ 且最接近零；以 i_2 为贴现率计算的净现值 $\text{NPV}_2<0$ 且最接近零。

2）用线性插值法求出该方案的内含报酬率，内含报酬率的计算公式为

$$\text{IRR} = i_1 + \frac{\text{NPV}_1}{\text{NPV}_1 - \text{NPV}_2} \times (i_2 - i_1)$$

内含报酬率也是长期投资决策评价指标中重要的指标之一。它的优点是在考虑货币时间价值的基础上，直接反映了投资项目的实际收益率水平，而且不受决策者设定的贴现率高低的影响，比较客观。其缺点主要是，如果投资方案在经营期现金净流量不是持续地大于零，而是出现间隔若干年就会有一年现金净流量小于零，就可能计算出若干个内含报酬率。在这种情况下，只能结合其他指标或凭经验加以判断。

【拓展阅读 5-1】

"双汇"与"春都"的融投资决策

曾经生产出中国第一根火腿肠的"春都第一楼"，如今是人去楼空，落寞无声；而在几百里开外的双汇，厂内机器开足马力，厂外排着等货的长长车队。

春都与双汇，双双抓住了上市融资的艰难机遇，却催生出两种不同的结果，谜底何

在？双汇和春都，几乎是前后脚迈入资本市场的。1998年年底双汇上市，1999年年初春都上市，分别募集到三亿多元和四亿多元。然而，从上市之初，春都和双汇的目的就大不相同：一个是为了圈钱还债，一个意图扩大业务。

春都董事长贾洪雷说，春都在上市之前，由于贪大求全，四处出击，已经背上了不少债务，上市免不了圈钱还债。春都集团作为独立发起人匆匆地把春都推上市，然后迫不及待地把募集的资金抽走。春都上市仅3个月，春都集团就提走募股资金1.8亿元左右，以后又陆续占用数笔资金。春都集团及其关联企业先后占用的资金相当一部分用来还债、补过去的资金窟窿，其余的则盲目投入到茶饮料等非主业项目中。春都被大量"抽血"，至2000年年底终于力不能支，跌入亏损行业。

与春都不同，双汇希望凭借股市资金快速壮大主业。双汇董事长万隆说过，双汇使用募集资金有两条原则：一是股民的钱要"落地有声"，二是不该赚的钱坚决不赚。他们信守承诺，把募集到的资金全部投资到上市公司肉制品及其相关项目上。上市3年间，双汇发展先后兼并了华北双汇食品有限公司，完成了3万吨"王中王"火腿肠技术改造，建设双汇食品肉制品系列工程，产业链条不断完善，产品得到更新，企业实力显著增强。双汇集团和双汇发展的销售收入分别增加了30亿元和10亿元。投资者也得到了丰厚的回报。

（资料来源：新华网）

项目小结

企业预测分析是企业进行决策的前提，科学的预测是进行正确决策的保证，预测分析也是编制全面预算的依据。在市场经济条件下，只有进行科学的预测，企业才能避免盲目性，取得良好的经济效益。按预测对象的不同，预测可分为销售预测、成本预测、利润预测和资金预测。

在经营决策中，常用的决策分析方法主要有边际贡献分析法、差量分析法和成本无差别点分析法等，各种方法都有不同的特点、应用条件，了解各种分析方法之间的联系与区别，有利于正确运用恰当的方法进行正确决策。

企业经营决策分析内容较多，涵盖企业供应、生产、销售等多个环节，不同环节的决策各具特点，其决策分析方法也各异。生产决策、定价决策是企业经常涉及的决策内容。进行生产经营决策时，要灵活运用各种决策分析法。在定价决策中，首先应了解影响价格的基本因素，在此基础上掌握两种定价方法，即以成本为基础和以经营目标为基础的定价方法。

长期投资决策是与长期投资项目有关的决策。长期投资决策必须贯彻企业发展战略，满足企业实际经营需要，在改善企业资产结构的同时，提升企业的可持续发展能力。本项目在对长期投资决策概念及特点进行分析总结的基础上，介绍了货币时间价值理论及其计算方法，然后对长期投资决策指标进行了具体解析。

关键术语

预测分析　　成本预测　　利润预测　　资金预测

经营决策分析 定价决策 长期投资决策 货币时间价值

【实训项目】
项目投资管理。
【实训情境】
某工业项目需要原始投资1 250万元,其中固定资产投资1 000万元,开办费投资50万元,流动资金投资200万元。建设期为1年,建设期发生与购建固定资产有关的资本化利息100万元。固定资产投资和开办费投资于建设起点投入,流动资金于完工时,即第1年年末投入。该项目寿命期10年,固定资产按直线法折旧,期满有100万元净残值;开办费于投产当年一次摊销完毕;流动资金于终结点一次收回。投产后每年获息税前利润分别为120万元、220万元、270万元、320万元、260万元、300万元、350万元、400万元、450万元和500万元。
【实训任务】
1. 为该项目编制一份简要的现金流量分析报告,报告主要包括以下内容:①该项目的项目计算期、固定资产原值、固定资产年折旧;②该项目建设期的净现金流量;③该项目经营期所得税前的净现金流量。
2. 运用投资利润率法和静态投资回收期法对该项目进行评价。
3. 运用净现值法和内含报酬率法对该项目进行评价。

一、单项选择题
1. 下列不属于预测分析的程序是(   )。
   A. 确定预测目标   B. 收集整理信息
   C. 选择预测方法   D. 根据预测安排计划
2. 下列不属于预测分析原则的是(   )。
   A. 成本效益原则   B. 延续性原则
   C. 相关性原则   D. 即时性原则
3. 预测方法分为两大类,即定量预测分析法和(   )。
   A. 平均法   B. 定性预测分析法   C. 回归分析法   D. 指数平滑法
4. 下列不属于趋势预测分析法的是(   )。
   A. 算术平均法   B. 移动加权平均法
   C. 投入产出法   D. 指数平滑法
5. 下列属于定性销售预测法的是(   )。
   A. 移动平均法   B. 指数平滑法
   C. 一元直线回归法   D. 调查分析法

6. 以下不属于相关成本开支范围的是（　　）。
　　A．机会成本　　　　　　　　　　B．沉没成本
　　C．差量成本　　　　　　　　　　D．边际成本
7. 在企业自有资金紧张且贷款困难的情况下，对于急需实施的项目，应该以（　　）最低而不是总成本最低作为方案取舍的标准。
　　A．付现成本　　B．机会成本　　C．重置成本　　D．边际成本
8.（　　）是指在决策中选择某一方案，放弃另一方案而丧失的可望获得的潜在收益。
　　A．付现成本　　B．产品成本　　C．时期成本　　D．机会成本
9. 可由管理者的决策行为决定的固定成本是（　　）。
　　A．约束性固定成本　　　　　　　B．固定制造费用
　　C．固定销售费用　　　　　　　　D．酌量性固定成本
10. 在下列成本中，属于相关成本的是（　　）。
　　A．沉没成本　　B．共同成本　　C．不可延缓成本　　D．付现成本
11. 在下列成本中，属于无关成本的是（　　）。
　　A．机会成本　　B．沉没成本　　C．重置成本　　D．专属成本
12. 在下列成本中，与专属成本相对应的是（　　）。
　　A．沉没成本　　B．共同成本　　C．重置成本　　D．付现成本
13. 在短期决策中，（　　）因素对产品选择决策是最关键的。
　　A．单位产品贡献毛益　　　　　　B．贡献毛益总额
　　C．与生产线有关的固定成本　　　D．总的能力约束
14. 采用贡献毛益分析法在不同备选方案之间进行比较分析时，应使用的评价标准是（　　）。
　　A．单位贡献毛益指标　　　　　　B．贡献毛益总额指标
　　C．单位贡献毛益和贡献毛益总额指标　　D．利润指标
15. 差量收入减去差量成本后的余额是（　　）。
　　A．边际成本　　B．增量成本　　C．安全边际　　D．差量损益

二、多项选择题

1. 以下（　　）是经营决策的范围。
　　A．增加一种新产品　　　　　　　B．自制零部件
　　C．签订一项合同来代替企业员工生产　　D．聘用技术工人来代替无技术工人
2. 下列预测方法属于定性销售预测法的题（　　）。
　　A．二次曲线法　　B．集合意见法　　C．调查分析法　　D．德尔菲法
3. 定量销售预测法按其预测的依据不同可分为（　　）。
　　A．德尔菲法　　　　　　　　　　B．时间序列分析法
　　C．因果预测分析法　　　　　　　D．回归分析法
4. 在销售预测中采用的趋势预测分析法有（　　）。
　　A．算术平均法　　　　　　　　　B．移动加权平均法
　　C．回归分析法　　　　　　　　　D．指数平滑法
5. 销售预测在企业预测系统中处于先导地位，对于指导（　　），进行长短期决策、

安排计划、组织生产都起着重要的作用。
   A．利润预测　　　　　　　　　　B．成本预测
   C．资金成本预测　　　　　　　　D．资金需要量预测
6．长期投资的特点是（　　　）。
   A．投入的资金数额大　　　　　　B．对企业影响的持续时间长
   C．资金回收的速度慢　　　　　　D．遭受风险的可能性大
7．年金的特点包括（　　　）。
   A．连续性　　　B．等额性　　　C．一次性　　　D．递减性
8．永续年金的特点包括（　　　）。
   A．没有终值　　　　　　　　　　B．没有期限
   C．每期定额支付　　　　　　　　D．每期不定额支付
9．在长期投资决策分析中，考虑货币时间价值的方法有（　　　）。
   A．静态投资回收期法　　　　　　B．净现值法
   C．内含报酬率法　　　　　　　　D．现值指数法
10．一项投资方案的现金流入量通常包括（　　　）。
   A．投资项目完成投产后每年可增加的营业收入
   B．固定资产报废时的残值收入
   C．固定资产中途转让时的变价收入
   D．投资结束时，原有垫支在流动资产上资金的回收

三、判断题

1．预测分析的程序是明确预测目标，搜集资料、精选资料，建立预测模型，选定预测方法进行预测，检查验证，报告预测结论。　　　　　　　　　　　　（　　）
2．预测的方法总的说来可分为定性分析法和定量分析法。　　　　（　　）
3．定量销售预测分析法根据具体做法的差别，又可分为趋势预测分析法和因果预测分析法。　　　　　　　　　　　　　　　　　　　　　　　　　　　（　　）
4．由于运用的前提和原理不同，所以定量分析法和定性分析法只能独立用于具体的预测分析项目，不可结合使用。　　　　　　　　　　　　　　　　　（　　）
5．在市场经济条件下，企业生产的经营方针应该是以产定销。　　（　　）
6．银行存款的利息属于货币时间价值。　　　　　　　　　　　　（　　）
7．货币时间价值是在没有通货膨胀和风险条件下的社会平均资本利润率。（　　）
8．普通年金现值系数加1等于同期同利率的预付年金现值系数。　（　　）
9．终值与计算期一定的情况下，贴现率越高，则确定的现值越小。（　　）
10．永续年金仅有现值，没有终值。　　　　　　　　　　　　　　（　　）

四、问答题

1．什么是预测分析？预测分析有什么意义？
2．预测分析的基本方法有哪些？
3．简述贡献毛益法的基本原理。
4．简述差量分析法的基本原理。
5．长期投资项目决策分析的影响因素有哪些？

五、技能题

1. 东方公司 20×8 年 1~6 月份电视机销售量见表 5-5。

表 5-5 1~6 月份电视机销售量

月　份	1	2	3	4	5	6	合计
销售量（台）	950	1 050	1 100	1 100	1 200	1 200	6 600
权　数	0.1	0.1	0.15	0.15	0.2	0.3	1

要求：

（1）应用算术平均法预测 20×9 年 1 月份的销售量。

（2）应用加权平均法预测 20×9 年 1 月份的销售量。

（3）应用指数平滑法预测 20×9 年 1 月份的销售量（设平滑指数 a=0.4，1 月份销售量预测值为 940 台）。

2. 某公司计划购入一台新设备，初始需投资 12 000 元，当年可建成。该设备预计使用寿命为 5 年，估计残值为 2 000 元。此外，投资开始时需追加垫支在流动资产上的投资为 2 000 元。预计设备投入使用后，每年可得现金销售收入 8 000 元，付现成本第一年为 3 000 元，以后会逐年增加修理费 300 元。假设所得税税率为 25%。要求：计算该项目各年现金流量。

项目六
全面预算

项目目标

1. 知识目标

理解全面预算的概念、分类和作用;熟知全面预算的编制程序和体系构成;掌握全面预算的编制方法。

2. 能力目标

能够依据预测数据编制业务预算;能够依据业务预算及其他资料编制现金预算;能够依据基期报表及相关预算编制预计利润表和预计资产负债表。

3. 素质拓展目标

提高信息分析与整理能力、计算能力、规划与协调能力。

【项目导入】

中国石油天然气集团有限公司(以下简称"中国石油集团")作为国家授权投资的机构和国家控股公司,需要对下属企业的国有资产承担保值增值责任;而且,作为一家大型跨国企业集团,集团总部的职能定位是投资中心、决策中心和资本运营中心,对下属企业的管理应以股权管理为主。
因此,实现股权价值最大化成为集团公司的运营目标。以利润为导向,以利润指标为核心指标,成为中国石油集团预算管理的必然选择。决定预算目标的指标应该满足可操作性和战略性要求。中国石油集团在高度重视效益指标,如利润、费用或成本的同时,也强调规模指标,如收入、市场增长率和市场份额,还有其他非财务性指标。因此预算编制以目标利润为起点,通过目标利润"倒挤"成本费用、市场销售、生产投资等各个环节,编制相应的经营预算、财务预算和专项预算。

中国石油天然气股份有限公司作为集团公司的核心子公司和国际上市公司,根据集团整体发展战略、股东与资本市场的投资回报要求,以及国际油价变动影响等因素,确定最终的、经董事会批准的目标利润;股份公司的下属地区公司作为股份公司的成本控制中心,其预算特点是以成本控制为中心。至于中国石油集团的其他控股或参股公司,其预算特点是以成本控制为中心,其目标利润预算主要通过公司派驻的专职董事在董事会职权内,通过对管理层的投资回报率和利润水平的考核,实施间接的预算管理。

中国石油集团的全面预算管理,是指以利润目标为中心,将公司的投资、生产、销售、财务收支等全部经营活动纳入预算管理,按预算目标来指导公司生产经营活动并考核企业经营业绩。因此，预算范围具有"三全"特点：即"全要素、全过程和全员"。全面预算管理从内容上看包括四大部分：一是业务预算，包括销售或营业预算、生产预算、产品成本预算、营业成本预算、采购预算、期间费用预算等；二是资本预算，主要包括固定资产投资预算、权益性资本投资预算、研究开发费用预算等；三是筹资预算，包括企业的长短期借款、债券发行（如有）、原有借款或债券的还本付息预算等；四是财务预算，包括现金预算、预计损益表和预计资产负债表。这些具体内容随着子公司经营范围的不同而有所区别，但都是以预算利润为核心，以业务预算为起点，再按照资本预算、筹资预算、财务预算的顺序进行编制。预算范围具有完整的系统性，涵盖了生产经营的全部要素、全部过程，业务活动涉及全部人员。

中国石油集团财务部门作为集团公司预算委员会办公室的常设机构，一般在每年的8月份即开始研究下年度预算的整体市场形势，根据公司战略规划和近期目标，同其他相关部门一起提出预算编制建议的基本思路、原则和预算总目标，并于9月初向集团公司预算委员会汇报。集团公司预算委员会据此制定建议预算利润指标和相应的投资回报率。10月上旬，这一"建议预算目标"下发到各成员企业作为编制年度预算的标准（自上而下）。11月上旬，各成员企业的预算草案上报到集团公司预算委员会办公室（自下而上），后者将针对每个草案进行审查，并综合研究、整体平衡、个别调整（上下结合）。12月上旬，集中召开预算审查会，初步确定各单位年度预算指标，汇总后向集团公司预算委员会汇报获取批准，12月下旬预算委员会办公室将正式确定的考核指标以集团公司文件下发，作为各企业安排生产经营计划的依据（自上而下）。这个过程，称作"两下一上、上下结合"。

资料来源：根据360公众平台案例改编。

讨论

中国石油集团全面预算管理包括哪些内容？全面预算体系有哪些特征？

任务一　全面预算概述

一、全面预算的概念

企业为了实现既定经营战略目标，保证决策所制定的最优方案在实际中得到贯彻、执行，就需要编制预算。预算是计划工作的成果，它既是决策的具体化，又是控制生产经营活动的依据。预算还能帮助企业控制成本，通过对下一年度做出预算，制定下一年度的经营指标，逐层下达销售、生产等指标，并据此控制成本。财务预算是企业全面预算的重要组成部分，它和其他预算是联系在一起的，整个全面预算是一个数字相互衔接的整体。

全面预算是指企业全部经济活动计划的数量说明。它以销售预测为起点，进而对生产、成本及现金收支等各个方面进行预测，并在这些预测的基础上，编制出一套预计资产负债表、预计利润表等预计财务报表及其附表，以反映企业在未来期间的财务状况和经营成果。

二、全面预算的作用

企业全面预算是各级各部门工作的奋斗目标、控制标准和考核依据，在经营管理中发挥着重要作用。

（一）确立目标

企业的目标是多重的。企业的主要目标是盈利，但也要考虑社会的其他限制。因此，需要通过预算分门别类、有层次地表达企业的各种目标，包括销售、生产、成本和利润等。这些企业的总目标通过预算被分配为各级各部门的具体目标。它们根据预算安排各自的活动。只要各级各部门都完成了自己的具体目标，企业的总目标也就有了保障。

（二）协调资源

现代化生产条件下的企业，各级部门因其职责不同，很可能出现相互冲突的现象。同时，企业的经营目标单靠某几个部门的努力是无法实现的，必须靠企业所有部门的共同努力才能实现。全面预算将企业各方面的工作纳入统一计划之中，各个部门能够清楚地了解本部门在全局中的地位及作用，从而促使各部门相互协调预算，达到平衡，取得最佳经济效益。

（三）控制业务

确定计划后，就进入了实施阶段，管理工作的重心转入控制，即设法使经济活动按计划进行。控制过程包括经济活动状态的计划、实际状态和标准的比较，两者差异的确定和分析，以及采取措施调整经济活动等。预算是控制经济活动的依据和衡量其合理性的标准，当实际状态和预算有了较大差异时，要查明原因并采取措施。

（四）业绩评价

企业总体目标的实现取决于各个部门具体目标的实现，只有当所有部门都按预算完成各自的任务时，企业才能实现总体目标。所以，企业应根据预算定期对各部门所承担的工作任务和目标进行考核，以了解其目标的实现情况，同时评价各部门的工作业绩，并据此实行奖惩和人事任免，促使各部门更好地工作。科学的预算指标能为企业或部门提供业绩评价的比较标准。

三、全面预算的分类

根据不同的口径，全面预算有不同的分类方法。

（一）按涉及的预算期划分

按涉及的预算期不同，全面预算可分为长期预算和短期预算。长期和短期的划分通常以一年为界限，有时也把2～3年期的预算称为中期预算。

1. 长期预算

长期预算是指涉及的期间超过一年的预算，包括长期销售预算、资本支出预算、长期资金筹措预算和研究与开发预算等。

2. 短期预算

短期预算是指年度预算或时间更短的季度或月度预算，如直接材料预算、现金预算等。

（二）按涉及的内容划分

按涉及的内容不同，全面预算可划分为总预算和专门预算。

1. 总预算

总预算是反映企业总体状况的预算,包括预计利润表、预计资产负债表和预计现金流量表。总预算是各种专门预算的综合。

2. 专门预算

专门预算是指反映企业预算期间某一方面经济活动的预算。

(三)按涉及的业务活动领域划分

按涉及的业务活动领域不同,全面预算可划分为销售预算、生产预算和财务预算。销售预算和生产预算又称为业务预算,用于规划企业的基本经济业务。

1. 销售预算

销售预算是规定预算期内销售目标和实施计划的一种预算。它是全面预算的出发点,也是全面预算的关键。在编制过程中,要根据市场的动态和销售历史资料分析,预测预算期的销售收入。

2. 生产预算

生产预算主要用来具体安排企业在预算期内的生产活动,确定预算期内有关产品的生产数量及其分布状况。

3. 财务预算

财务预算是关于资金筹措和使用的预算,包括短期的现金收支预算和信贷预算,以及长期的资本支出预算和长期资金筹措预算等。

四、全面预算的体系构成及编制程序

(一)全面预算的体系构成

全面预算体系是由一系列预算按其经济内容及相互关系有序排列组成的有机体,主要包括业务预算、专门决策预算和财务预算三部分。

1. 业务预算

业务预算又称经营预算,是指为供、产、销及管理活动所编制的,与企业日常业务直接相关的经营业务的各种预算,主要包括销售预算、生产预算、直接材料预算、直接人工预算、制造费用预算、产品成本和存货成本预算、销售及管理费用预算等内容。这些预算通过实物量指标和价值量指标分别反映企业收入与费用的构成情况,是全面预算的基础。

2. 专门决策预算

专门决策预算是指企业不经常发生的、需要根据特定决策临时编制的一次性预算,又称特种决策预算。专门决策预算包括经营决策预算和投资决策预算两种类型。专门决策预算应详细反映何时进行投资(或筹措、投放、发放、交纳等)、金额多少、从何处取得(或投向哪里)、资金成本多大、每年现金净流量多少、回收期多长等。由于各种专门决策预算的具体情况各不相同,所以其没有统一的格式,可按需要自行设计。

3. 财务预算

财务预算是指与企业现金收支、经营成果和财务状况有关的各项预算,主要包括全面预算、财务费用预算、预计利润表、预计资产负债表。这些预算以价值指标总括地反映经营预算和资本支出预算的结果。在全面预算体系中,各项预算之间相互联系,最后都会在财务预算中得到反映,因此财务预算是全面预算体系的最后环节,总括地反映经营期决策预算与业务预算的结果,亦称为"总预算"。各种业务预算和专门决策预算就称为"分预算"。

企业全面预算中的各项预算前后衔接,形成了一个完整的体系,如图 6-1 所示。它们之间的关系是:根据销售预算编制生产预算;根据生产预算编制直接材料预算、直接人工预算、制造费用预算;根据直接材料预算、直接人工预算和制造费用预算编制产品成本和期末存货预算;根据销售预算编制销售及管理费用预算;根据销售预算、直接材料预算、直接人工预算、制造费用预算、销售及管理费用预算以及其他专项收支编制全面预算;根据上述各项预算编制预计利润表;根据上述各项预算及预计利润表,对前期期末的资产负债表进行调整,编制预计资产负债表。

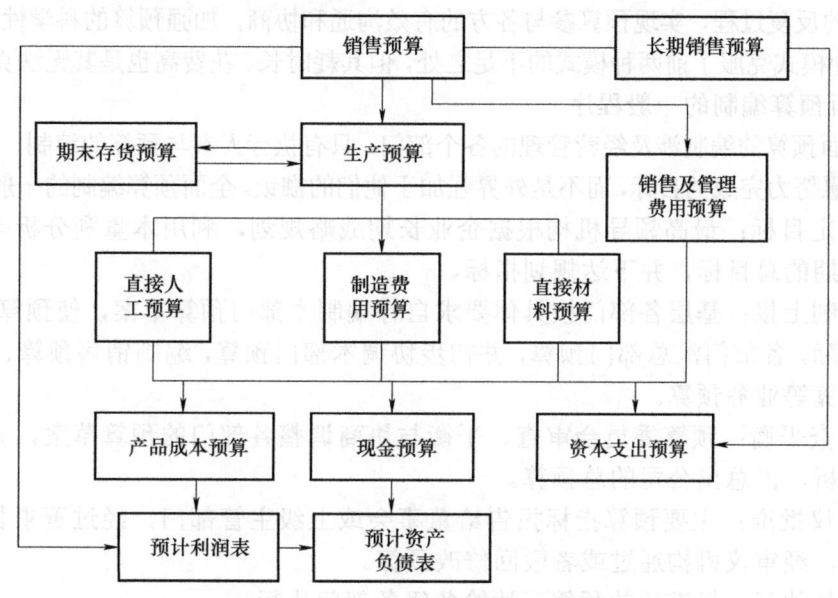

图 6-1 企业全面预算的体系图

(二)全面预算的编制程序

1. 编制全面预算的组织管理机构

全面预算涉及面广、操作性复杂,一般要在企业内部设立一个专门的机构,即预算委员会,负责其编制并监督实施。

(1)预算委员会的指导思想。预算委员会贯彻"以人为本"的管理思想,应注意让执行人参与预算。

(2)预算委员会的成员任命。预算委员会的成员由总经理任命。

(3)预算委员会的成员构成。预算委员会的成员一般包括总经理,分管销售、生产、财务等方面的副总经理和会计主管等高级管理人员,主管人员通常由会计主管担任。

(4)预算委员会的主要职责。预算委员会的主要职责有:①制定和颁布有关预算制度的各项政策;②审查和协调各部门的预算申报工作;③解决预算编制过程中可能发生的矛盾和争执;④批准最终预算;⑤检查预算的执行情况;⑥促使各有关方面协调一致地完成预算所规定的目标和任务。

2．全面预算编制的模式

（1）自上而下式。自上而下式就是由企业总部根据战略管理需要制定预算，各分部或分公司只是预算执行主体。这种模式的最大好处在于能保证总部利益，同时考虑企业战略发展需要；不足之处在于权力高度集中于总部，各分部或分公司人员的参与程度较低，不利于调动其积极性与创造性。这种模式主要适用于集权制企业。

（2）自下而上式。自下而上式主要由分部或分公司编制并上报预算，总部只设定目标，并对预算负有最终审批权。这种模式的优点在于让分部或分公司积极参与预算的制定，可以提高分部或分公司的积极性；不足之处在于容易造成预算目标制定过低，不利于分部或分公司盈利潜能的最大程度发挥。

（3）上下结合式。上下结合式是取前两种模式之长，在预算编制过程中，经历了自上而下和自下而上的反复过程，实现预算参与各方的有效沟通和协商，加强预算的科学性、合理性和可行性。这种模式克服了前两种模式的不足之处，但其耗时长、花费高也是其无法克服的缺点。

3．全面预算编制的一般程序

企业全面预算的编制涉及经营管理的各个部门，只有执行人参与预算的编制，才能使预算成为他们自愿努力完成的目标，而不是外界强加于他们的枷锁。全面预算编制的一般程序如下：

（1）拟定目标：最高领导机构根据企业长期战略规划，利用本量利分析等方法提出企业一定时期的总目标，并下达规划指标。

（2）编制上报：基层各部门按具体要求自行编制本部门预算草案，使预算较为可靠，较为符合实际，各部门汇总部门预算，并初步协调本部门预算，编制销售预算、生产预算、直接材料预算等业务预算。

（3）审查平衡：预算委员会审查、平衡与协商调整各部门的预算草案，并进行预算的汇总与分析，汇总出公司的总预算。

（4）审议批准：主要预算指标报告给董事会或上级主管部门，经过董事长或上级主管领导批准，经审议机构通过或者驳回修改预算。

（5）下达执行：批准后的预算下达给各级各部门执行。

经由以上程序可以协调各职能部门的预算，同时避免上级管理机构的主观臆断，充分发挥各职能部门的主观能动性，有利于预算的执行。

> **知识链接 6-1**
>
> **预算的局限性**
>
> 预算是一项管理工具，但如果运用不当，也有可能给企业带来一些负面的影响。对预算常见的批评包括：
>
> （1）强化集中控制和僵化。
>
> （2）费时耗力。
>
> （3）腐蚀企业的诚信文化，鼓励弄虚作假和机会主义行为。
>
> （4）没有支持企业战略，甚至与企业战略相冲突。
>
> （5）过分关注控制成本，忽略企业价值的增加。
>
> 预算的本质就是集中控制管理，预算的原则和实践是以集中为前提，并且在预算的执行过程中也不断强化集中控制。因受到系统各方的制约，预算一旦制定往往很难进

行调整；同时在预算的控制下，企业内部的业务单元也难以进行创新和自我激励。因此对于那些创新成长型的企业，以及规模较小、各部门间关系较为松散的企业，过分强调预算的控制作用也许就不是很恰当了。

此外，将预算作为激励工具的做法也是值得商榷的。在实务中，为超额"完成"预算目标获取更多奖励，基层执行者会采用尽力降低预算目标的办法；销售人员也可能采取虚增销售数量的方式谋取私利。

因此，企业在运用预算时不应过分夸大预算的功能，只有在充分了解自身需求的基础上，正确识别预算对本企业的作用，才能建立起一套行之有效的预算系统，并在企业管理中发挥其最大功效。

【案例分析6-1】

广东乐百氏集团是闻名全国的大型食品饮料企业。乐百氏集团前身为广东今日集团，2000年被法国达能集团收购。随着企业规模的不断扩大，产品的生产销售量不断增长，公司各个部门却经常怨声载道：销售部门抱怨增加了销售业绩，却没有奖励；采购部门抱怨一个月内采购次数太多，生产部门需要的原材料数量没有规律性；生产部门抱怨订单量不够稳定，生产工人的工作积极性无法调动；管理部门抱怨办公经费太少了，耽误了公司正常业务活动的开展；财务部门抱怨发票单据太多，人手不够，要求上一套先进的软件系统。2004年法国达能集团正式接管乐百氏集团的整体运营管理，经过两年的磨合和企业文化的交融，2006年集团公司正式推行全面预算管理。它先建立预算委员会，由财务部门牵头会同各职能部门，合理规划、协调企业的业务活动，化解矛盾，带乐百氏集团走上了规范化、精细化管理的道路，提高了企业的盈利能力。

问题

全面预算的作用有哪些？乐百氏集团的做法值得推广吗？

任务二 全面预算编制的基本方法

一、预算的编制

（一）经营预算的编制

经营预算又称业务预算，是反映企业在预算期内日常发生的各种具有实质性的基本活动的预算。经营预算主要包括与企业日常业务直接相关的销售预算（包括预期现金收入的计算）、生产预算、直接材料预算（包括预期现金支出的计算）、直接人工预算、制造费用预算、产品成本预算、期末存货预算、销售及管理费用预算等。销售预算是经营预算及整个全面预算编制的出发点。

1. 销售预算的编制

销售预算是规定预算期内销售目标和实施计划的一种预算，是全面预算的关键。企业在生产过程中，其产品的生产数量、材料、人工、设备及资金需要量等，主要由预期的产品销售量所决定。销售预算需要根据企业年度目标利润确定的预计销售量、销售单价和销售额等参数编制。

在单一产品的企业里,销售预算反映产品的销售量、销售单价和销售额。在多品种的企业里,销售预算通常只需要列示全年及各季的销售总额,并根据各种主要产品的销售量和销售单价分别编制销售预算的附表。

通常情况下,还应当根据销售预算编制与销售收入有关的现金收入预计表,用以反映全年及各季度销售所得现销收入和回收以前期间应收账款的现金数额。

销售预算主要列示全年和分季度的预计销售量和销售收入,它依赖于销售预测,销售预测的准确性对全面预算的准确性有着至关重要的作用。

销售预算确定了未来期间预计的销售量和销售单价后,即可求出预计的销售收入:

$$预计的销售收入 = 预计销售量 \times 预计销售单价$$

销售预算一般还附有预算期间关于预计收回现金的计算,以有助于现金预算的编制。为了提高销售预算的准确性,要考虑以下问题:

(1) 尽可能多地收集信息。编制销售预算可以采用自下而上的方法,要求每位销售经理提交一份所管辖地区的销售预算报告,然后再合计这些销售预算,从而形成总销售预算。

(2) 充分发挥销售人员与顾客联系紧密的信息优势,准确把握顾客的中短期需求。

(3) 向市场研究人员咨询,以便从更长远的观点来预测社会经济和文化对公司销售、潜在市场和产品的影响。

(4) 销售预算报告应提交给预算委员会从更广阔的视野进行讨论,考虑宏观经济形势、竞争、定价政策等,以弥补自下而上法的不足。

例 6-1 ABC 公司生产并销售甲产品。根据预计的销售量、销售单价和销售收入编制的 20×9 年的分季度预算见表 6-1。据估计,该公司本季度销售的甲产品只有 70%的款项可以收回,其余的款项下个季度才能收回。20×9 年期初应收账款余额为 30 000 元,要求编制企业与销售有关的预计现金收入。

表 6-1 销售预算(甲产品) （单位:元)

季　度	1	2	3	4	全　年
预计销售量	1 200	1 200	1 300	1 200	4 900
预计销售价格	80	80	80	80	80
预计销售收入	96 000	96 000	104 000	96 000	392 000

20×9 年与销售有关的现金收入见表 6-2。

表 6-2 预计现金收入 （单位:元）

季　度	1	2	3	4	全　年
期初应收账款	30 000				30 000
第一季度销售收入	67 200	28 800			96 000
第二季度销售收入		67 200	28 800		96 000
第三季度销售收入			72 800	31 200	104 000
第四季度销售收入				67 200	67 200
现金收入合计	97 200	96 000	101 600	98 400	393 200

2. 生产预算的编制

销售预算确定后，可根据预算期的销售量制定生产预算。生产预算是指为规划预算期生产水平而编制的一种日常业务预算。生产预算编制的依据主要是销售预算及产品存货明细表。预算期间除必须有足够的产品以供销售之外，还必须考虑到计划期期初和期末存货的预计水平，以避免存货太多而形成积压，或者存货太少而影响下期销售。

编制生产预算的关键是计算预计生产量，其计算公式为

$$预计生产量=预计销售量+预计期末存货-预计期初存货$$

为了解现有生产能力是否能够完成预计生产量，生产设备管理部门有必要再审核生产预算，若无法完成，预算委员会可以修订销售预算或考虑增加生产能力；若生产能力超过需要量，则可以考虑把剩余生产能力用于其他方面。

例 6-2 承例 6-1，假设 ABC 公司各季末的产成品按下一季度销量的 10%计算，各季度期初存货与上季度期末存货相等。根据会计资料，预计 20×8 年年末甲产品存货为 100 件，20×9 年年末甲产品存货为 110 件。根据销售预算有关资料，结合期初、期末的存货水平，编制 20×9 年度分季度生产预算。

20×9 年度分季度生产预算见表 6-3。

表 6-3　分季度生产预算（甲产品）　　　　　　（单位：件）

季　　度	1	2	3	4	全　　年
预计销售量	1 200	1 200	1 300	1 200	4 900
加：预计期末存货	120	130	120	110	110
预计需要量	1 320	1 330	1 420	1 310	5 010
减：期初存货	100	120	130	120	100
预计生产量	1 220	1 210	1 290	1 190	4 910

以生产预算为基础，可进而编制直接材料预算、直接人工预算和制造费用预算。

3. 直接材料预算的编制

确定生产预算并安排生产进度后，就应据以编制直接材料预算。直接材料预算是一种采购预算，除满足生产需要外，也要考虑预算期期初和期末的存货水平。材料采购总量以及在不同季度的分配取决于企业的存货政策，通常根据企业所采用的存货控制模型确定。预计采购量取决于直接材料的耗用量和直接材料的需要量。

直接材料预算的计算公式为

直接材料预计采购量=预计生产量×单位产品材料用量+预计期末直接材料存货量

-预计期初直接材料存货量=预计生产需用量

+预计期末直接材料存货量-预计期初直接材料存货量

直接材料预计采购金额=直接材料预计采购量×预计材料单价

为便于编制现金预算，在直接材料预算中，预计材料单价是指该材料的平均价格，通

常可以从采购部门获得。

直接材料预算通常还包括材料方面预计的现金支出的计算,包括上期采购的材料将于本期支付的现金和本期采购的材料中应由本期支付的现金。

例 6-3 承例 6-2,假设 ABC 公司生产甲产品耗用 H、M 两种材料,材料单耗分别为 3 千克、2 千克;材料单价分别为 4 元、5 元。每季末的材料库存按下一季度生产需用量的 30%计算;各季度期初存料与上季度期末存料相同。根据有关资料,20×9 年年初材料存货量中,H 材料为 720 千克,M 材料为 480 千克。预计每季度采购资金中,有 70%在当季支付,其余 30%在下季支付。20×9 年年初两种材料应付未付的采购款为 20 000 元。要求根据资料编制的 20×9 年度分季直接材料预算以及直接材料预计现金支出预算。

根据资料编制的 20×9 年度分季直接材料预算以及直接材料预计现金支出预算见表 6-4 和表 6-5。

表 6-4 直接材料预算(甲产品) (数量单位:千克)

季 度	1	2	3	4	全 年
预计生产量(件)	1 220	1 210	1 290	1 190	4 910
材料单耗					
H 材料	3	3	3	3	3
M 材料	2	2	2	2	2
预计生产需用					
H 材料	3 660	3 630	3 870	3 570	14 730
M 材料	2 440	2 420	2 580	2 380	9 820
加:期末存料量					
H 材料	1 089	1 161	1 071	1 080*	1 080*
M 材料	726	774	714	720*	720*
预计需要量合计					
H 材料	4 749	4 791	4 941	4 650	15 810
M 材料	3 166	3 194	3 294	3 100	10 540
减:期初库存量					
H 材料	720	1 089	1 161	1 071	720
M 材料	480	726	774	714	480
预计采购量					
H 材料	4 029	3 702	3 780	3 579	15 090

（续）

季　度	1	2	3	4	全　年
M 材料	2 686	2 468	2 520	2 386	10 060
预计材料单价（元）					
H 材料	4	4	4	4	4
M 材料	5	5	5	5	5
预计采购金额（元）	29 546	27 148	27 720	26 246	110 660
H 材料	16 116	14 808	15 120	14 316	60 360
M 材料	13 430	12 340	12 600	11 930	50 300

注：表中带"※"数据为估计数。

表 6-5　直接材料预计现金支出预算　　　　　　　　　　（单位：元）

季　度	1	2	3	4	全　年
预计采购金额	29 546	27 148	27 720	26 246	110 660
期初应付账款	20 000				20 000
第一季度采购金额	20 682	8 864			29 546
第二季度采购金额		19 004	8 144		27 148
第三季度采购金额			19 404	8 316	27 720
第四季度采购金额				18 372	18 372
现金支出合计	40 682	27 868	27 548	26 688	122 786

4．直接人工预算的编制

直接人工预算也是以生产预算为基础编制的，反映预算期内人工工时的消耗水平和人工成本。直接人工成本数据通常从生产管理部门和工程技术部门获得，根据生产预算确定的每单位产出所需直接人工以及生产量，就可编制直接人工预算。直接人工预算的计算公式为

预计直接人工总成本=预计生产量×单位产品直接人工小时×单位工时工资率

例 6-4　承例 6-2，假设 ABC 公司甲产品的单位产品工时为 3 工时，单位工时工资率为 4 元。请根据生产预算的预计生产量及有关的直接人工工时定额和工资率编制直接人工预算。

根据生产预算的预计生产量及有关的直接人工工时定额和工资率编制的直接人工预算见表 6-6。

表 6-6 直接人工预算

季　度	1	2	3	4	全　年
预计生产量（件）	1 220	1 210	1 290	1 190	4 910
单位产品工时定额（工时）	3	3	3	3	3
直接人工工时总额（工时）	3 660	3 630	3 870	3 570	14 730
单位工时工资率	4	4	4	4	4
直接人工成本总额（元）	14 640	14 520	15 480	14 280	58 920

5．制造费用预算的编制

制造费用预算包括固定制造费用预算及变动制造费用预算两部分。编制制造费用预算的主要依据是预计生产量或直接人工总工时、固定制造费用与变动制造费用的划分及各自具体的组成项目等。制造费用项目不存在易于辨认的投入产出关系，其预算需要根据生产水平、管理者的意愿、长期生产能力、公司政策和国家的税收政策等外部因素进行编制。变动制造费用与生产量之间存在线性关系，通常以生产预算为基础，固定制造费用根据基期水平结合发展趋势，适当进行调整，逐项预计，确定每期需支付的预计额，一般与生产量之间不存在线性关系。

制造费用预算的计算公式为

预计制造费用＝预计变动制造费用＋预计固定制造费用

＝预计业务量×预计变动制造费用分配率＋预计固定制造费用

制造费用的编制通常还包括费用方面预计的现金支出的计算，以便为编制现金预算提供必要的资料。为了编制现金预算，还需要预计现金支出金额。固定资产折旧不涉及现金支付，各期制造费用预算额扣除折旧额后，即为现金支出额。

例 6-5 承例 6-4，假设 ABC 公司在预算编制中采用变动成本法，变动制造费用按各种产品直接人工工时比例分配，折旧以外的各项制造费用均于当季付现。请根据资料编制 20×9 年制造费用预算以及制造费用预计现金支出预算。

ABC 公司 20×9 年制造费用预算以及制造费用预计现金支出预算见表 6-7 和表 6-8。

表 6-7 制造费用预算　　　　　　　　　　　（单位：元）

变动制造费用		固定制造费用	
间接材料	8 000	管理人员工资	10 000
间接人工	5 000	折旧费	12 000
维修费	4 000	办公费	8 000
水电费	6 000	保险费	6 000
其他	1 240	其他	4 000
合　计	24 240	合　计	40 000
直接人工工时总额	12 120	减：折旧	12 000
		现金支出合计	28 000
分配率=24 240÷12 120=2		每季数=28 000÷4=7 000	

表 6-8 制造费用预计现金支出预算 （单位：元）

季　　度	1	2	3	4	全　年
直接人工工时总额	3 660	3 630	3 870	3 570	14 730
变动制造费用	7 320	7 260	7 740	7 140	29 460
固定制造费用	7 000	7 000	7 000	7 000	28 000
现金支出合计	14 320	14 260	14 740	14 140	57 460

6．产品成本预算的编制

产品成本预算是为规划预算期内产品的单位成本、生产成本、销售成本等内容而编制的一种经营预算，是在生产预算、直接材料预算、直接人工预算和制造费用预算的基础上汇总编制而成的。产品成本预算的主要内容是产品的单位成本和总成本。产品的单位成本主要依据直接材料预算、直接人工预算及制造费用预算确定；生产成本、销售成本和存货成本根据生产预算和销售预算中的生产量、销售量及期末存货量确定。

例 6-6 承例 6-5，ABC 公司甲产品期初单位变动成本为 40 元，在产品及自制半成品期初余额为 3 000 元，期末余额为 8 000。请编制 ABC 公司 20×9 年产品成本预算。

ABC 公司 20×9 年产品成本预算见表 6-9。

表 6-9 产品成本预算（甲产品）　　　计划产量：4 910 件

成 本 项 目	单位用量	单价（元）	单位成本（元）	总成本（元）
直接材料				
H 材料	3 千克	4	12	58 920
M 材料	2 千克	5	10	49 100
小计				108 020
直接人工	3 工时	4	12	58 920
变动制造费用	3 工时	2	6	29 460
合计			40	196 400
加：在产品及自制半成品期初余额				3 000
减：在产品及自制半成品期末余额				8 000
预计产品生产成本				191 400
加：产成品期初余额①				4 000
减：产成品期末余额②				4 400
预计产品销售成本③			38.98	191 000

① 产成品期初余额为 100 件，见表 6-3。
② 产成品期末余额为 110 件，见表 6-3。
③ 预计单位产品销售成本=191 000÷4 900=38.98，式中销售量 4 900 见表 6-1。

7. 期末存货预算的编制

存货的计划和控制可以使企业以尽可能少的库存量来保证生产和销售的顺利进行。期末存货预算的编制，不仅提供了编制预计资产负债表的信息，同时也为编制预计利润表提供产品销售成本的数据。

期末存货预算的编制步骤如下：

（1）根据直接材料、直接人工、变动和固定制造费用的预算，计算确定产成品单位成本。

（2）将产成品单位成本乘以预计期末产成品存货数量，即可得到预计期末产成品存货额。

例6-7 承例6-6，请编制ABC公司的期末存货预算。

根据表6-4和表6-9中的有关数据，ABC公司期末存货预算见表6-10。

表6-10　期末存货预算　　　　　　　　　　　　　　（单位：元）

项　目	数　量	单　价	金　额
材料存货			
H材料	1 080	4	4 320
M材料	720	5	3 600
小计	1 800		7 920
产成品存货			
甲产品	110	40	4 400
半成品及自制半成品存货			8 000
存货合计			20 320

8. 销售及管理费用预算的编制

销售及管理费用预算包括制造业务范围以外的各种费用明细项目，与制造费用预算的编制类似，其各费用项目也要按成本性态划分，分为变动销售与管理费用和固定销售与管理费用两大类。变动销售与管理费用随销售量的变动而变动，通常包括销售佣金、运杂费及物料用品费等；固定销售与管理费用在一定范围内不受销售量的影响，如租金、保险费、折旧和基本工资等。

销售及管理费用预算编制的主要依据是：①预算期的一定业务量（适用于变动费用明细项目）；②成本降低计划（适用于固定费用明细项目）；③预算期间各费用明细项目等。

例6-8 ABC公司根据预算期的实际情况，编制的销售及管理费用预算见表6-11和表6-12（假设销售费用和管理费用都是付现费用，且都是固定费用）。

表6-11　销售费用预算　　　　　　　　　　　　　　（单位：元）

项　目	金　额
工资	7 000
广告费	10 000
办公费	3 000

（续）

项　目	金　额
保险费	6 000
销售佣金	6 000
运输费	7 000
其他	1 000
合计	40 000
每季度平均	10 000

表 6-12　管理费用预算　　　　　　　　（单位：元）

项　目	金　额
公司经费	4 000
工会经费	1 500
董事会费	2 000
无形资产摊销①	700
职工培训费	800
其他	1 000
合计	10 000
各季平均现金支出数	2 500

① 假设无形资产当年购买，当年摊销完。

（二）财务预算的编制

财务预算是指企业在预算期内反映有关现金收支、经营成果和财务状况的预算。财务预算是各项经营业务和专门决策的整体计划，也称为总预算，在全面预算体系中占有举足轻重的地位。各种业务预算及专门决策预算则相应地称为辅助预算或分预算。

企业编制财务预算应当按照先经营预算、资本预算、筹资预算，后财务预算的流程进行，并按照各预算执行单位所承担经济业务的类型及其权限，编制不同形式的财务预算。财务预算的作用主要表现在以下四个方面：①明确工作目标；②协调部门关系；③控制日常活动；④考核业绩标准。

1．现金预算的编制

现金预算是企业对现金流动进行预计和管理的重要工具，它是用来反映未来某一期间的一切现金收入和支出，以及两者对抵后现金余缺数的预算。

现金预算包括现金收入、现金支出、现金溢余或短缺、资金的筹集和运用四个部分。其基本关系如下：

期初现金余额+现金收入=当前可动用现金合计

当前可动用现金合计-现金支出=现金溢余或短缺

现金溢余或短缺+资金的筹集与运用=期末现金余额

（1）现金收入。现金收入部分包括期初的现金余额和预算期的现金收入，主要包括现销、应收账款收回、应收票据到期兑现、票据贴现收入、出售长期性资产、收回投资等产生现金的业务。产品销售收入是取得现金收入的最主要的来源。

（2）现金支出。现金支出部分包括预算期预计的各项现金支出，如材料采购支付货款、应交税金、应付利润以及资本性支出等。值得指出的是，短期借款的利息支付不列入该项，而是放在资金的筹集和运用中。

（3）现金溢余或短缺。现金溢余或短缺是当前可动用现金合计数与预计现金支出合计数的差额，若差额为正，说明现金多余；若差额为负，说明现金不足。

（4）资金的筹集和运用。资金的筹集和运用是指根据预算期现金收支的差额和企业有关资金管理的各项政策来确定筹集和运用资金的数额。如果资金不足，可向银行取得借款或通过其他方式筹集资金，并预计还本付息的期限和数额；如果现金多余，除了可用于偿还借款外，还可用于购买有价证券作为短期投资。

例 6-9 承例 6-8，ABC 公司于 20×9 年年初现金余额为 5 000 元，预计 20×9 年购买设备 50 000 元，支付投资者利润 16 000 元，其他有关资料见以上各项预算。该公司现金余额最低应保持 4 000 元，最高为 6 500 元。当现金不足时向银行借款，多余时归还借款。借款在季初，还款在季末，借款年利率为 10%，还款时同时归还所还之款的利息。该公司在第一季度借款 12 000 元，以后季度分别归还借款利息共计 900 元（第二季度借款利息=4 000×10%×6÷12=200；第三季度借款利息=4 000×10%×9÷12=300；第三季度借款利息=4 000×10%=400）。请根据资料编制 ABC 公司 20×9 年的现金预算。

ABC 公司 20×9 年的现金预算见表 6-13。

表 6-13 现金预算 （单位：元）

季　　度	1	2	3	4	全　年
期初现金余额	5 000	10 001.75	8 597.50	5 573.25	5 000
加：销售现金收入	97 200	96 000	101 600	98 400	393 200
现金收入合计	102 200	106 001.75	110 197.50	103 973.25	398 200
减：现金支出					
直接材料	40 682	27 868	27 548	26 688	122 786
直接人工	14 640	14 520	15 480	14 280	58 920
制造费用	14 320	14 260	14 740	14 140	57 460
销售费用	10 000	10 000	10 000	10 000	40 000
管理费用	2 500	2 500	2 500	2 500	10 000
所得税	9 156.25	9 156.25	9 156.25	9 156.25	36 625

（续）

季　度	1	2	3	4	全　年
设备购置	10 000	12 000	18 000	10 000	50 000
长期贷款利息	900	900	900	900	3 600
投资者利润	2 000	2 000	2 000	10 000	16 000
现金支出合计	104 198.25	93 204.25	100 324.25	97 664.25	395 391
现金余缺	−1 998.25	12 797.50	9 873.25	6 309	2 809
筹资与运用					
银行短期借款	12 000				12 000
偿还银行借款		4 000	4 000	4 000	12 000
支付借款利息		200	300	400	900
期末现金余额	10 001.75	8 597.50	5 573.25	1 909	1 909

2．预计利润表的编制

预计利润表是用货币形式综合反映预算期内经营活动及最终财务成果的预算。它综合反映了预算期内预计的销售收入、销售成本和可实现的利润或可能发生的亏损，可以揭示企业预期的盈利情况，有助于管理人员及时调整经营策略。预计利润表编制的主要依据是业务预算、专门决策预算及现金预算等，同时结合会计的权责发生制原则，是整个预算过程中的一个重要环节。

例 6-10 承例 6-9 要求根据前述资料编制 ABC 公司 20×9 年预计利润表。

解：ABC 公司 20×9 年预计利润表见表 6-14。

表 6-14　20×9 年预计利润表　　　　　　　　　　　（单位：元）

项　目	金　额	资料索引
销售收入	392 000	表 6-1
减：产品销售成本	191 000	表 6-9
销售费用	40 000	表 6-11
管理费用	10 000	表 6-12
息税前利润	151 000	
减：利息	4 500	表 6-13
税前利润	146 500	
减：所得税（25%）	36 625	
净利润	109 875	

3．预计资产负债表的编制

预计资产负债表是用来反映企业在预算期期末财务状况的预算。预计资产负债表可以为企业管理者提供会计期末企业预期财务状况的信息，有助于管理者预测未来期间的经营状况。它以预算期期初的资产负债表为基础，然后根据预算期各项预算的有关资料加以分析、计算编制而成。

例 6-11 承例 6-10，ABC 公司预计 20×9 年年初未分配利润为 18 000 元，本期预计计提盈余公积 10 987 元，预计分配投资者利润 17 172 元，期末预计未分配利润为 81 628 元，其他资料如前所述。根据以上资料编制的 ABC 公司预计资产负债表见表 6-15。

表 6-15 预计资产负债表

20×9 年 12 月 31 日 （单位：元）

项目	期初数	期末数	资料索引（期末数）
资产			
流动资产			
货币资金	5 000	1 909	表 6-13
应收账款	30 000	28 800	表 6-2
存货	12 280	20 320	表 6-10
其他应收款		5 600	预计数
流动资产合计	47 280	56 629	
固定资产			
固定资产原价	215 219	284 219	
减：累计折旧	12 000	24 000	表 6-7
固定资产净值	203 219	260 219	
固定资产合计	203 219	260 219	
无形资产及长期待摊费用			
无形资产	1 700	1 000	根据无形资产摊销填列
无形资产及长期待摊费用合计	1 700	1 000	
长期资产合计	204 919	261 219	
资产总计	252 199	317 848	
负债及所有者权益			
流动负债			

(续)

项 目	期 初 数	期 末 数	资料索引(期末数)
应付账款	20 000	7 874	表6-5
应付利润		1 172	(17 172−16 000)
应付职工薪酬	8 600	10 588	
流动负债合计	28 600	19 634	
长期负债			
长期借款	96 000	96 000	
长期负债合计	96 000	96 000	
负债合计	124 600	115 634	
所有者权益			
实收资本	100 000	100 000	
资本公积	5 799	5 799	
盈余公积	3 800	14 787	
分配利润	18 000	81 628	
所有者权益合计	127 599	202 214	
负债及所有者权益合计	252 199	317 848	

【拓展阅读6-1】

新商业下互联网企业的全面预算管理

随着"互联网+""物联网+"时代到来,以前传统意义的预算管理越来越不容易适应互联网企业内外部环境的不断变化和挑战,互联网企业需要以新思维和新策略来结合互联网时代和大数据时代的特点,不断升级全面预算管理各项工作,使企业具备新的创新活力和发展动力。

互联网企业的全面预算需要以新的思维和工具来迎接互联网和大数据时代对企业全面预算管理的挑战。各类企业都应该树立用户思维、简约思维、极致思维、社会化思维、大数据思维、流量思维、平台思维、迭代思维等互联网思维,在不断夯实预算管理基础的前提下,充分融合进预算目标制定、预算编制、预算分析、预算控制、预算考核等环节,构建项目全周期预算+年度预算+滚动预算相结合的预算管理思路,真正建立以战略目标为导向、自上而下和自下而上相结合的全面预算管理模式,实现战略—计划—预算—考核—激励的闭环管理,有效推动企业"互联网+""物联网+"下的全面预算管理工作,并不断运用各种信息技术,搭建云平台,实现云计算,进行维度更多、广度更广、精度更高的全过程管理,让企业更加迅速和及时地分配资源,科学实现管理增值，全面提升企业的效率和效益。

互联网企业的全面预算还需要以新的策略来落实互联网和大数据时代企业全面预算管理的工作。首先，在预算产品选择上，需要选取成熟、稳定和应用广泛的产品；其次，在方案设计上，需要统一方案与个性化需求，结合公司总部和分（子）公司的定位，结合组织架构迭代情况，在各层级、各板块范围深入贯彻总部管理意志，并体现下属各单位个性化管理需求和特色，并根据企业的管理要求和业务特点，进行深入的需求调研、方案设计、构建管理模型并完成系统实现；第三，在培训方面，要做好分层级、多场景的用户培训工作，进行完备的线下线上培训方案，提前做好风险预案；第四，在实施商选择方面，最好选取具备全产品线实施的实施商，这样可以利用实施商在企业管理每个业务领域都积累的业务和技术能力，结合互联网企业本身的管理现状和信息化建设情况，全面整合各管理领域资源，给互联网企业带来更多的增值服务；第五，在维护成本方面，尽量选取一套或相近的技术体系，将数据集成难度及技术维护成本降到最低。

【案例分析6-2】

福马机械的资金预算管理

2011年以来，国家货币政策从适度宽松转为稳健，外部资金环境趋紧，造成很多企业的资金面紧张。中国福马机械集团有限公司（简称"福马机械"）坚持"现金为王"的理念，从内部和外部两方面筹措资金，并严格管好预算管理制度、用好资金。2007年，福马机械通过重组成为中国机械工业集团有限公司（简称"国机集团"）的全资子公司。福马机械先后通过国机集团发行了几次短期融资券，这种直接融资的方式筹资成本较低、筹资数额较大。2010年年底，福马机械的资产总额达到55亿元，营业收入达到40亿元，资产负债率为48%，低于机械制造业平均水平。这些经营绩效为其继续扩大和银行的合作奠定了基础。有效地利用、管理资金，改变资金链绷紧，必须以完善的内部控制措施做保证。

福马机械深化内部资金管理的措施主要表现在以下两方面：

（1）细化资金预算管理，实行滚动预算。福马机械每月编制资金收付计划，包括各项经营业务收入、采购支出、销售费用、管理费用、固定资产购置等。重点落实营业收入的资金流入，加强当期资金回笼。福马机械把现金流量作为全面预算管理的重点，将影响现金流量质量的原材料采购预算、制造费用预算、销售费用预算作为控制重点进行细化项目管理，定期召开资金调度与平衡会，分析影响现金流转的原因，及时有力地保证现金流量流转顺畅。

（2）实行集团内部资金适度集中管理。各公司都在财务公司开户，通过财务公司的资金集中管理，对各个子公司暂时闲置的资金和分散的资金集中管理。2011年7月，福马机械制定了《内部资金调剂管理暂行办法》，引导子公司企业间的资金有偿调剂使用。这样，既降低了财务成本又提高了资金使用效率，优化了资源配置，逐步解决了集团企业"存贷双高"的问题。

资料来源：屈涛．"福马"加油[N]．中国会计报，2011-09-02．

🦀 **问题**

企业应该实行怎样的预算管理和资金链条控制？

任务三　全面预算编制的其他方法

一、固定预算与弹性预算

预算按其业务量是否可以调整，分为固定预算和弹性预算两类。

固定预算又称静态预算，是以预算期一定的业务量水平为基础来确定各种费用项目的预算。销售预算、生产预算、成本预算等都属于固定预算，它们都是以某一业务量水平为基础编制的，其特点是：①不考虑预算期内业务量水平可能发生的变动，只按某一确定的业务量水平为基础预计其相应的数额；②将预算的实际执行结果与按预算期内规定的某一业务量水平所确定的预算数进行比较分析，并据以进行业绩评价、考核。固定预算用来考核非营利组织或业务量水平较为稳定的企业是比较合适的。但它也有缺点，如果用它来衡量业务量水平经常变动的企业的耗费与成果，当实际发生的业务量与编制预算所依据的业务量发生差异时，各费用项目的实际数与预算数缺乏可比基础，就很难正确地考核和评价企业预算的执行情况。

弹性预算也称为动态预算，是在变动成本法下，充分考虑预算期各预算指标可能发生的变化而编制出的能适应各预算指标不同变化情况的预算，从而使预算对企业实际情况更具有针对性，以反映在不同业务量水平下所应开支的费用水平或收入水平。由于这种预算随业务量水平的变动做动态调整，本身具有弹性，故称为弹性预算。与固定预算相比，弹性预算具有以下特点：①以预算期内某一相关范围内可预见的多种业务量水平为标准，一般来说，可定在正常生产能力的 70%~110%，或以历史上最高业务量或最低业务量为其上下限，确定不同的预算额，从而扩大了预算的适用范围，便于预算指标的调整；②按照成本的不同性态分类列示，便于在预算期终了时，将实际指标与实际业务量相应的预算额进行对比，科学评价与考核预算执行情况，更好地发挥预算的控制作用。由于未来业务量的变动会影响成本费用和利润等各个方面，从理论上讲，弹性预算适用于全面预算中与业务量有关的各种预算。但从实际应用的角度来看，弹性预算主要用于编制弹性成本预算和弹性利润预算。一般采用先成本预算后利润预算的顺序进行编制。相对于固定预算，弹性预算更便于区分和落实责任。

例 6-12 ABC 公司在预算期内预计生产丙产品 2 500 件，单位产品成本构成如下：直接材料 260 元；直接人工 120 元；变动制造费用 120 元，其中间接材料 30 元、间接人工 70 元、动力费 20 元；固定制造费用 320 000 元，其中办公费 100 000 元、折旧费 200 000 元、租赁费 20 000 元。ABC 公司当年实际生产并销售丙产品 3 000 件。

采用固定预算方式，编制丙产品的生产成本预算，并说明预算的完成情况。

根据上述资料，丙产品的生产成本预算以及预算完成情况见表 6-16。

表 6-16　固定预算　　　　　　　　　（金额单位：元）

项　　目	固定预算	实　　际	差　　异
生产量（件）	2 500	3 000	+500（F）①

（续）

项目	固定预算	实际	差异
变动成本			
直接材料	650 000	927 000	+277 000（U）[2]
直接人工	300 000	360 000	+60 000（U）
变动制造费用			
其中：间接材料	75 000	80 000	+5 000（U）
间接人工	175 000	220 000	+45 000（U）
动力费	50 000	40 000	−10 000（F）
小计	300 000	340 000	+40 000（U）
合计	1 250 000	1 627 000	+377 000（U）
固定制造费用			
其中：办公费	100 000	90 000	−10 000（F）
折旧费	200 000	200 000	0
租赁费	20 000	30 000	+10 000（U）
合计	320 000	320 000	0
生产成本总计	1 570 000	1 947 000	+377 000（U）

① （F）表示有利差异。
② （U）表示不利差异。

从表 6-16 中可以看出，由于预算和实际产量基础不一致，二者所形成的差异不能恰当地说明企业成本控制的情况。也就是说，表 6-16 中所列的成本不利差异 377 000 元，即实际成本比预算增加了 377 000 元，究竟是由于产量增加了而引起成本的增加，还是由于成本控制不利而发生的超支，很难通过固定预算与实际结果的对比正确地反映出来。这正是固定预算所存在的缺陷。

例 6-13 结合例 6-11 中 ABC 公司在预算期内预计生产丙产品的有关资料，丙产品的弹性生产成本预算编制如下：

（1）确定某一相关范围，预计未来期间内业务量水平将在这一相关范围内变动的情况。弹性预算的业务量范围应视企业或部门的业务量变化情况而定。本例中将业务量间隔定为 500 件。

（2）选择业务量的计量单位。编制弹性成本预算，要选用一个最能代表本部门生产经营活动水平的业务量计量单位。例如：以手工操作为主的车间，就应选用人工工时；制造单一产品或零件的部门，可选用实物数量；制造多种产品或零部件的部门，可以选用人工工时或机器工时；修理部门可以选用直接修理工时等。

（3）按照成本性态分析的方法，将企业的成本分为固定成本和变动成本两大类，并确定成本函数 $y=a+bx$，弹性成本预算公式为

弹性成本预算=Σ（单位变动成本预算×预计业务量）+固定成本预算

对于产品成本中的直接材料、直接人工、制造费用、销售及管理费用可采用不同的方法编制弹性预算。

1）由于直接材料、直接人工的弹性预算只需以预算期内多种可能完成的生产量为基础，分别乘以单位产品的预算数（或标准）即可完成预算的编制。因此，在实际工作中，通常只是编制单位产品变动成本标准，待实际业务发生后，再按实际业务量进行换算，形成弹性预算。

2）由于制造费用属于混合成本，为加强控制，更宜按照不同的业务量水平编制制造费用的弹性预算。生产单一产品的企业，制造费用预算可按生产量直接编制；生产多品种的企业，通常按照直接人工工时（或机器工作台时数）进行编制。

3）销售及管理费用的弹性预算的编制方法与制造费用弹性预算的编制方法基本相同，所不同的是编制基础的选择不一样，它不是以生产工作量（直接人工小时、机器工作小时等）作为计算基础，而是以销售量（以金额表示的销售净收入）作为计算基础。

（4）确定预算期内各业务量水平的预算额。

根据上述基本程序，ABC公司弹性成本预算编制见表6-17～表6-19。

表 6-17 弹性预算

项 目	单位变动成本（元）	预计生产量（件）			
		1 500	2 500	3 000	3 500
变动成本					
直接材料	260	390 000	650 000	780 000	910 000
直接人工	120	180 000	300 000	360 000	420 000
变动制造费用					
其中：间接材料	30	45 000	75 000	90 000	105 000
间接人工	70	105 000	175 000	210 000	245 000
动力费	20	300 00	50 000	60 000	70 000
小计	120	180 000	300 000	360 000	420 000
合计	500	750 000	1 250 000	1 500 000	1 750 000
固定制造费用					
其中：办公费		100 000	100 000	100 000	100 000
折旧		200 000	200 000	200 000	200 000
租赁费		20 000	20 000	20 000	20 000
合计		320 000	320 000	320 000	320 000
生产成本合计		1 070 000	1 570 000	1 820 000	2 070 000

表 6-18　制造费用弹性预算　　　　　　　　（金额单位：元）

项目				
直接人工工时（小时）	21 796	24 520	27 245	29 970
生产能力利用百分比（%）	80	90	100	110
变动制造费用				
间接材料	6 400	7 200	8 000	8 800
间接人工	6 080	6 840	7 600	8 360
维修费	4 800	5 400	6 000	6 600
水电费	5 824	6 552	7 280	8 008
其他	3 051	3 433	3 814	4 195
小计	26 155	29 452	32 694	35 963
管理人员工资	8 096	8 096	8 096	8 096
折旧费	16 347	16 347	16 347	16 347
办公费	6 500	6 500	6 500	6 500
保险费	5 200	5 200	5 200	5 200
其他	2 000	2 000	2 000	2 000
小计	38 143	38 143	38 143	38 143
制造费用合计	64 298	64 298	64 298	64 298

表 6-19　成本预算执行报告表　　　　　　　　（金额单位：元）

项目	固定预算(1)	弹性预算(2)	实际(3)	预算差异 (4)=(2)-(1)	耗费差异 (5)=(3)-(2)	总差异 (6)=(3)-(1)
生产量（件）	2 500	3 000	3 000	+500（F）	0	+500（F）
变动成本						
直接材料	650 000	780 000	927 000	+130 000(U)	+147 000(U)	+277 000(U)
直接人工	300 000	360 000	360 000	+60 000（U）	0	+60 000（U）
变动制造费用						
其中：间接材料	75 000	90 000	80 000	+15 000（U）	−10 000（F）	+5 000（U）
间接人工	175 000	210 000	220 000	+35 000（U）	+10 000（U）	+45 000（U）
动力费	50 000	60 000	40 000	+10 000（U）	−20 000（F）	−10 000（F）
小计	300 000	360 000	340 000	+60 000（U）	−20 000（F）	+40 000（U）
合计	1 250 000	1 500 000	1 627 000	+250 000(U)	+127 000(U)	+377 000(U)
固定制造费用						
其中：办公费	100 000	100 000	90 000	0	−10 000（F）	−10 000（F）
折旧费	200 000	200 000	200 000	0	0	0
租赁费	20 000	20 000	30 000	0	+10 000（U）	+10 000（U）
合计	320 000	320 000	320 000	0	0	0
生产成本总计	1 570 000	1 820 000	1 947 000	+250 000(U)	+127 000(U)	+377 000(U)

从表 6-19 可以看出，由于实际生产量比固定预算原定的指标多了 500 件，与经过调整的弹性预算相比，应该增加成本 250 000 元，这 250 000 元属于预算差异。而实际指标与按实际产量调整的弹性预算相比，成本超支 127 000 元，这 127 000 元属于耗费差异，其主要原因是直接材料超支引起的。这两种差异的相应补充，能更好地说明实际比固定预算增加成本 377 000 元的原因，从而正确评价企业的成本管理工作，明确区分经济责任。

二、增量预算与零基预算

预算按其编制是否以基期水平为基础可以分为增量预算与零基预算。

增量预算是在基期预算执行结果的基础上，结合预算期的情况加以调整来编制预算的方法，适用于比较稳定的预算的编制。其基本假定是：①企业现有的每项业务活动都是企业所必需的；②现有的费用开支水平是合理的；③增加费用预算是值得的。这种预算方法以既定的成本数为预算分配起点，管理人员只需要证明预算分配下增量数的合理性，因此其编制方法较为简单。增量预算虽然简便易行，但它也存在缺陷。预算期成本费用指标是在基期水平基础上调整出来的，受基期成本费用水平影响。若基期成本费用水平偏高，即使在预算期进行了调整，成本费用预算仍然较高，反之亦然。采用增量预算编制方法，不加分析地保留或接受原有预算中不合理的成本费用开支，可能出现保护落后、滋生平均主义现象。

零基预算的全称为"以零为基础编制的预算"，是指在编制预算时，对所有的预算支出均以零为基底，从实际需要与可能出发，逐项审议各种费用开支的必要性、合理性以及开支数额的大小，从而确定预算成本的一种方法，是目前已被西方国家广泛采用作为费用预算编制的方法。与传统的增量预算相比，零基预算编制的不同之处在于：它不是以现有费用水平为基础，而是如同新创办一个机构时一样，一切以"零"为起点，规划预算期内的业务活动及其费用开支标准。其基本做法是：①各部门根据本企业预算期间的战略目标和具体任务，详细讨论预算期需要发生哪些费用项目，并对每一费用项目编写一套方案，提出费用开支的目的以及需要开支的数额；②对各项预算方案进行成本效益分析，即对每一项业务活动的所费与所得进行对比，权衡得失，据以判断各项费用开支的合理性及优先顺序；③根据生产经营的客观需要与一定期间资金供应的实际可能，在预算中对各个项目进行择优安排，分配资金，落实预算。

零基预算由于冲破了传统预算方法的限制，以"零"为起点来观察分析一切费用开支项目，确定预算金额，因而具有以下优点：①可以合理有效地进行资源分配，将有限的经费用在关键之处；②可以充分发挥各级管理人员的积极性和创造性，促进各预算部门精打细算，量力而行，合理使用资金，提高资金的利用效果；③特别适用于产出较难辨认的服务性部门预算的编制与控制，如学校或事业单位。

由于一切支出均以零为起点进行分析研究，因而这种编制方法的工作量较大，费用较昂贵，而且评级和资源分配具有主观性，容易引起部门间的矛盾。因此，有的企业每隔若干年进行一次零基预算，以后几年内略做适当调整，这样既简化了预算的编制工作量，又能适当地控制费用。

例 6-14 ABC 公司采用零基预算法编制 20×0 年销售及管理费用预算。首先，经过公司销售以及行政管理部门员工讨论，结合 20×0 年企业总体目标和部门责任目标，一致认为预算期需发生的一些费用项目及其预计的开支水平如下：

（1）广告费　　　　　　　40 000 元
（2）销售管理人员培训费　 20 000 元
（3）销售管理人员工资　　 30 000 元
（4）房屋租金　　　　　　 30 000 元
（5）差旅费　　　　　　　 10 000 元
（6）办公费　　　　　　　 20 000 元

在上述费用项目中，销售管理人员工资、房屋租金、差旅费和办公费被一致认为均属预算期内必不可少的费用支出，需全额得到保证。

其次，由销售部门有关人员根据历史资料，对广告费和销售管理人员培训费进行"成本效益分析"，其结果见表 6-20。

表 6-20　预算成本效益分析表　　　　　　　　　　　（单位：元）

项目	成本金额	收益金额
广告费	1	15
销售管理人员培训费	1	10

最后，审核委员会对上述费用项目，按其性质和轻重缓急排列，分成以下三个等级。

第一等级：销售管理人员工资、房屋租金、差旅费、办公费，总额为 90 000 元，必须全额保证资金需要。

第二等级：广告费。如果企业财力允许，应当按原讨论结果安排预算；若企业财力有限，则可适当削减。

第三等级：销售管理人员培训费属于智力方面的投资，在企业财力不允许的情况下，这项预算可做适当调整，如限制培训人员数量，或者减少培训项目等。

假定该企业在下一年度对于销售及管理费用可动用的财力资源只有 120 000 元，那么就应根据以上排列的等级顺序，分配资金，落实预算。

（1）销售管理人员工资　　30 000 元
（2）房屋租金　　　　　　30 000 元
（3）差旅费　　　　　　　10 000 元
（4）办公费　　　　　　　20 000 元

必须得到全额保证的资金合计为 90 000 元。那么，尚可分配的资金为 30 000 元（120 000−90 000），此数应按成本收益率的比例在广告费、销售管理人员培训费二者之间进行分配。

广告费可分配的资金 = 30 000×15÷（15+10）= 18 000（元）
销售管理人员培训费可分配的资金 = 30 000×10÷（15+10）= 12 000（元）

应当明确的是，不同的企业由于生产经营的特点不同，管理水平不同，因此，具体费用所处的等级位置也会不同。

三、定期预算与滚动预算

预算按预算期是否连续可分为定期预算与滚动预算。在定期预算编制中，企业的经营预算和财务预算通常是定期（如一年期）编制的，其优点是与会计年度相配合，便于预算执行结果的考核与评价。但是，这种定期预算也有一定的缺陷：

（1）定期预算多是在其执行年度开始前的两三个月进行，在编制时难于预测预算期的某些活动，特别是对预算期的后半阶段，往往只能提出一个较为笼统的预算，从而给预算的执行带来种种困难。

（2）预算中所规划的各种经营活动在预算期内往往发生变化，而定期预算却不能及时调整，从而使原有的预算显得不相适应。

（3）在预算执行过程中，由于受预算期的限制，管理人员的决策视野局限于剩余预算期间的活动，从而不利于企业长期稳定的发展。为了克服定期预算的缺陷，在实践中可采用滚动预算的方法编制预算。

滚动预算又称永续预算或连续预算，其基本特点是预算期是连续不断的，始终保持一定期限（如一年）。凡预算执行过 1 个月后，即根据前 1 个月的经营成果，并结合执行中发生的新情况，对剩余的 11 个月加以修订，并自动后续 1 个月，重新编制新一年的预算。这样逐期向后滚动，连续不断地以预算的形式规划未来的经营活动。滚动预算如图 6-2 所示。

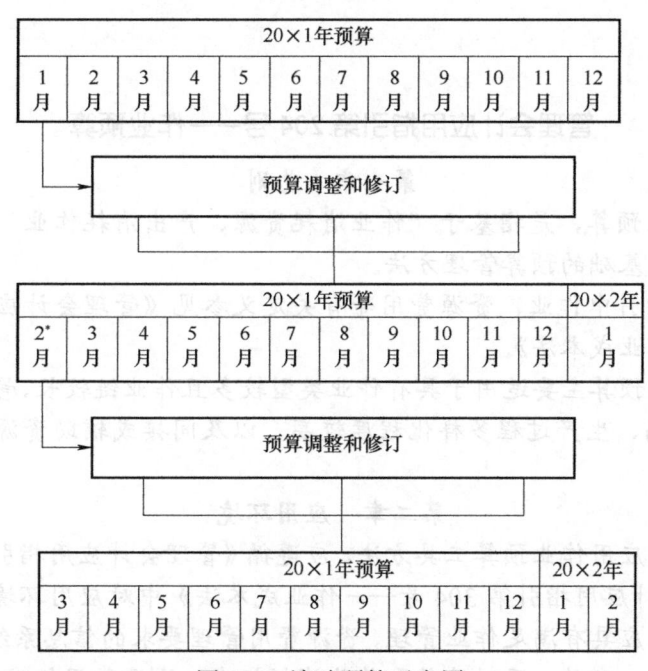

图 6-2　滚动预算示意图

注：*表示该月预算执行完毕后需调整或修订预算。

与定期预算相比，滚动预算具有以下优点：

（1）可以保持预算的连续性与完整性，使有关人员能从动态的预算中更好地把握企业的未来，了解企业的总体规划和近期目标。

(2) 可以根据前期预算的执行结果，结合各种新的变化信息，不断调整或修订预算，从而使预算与实际情况更相适应，有利于充分发挥预算的指导和控制作用。

(3) 可以使各级管理人员始终保持对未来 12 个月甚至更长远的生产经营活动做周密的考虑和全盘规划，确保企业各项工作有条不紊地进行。

采用滚动预算法的不足之处是编制预算的工作量较大。因此，企业也可以采用按季度滚动来编制预算，而在执行预算的那个季度里，再按月份具体地编制各月份的预算，这样可以适当地简化预算的编制工作。总之，预算的滚动期限应视实际需要而定。

四、确定预算与概率预算

在企业生产经营活动的各项因素（如业务量水平、价格、变动成本、固定成本等）都是确定的情况下编制的预算称为确定预算。但在实际工作中，预算期内企业生产经营活动的各项因素不可能是确定不变的。在这种情况下，只能做出一个近似的估计，估计它们将在一定范围内变动，以及在这个范围内有关数值可能出现的概率如何。然后按照各种可能性的大小加权平均计算，确定有关指标在预算期内的期望值，从而形成概率预算。

概率预算编制的具体做法如下：①在预测分析的基础上，估计各相关因素的可能值及其出现的概率；②计算联合概率，即具有递进关系的各相关因素的概率之积；③根据弹性预算提供的预算指标，以及与之对应的联合概率计算出预算对象的期望值，即概率预算下的预算结果。

【拓展阅读 6-2】

管理会计应用指引第 204 号——作业预算

第一章　总　则

第一条　作业预算，是指基于"作业消耗资源、产出消耗作业"的原理，以作业管理为基础的预算管理方法。

第二条　本指引中作业、资源费用等有关定义参见《管理会计应用指引第 304 号——作业成本法》。

第三条　作业预算主要适用于具有作业类型较多且作业链较长、管理层对预算编制的准确性要求较高、生产过程多样化程度较高，以及间接或辅助资源费用所占比重较大等特点的企业。

第二章　应用环境

第四条　企业应用作业预算工具方法，应遵循《管理会计应用指引第 200 号——预算管理》《管理会计应用指引第 304 号——作业成本法》中对应用环境的一般要求。

第五条　企业应具有满足作业管理、资源费用管理要求的信息系统，能通过外部市场和企业内部可靠、完整、及时地获取作业消耗标准、资源费用标准等基础数据。

第三章　应用程序

第六条　企业应遵循《管理会计应用指引第 200 号——预算管理》中的应用程序，实施作业预算管理。

第七条　企业编制作业预算一般按照确定作业需求量、确定资源费用需求量、平衡资源费用需求量与供给量、审核最终预算等程序进行。

第八条 企业应根据预测期销售量和销售收入预测各相关作业中心的产出量(或服务量)，进而按照作业与产出量（或服务量）之间的关系，分别按产量级作业、批别级作业、品种级作业、客户级作业、设施级作业等计算各类作业的需求量。作业类别的划分参见《管理会计应用指引第304号——作业成本法》。企业一般应先计算主要作业的需求量，再计算次要作业的需求量。

（一）产量级作业：该类作业的需求量一般与产品（或服务）的数量成正比例变动，有关计算公式如下：

$$产量级作业需求量=\Sigma 各产品（或服务）预测的产出量（或服务量）\times 该产品（或服务）作业消耗率$$

（二）批别级作业：该类作业的需求量一般与产品（或服务）的批次数成正比例变动，有关计算公式如下：

$$批别级作业需求量=\Sigma 各产品（或服务）预测的批次数\times 该批次作业消耗率$$

（三）品种级作业：该类作业的需求量一般与品种类别的数量成正比例变动，有关计算公式如下：

$$品种级作业需求量=\Sigma 各产品（或服务）预测的品种类别数\times 该品种类别作业消耗率$$

（四）客户级作业：该类作业的需求量一般与特定类别客户的数量成正比例变动，有关计算公式如下：

$$客户级作业需求量=\Sigma 预测的每类特定客户数\times 该类客户作业消耗率$$

（五）设施级作业：该类作业的需求量在一定产出量（或服务量）规模范围内一般与每类设施投入量成正比例变动，有关计算公式如下：

$$设施级作业需求量=\Sigma 预测的每类设施能力投入量\times 该类设施作业消耗率$$

作业消耗率，是指单位产品（或服务）、批次、品种类别、客户、设施等消耗的作业数量。

第九条 企业应依据作业消耗资源的因果关系确定作业对资源费用的需求量。有关计算公式如下：

$$资源费用需求量=\Sigma 各类作业需求量\times 资源消耗率$$

资源消耗率，是指单位作业消耗的资源费用数量。

第十条 企业应检查资源费用需求量与供给量是否平衡，如果没有达到基本平衡，需要通过增加或减少资源费用供给量或降低资源消耗率等方式，使两者的差额处于可接受的区间内。

资源费用供给量，是指企业目前经营期间所拥有并能投入作业的资源费用数量。

第十一条 企业一般以作业中心为对象，按照作业类别编制资源费用预算。有关计算公式如下：

$$资源费用预算=\Sigma 各类资源需求量\times 该资源费用预算价格$$

资源费用的预算价格一般来源于企业建立的资源费用价格库。企业应收集、积累多个历史期间的资源费用成本价、行业标杆价、预期市场价等，建立企业的资源价格库。

第十二条 作业预算初步编制完成后，企业应组织相关人员进行预算评审。预算评审小组一般应由企业预算管理部门、运营与生产管理部门、作业及流程管理部门、技术定额管理部门等组成。评审小组应从业绩要求、作业效率要求、资源效益要求等多个方面对作业预算进行评审，评审通过后上报企业预算管理决策机构进行审批。

第十三条 企业应按照作业中心和作业进度进行作业预算控制，通过把预算执行的过程控制精细化到作业管理层次，把控制重点放在作业活动驱动的资源上，实现生产经营全过程的预算控制。

第十四条 企业作业预算分析主要包括资源动因分析和作业动因分析。资源动因分析主要揭示作业消耗资源的必要性和合理性，发现减少资源浪费、降低资源消耗成本的机会，提高资源利用效率；作业动因分析主要揭示作业的有效性和增值性，减少无效作业和不增值作业，不断地进行作业改进和流程优化，提高作业产出效果。

第四章 工具方法评价

第十五条 作业预算的主要优点：一是基于作业需求量配置资源，避免了资源配置的盲目性；二是通过总体作业优化实现最低的资源费用耗费，创造最大的产出成果；三是作业预算可以促进员工对业务和预算的支持，有利于预算的执行。

第十六条 作业预算的主要缺点：预算的建立过程复杂，需要详细地估算生产和销售对作业和资源费用的需求量，并测定作业消耗率和资源消耗率，数据收集成本较高。

第五章 附则

第十七条 本指引由财政部负责解释。

资料来源：财政部会计司官网（http://kjs.mof.gov.cn/zhengwuxinxi/zhengcefabu/201812/P020181228665492025937.pdf）

项目小结

企业为了实现既定经营战略目标，保证决策所制定的最优方案在实际中得到贯彻、执行，就需要编制预算。全面预算是企业全部经济活动计划的数量说明。它以销售预测为起点，进而对生产、成本及现金收支等各个方面进行预测，并在这些预测的基础上，编制出一套预计资产负债表、预计利润表等预计财务报表及其附表，以反映企业在未来期间的财务状况和经营成果。

企业预算是各级各部门工作的奋斗目标、控制标准和考核依据，在经营管理中发挥着重要作用。全面预算是企业全部活动的预算，包括业务预算、专门决策预算和财务预算三部分。本项目主要介绍了全面预算的构成以及在编制全面预算过程中应注意的问题，并且以案例的形式介绍了各种预算的编制方法，使学生清楚地了解各种预算之间的关系，以便尽快掌握全面预算的编制方法。

关键术语

全面预算　　固定预算　　弹性预算　　零基预算　　定期预算　　滚动预算　　概率预算

实训操作

【实训项目】

企业全面预算的编制。

【实训情境】

根据所给的资料进行相关计算,在此基础上编制各种预计财务报表。宏达公司 2019 年度资产负债表见表 6-21。

表 6-21 宏达公司资产负债表(简表)

2019 年 12 月 31 日 (金额单位:元)

资产	年初数	年末数	负债及所有者权益	年初数	年末数
流动资产:			流动负债:		
现金		12 000	应付账款		18 320
应收账款		36 000	长期负债		10 000
原材料(420 千克)		2 100	负债合计		28 320
产成品(120 件)		4 320	所有者权益:		
流动资产合计		54 420	普通股股本		40 000
固定资产:			留存收益		56 100
土地		40 000	所有者权益合计		96 100
房屋及设备		60 000	负债及所有者权益总计		124 420
累计折旧		40 000			
无形资产		10 000			
固定资产合计		70 000			
资产总计		124 420			

该公司其他资料如下:

(1)经公司董事会批准在预算期(2020 年度)的第二季度,以自有资金购置固定设备一台,需支付 16 000 元,预计可使用 5 年,期满残值 800 元。购入后每年可为公司增加利润 2 300 元,该设备按直线法计提折旧。该公司的资本成本为 16%。

(2)公司在预算期只生产和销售一种产品,经测算预算期一至四季度生产量分别为:1 200 件、1 000 件、1 800 件、1 800 件,全年预计生产总量为 5 800 件,销售单价为 80 元。每季度期末存货相等。每季度销售收入中当季收回 60%,其余 40%要到下一季度才能收回。

(3)公司预算期每季度期末存货按下一季度销售量的 10%计算,各季预计的期初存货与上季期末存货相等。预算期期末存货量为 160 件。

（4）公司实行标准成本制度，有关标准如下：单位产品的直接材料耗用量定额为 2 千克，每千克售价为 5 元；单位工时工资率为 4 元；单位产品的工时定额为 5 小时；预计产量工时总额为 29 200 工时。

（5）公司每季度购料款当季支付 50%，其余在下一季度付讫。各季度末月存料按下一季度生产需要量的 20%计算。预计 2020 年第一季度生产需要量为 2 300 千克。

（6）公司按变动成本法核算，制造费用的变动部分按预算年度所需直接人工小时总数进行规划；固定部分则根据基期的实际开支数，按上级下达的成本降低率 3%计算。根据成本核算部门提供的核算资料，制造费用明细项目如下：

1）变动费用：间接人工费 12 000 元；间接材料费 18 000 元；维护费 8 000 元；水电费 15 000 元；润滑费 5 400 元。

2）固定费用：维护费 14 000 元；折旧费 15 000 元；管理费 25 000 元；保险费 4 000 元；财产税 2 000 元。

（7）公司销售及管理部门合并编制预算，有关资料如下：

1）变动费用：销售佣金 12 000 元；办公费 2 500 元；运输费 15 500 元。

2）固定费用：广告费 9 000 元；管理人员薪金 25 000 元；保险费 6 000 元；燃油费 20 000 元。

（8）公司借款发生在期初，偿还时发生在季末。每次偿还借款的数额规定为 1 000 元的倍数。每季度库存现金的最低期末余额为 10 000 元，借款期限最长为 1 年，年利率为 10%，还款的同时支付其全部利息。

（9）公司在预算期内每季预缴所得税 4 000 元。根据董事会计划，每季支付现金股利 2 000 元。

【实训任务】

请结合全面预算的理论，完成以下任务：

（1）根据相关预测资料，编制宏达公司的销售预算、生产预算、直接材料预算、直接人工预算、制造费用预算、产品成本预算、销售及管理费用预算。

（2）根据各项预算编制全面预算。

（3）根据各项资料编制预计利润表。

（4）根据各项资料编制预计资产负债表。

综合测试

一、单项选择题

1．编制全面预算的出发点和关键是（　　）。
　　A．直接材料预算　　　　　　　　B．直接人工预算
　　C．生产预算　　　　　　　　　　D．销售预算

2．资本支出预算是（　　）。
　　A．财务预算　　　　　　　　　　B．生产预算
　　C．专门决策预算　　　　　　　　D．业务预算

3. 随着业务量的变动做机动调整的预算是（   ）。
   A．滚动预算   B．弹性预算
   C．增量预算   D．零基预算
4. 预算期的基本特点是（   ）。
   A．预算期是相对固定的   B．预算期是连续不断的
   C．预算期与会计年度一致   D．预算期不可随意变动
5. 编制弹性预算首先应当考虑及确定的因素是（   ）。
   A．业务量   B．变动成本
   C．固定成本   D．计量单位
6. 全面预算按其涉及的业务活动领域分为财务预算和（   ）。
   A．业务预算   B．专门预算
   C．生产预算   D．现金预算
7. 可以概括了解企业在预算期间盈利能力的预算是（   ）。
   A．专门决策预算   B．现金预算
   C．预计利润表   D．预计资产负债表
8. 下列项目中，能够克服定期预算缺点的是（   ）。
   A．固定预算   B．弹性预算
   C．滚动预算   D．零基预算
9. 编制弹性成本预算的关键在于（   ）。
   A．分解制造费用
   B．确定材料标准耗用量
   C．选择业务量计量单位
   D．将所有成本划分为固定成本与变动成本两类
10. 零基预算的编制基础是（   ）。
    A．零   B．基期费用水平
    C．国内外同行业费用水平   D．历史上费用的最好水平
11. 被称为"总预算"的预算是（   ）。
    A．生产预算   B．销售预算
    C．专门决策预算   D．财务预算
12. 在以下各种预算中，应当首先编制的是（   ）。
    A．生产预算   B．销售预算
    C．直接材料预算   D．直接人工预算

二、多项选择题
1. 编制预算的方法按其业务量是否可以调整，可分为（   ）。
   A．固定预算   B．零基预算
   C．滚动预算   D．弹性预算
2. 在下列预算中，属于业务预算内容的有（   ）。
   A．资本支出预算   B．销售预算
   C．生产预算   D．现金预算

3. 在管理会计中，构成全面预算内容的有（　　）。
　　A．业务预算　　　　　　　　　　B．财务预算
　　C．资本支出预算　　　　　　　　D．零基预算
4. 财务预算的主要内容包括（　　）。
　　A．现金预算　　　　　　　　　　B．预计利润表
　　C．预计资产负债表　　　　　　　D．资本支出预算
5. 下列各项中，属于编制现金预算依据的有（　　）。
　　A．销售预算和生产预算　　　　　B．直接材料预算
　　C．直接人工预算和制造费用预算　D．产品成本预算
6. 与生产预算有直接联系的预算包括（　　）。
　　A．直接材料预算　　　　　　　　B．变动制造费用预算
　　C．销售及管理费用预算　　　　　D．直接人工预算
7. 全面预算的作用概括起来有（　　）。
　　A．确立目标　　　　　　　　　　B．协调资源
　　C．控制业务　　　　　　　　　　D．业绩评价
8. 零基预算与传统的增量预算相比较，其不同之处在于（　　）。
　　A．从可能出发　　　　　　　　　B．以零为基础
　　C．以现有的费用水平为基础　　　D．从实际需要出发
9. 定期预算的缺点有（　　）。
　　A．笼统性　　　　　　　　　　　B．滞后性
　　C．局限性　　　　　　　　　　　D．间断性
10. 在编制现金预算时，（　　）是决定企业是否进行资金融通及融通数额的依据。
　　A．期初现金余额　　　　　　　　B．期末现金余额
　　C．预算期内发生的现金收入　　　D．预算期内发生的现金支出

三、判断题

1. 生产预算是编制全面预算的关键和起点。（　　）
2. 销售预算是以生产预算为基础编制的。（　　）
3. 在全面预算体系中，增量预算属于业务预算的范畴。（　　）
4. 预计资产负债表和预计利润表构成了整个财务预算。（　　）
5. 弹性预算只适用于编制利润预算。（　　）
6. 销售预算是编制全面预算的关键和起点。（　　）
7. 在编制生产预算时，应考虑产成品期初期末存货水平。（　　）
8. 编制现金预算的目的在于了解企业预算期末的银行存款余额有多少。（　　）

四、问答题

1. 什么是全面预算？编制全面预算有什么作用？
2. 全面预算的编制程序包括哪些步骤？
3. 什么是零基预算？其编制包括哪些步骤？
4. 什么是弹性预算和滚动预算？各有什么特征？
5. 什么是概率预算？用概率预算法编制预算时，其关键是什么？

五、技能题

1. 某公司 2019 年第四季度销售预算见表 6-22。

表 6-22　某公司第四季度销售预算

月　　份	10	11	12	合计
销售额（元）	50 000	60 000	100 000	210 000

销售额的付款方式为销售收入当月收 60%，次月收 40%，10 月初期初应收账款为 18 000 元。要求：

（1）计算 9 月份销售额。

（2）编制第四季度预计现金收入表。

（3）计算 12 月底应收账款是多少。

2. 假设企业期末现金最低库存为 15 000 元，现金短缺主要以银行贷款解决，贷款最低起点为 1 000 元，企业于期初贷款，于季末归还贷款本息，贷款利率为 5%。

要求：填列现金预算表（表 6-23）中的空缺项（1）～（13）。

表 6-23　现金预算表　　　　　　　　　　　　　　（单位：元）

摘　　要	第一季度	第二季度	第三季度	第四季度	全年合计
期初现金余额	12 000	（4）	15 191	（10）	12 000
加：现金收入	130 000	140 850	（6）	121 650	536 250
可动用现金合计	（1）	156 091	158 941	136 952	548 250
减：现金支出					
直接材料	25 424	34 728	33 576	（11）	125 976
直接人工	13 200	15 600	12 900	13 900	55 600
制造费用	6 950	7 910	6 830	7 230	28 920
销售费用	1 310	1 507	1 358	1 075	5 250
管理费用	17 900	17 900	17 900	17 900	71 600
购置设备	48 000	33 280			81 280
支付所得税	27 125	27 125	27 125	27 125	108 500
支付股利	10 850	10 850	10 850	10 850	43 400
现金支出合计	150 759	148 900	110 539	110 328	520 526
现金余缺	（2）	7 191	48 402	（12）	27 724
银行借款（期初）	（3）	8 000			32 000
借款归还（期末）			（7）		32 000
支付利息			（8）		1 100
合计	24 000	8 000	−33 100	0	−1 100
期末现金余额	15 241	（5）	（9）	26 624	（13）

3．企业 2018 年度现金预算部分数据见表 6-24。该企业规定各季季末必须保证有最低的现金余额 5 000 元。

要求：填列该企业 20×0 年度现金预算表中的空缺项。

表 6-24　现金预算表　　　　　　　　　　　　　　　　（单位：元）

摘　要	第一季度	第二季度	第三季度	第四季度	全年合计
期初现金余额	10 000	(7)	(11)	(18)	(26)
加：现金收入	(1)	75 000	98 000	(19)	328 000
可动用现金合计	70 000	80 000	(12)	102 000	(27)
减：现金支出					
直接材料	35 000	45 000	(13)	35 000	(28)
制造费用	(2)	30 000	30 000	(20)	113 000
购置设备	8 000	8 000	10 000	(21)	36 000
支付股利	2 000	2 000	2 000	2 000	(29)
现金支出合计	(3)	85 000	(14)	(22)	(30)
现金余缺	0	(8)	13 000	(23)	(31)
银行借款（期初）	(4)	10 000			(32)
归还本息（期末）			(15)	12 000	(33)
合计	(5)	(9)	(16)	(24)	(34)
期末现金余额	(6)	(10)	(17)	(25)	(35)

4．某公司 20×0 年年初现金余额为 4 000 元，预计当年各季度的现金收支情况见表 6-25。

表 6-25　现金收支情况表　　　　　　　　　　　　　　　（单位：元）

摘　要	第一季度	第二季度	第三季度	第四季度
现金收入	60 000	75 000	85 000	100 000
直接材料	35 000	32 000	28 000	30 000
直接人工	21 000	23 000	25 500	29 000
其他费用	14 000	12 000	20 000	25 000
购置固定资产	16 000			

该公司要求每季季末至少保留 10 000 元现金余额，现金不足时向银行贷款，借款年利率为 6%，假定借款在季初，还款在季末，借款利息按季支付。

要求：编制该公司分季度现金预算表（见表 6-26）。

表 6-26 某公司分季度现金预算表　　　　　　　　　（单位：元）

项目	第一季度	第二季度	第三季度	第四季度	全年
期初余额					
现金收入					
现金支出					
材料					
人工					
其他					
购置固定资产					
现金余额					
银行借款					
归还银行借款					
支付利息					
期末余额					

5. 某公司预计 2019 年四个季度的销售情况分别为 100 件、200 件、300 件、400 件，假定计划期每一季度的存货占季销售量的 10%，年末预计产品存货量为 30 件，2018 年年末甲产品的存货为 50 件。

要求：编制计划期的分季生产预算表（表 6-27）。

表 6-27 某公司分季生产预算表

2019 年度

项目	第一季度	第二季度	第三季度	第四季度	本年合计
预计本季销售量					
预计期末存货量					
期初存货量					
本期生产量					

项目七
标准成本控制系统

项目目标

1. 知识目标

   了解标准成本与预算成本的关系；熟悉各类成本中的价格差异与数量差异。

2. 能力目标

   掌握标准成本的制定；掌握成本差异的分析；掌握成本差异的账务处理。

3. 素质拓展目标

   能够合理地辨析标准成本的相关概念，提高分析和总结能力。

【项目导入】

人类社会第一个商业模式是什么？其实是零售。所有的零售业态大致可以划分为四种：第一种是集贸市场。在农村集上街两边摆上摊位，这是第一种以集中贸易方式进行的 C2C 的模式。第二种是大商场式。大商场是零售的第二个业态，而且很快就在很多大城市取代了集贸市场。第三种就是连锁店式，如沃尔玛、国美、苏宁。第四种是今天的"互联网+零售"，即电子商务模式。为什么四种模式不断地更替？

消费者拿到的产品经过了层层加价，他们需要为此额外付出 30%～50%的成本，这就是集贸零售模式必须存在的成本，因为它是一个整套的产业链，需要很多分层经销商合作。判断电商能不能成为未来零售的一个主流，要分析一下电商除了给消费者带来用户体验的提升和便利之外能不能使整个行业的成本大幅下降，能不能使整个行业的效率大幅提升。电商只有大幅降低零售的成本，提高零售的效率，才能反哺品牌厂商，让品牌厂商有更好的利润，有更多的现金流投入研发、创新，去为消费者生产更多更好的产品，最后整个产业链条才能进入良性的循环之中。所以，互联网模式必须为传统行业降低成本，提升效率。如果不能很好地控制成本，是注定会失败的。根据研究，四种模式不断更替，除了不断提升的用户体验之外，背后还有一个重要的原因，就是每一种新的业态能够取代上一种业态背后都与成本控制有关。

资料来源：搜狐公众平台

◎ 讨论

什么是成本控制？成本控制有何重要作用？如何合理有效地进行成本控制？

任务一　标准成本控制系统概述

标准成本控制系统产生于20世纪20年代的美国,是泰勒制与会计相结合的产物。第二次世界大战后,随着管理会计的发展,其在成本控制方面得到广泛的应用。与一般的成本计算方法不同,标准成本控制系统将日常核算与差异分析相结合,将成本控制与成本计算相结合。

一、标准成本控制系统的含义及特点

(一)标准成本控制系统的含义

1. 标准成本

标准成本是通过精确的技术经济分析确定的,在正常的生产经营条件下应该能够实现的,而且可以衡量工作绩效和控制成本开支的一种成本水平。通常情况下标准成本是指"单位产品标准成本",它是根据产品的标准消耗量和标准单价计算出来的,即:

$$单位产品标准成本=单位产品标准消耗量\times 标准单价$$

2. 标准成本控制系统

标准成本控制系统是以标准成本为核心,通过标准成本的制定、执行、核算、控制、差异分析等一系列工作,将成本的事前控制、反馈控制及核算功能有机结合的一种成本控制系统。

标准成本控制系统的内容包括:标准成本的制定、成本差异的计算与分析和成本差异的账务处理。通过标准成本的制定可以实现成本的事前控制;通过成本差异的计算与分析可以实现成本的事中控制;通过成本差异的账务处理不仅可以实现事后控制,而且还可以为下期的标准成本制定提供重要资料。

(二)标准成本控制系统的特点

1. 事前控制

即预先制定各作业环节应该发生的各项成本,亦即标准成本,作为各部门、各作业环节衡量实际成本节约或超支的尺度,从而起着成本的事前控制作用。

2. 事中强化

在作业实施过程中将成本的实际消耗与标准消耗进行比较,及时揭示和分析脱离标准成本的差异原因,迅速采取措施加以改进,以加强成本实施过程中的控制作用。

3. 事后分析

每期终了将实际发生的成本同标准成本相比较,查找差异、分析原因、归属责任、评估业绩,从而制定有效措施,以避免不合理支出和损失的再次发生,为下期的成本管理工作和降低成本的途径指出努力方向,体现了成本改进的事后分析作用,并不断地循环往复和强化成本控制,最终达到改进和提高企业经营管理的目的。

二、标准成本控制系统的意义

标准成本控制系统可以促使成本控制目标的实现,并据以进行业绩考评。

标准成本系统与实际成本系统相比较,它将事前成本计划、日常成本控制和最终产品成本确定有机结合起来,形成一个完整的成本控制系统,对企业加强成本管理,全面提高生产经营成果具有重要意义。标准成本控制系统的意义主要有以下方面:

1.有利于企业的目标管理,提高成本管理水平

标准成本制度是通过"标准"来控制成本的。在事前的标准成本确定中,可以使成本水平得到事前的控制。通过实际成本与标准成本的比较,及其差异分析,及时将差异进行"信息反馈",从而使有关部门及时采取措施进行纠正,控制成本,力求使实际费用支出不超过成本目标,降低成本水平,提高经济效益。

2.有助于企业编制预算,为经营决策提供依据

编制生产经营的全面预算是一个企业实现短期利润计划,进行综合平衡、实行全面控制的重要措施。而成本预算的客观与规范程度直接影响着全面预算的质量和实施的现实可能性。实施标准成本控制系统对标准成本规范要求的严格程度,一般要高于相同规范的预算编制。因此,标准成本资料可以直接作为编制预算的基础。所以采用标准成本系统为预算的编制提供了依据。

3.有助于责任会计制度的推行,评价考核工作成本

标准成本是企业考核和评价各个成本中心工作质量的主要指标。通过对企业各项成本费用的控制和反映,可以提高广大员工的成本意识,分清各成本中心责任,促使成本中心努力完成成本目标。采用标准成本控制系统,要将目标成本的各项指标分解到各个成本中心,并将这些指标作为评价和考核工作成果的标准,评价各部门的工作业绩,调动员工积极性,分清其管理责任。

4.有利于简化产品成本计算工作,及时提供成本资料

在标准成本制度下,将标准成本和成本差异分别列示,当某一项产品完工时,只需对高于或低于标准的各项差异做出相应的处理,即可算出产品的实际成本。在需要编制以实际成本为基础的对外报表时,可以把标准成本同成本差异相结合,把存货成本和产品销售成本调整为实际成本。因此,在日常账务处理中,由于采用标准成本,原材料、在产品、产成品和产品销售成本可以按其标准成本直接入账,不必进行有关费用的分配,如生产费用在完工产品与在产品之间的分配等。它可以大大简化成本计算中日常账务处理工作,加速成本计算。

5.有利于做出产品定价决策

标准成本控制系统所提供的信息可以为企业产品的定价、接受特别订货等专门决策提供依据。标准成本反映产品的预计或期望成本,因此,标准成本作为定价依据,有助于企业制定长期、稳定的产品销售价格,从而有利于企业目标利润的实现。它要求在比较高的工作效率和比较良好的经营条件下,以预计应该发生的成本为基础,计算出标准成本,并根据产品的标准成本编制成本计划,进行日常控制。

三、标准成本的制定方法及分类

（一）标准成本的制定方法

1．工程技术测算法

工程技术测算法是根据一个企业的机器设备生产技术的先进程度，对产品生产过程中的投入产出比例进行估计而计算出的标准成本。这是因为产品成本的高低同机器设备的先进程度，以及先进生产工艺的应用密切相关，先进的机器设备能提高产品的成品率，降低人工费。

2．历史成本推测法

把企业过去发生的历史数据当作未来产品的标准成本，这种方法叫作历史成本推测法。这种方法一般是根据企业前几个月或一年的原材料、人工费用等的实际发生数计算出平均数作为标准成本。当然，这里包含几个假设，即原材料的市场价格、工程技术水平、工资水平等企业的内外因素变化很小或基本保持不变，否则利用这种方法制定的标准成本就与实际相差甚远。

3．预测法

企业在生产过程中许多因素都会随着时间的变化而不断变化，如机器设备的更新、生产工艺的改进、工人技能和工资水平的提高，这些都会影响企业的成本水平。此外，市场物价水平和汇率的变化也会影响企业的成本水平。因此，在制定产品标准成本时，仅依据历史成本考虑当前的生产条件是不够的，还应适当考虑未来企业内外因素的变化对标准成本的影响，这就是所谓的预测法。

4．期望法

作为标准成本，应能够从某种程度上反映企业管理层对成本耗费的期望，这种期望是可以通过引进先进设备、提高技术水平或加强企业管理来实现的较高要求。要注意的是，这种方法包含着一种主观理想的因素，在具体使用时，必须与以上几种方法配合使用，才能制定出先进而又可行的标准成本。

（二）标准成本的分类

在确定企业成本控制标准时，根据管理者的要求可以把标准成本分为以下三类：

1．理想标准成本

理想标准成本是一种理论标准，是指在理想或最佳经营状态下的最低成本。由于它排除了一切浪费、机器故障、人员闲置等情况的可能性，因此这种标准成本要求很高。一般情况下，无论企业员工怎样努力，都难以达到该标准，这将削弱员工的积极性。如果一味地追求该标准，企业员工可能会采用某些不太合理的手段，如降低产品质量，来达到这一标准，最终将会影响企业的经营效果，如质量成本上升，所以实际中很少采用理想标准成本。

2．现实标准成本

现实标准成本也称正常标准成本，它是根据现有的生产技术水平和正常生产经营能力制定的标准成本。该标准成本适当地考虑了企业的一些不能完全避免的成本，如员工必要的休息等待、暂时难以避免的材料损耗及废品率等。因此，这一标准成本比较符合实际，只要企业员工尽最大努力就能达到，但又并非轻而易举，所以这类标准能起到激励作用，因而这种标准成本在实际中应用最为广泛。

3．基本标准成本

基本标准成本是以过去一段时间的实际成本作为标准，用来衡量产品在以后年度的成本水平，并结合未来的变动趋势而制定的标准成本。由于它的水平偏低，缺乏激励作用，因此在实际中较少采用。

四、标准成本的制定

标准成本一般是由会计部门会同采购部门、生产技术部门和其他有关经营管理部门，在对企业生产经营的具体条件进行分析、研究和技术测定的基础上，共同制定的。产品成本一般由直接材料、直接人工和制造费用三个成本项目组成。因此，标准成本也应根据这些成本项目的特点，分别制定标准成本。

（一）直接材料标准成本的制定

直接材料标准成本的制定包括直接材料用量标准的制定和直接材料价格标准的制定两个方面。

直接材料用量标准是指单位产品应该消耗的材料的数量，即产品的材料消耗定额。直接材料用量标准通常应根据产品的设计、生产工艺状况，并结合企业的经营管理水平、降低材料消耗的可能性等条件制定。

由于材料价格受诸多因素的影响，因此直接材料价格标准的确定相对较难。一般来说，在制定直接材料价格标准时，不仅要考虑目前市价及未来市场的变化，还要结合最佳采购批量和最佳运输方式等其他影响价格的因素考虑。

在直接材料用量标准和价格标准确定后，用下列公式即可求得直接材料的标准成本：

直接材料标准成本=直接材料用量标准×直接材料价格标准

例 7-1 假定 XYZ 公司甲产品耗用 A、B 两种直接材料，用量标准分别为 14 千克、10 千克，价格标准分别为 5 元/千克、9 元/千克。试计算单位产品直接材料标准成本。

XYZ 公司甲产品直接材料标准成本的计算见表 7-1。

表 7-1 甲产品直接材料标准成本计算表

标　　准	A 材料	B 材料
用量标准（1）	14 千克	10 千克
价格标准（2）	5 元/千克	9 元/千克
成本标准（3）=（1）×（2）	70 元	90 元
单位产品直接材料标准成本（4）=Σ（3）	160 元	

（二）直接人工标准成本的制定

直接人工标准成本的制定包括工时标准的制定和标准工资率的制定两个方面。

工时标准是指生产单位产品应该耗用的生产工时，这里的工时可以是直接人工工时，也可以是机器工时。工时标准应在技术测定的基础上，根据对产品直接加工所用的时间，并适当考虑正常的工作间隙加以制定。

在不同的工资制度下，标准工资率的表示形式有所不同。在计件工资制度下，标准工资率就是标准计件工资单价；在计时工资制度下，标准工资率是指单位工时标准工资率。其计算公式为

$$标准工资率=标准工资总额÷标准总工时$$

在工时标准和标准工资率确定以后，用下列公式即可求得直接人工标准成本：

$$直接人工标准成本=工时标准×标准工资率$$

例 7-2 假定 XYZ 公司生产甲产品的月标准总工时为 10 000 小时，月标准总工资为 96 000 元，单位产品工时标准为 5 小时，试计算单位产品直接人工标准成本。

XYZ 公司甲产品直接人工标准成本计算见表 7-2。

表 7-2 甲产品直接人工标准成本计算表

项 目	标 准
月标准总工时（1）	10 000 小时
月标准总工资（2）	96 000 元
标准工资率（3）=（2）÷（1）	9.6 元/小时
单位产品工时标准（4）	5 小时
直接人工标准成本（5）=（4）×（3）	48 元

（三）制造费用标准成本的制定

制造费用的标准成本可以分为变动制造费用标准成本和固定制造费用标准成本。下面分别加以讲述。

1. 变动制造费用标准成本的制定

变动制造费用标准成本的制定包括工时标准的制定和变动制造费用标准分配率的制定两个方面。其中工时标准的含义与直接人工工时标准相同，变动制造费用标准分配率可按下列公式求得：

$$变动制造费用标准分配率=变动制造费用预算总额÷标准总工时$$

在工时标准和变动制造费用标准分配率确定以后，用下列公式即可求得变动制造费用标准成本：

$$变动制造费用标准成本=工时标准×变动制造费用标准分配率$$

2. 固定制造费用标准成本的制定

在变动成本法下，固定制造费用作为期间成本全部计入当期损益，因而不包括在产品成本中。在完全成本法下，固定制造费用要在产品之间进行分配，因而需要制定单位产品的固定制造费用的标准成本。

固定制造费用标准成本的制定包括工时标准的制定和固定制造费用标准分配率的制定两个方面。其中工时标准的含义与直接人工工时标准相同，固定制造费用标准分配率可以按下列公式求得：

固定制造费用标准分配率=固定制造费用预算总额÷标准总工时

在工时标准和固定制造费用标准分配率确定以后，用下列公式即可求得固定制造费用标准成本：

固定制造费用标准成本=工时标准×固定制造费用标准分配率

例 7-3 根据例 7-2 中的有关资料，又知甲产品的固定制造费用预算总额为 90 000 元，变动制造费用预算总额为 48 000 元，试计算单位产品制造费用标准成本。

XYZ 公司甲产品制造费用标准成本计算见表 7-3。

表 7-3 甲产品制造费用标准成本计算表

项 目	标 准
月标准总工时（1）	10 000 小时
变动制造费用预算总额（2）	48 000 元
标准工资率（3）=（2）÷（1）	4.8 元/小时
单位产品工时标准（4）	5 小时
直接人工标准成本（5）=（4）×（3）	24 元
标准固定制造费用总额（6）	90 000 元
固定制造费用标准分配率（7）=（6）÷（1）	9 元/小时
固定制造费用标准成本（8）=（4）×（7）	45 元
单位产品制造费用标准成本（9）=（5）+（8）	69 元

（四）标准成本卡

标准成本确定以后，应就不同种类、不同规格的产品，编制标准成本卡。标准成本卡应分车间、分项目（在完全成本法下，一般包括直接材料、直接人工、变动制造费用和固定制造费用四个部分）反映单位产品标准成本及其所依据的材料、工时的用量标准和标准的价格、工资率（每工时的工资）、制造费用分配率（每工时应负担的制造费用）。直接材料项目应按所耗材料的种类和规格详细列明；直接人工应按不同工种、不同工资率分别列示。

例 7-4 根据例 7-1~例 7-3 的有关资料，填列 XYZ 公司甲产品标准成本卡。

XYZ 公司甲产品标准成本卡见表 7-4。

表 7-4 甲产品标准成本卡

成本项目		用量标准	价格标准	单位标准成本
直接材料	A	14 千克	5 元	70 元
	B	10 千克	9 元	90 元
	小计			160 元
直接人工		5 小时	9.6 元	48 元
变动制造费用		5 小时	4.8 元	24 元
固定制造费用		5 小时	9 元	45 元
单位产品标准成本				277 元

【拓展阅读7-1】

目标成本控制方法——价值工程法

价值工程法是一种通过功能与成本分析而提高事物价值的科学管理技术与方法，20世纪40年代由美国通用电气公司工程师劳伦斯·戴罗斯·麦尔斯（Lawrence D.Miles）首先提出，并在1947年发表的《价值分析》一书中比较系统地做了阐述。在第二次世界大战之后，由于原材料供应短缺，采购工作常常碰到难题。经过实际工作中孜孜不倦的探索，麦尔斯发现有一些相对不太短缺的材料可以很好地替代短缺材料的功能。后来，麦尔斯逐渐总结出一套解决采购问题的行之有效的方法，并且把这种方法的思想及应用推广到其他领域，例如，将技术与经济价值结合起来研究生产和管理的其他问题，这就是早期的价值工程法。1955年这一方法传入日本后与全面质量管理相结合，得到进一步发展，成为一套更加成熟的价值分析方法。

价值工程法的主要思想是通过对选定研究对象的功能及费用分析，提高对象的价值。价值即产品的功能与成本的比值。其表达式为

$$V=F/C$$

式中，V表示价值，F表示功能，C表示成本。它的基本含义是：价值的大小，取决于功能和成本。要求人们在管理工作中，以高功能和低成本获取大的价值。提高产品的功能，就是为了满足用户的要求。

价值工程法发展史上的第一件事情是美国通用电气公司（GE）的石棉事件，第二次世界大战期间，美国市场原材料供应十分紧张，GE急需石棉板，但该产品的货源不稳定，价格昂贵，时任GE工程师的劳伦斯·戴罗斯·麦尔斯开始针对这一问题研究材料替代问题，通过对公司使用石棉板的功能进行分析，发现其用途是铺设在给产品喷漆的车间地板上，以避免涂料弄脏地板引起火灾。后来，麦尔斯在市场上找到一种防火纸，这种纸同样可以起到以上作用，并且成本低，容易买到，替代石棉板后为GE创造了很好的经济效益，这是最早的价值工程法应用案例。通过这个改善，麦尔斯将其推广到企业其他的地方，对产品的功能、费用与价值进行深入的系统研究，提出了功能分析、功能定义、功能评价以及如何区分必要和不必要功能并消除后者的方法，最后形成了以最小成本提供必要功能，获得较大价值的科学方法。

进行一项价值分析，首先需要选定研究对象。一般说来，价值工程法研究对象的选择要考虑社会生产经营的需要以及对象价值本身有被提高的潜力。例如，选择占成本比例大的原材料部分，如果能够通过价值分析降低费用，提高价值，那么价值分析对降低产品总成本的影响也会很大。选定分析对象后需要收集对象的相关情报，包括用户需求、销售市场、科学技术进步状况、经济分析以及本企业的实际能力等。价值分析中能够确定的方案的多少以及实施成果的大小与情报的准确程度、及时程度、全面程度紧密相关。有了较为全面的情报之后就可以进入价值工程的核心阶段，即功能分析阶段。在这一阶段要进行功能的定义、分类、整理、评价等步骤。经过分析和评价，分析人员可以提出多种方案，从中筛选出最优方案加以实施。在决定实施方案后应该

制订具体的实施计划，提出工作的内容、进度、质量、标准、责任等方面的内容，确保方案的实施质量。为了掌握价值工程法实施的成果，还要组织成果评价。成果的鉴定一般以实施的经济效益、社会效益为主。

提高价值的基本途径有五种，即：
（1）提高功能，降低成本，大幅度提高价值。
（2）功能不变，降低成本，提高价值。
（3）功能有所提高，成本不变，提高价值。
（4）功能略有下降，成本大幅度降低，提高价值。
（5）提高功能，适当提高成本，大幅度提高功能，从而提高价值。

价值工程法已发展成为一项比较完善的管理技术，在实践中已形成了一套科学的实施程序。这套实施程序实际上是发现矛盾、分析矛盾和解决矛盾的过程，通常是围绕以下七个合乎逻辑程序的问题展开的：
（1）这是什么？
（2）这是干什么用的？
（3）它的成本多少？
（4）它的价值多少？
（5）有其他方法能实现这个功能吗？
（6）新的方案成本多少？功能如何？
（7）新的方案能满足要求吗？

按照顺序回答和解决这七个问题的过程，就是价值工程法的工作程序和步骤。即：选定对象，收集情报资料，进行功能分析，提出改进方案，分析和评价方案，实施方案，评价活动成果。

作为一项技术经济的分析方法，价值工程法做到了将技术与经济紧密结合。此外，价值工程法的独到之处还在于它注重提高产品的价值、注重研制阶段的相关工作，并且将功能分析作为自己独特的分析方法。

【案例分析7-1】

×纸业有限公司主营各种生活用纸和办公用纸，成本构成以原材料和人工成本为主。其中原材料成本占总成本的55%以上，原材料的好坏对产品的品质影响较大，因此严格控制原材料成本不仅可以保证产品质量，还利于降低成本。人工成本主要取决于企业的效益，同时受物价指数影响。因此，公司产品成本控制的主要任务是对原材料成本的控制。因所处市场地域辽阔，原料及产品的体积、重量都较大，会产生较高的运输成本和仓储成本。

前些年，公司不重视成本控制，致使资源浪费，产品成本高，品质普通。此时，众多知名品牌的纸品大量涌入市场，×纸业有限公司的生存和发展面临严峻挑战。经过公司高层的深入研究，高层管理人员一致认为当务之急是削减成本，改善质量，扩大销售。对此，财务主管分析认为，为了控制产品成本，企业应适时采取标准成本法。标准成本法是成本与管理会计中最传统的成本控制方法，可根据企业已经达到的生产技术水平，在有效的经营条件下，通过努力实现成本目标。将实际成本与标准成本对比，分析差异，寻找差异产生的原因，进行改进，从而达到控制成本，提高企业经济效益的目的。可见标准成本是对成本进行计划和控制的有效工具。

> **问题**
> 什么是标准成本法？对于提高企业经营管理水平有何意义？

任务二　成本差异分析

一、成本差异的分类

（一）按照影响因素的性质不同，成本差异可分为用量差异与价格差异

用量差异是反映由于直接材料、直接人工和变动制造费用等要素实际用量消耗与标准用量消耗不一致而产生的成本差异。其计算公式为

用量差异＝标准价格×（实际产量下的实际用量－实际产量下的标准用量）

价格差异是反映由于直接材料、直接人工和变动制造费用等要素实际价格水平与标准价格不一致而产生的成本差异。其计算公式为

价格差异＝（实际价格－标准价格）×实际产量下的实际用量

式中的"标准价格"与标准成本制定过程中使用的"价格标准"相同，都属于单位概念；但"价格差"与"价格差异"则是两个不同的概念，前者是价格本身的变化差异，而后者则是因价格原因引起的成本差异。

（二）按照影响因素变动的基准不同，成本差异可分为纯差异与混合差异

从理论上讲，任何一类差异在计算时都需要假定某个因素变动时其他因素固定在一定基础上不变。如果把其他因素固定在标准的基础上，所计算出的差异就是纯差异。例如，纯用量差异就是标准价格与用量差之积，纯价格差异则是价格差与标准用量之积。

与纯差异相对应的差异就是混合差异。混合差异又叫联合差异，是指总差异扣除所有的纯差异后的剩余差异，应等于价格差与用量差之积。

对混合差异的处理一般有三种方法：①将其分离出来，单独列示，由企业管理部门承担责任。因为这种差异的数额一般比较小，产生的原因又比较复杂，不是控制的重点所在。②将混合差异按项目平均或按比重在各种纯差异之间进行分配，其根据是混合差异的产生是由价格和用量两个因素共同变动的结果，应当由它们共同承担。③为简化计算，不单独计算混合差异，而是将其直接归并于某项差异。

在标准成本制度下，对混合差异采取了第三种方法。理由是：首先，由于企业的用量差异大多是可控差异，为抓住主要矛盾，应当将其计算清楚，而引起价格变动的原因比较复杂，不容易控制，可以粗略计算，将混合差异与纯价格差异合并。其次，从最初的责任来看，混合差异也应当计入价格差异。无论是直接材料还是直接人工，其价格差的形成先于用量差。如材料是先采购后耗用，在采购成交的当时就形成了价格差；工资率的差异也往往是在录用工人时就形成了。某期生产耗用量的变化只是把早已形成的价格差异归属于

特定期间的特定产品。

（三）按其数量特征的不同，成本差异可分为有利差异与不利差异

有利差异是指因实际成本低于标准成本而形成的节约差；不利差异则指因实际成本高于标准成本而形成的超支差。但这里有利与不利是相对的，并不是有利差异越大越好。有时为了盲目追求成本的有利差异，有的企业不惜以牺牲质量为代价，而这是不对的。

（四）按照责任中心主观努力的结果不同，成本差异可分为可控差异与不可控差异

可控差异是指与主观努力程度相联系而形成的差异，又叫主观差异。它是成本控制的重点所在。不可控差异是指与主观努力程度关系不大，主要受客观原因影响而形成的差异，又叫客观差异。

二、直接材料成本差异

（一）直接材料用量差异

直接材料用量差异为

直接材料用量差异=（实际用量×标准价格）－（标准用量×标准价格）

=标准价格×（实际用量－标准用量）

影响直接材料用量差异的因素很多，如工人的技术熟练程度和责任感、加工设备的完好程度、产品质量控制制度、材料的质量和规格、材料的安全保管工作等。直接材料用量差异一般应由生产部门负责，如生产中由于用料出现浪费，或者由于技术水平低而导致用料过多等。有时也可能由于采购部门为了片面压低价格，购进了质量低劣的材料，造成用量过多，由此形成直接材料数量的不利差异，这种用量差异应由采购部门负责。

（二）直接材料价格差异

直接材料价格差异=（实际数量×实际价格）－（实际数量×标准价格）

=实际数量×（实际价格－标准价格）

影响直接材料价格差异的因素包括：市场环境、价格变动状况、材料采购方式、路费、批量和运输方式，以及材料供应者的选择等。直接材料价格差异一般应由采购部门负责，如采购的批量、交货方式、运输方法、有无数量折扣以及材料的品质等，其中任何一方面的因素脱离制定标准成本时的预定要求，都会形成直接材料价格差异。对形成直接材料价格差异的原因和责任应进一步具体分析，有时它也有可能是由生产上的原因造成的，如为适应生产上的要求对某项材料进行非批量的紧急订货、运输方式由陆运改为空运，由此形成的不利差异，应由生产部门负责。

例 7-5 根据表 7-5 甲产品耗用 A 材料的标准成本卡资料，假定 HMN 公司 20×8 年 1 月生产的甲产品为 200 件，实际耗用 A 材料 2 500 千克，A 材料实际单价为 46 元。请计算 A 材料成本差异并做简要分析。

表 7-5　甲产品标准成本卡

项目	单价标准（分配率）	用量标准	标准成本
直接材料			
A 材料	50 元/千克	10 千克/件	550 元/件
B 材料	……	……	……
……	……	……	……
合计	—	—	—
直接人工	0.5 元/小时	200 小时/件	100 元/件
变动制造费用			
动力费	0.5 元/小时	200 小时/件	100 元/件
……	……	……	……
合计	—	—	—
单位甲产品标准成本			1 400 元/件

依题意计算有关差异如下：

$$直接材料成本差异 = 46 \times 2\,500 - 50 \times 10 \times 200$$
$$= 15\,000（元）$$

其中：

$$直接材料用量差异 = 50 \times (2\,500 - 10 \times 200)$$
$$= 25\,000（元）$$
$$直接材料价格差异 = (46 - 50) \times 2\,500$$
$$= -10\,000（元）$$

本例题中，直接材料成本差异为 15 000 元，属于超支差，其中：直接材料用量差异为 25 000 元，属于超支差；直接材料价格差异为 -10 000 元，属于节约差。

三、直接人工成本差异

（一）直接人工效率差异

直接人工效率差异是按生产中实际产量耗用的实际工时和标准工时之间的差额与标准工资率的乘积。其计算公式为

$$直接人工效率差异 = （标准工资率 \times 实际工时）-（标准工资率 \times 标准工时）$$
$$= 标准工资率 \times （实际工时 - 标准工时）$$

直接人工效率差异的影响因素包括工人的劳动生产率、加工设备的完好程度、动力供应情况、材料半成品供应保证程度、材料质量、材料或零件传递方法、机器运转情况等。这种直接人工效率差异应由生产部门负责。但是，如果是由于采购部门购入不合格的材料，或者由于生产工艺的改变而造成的与标准工时的差异，则不是生产部门可以控制的，应由有关部门负责。

（二）直接人工工资率差异

直接人工工资率差异是按实际工资率计算的人工成本与按标准工资率计算的人工成本之间的差额。其计算公式为

直接人工工资率差异=（实际工时×实际工资率）-（实际工时×标准工资率）

=实际工时×（实际工资率-标准工资率）

直接人工工资率通常较少变动，主要影响因素包括工人工资结构和工资水平。另外，主管人员在具体安排工作时，往往会出现没有"按才定位"的现象，如升级或降级使用不同等级的工人，从而引起人工工资率差异。

例7-6 根据表7-5甲产品标准人工成本资料，假定HMN公司20×8年1月实际产量为190件，实际耗用工时为41 000小时，实际工资率为0.46元/小时。请计算直接人工成本差异并做简要分析。

依题意计算有关差异如下：

直接人工成本差异=0.46×41 000-0.5×200×190

=-140（元）

其中：

直接人工效率差异=0.5×（41 000-200×190）

=1 500（元）

直接人工工资率差异=（0.46-0.5）×41 000

=-1 640（元）

本例题中，甲产品直接人工成本差异为-140元，属于节约差，其中：直接人工效率差异为1 500元，属于超支差；直接人工工资率差异为-1 640元，属于节约差。

四、变动制造费用差异

（一）变动制造费用效率差异

变动制造费用效率差异是按生产实际耗用的工时计算的变动制造费用与按标准工时计算的标准变动制造费用之间的差额。其计算公式为

变动制造费用效率差异=（标准分配率×实际工时）-（标准分配率×标准工时）

=标准分配率×（实际工时-标准工时）

（二）变动制造费用耗费（预算）差异

变动制造费用耗费（预算）差异是指实际发生的变动制造费用与按实际产量所耗用的实际工时计算的标准变动制造费用之间的差额。其计算公式为

变动制造费用耗费差异=实际发生额-实际产量所耗实际工时×标准分配率

=实际工时×（实际分配率-标准分配率）

例 7-7 根据表 7-5 甲产品标准成本卡资料，假定 HMN 公司 20×8 年 1 月按实际产量计算的标准工时数为 62 000 小时，实际工时为 58 000 小时，当月支出动力费的实际分配率是 0.49 元。请计算变动制造费用差异并做简要分析。

依题意计算有关差异如下：

$$变动性制造费用差异 = 0.49 \times 58\,000 - 0.5 \times 62\,000$$
$$= -2\,580（元）$$

其中：

$$变动制造费用效率差异 = 0.5 \times (58\,000 - 62\,000)$$
$$= -2\,000（元）$$

$$变动制造费用耗费差异 = (0.49 - 0.5) \times 58\,000$$
$$= -580（元）$$

本例题中，变动制造费用差异为-2 580 元，属于节约差，其中：变动制造费用效率差异为-2 000 元，属于节约差；变动制造费用耗费差异为-580 元，属于节约差。

五、固定制造费用差异

固定制造费用不同于变动制造费用，它具有在相关范围内总额固定不变的特性，这就决定了它采用的成本控制方法与变动制造费用所采用的方法不同，它常常通过编制固定预算进行成本控制，而不是弹性预算。按完全成本计算制定标准成本时，标准固定费用分配率的计算公式为

标准固定费用分配率=固定制造费用预算总额÷预算产量标准总工时

固定制造费用总额的计算公式为

固定制造费用总额=产品产销量×产品单位工时×每小时固定制造费用率

固定制造费用差异是指在实际产量下固定制造费用实际发生总额与其标准发生总额之间的差额，用公式表示为

固定制造费用差异=固定制造费用实际分配率×实际产量的实际工时-
固定制造费用标准分配率×实际产量的标准工时

固定制造费用差异的分解具体有两种方法：两因素法和三因素法。

（一）两因素法

两因素法亦称两差异法，是指将固定制造费用差异分为耗费（预算）差异和能量差异。

固定制造费用耗费（预算）差异是固定制造费用实际数与固定制造费用预算数之间的差额。固定制造费用由许多明细项目组成，如工资、折旧、税金和保险费等，其中很多项目在短期内是不会改变的。由于固定制造费用主要由长期决策决定，而受生产水平变动的影响较小，因而固定制造费用耗费（预算）差异通常很小。其计算公式为

固定制造费用耗费（预算）差异=固定制造费用实际数-固定制造费用预算数

固定制造费用能量差异是指固定制造费用预算数与固定制造费用标准成本之间的差额。其计算公式为

固定制造费用能量差异=固定制造费用预算数-固定制造费用标准成本
=固定制造费用标准分配率×(生产能量标准工时-实际产量标准工时)

式中,生产能量标准工时是指年初预计产量的标准工时,固定制造费用标准分配率的计算公式为

固定制造费用标准分配率=固定制造费用预算÷预计产量的标准工时

例 7-8 20×2 年 1 月 HMN 公司的固定制造费用实际支出为 37 000 元,实际产量标准工时是 62 000 小时,预算产量标准工时为 60 000 小时,固定制造费用预算总额为 48 000 元,则固定制造费用标准分配率为 0.8 元/小时。请计算固定制造费用差异并做简要分析。

固定制造费用差异=37 000-0.8×62 000
=-12 600(元)

其中:

固定制造费用预算差异=37 000-48 000
=-11 000(元)

固定制造费用能量差异=0.8×(60 000-62 000)
=-1 600(元)

本例题中,固定制造费用差异为-12 600 元,属于节约差,其中:固定制造费用预算差异为-11 000 元,属于节约差;固定制造费用能量差异为-1 600 元,属于节约差。

如果预计产量与实际产量一致,固定制造费用能量差异就为 0;如果预计产量与实际产量不一致,就会产生固定制造费用能量差异。此时,能量差异可以被视为预测误差,是对管理层不能选择适当的产量来分配固定制造费用的一种反映。但是,如果预计产量代表管理层确信能够生产并销售的产品数量,则能量差异可以提供较为重要的信息。若实际产量小于预计产量,能量差异可以提醒管理层已经发生了损失。不过,该损失额并不等于能量差异额,而是等于所丧失的未生产和销售的那部分产品的边际贡献。从这种意义上来讲,能量差异反映了生产能力的利用程度。在这种情况下,能量差异的责任应归属于生产部门。然而,如果对产生重大能量差异的原因进行调查,可能会发现差异是由生产部门无法控制的因素造成的。此时,可能其他部门也要对此负责。例如,采购部门购进较低品质的原材料所引致的实际产量小于预计产量等。

(二)三因素法

三因素法亦称三差异法,是指将固定制造费用差异分为耗费(预算)差异、效率差异和能力利用差异三部分。耗费(预算)差异的计算与二因素法相同,所不同的是将二因素法中的"能量差异"进一步分解为两部分:效率差异和能力利用差异。其计算公式

如下：

固定制造费用耗费（预算）差异=固定制造费用实际成本-固定制造费用预算成本

固定制造费用效率差异=实际工时×固定制造费用标准分配率-实际产量标准工时×固定制造费用标准分配率

=固定制造费用标准分配率×（实际工时-实际产量标准工时）

固定制造费用能力利用差异=固定制造费用预算成本-实际工时×固定制造费用标准分配率

=固定制造费用标准分配率×（生产能量标准工时-实际工时）

【拓展阅读7-2】

构建精益成本标准化体系

中车株洲电力机车有限公司（以下简称中车株机公司）坐落于中国湖南美丽的湘江之滨，毗邻京广、沪昆铁路线，占地2.25平方公里，是中国中车旗下的核心子公司，中国重要的电力机车研制基地、湖南千亿轨道交通产业集群的龙头企业。

管理标准化是公司提升核心竞争力的基础，财务管理标准化工作体系和实施财务管理工作精细化，是公司管理的重要一环。中车株机公司在成本管理方面一直都秉承着精细化管理、标准化建设、信息化支撑的理念，通过持续的成本管理及优化为公司节约成本、提高效益，切实践行成本管理为公司创造价值的宗旨。尤其是公司大力推行精益成本标准化体系建设，通过细化成本管控的标准化方案，搭建一套完善的标准化成本管理体系，进一步夯实成本管理基础工作，提升公司经营水平及核心竞争力。其主要方案是：

（1）在岗位职责标准化设计基础上，以标准成本为核心，推进制造成本核算精细化。中车株机公司不断完善标准成本工作机制，并充分利用信息系统，实现标准成本系统化，优化成本核算对象结构，使成本核算细化到零部件级别。

（2）以实际成本为主线，建立价格分析标准模型。中车株机公司建立了采购实际价格为主、标准价格和暂估价格为辅的价格管理方案，并对价格实现信息化管理，建立价格分析模型，指导采购价格管理。

（3）以预算管理为抓手，有效控制间接费用。中车株机公司一方面通过对材料消耗定额以外的所有消耗设定预算指标，形成间接费用柔性预算管理方法，另一方面分解成本责任中心指标，事业部、车间、班组层层承担成本责任指标，实现了成本责任的细化落实。

（4）以流程标准化推动"一日成本"核算。中车株机公司以生产部门报送的工时为基础，实现了工时数据的系统记录和流程标准化，系统梳理了成本核算节点，有效提高了成本核算效率和精度。

（5）以项目成本为核算单元，构建项目成本数据库。中车株机公司在现有产品成本核算系统的基础上，专门建立了一套项目成本统计系统，将成本项目分解到相应的产品生命周期。同时，建立了费用项目、费用类型、项目号等多维度的项目成本统计框架，丰富成本核算维度，提高成本管理水平。

（6）以标准化的成本报表，提高成本分析能力。中车株机公司充分利用企业资源计划（ERP）系统，整合了成本报表体系，并以标准成本为标杆，开展成本专题分析活动，为成本管理提供有力支持。

中车株机公司通过建立精益成本标准化工作体系，使财务人员素质得到很大提升，有效地降低了财务风险，财务人员工作行为更加规范，同时运用信息化手段，深化成本数据的挖掘分析能力等，成本管理效率得以有效提高。

资料来源：根据中车株洲电力机车有限公司官网（http://www.crrcgc.cc/zj）资料及《中国总会计师》（http://www.cmcfo.cn）"名企榜样"（2016年第8期）改编而成

【案例分析7-2】

M公司是一家专业冷冻食品加工企业。该公司拥有一批忠实的顾客，这些顾客愿意支付溢价购买公司提供的经过特殊加工的高质量冷冻食品。公司在经营地区销售额快速增长，而且有许多顾客要求其在全国范围内供应公司产品。为了满足这一需求，公司扩大了加工能力，这导致了生产成本和经销成本的增加。而且，在其传统销售地区以外，公司还遭遇了来自竞争对手的价格竞争。

由于M公司想要继续扩张，因此公司的首席执行官A聘请了一家顾问公司帮助自己确定最佳行动方案。顾问公司建议采用标准成本计算系统，以便实行弹性预算制度，更好地消化市场扩张时可以预计到的需求的变化。A向公司管理层通报了顾问公司的建议，然后要求他们负责制定标准成本。在与各员工讨论之后，管理层成员又重新开会讨论这个问题。

采购经理B建议，为了满足生产的增长，需要从公司传统的采购来源以外采购食品原料，这将会增加材料和运输的成本，并且可能导致供货质量下降。如果要保持或降低目前的成本，就要由加工部门来弥补这部分增加的成本。

加工经理C反驳说，要提高产量就要缩短加工周期，加上可能出现供货质量的下降，将导致产品质量下降和更高的废品率。在这种情况下，可能难以保持或降低单位人工耗用量，并且预测未来单位产品的人工比例也将变得很困难。

生产工程师D说，如果设备没有按照规定每天进行定时的适当维护和彻底清洗，生产的冷冻食品的质量和独特口味很可能受到影响。

销售副总裁E指出，如果不能保证产品质量，预期的销售额增长幅度就无法实现。

最后，公司管理层将遇到的难题做了汇报，A表示，如果不能就确立适当的标准取得一致意见，他将请顾问公司来制定标准，而且每个人都要接受这一结果。

资料来源：孙茂竹，文光伟，杨万贵.管理会计学学习指导书[M]北京：中国人民大学出版社，2010.

问题

（1）列出采用标准成本控制系统的主要优点。

（2）列出标准成本控制系统可能导致的不利之处。

任务三 成本差异的账务处理

一个完整的标准成本控制系统，需由标准成本的制定、成本差异的计算分析和成本差异的账务处理三部分共同构成。日常计算出来的各类成本差异除了可据以编报有关差异分析报告之外，还应分别归集、登记成本差异明细分类账或登记表，使差异能在账务系统中得以登记，以便期末汇总每类差异的合计数，并统一进行处理。

一、成本差异核算的账户设置

采用标准成本法时，针对各种成本差异，应另设置各个成本差异账户进行核算。标准成本控制系统在日常核算中，既可按变动成本法计算，也可按完全成本法计算。按照变动成本的价格和数量两大类差异，设立六个成本差异账户，再按固定成本设置两个或三个成本差异账户，分别登记实际发生的差异。在材料成本差异方面，设置"材料价格差异"和"材料用量差异"两个账户；在直接人工差异方面，设置"直接人工工资率差异"和"直接人工效率差异"两个账户；在变动制造费用差异方面，设置"变动制造费用耗费差异"和"变动制造费用效率差异"两个账户；在固定制造费用效率差异方面，设置"固定制造费用耗费（预算）差异""固定制造费用能力利用差异"和"固定制造费用效率差异"三个账户，分别核算三种不同的固定制造费用差异。

主要账户的借贷方按标准成本入账。在标准成本制度下，凡记入"原材料""生产成本""产成品""半成品""销售成本"等账户的借方和贷方的金额，都应该是标准成本。各种成本差异类账户的借方核算发生的不利差异，贷方核算发生的有利差异。

期末，根据各种成本差异账户的借贷方余额，编制"成本差异汇总表"。将各种成本差异相互抵减后的净额列入当期利润表，作为"销售成本"或"销售毛利"的调整项目，以便将利润表上原列的标准数转换成实际数。年终决算时，如成本差异净额数字不大，可全部转入当月销售成本；若差异净额较大，或库存产品较多时，原则上应将差异净额按比例分配进入"在产品"和"产成品"账户，以便正确计算当年损益，并将有关存货账户的年终余额，从原来的标准成本调整为实际成本。实际工作中，由于"在产品"和"产成品"的期末余额一般不会太大，为了简化核算手续，可将成本差异净额转入本期"销售成本"或"销售毛利"，不进行分配。

二、成本差异归集的账务处理

采用标准成本法进行核算时，由于成本差异的计算、分析工作要到月底实际费用发生后才能进行，所以对于平时领用的原材料、发生的直接人工费用、各种变动及固定制造费用应先在"直接材料""直接人工"和"制造费用"账户进行归集。月底计算、分析成本差异后，再将实际费用中的标准成本部分从"直接材料""直接人工"和"制造费用"账户转入"制造成本"账户；将完工产品的标准成本从"制造成本"账户转入"产成品"账户。随着产品的销售，再将已售产品的标准成本从"产成品"账户转入"销售成本"账户。对于各种成本差异，将其从"直接材料""直接人工"和"制造费用"账户转入各个相应的成本差异账户。

下面结合实例说明成本差异归集的账务处理。

例 7-9 根据例 7-5～例 7-8,假定 20×8 年 1 月按实际产量计算的标准工时数为 63 000 小时,实际工时为 58 000 小时,当月支出动力费的实际分配率是 0.48 元/小时,根据表 7-5 甲产品标准成本卡资料,编制有关成本差异的会计分录。

(1) 月末计算成本差异后,编制直接材料成本差异的会计分录如下:

借: 生产成本——直接材料   100 000
    直接材料用量差异   25 000
  贷: 原材料   115 000
    直接材料价格差异   10 000

(2) 月末计算成本差异后,编制直接人工成本差异的会计分录如下:

借: 生产成本——直接人工   19 000
    直接人工效率差异   1 500
  贷: 应付职工薪酬   18 860
    直接人工工资率差异   1 640

(3) 月末计算成本差异后,编制变动制造费用成本差异的会计分录如下:

借: 生产成本——变动制造费用   31 000
  贷: 变动制造费用   28 420
    变动制造费用耗费差异   580
    变动制造费用效率差异   2 000

(4) 月末计算成本差异后,编制固定制造费用成本差异的会计分录如下:

借: 生产成本——固定制造费用   49 600
  贷: 固定制造费用   37 000
    固定制造费用预算差异   11 000
    固定制造费用能量差异   1 600

三、期末成本差异的账务处理

在标准成本制度下,成本差异能够从成本上及时反映生产管理方面的有利和不利因素,有利于管理部门了解各项生产经营活动的效益,提高成本控制的效果。因此,成本差异如何处理,不仅是一个关系到会计原则贯彻、成本计算、存货估计、利润计量等的理论问题,而且是标准成本制度应用中亟待探讨的实践问题。西方国家标准成本差异的处理方式主要有以下三种:

(1) 累计结转法。各种成本差异在每月月末不进行账务处理,而是在成本差异账户中累积下来,直到年底才将累积下来的成本差异用下面两种方式一次结转。

(2) 逐月结转法。每月月末将各种成本差异在销售成本、产成品和在产品之间按标准成本比例进行分配,计算产品的实际成本和损益。

(3) 即期处理法。每月月末将各种成本差异全部直接转入销售成本或损益中。

我国对标准成本差异的处理方式主要有直接处理法和递延处理法。

（一）直接处理法

直接处理法是指将本期发生的各种成本差异全部转入"销售成本"账户，由本期的销售产品负担，并全部从利润表的销售收入项下扣减，不再分配给期末在产品和期末产成品。这时，期末资产负债表的在产品和产成品项目只反映标准成本。随着产品的出售，应将本期已销售产品的标准成本由"产成品"账户转入"销售成本"账户，而各个差异账户的余额，则应于期末直接转入"销售成本"账户。这种方法可以避免期末的成本差异分配工作，同时本期发生的成本差异全部反映在本期的利润上，使利润指标能如实地反映本期生产经营工作和成本控制的全部成效，符合权责发生制的要求。但这种方法要求标准成本的制定要合理及切合实际且要不断进行修订，这样期末资产负债表的在产品和产成品项目反映的成本才能切合实际。

例 7-10 假定 HMN 公司 20×8 年 1 月只发生【例 7-9】中的相关成本差异，请结转相关成本差异。

有关成本差异的结转分录如下：

借：销售成本 −320
　　直接材料价格差异 10 000
　　直接人工工资率差异 1 640
　　变动制造费用耗费差异 580
　　变动制造费用效率差异 2 000
　　固定制造费用预算差异 11 000
　　固定制造费用能量差异 1 600
　贷：直接材料用量差异 25 000
　　直接人工效率差异 1 500

（二）递延处理法

递延处理法是指将本期的各种成本差异按标准成本的比例在期末在产品、产成品和本期销货之间进行分配，从而将存货成本和主营业务成本调整为实际成本的一种成本差异处理方法。此方法下，资产负债表和利润表中相关的项目反映的都是本期的实际成本。该法强调成本差异与本期的存货和销货均相关，不能只由销货来负担，应该有一部分差异随期末的存货递延到下期。这种方法可以确定产品的实际成本，但差异分配工作烦琐，不便于当期成本的分析与控制，因而在实际工作中应用较少。

成本差异核算所用的账户既可以按大的成本项目设置，也可以按具体成本差异的内容设置。在完全成本法下，按大的成本项目设置的核算成本差异的会计科目包括：直接材料成本差异科目、直接人工成本差异科目、变动制造费用差异科目和固定制造费用差异科目。每个科目下再按差异形成的原因分设明细科目。在变动成本法下，可以不设置固定制造费用差异科目。

按具体差异设置的科目应包括：直接材料用量差异科目、直接材料价格差异科目、直接人工效率差异科目、直接人工工资率差异科目、变动制造费用耗费差异科目、变动制造费用效率差异科目、固定制造费用耗费（预算）差异科目和固定制造费用能量差异科目等。

每月月末根据各种成本差异账户的借贷方余额，编制成本差异汇总表。另将各种成本差异相互轧抵后的净额列入当月损益表，作为销售成本或销售毛利的调整项目，以便将利润表上原列的标准数转换成实际数。

在年终决算时，如成本差异净额数字不大，可全部转入当月销售成本；若差异净额较大，或库存产品较多时，原则上应将差异净额按比例分配进入基本生产成本和库存商品账户，以便正确计算当年损益，并将有关存货账户的年终余额从原来的标准成本调整为实际成本。但在实际工作中，由于基本生产成本和库存商品的期末余额一般不会太大，为了简化核算手续，仍可将成本差异净额转入本期的销售成本或销售毛利，不再进行分配。

【案例分析7-3】

A食品公司的董事长刘先生每年都要回顾一下上年的业绩。新年伊始，他再次高兴地审核起了利润表：销售额增加，成本减少，营业收入比上年有显著的增加。他坚信这些成绩很大程度上归因于标准成本系统的构建。而在去年审核业绩的时候，刘先生却高兴不起来：销售额不断下滑，成本似乎失去了控制，质量管理不到位；由于生产的玉米片缺斤短两，市政府的计量部门对A食品公司进行了处罚。于是刘先生直接找到了公司的会计主管王女士。刘先生认为需要进行更严格的成本以及质量控制，王女士赞同这一观点。她认为，标准成本系统有助于解决困扰刘先生的问题。

标准成本在实际生产之前就已经编制就绪，原材料、在产品和产成品等均可按标准成本入账，这就大大地简化了日常的账务处理工作。标准成本系统可以确定材料、人工以及间接制造费用方面的价格标准和数量标准，从而可以确定每单位产品的材料、人工以及间接制造费用的预算成本。王女士指出，在玉米片装袋的重量标准问题上，标准成本系统可以给出早期预警。生产部门的管理者有责任达到公司制定的标准。刘先生认同标准成本系统将会是一个有用的成本控制工具，并且向王女士提出为产品建立一个试点性的标准成本系统。一年后，刘先生看到了标准成本系统带来的改进。产品缺斤短两的问题从根本上得到了解决，公司缴纳的罚款大幅下降。另外，新的价格标准和用量标准在制定下一年预算方面也可以助一臂之力，产品的业务经理对此感到非常高兴。事实上，玉米片在第二年率先实现了成本及质量控制目标。其他业务经理也发现了标准成本系统的好处，希望为他们负责的产品建立标准成本系统。刘先生做了记录，要求王女士将标准成本系统的应用扩大到所有的产品。

资料来源：唐R汉森，玛丽安娜M莫温.管理会计学[M].6版.陈良华，等译.北京：中国人民大学出版社.（根据其案例进行改编而成）

◎ 问题

你从A食品公司运用标准成本控制系统这一案例中可以得到哪些启发？

【拓展阅读7-3】
格兰仕的成本控制

规模和效益有时候并不同步,尤其是与规模相伴而行的固定资产投资往往成为很多工业企业难以摆脱的"达摩克利斯之剑",一旦销售出现问题,这柄利剑就会毫不迟疑地向企业砍去。广东格兰仕充分结合中国人力、土地廉价优势,采取给别人代工(OEM)的方式换取生产线,然后采取内部挖潜,压榨生产线的剩余生产能力为自己生产产品。这种使用权的虚拟扩张方式迅速构造了竞争力的成本动因,创造了微波炉制造、光波炉制造第一的世界奇迹。"价格战"是企业竞争中最残酷也是最有效的手段,没有什么方式比价格战更能摧残企业资源了,但是格兰仕却将这个手段发挥到了极致。

当梁庆德将企业改名为格兰仕(Galanz)的时候,他就已经立志要创出一个闪耀全球的品牌。1993年格兰仕第一批1万台微波炉正式下线,虽然销售步履艰难,但是梁庆德的目光已经聚焦在100万台的数量级。到了1996年,格兰仕微波炉产量增至60万台,随即在全国掀起了大规模的降价风暴,当年降价40%。降价的结果是格兰仕产量增至近200万台,市场占有率已经达到47.1%。此后,格兰仕高举降价大旗,前后已经进行了9次大规模降价,每次降价最低降幅为25%,一般都在30%~40%,被业界喻为"价格杀手"。

规模扩大带动的是成本下降,微波炉降价又直接扩大了市场容量,企业资金回流也相应增加,企业规模再次扩大,成本再次下降……这个简单的循环引起了中国微波炉一波又一波的价格战。格兰仕能够打"价格战"的基础就是从大规模生产中获取规模效益,但是从另一方面来看,与规模扩大相伴相生的就是固定投资的增大。一个企业最大的投资是设备投资,制造企业的设备投资更是庞大。这不仅仅会影响企业现金流,同时固定资产的折旧也会导致价格竞争力的下滑。

与收购国外企业或者生产线相反,格兰仕走了一条虚拟联合规模扩张的路子,没有动用自有资金投资固定资产,而是将别人的生产线一个个地搬到了内地,而且建这些厂用的还是别人的钱。规模的扩大不仅仅没有让格兰仕背上沉重的成本包袱,反而成为其克敌制胜的不二法门,格兰仕通过固定资产的虚拟式扩张完美地为价格战做了一个经典注解。本来格兰仕没有微波炉的变压器生产线,但它有质优价廉的生产能力。在认清了自己的优势以及对方的目标后,梁庆德运用成本优势的支点,"虚拟"出了自己的生产线。以微波炉的变压器为例,格兰仕开始时分别从日本和欧洲进口,从日本进口的价格为23美元,从欧洲进口的价格为30美元。梁庆德对欧洲的企业说:"你把生产线搬过来,我们帮你干,然后8美元给你供货。"日本的企业在成本的挤压下倍感煎熬,这时,梁庆德对日本企业说:"你把生产线搬过来,我们帮你干,干完后5美元给你供货。"于是,一条条先进的生产线都逐渐搬过来了,规模大了,专业化、集约化程度高了,成本也大幅度降下来,格兰仕现在生产变压器的实际成本只要4美元。

与此同时,格兰仕每天实行三班倒24小时工作制,使得格兰仕的一条生产线能够创造出相当于欧美企业6~7条生产线的产能。"我们拼进去的是工与费,换回来的是一周六天的生产效益",不分昼夜的格兰仕将对手远远抛在后面。扣除为别人代工生产的时间,格兰仕还可以保证满足自己的产量要求。加之工资水平、土地使用成本、水电费、劳动生产率等方面优势较大，并且大大节约了固定资产投资，格兰仕获得了其他企业无可比拟的总成本优势。紧接着，格兰仕趁热打铁，进一步整合国际资源，从元器件再到整机，又开始直接为跨国公司做 OEM。目前，格兰仕已经同 200 多家跨国公司建立了合作关系，许多跨国公司将附加值微薄的微波炉等产业战略转移到格兰仕，通过优势互补实现了生产力水平的进一步提升。目前，格兰仕制造的变压器等配套元器件一年的产能已突破 2 000 万个，其中一半左右的产量要返销到发达国家，在磁控管、定时器、微动开关、集成电路、微型电机等元器件、零部件的生产制造方面同样达到了国际一流水准。

格兰仕这种虚拟扩张的要诀在于其特殊的资源嫁接方式，一方面利用了中国的劳动力优势和庞大的市场规模，另一方面将国外的生产线拿过来无形中得到了国外现成的市场，这又为规模的扩张提供了市场支持。现在在格兰仕的生产车间堆满了花花绿绿的盒子，贴着通用电气、晶石、翡利、哈利士各色标志的微波炉从这里运往世界各地。这种合理整合全球家电产品生产力的方式，不仅使格兰仕大大降低了成本，而且成功地甩掉了市场风险、固定资产投资风险等，平稳地并购了全球多家家电企业，顺利地实现了资本、市场的同步扩张，从而使其能够在一轮轮价格战中始终立于不败之地。经济师梁庆德对价格战有着独到的理解，"这个看似很简单的策略背后是一个价值链条，你必须最大可能地掌控这个价值链条，你才能拥有别人所没有的降价空间。"

项目小结

标准成本控制系统是以标准成本为核心，通过标准成本的制定、执行、核算、控制、差异分析等一系列工作，将成本的事前控制、反馈控制及核算功能有机结合的一种成本控制系统。本项目包括标准成本控制系统概述、成本差异分析和成本差异的账务处理三大部分。

产品成本一般由直接材料、直接人工和制造费用三个成本项目组成。因此，标准成本应根据这些成本项目的特点，分别制定标准成本，包括直接材料标准成本的制定、直接人工标准成本的制定及制造费用标准成本的制定。其基本计算公式是以"数量"标准乘以"价格"标准。

成本差异是指实际成本同标准成本之间的差异，按照影响因素的性质不同，成本差异可分为用量差异与价格差异；按照影响因素变动的基准不同，成本差异可分为纯差异与混合差异；按其数量特征不同，成本差异可分为有利差异与不利差异；按照责任中心主观努力的结果不同，成本差异可分为可控差异与不可控差异等。随着产品的出售及产品成本的结转，期末对所发生的成本差异也应进行结转和处理。对成本差异的处理通常有两种方法：直接处理法和递延处理法。企业可根据实际情况选择适当的方法。

关键术语

标准成本　标准成本控制系统　数量标准　价格标准　成本差异　固定制造费用差异　变动制造费用差异　直接处理法　递延处理法

实训操作

【实训项目】

标准成本法的计算。

【实训情境】

同创机械厂一直采用标准成本法进行成本控制,取得了良好的效果,具有较强的市场竞争力。该企业某种机械产品的有关资料见表 7-6。

表 7-6 机械产品资料表

项 目	数量标准	价格标准	金额（元）
直接材料	40 千克/件	10 元/千克	400
直接人工	5 小时/件	20 元/小时	100
变动制造费用	6 小时/件	20 元/小时	120
固定制造费用	10 小时/件	20 元/小时	200
单位标准成本			820

该企业预算产量 1 000 件,变动制造费用预算 120 000 元,固定制造费用预算 200 000 元。

本期实际产量 1 100 件,直接材料消耗量为 13 200 千克,单价 15 元;实际生产总工时 21 000 小时,实际支付工资 103 000 元,实际固定制造费用 190 000 元,实际变动制造费用 110 000 元。

【实训任务】

请结合成本性态理论,对此给出一个合理的解释并回答下列问题:

（1）计算该企业各个项目的总差异、数量差异和价格差异。

（2）简要分析各差异的成因和责任。

综合测试

一、单项选择题

1．下列选项中,属于标准成本控制系统前提和关键的是（   ）。

　　A．标准成本的制定　　　　　　　　B．成本差异的分析
　　C．成本差异的计算　　　　　　　　D．成本差异账务处理

2．标准成本属于一种（   ）。

　　A．预计成本　　　B．事后成本　　　C．实际成本　　　D．生产成本

3．无论是哪个成本项目,在制定标准成本时都需要分别确定两个标准,两者相乘即为每一个成本项目的标准成本,这两个标准是（   ）。

　　A．价格标准和数量标准　　　　　　B．价格标准和质量标准
　　C．历史标准和数量标准　　　　　　D．历史标准和质量标准

4．在计算成本差异时,如果已知直接人工成本差异总额为-2 300 元,直接人工工资率差异为 300 元,则直接人工效率差异为（   ）元。

　　A．-2 600　　　B．-2 300　　　C．-2 000　　　D．2 000

5. 在实际工作中可供选择的标准成本种类很多,经努力可以达到的,既先进又合理,能起到激励作用的标准成本是(　　)。
 A. 理想标准成本　　　　　　　　B. 基本标准成本
 C. 平均标准成本　　　　　　　　D. 现实标准成本
6. 某企业生产甲产品实际耗费工时 45 000 小时,实际产量的标准工时为 47 375 工时,预算产量的标准工时为 50 000 小时,固定制造费用标准分配率为 0.64 元/小时,则固定制造费用效率差异为(　　)元。
 A. -1 520　　　B. -2 000　　　C. 3 120　　　D. 1 600
7. 在标准成本控制下的成本差异是指(　　)。
 A. 实际成本与标准成本的差异　　B. 实际成本与计划成本的差异
 C. 预算成本与标准成本的差异　　D. 实际成本与预算成本的差异
8. 固定制造费用的实际金额与预算金额之间的差额称为(　　)。
 A. 预算差异　　B. 能量差异　　C. 效率差异　　D. 闲置能量差异
9. 下列属于用量标准的是(　　)。
 A. 材料消耗量　　　　　　　　　B. 小时工资率
 C. 原材料价格　　　　　　　　　D. 小时制造费用
10. 标准成本控制的重点是(　　)。
 A. 标准成本的制定　　　　　　　B. 成本差异的计算分析
 C. 成本控制　　　　　　　　　　D. 成本差异账务处理
11. 实际工作中运用最广泛的一种标准成本是(　　)。
 A. 理想标准成本　　　　　　　　B. 宽松标准成本
 C. 现实标准成本　　　　　　　　D. 正常标准成本
12. 在标准成本制度下,分析计算各成本项目价格差异的用量基础是(　　)。
 A. 标准产量下的标准用量　　　　B. 实际产量下的标准用量
 C. 标准产量下的实际用量　　　　D. 实际产量下的实际用量
13. 已知固定制造费用标准分配率为 2 元/小时,某公司当月相关数据为:实际发生固定制造费用 9 800 元,实际工时为 5 000 小时,标准工时为 4 800 小时,预计应完成的总工时为 5 600 小时,则固定制造费用耗费差异是(　　)。
 A. 超支 400 元　　　　　　　　　B. 节约 1 400 元
 C. 节约 1 200 元　　　　　　　　D. 超支 200 元
14. 直接材料用量差异是(　　)。
 A.(材料实际耗用量-标准耗用量)×实际价格
 B.(材料实际耗用量-标准耗用量)×标准价格
 C. 实际耗用量×(实际价格-标准价格)
 D. 标准耗用量×(实际价格-标准价格)

二、多项选择题
1. 标准成本控制系统的内容包括(　　)。
 A. 标准成本的制定　　　　　　　B. 成本差异的计算分析
 C. 成本差异的账务处理　　　　　D. 成本差异的分配
 E. 成本预算的编制

2. 标准成本制度的优点是（　　）。
   A．有利于成本控制　　　　　　　B．有利于成本核算
   C．有利于简化会计工作　　　　　D．有利于正确评价业绩
3. 标准成本的制定方法有（　　）。
   A．工程技术测算法　　　　　　　B．历史成本推测法
   C．预测法　　　　　　　　　　　D．期望法
4. 按制定标准成本依据的资料分类，标准成本可以分为（　　）。
   A．理想标准成本　　　　　　　　B．正常标准成本
   C．历史标准成本　　　　　　　　D．预期标准成本
5. 我国对标准成本差异的处理方式主要有（　　）。
   A．直接处理法　　　　　　　　　B．逐月结转法
   C．累计结转法　　　　　　　　　D．递延处理法
6. 按照责任中心主观努力的结果划分，成本差异可分为（　　）。
   A．价格差异　　　　　　　　　　B．可控差异
   C．不可控差异　　　　　　　　　D．超支差异
7. 在标准成本制度下，如采用三差异法对固定制造费用总额进行分析，可将其分为固定制造费用（　　）。
   A．预算差异　　　　　　　　　　B．能量差异
   C．能力利用差异　　　　　　　　D．效率差异
8. 成本差异按数量特征可分为（　　）。
   A．有利差异　　　　　　　　　　B．用量差异
   C．混合差异　　　　　　　　　　D．不利差异
9. 下列各项目中属于数量差异的有（　　）。
   A．直接人工效率差异　　　　　　B．直接人工工资率差异
   C．变动制造费用耗费差异　　　　D．变动制造费用效率差异
10. 造成变动制造费用差异的原因有（　　）。
    A．直接材料质量差，废料多　　　B．直接人工工资调整
    C．动力设备的使用浪费　　　　　D．间接材料的涨价
11. 按三因素法，固定制造费用差异可分解为（　　）。
    A．固定制造费用耗费差异　　　　B．固定制造费用生产能力差异
    C．固定制造费用效率差异　　　　D．固定制造费用预算差异
    E．固定制造费用能量差异
12. 标准成本差异是实际成本与标准成本之间的差额，具体包括（　　）。
    A．直接材料数量差异　　　　　　B．固定制造费用能力利用
    C．固定制造费用耗费差异　　　　D．直接材料分配率差异
13. 影响直接材料耗用量差异的因素有（　　）。
    A．工人的技术熟练程度　　　　　B．设备的完好程度
    C．工人的责任心　　　　　　　　D．废品率的高低
    E．材料质量

14. 可以套用"用量差异"和"价格差异"模式的成本项目是（　　）。
   A．直接材料　　　　　　　　B．固定制造费用
   C．期间费用　　　　　　　　D．变动制造费用
   E．直接人工

三、判断题

1．成本差异分析是采用标准成本制度的前提和关键。（　　）
2．直接人工工资率差异就是人工"价格"差异。（　　）
3．标准成本制度不仅是一种成本计算方法，更是目标成本管理的一种手段。（　　）
4．实际中应用最广泛的标准成本是理想标准成本。（　　）
5．固定制造费用差异的三因素法，将固定制造费用差异分为固定制造费用效率差异、固定制造费用耗费（预算）差异和固定制造费用能力利用差异。（　　）
6．我国企业实行标准成本制度时，对于成本差异的处理方式与西方企业完全相同。（　　）
7．在标准成本制度下，为了正确计算各种产品的实际成本，应选择恰当的分配标准将各种成本差异在各种产品之间进行分配。（　　）
8．固定制造费用的实际金额与预算金额之间的差异称为能量差异。（　　）
9．材料价格差异产生的原因是由于市场价格、采购地点、运输方式变动，以及生产技术上产品设计的变更造成的。（　　）
10．标准成本制度并非一种单纯的成本计算方法，它是把成本计划、控制、计算和分析相结合的一种会计信息系统和成本控制系统。（　　）
11．变动制造费用效率差异实际上反映的是产品制造过程中的工时利用问题。（　　）
12．材料数量差异控制的重点在材料采购环节。（　　）

四、问答题

1．什么是标准成本控制系统？
2．简述标准成本控制系统的特点。
3．简述标准成本控制系统的主要内容。
4．标准成本差异的种类有哪些？
5．标准成本控制的意义有哪些？
6．标准成本控制有哪些程序？
7．试比较直接处理法和递延处理法。
8．简述标准成本差异的账务处理。

五、技能题

1．A公司本月生产甲产品800件，实际耗用材料1 000千克，成本为1 800元。甲产品直接材料标准用量为1千克/件，标准价格为2元/千克。

要求：试进行有关材料成本差异的分析。

2.某企业本月生产 A 产品 600 件,实际耗用直接人工 900 小时,直接人工成本为 2 700 元。A 产品直接人工标准工时为 1 小时/件,标准工资率为 4 元/小时。

要求:试进行直接人工成本差异的分析。

3．甲公司生产 A 产品,单位产品耗用的直接材料标准成本资料见表 7-7。

表 7-7　A 产品直接材料标准成本资料

成 本 项 目	价 格 标 准	用 量 标 准	标 准 成 本
直接材料	0.5 元/千克	6 千克/件	3 元/件

直接材料实际购进量是 4 000 千克,单价为 0.55 元/千克;本月生产产品 400 件,使用材料 2 500 千克。

要求:

(1)计算该企业生产甲产品所耗用直接材料的实际成本与标准成本的差异。

(2)将差异总额进行分解。

4．某企业 20×9 年度有关成本资料如下:

固定制造费用预算数为 67 500 元,实际数为 66 750 元,预算工时(即生产能力)18 000 小时,实际工时 16 200 小时,实际产量应耗标准工时为 16 500 小时。

要求:

(1)计算固定制造费用差异。

(2)计算固定制造费用预算差异。

(3)计算固定制造费用能力利用差异。

(4)计算固定制造费用效率差异。

5．某企业月固定制造费用预算总额为 120 000 元,固定制造费用标准分配率为 15 元/小时,本月制造费用实际开支额为 90 000 元,生产 A 产品 5 000 个,其单位产品标准工时为 2 小时/个,实际用工 8 000 小时。

要求:用三差异法进行固定制造费用差异分析。

项目八
责任会计

项目目标

1. 知识目标

学会划分责任中心；掌握各责任中心的关键考核指标。

2. 能力目标

掌握责任中心的含义；掌握成本中心、利润中心、投资中心的区别与联系；掌握内部转移价格的使用。

3. 素质拓展目标

能够合理地运用责任中心的关键考核指标，出具责任报告，进行业绩考核。

【项目导入】

A 公司是一家包裹快递公司，其总经理正在考虑改革组织结构。公司接收并投递重量在 10 千克到 1 吨之间的包裹，经营范围遍及全国。A 公司平均每天从 2 300 位顾客处接收 58 000 个包裹，然后把这些包裹送到约 10 000 个地点。A 公司全国有 16 个仓库，各个仓库负责接收本地区顾客的包裹，并把各地送来的包裹投递到本地收货人。

每天早晨，各仓库的运货车把包裹送交本地区的收货人，同时接受顾客的委托。运货车载着接收的包裹回到仓库，在仓库对包裹按目的地进行分拣。这样，每个仓库每天都要分拣 15 组包裹，分属另外 15 个仓库，其余的为本地区的包裹。每组包裹都被装上运货车，连夜运往目的地仓库。同时运货车从目的地仓库运回本地区收货人的包裹。这个过程称为分运。分运方式由计算机模型决定，这个模型是根据过去六个月的接收和投递情况计算出的最优分运方式。

典型的包裹投递过程是这样的：

星期一　从顾客处收到该包裹；

星期一夜　该包裹被分运到目的地仓库；

星期二　该包裹被分配到合适的路线；

星期二夜　该包裹被装上运货车；

星期三　该包裹被送到收货人手里。

大约 10% 的运输工作要求在一天内完成，这些包裹到达目的地仓库便被马上运送给收货人。

A 公司为 M 公司的全资子公司。M 公司通过利润预算实施短期控制。A 公司每年向 M 公司提交一个预算。这个预算或者被接受，或者要进行调整。最后确定的预算就是本年按月与实际成本相比较的基础。A 公司每月要根据差异分析编制报告，并解释差异的原因及提出相应措施。

A 公司内部对各地区和各仓库的控制与上述方法类似。每个仓库都要编制利润计划报地区经理审批，每个地区都要编制地区利润计划报总经理审批。各地区每月对仓库实际业绩与计划进行一次比较。每个仓库都为其他仓库提供两项服务，同时也接受其他仓库提供的同样服务。最重要的服务是投递其他仓库接收的包裹。因为收入全部支付给了接收地仓库，在利润中心体系下，一部分收入应分配给目的地仓库。已经有多个转移定价方法被使用过，目前的方法是，目的地仓库向接收地仓库每件委托物收取 2.5 元外加每吨 10 元的费用。这个方法能弥补目的地仓库成本并带来一定利润。第二项服务是分运，转移价格为每公里 0.4 元，同样是以弥补成本并带来利润为目的。

A 公司总经理考虑是否应对 A 公司进行改组。他想知道是否应该放弃利润中心体系，以适应新的组织结构。战略规划是重新思考利润中心模式的直接原因，不过很早以前，A 公司的高级管理层就已经对利润中心体系有了一些顾虑。第一，仓库总经理是否真的能够控制产生利润的关键因素。例如，大多数投递业务都是由其他仓库产生的，而一个仓库产生的业务又大多要由其他仓库完成。第二，对仓库总经理的要求是否太高。仓库总经理只负责经营仓库，销售、财务和采购能否由其他职能部门负责？仓库总经理是否具备管理这些领域的专业知识？第三，利润中心体系倾向于鼓励仓库总经理以公司利润为代价，使仓库利润最大。例如，仓库总经理可以拒绝或者至少不努力追求有可能有利于公司的业务。如果一个仓库非常繁忙，接收额外的业务可能无利可图，但这笔业务或许有利于公司。相反，仓库总经理可能很乐于接受接收容易而投递困难的业务，原因是他只从接收的角度评价一笔业务。第四，转移定价系统能否公平地分配利润。转移定价系统是不是不仅浪费了钱，还产生了错误的信息？

在考虑进行机构改革的同时，A 公司总经理也非常清楚地意识到利润中心体系过去一直运转得不错。仓库总经理觉得他们是在管理自己的生意。包裹的接收和投递都是地区性的，仓库总经理掌控了本地区的全部业务。

资料来源：周谦，彭浪. 管理会计案例实训[M]. 武汉：华中科技大学出版社，2015.
（根据其案例进行了改编）

💬 讨论

A 公司在改革利润中心体系时，需要考虑哪些问题？

任务一 责任会计概述

一、责任会计的产生及含义

（一）责任会计的产生

责任会计是西方企业分权管理的产物，最早产生于 19 世纪末 20 世纪初。这一时期，西方资本主义经济迅速发展，企业组织规模不断扩大，责任会计得到了充分的发展，其标志是以泰勒的"科学管理理论"为基础的标准成本制度的出现。管理科学理论的出现使责任会计体系得到进一步完善。责任会计在理论和方法上的成熟，则是在 20 世纪 40 年代以后。第二次世界大战后，随着股份公司、跨行业公司和跨国公司的出现，这些公司出现了涉及行业交叉、管理层次重叠、分支机构遍布的情况，传统的管理模式已不再适用或者效率低下，实施分权管理就显得尤为重要。责任会计开始受到人们的普遍重视，其方法也被不断改进并最终形成了现代管理会计中的责任会计。

行为科学运用心理学、社会学、管理学等学科的理论和方法分析研究人在生产经营活动中的行为，目的在于把握行为规律，提高对行为的预见性和控制力，以调节企业中的人际关系，调动积极性，提高劳动生产率。根据行为科学理论，在实行责任会计时，一方面要明确各层次管理人员应负的责任，赋予其相应的权力，使履行责任成为实现自我价值的过程；另一方面还要建立公平的奖惩制度，做到有功必奖，有过必罚，把责任者的物质利益同任务完成情况的好坏紧密联系起来，以充分调动责任者的积极性。因此，行为科学的产生和发展，奠定了责任会计的理论基础。

（二）责任会计的含义

责任会计是指以企业内部责任单位为主体，以责、权、利的协调统一为目标，以分权为前提，以责任预算为控制基础，通过编制责任报告进行业绩考评的一种内部会计制度。责任会计的核心工作是：根据授予各单位的权利、责任及对其业绩的计量评价，在企业内部建立若干个不同形式的责任中心，并建立起以责任中心为主体，以责、权、利相统一为特征，以责任预算、责任控制、责任考核为内容，通过信息的积累、加工和反馈等方式以实现对各责任中心分工负责的经济活动进行规划与控制的一种内部制度。

二、责任会计的基本内容

责任会计是一种管理制度，是管理会计的一个子系统。它是在企业实行分权管理的体制下，以企业内部责任单位或人为主体，以提高企业经济效益，保证企业计划顺利落实为目的，利用价值形式并采用专门的会计方法对各个责任单位的行为及结果进行核实、考核与评价的内部控制系统。责任会计的基本内容归纳起来有以下几个方面：

（1）划分责任中心，确定责任范围。根据企业的具体情况和内部管理的实际需要，把所属的各部门、各单位划分为若干责任中心，规定这些中心的负责人，并赋予他们相应的经济权利，同时这些负责人要对所负责的成本、收入、贡献毛益、税前利润与投资效益等重要指标向上级管理者承担经济责任。

（2）确定责任中心目标，制定考核标准。根据责任中心和责任范围的不同，在建立预算制度和实行标准成本制度的条件下，为各责任中心确定目标。这种目标必须是责任中心能够控制的。

（3）建立各责任中心核算系统，编制责任报告。核算系统和责任报告应能对各责任中心的实际工作成绩起到信息反馈作用，使管理者能够控制和调节各责任中心的经济活动，督促他们迅速采取有效的措施，来纠正缺点，巩固成绩，并不断降低成本，压缩资金成本，借以扩大利润，提高经济效益。

（4）根据业绩计酬，考核实际工作成绩。通过对责任中心责任报告的实际数与预算数的对比，来评价和考核责任中心的工作成绩和经营效果，并分别揭示他们取得的成绩和存在的问题，以保证经济责任的贯彻执行。根据责任承担者的业绩计酬考核实际上是为了对责任承担者的行为实施控制，从而保证企业整体利益的实现。

（5）制定内部转移价格。为了正确评价各责任中心的工作业绩，明确区分经济责任，且使各责任中心工作成果的评价建立在客观可比的基础上，对于各责任中心之间相互提供产品或劳务的活动，都需要计价转账，审慎地、合理地制定出适合本企业特点的内部转移价格。内部转移价格的制定，既要有利于调动各有关责任中心生产经营的主动性和积极性，又要有利于保证各有关责任中心和整个企业之间经营目标一致性的实现。

三、责任会计的作用

责任会计在企业经营管理中的作用主要有以下五点：

（一）有利于贯彻经济责任制

实行责任会计制度，可使各级管理人员目标明确、权责分明，而且责任者有职有权。通过责任会计的一系列方法把企业的总经营目标进行分解并层层落实，将使企业内部经济责任制得以完善和充实。

（二）有利于提高决策质量

实行责任会计制度，可使各级管理人员具有较多的决策自由，促使他们及时掌握情况和改进工作。同时，实行责任会计制度也便于各级管理人员及时了解在决策制定中存在的问题，从而收集更充分的信息使各项决策更加及时、准确。

（三）有利于评价和考核部门业绩

实行责任会计制度，各责任层次应分工明确，有的只对其所能控制的成本负责，有的兼对成本和利润负责，有的对资金运用效益负责，因而权责明确，考核有据，便于对各责任中心制定出具体的评价指标和考核办法，全面而且客观公正地反映各责任中心的工作业绩和经营成果。

（四）有利于保证经营目标的一致性

实行责任会计制度，各责任单位的经营目标就是整个企业经营总目标的具体体现，因而在日常经营活动中，必须随时注意各责任中心的经营目标是否符合企业的总目标，并随时进行调整。这样就便于把各责任中心的经营目标与企业总目标统一起来，从而保证企业上下经营目标的一致性。

（五）有利于及时进行信息反馈

实行责任会计制度，为进行内部控制建立了会计信息反馈系统，可以及时地反馈各部门、各层次责任预算的执行情况，以便分析出现的偏差和产生偏差的原因，并及时采取措施加以纠正。

四、责任会计的基本原则

各企业实行责任会计的具体做法可因企业的类型、规模、管理要求等情况的不同而有所差别，但在设计和建立责任会计制度时，都应遵循以下几项基本原则：

（一）责任主体原则

当企业建立责任会计制度时，企业所发生的每一项经济业务都由特定的责任中心负责。因此，责任会计的核算应以企业内部各责任中心为对象，责任会计资料的收集、记录、整理、计算、对比和分析等各项工作，都必须按责任中心进行。

（二）可控性原则

对于各级责任中心所赋予的责任，应以其能够控制为前提。各责任中心只对其能够控制的因素指标负责。生产部门应划分哪些项目属于可控成本，哪些为不可控成本；供销部门也应分清哪些成本和收益属于本部门的可控因素，哪些为不可控因素，这样才能划清经济责任。在考核时，应尽可能排除责任中心不能控制的因素。

（三）一致性原则

确定各责任中心的权责范围、工作目标和业绩考核标准时，应当要求各责任中心的工作目标必须与企业的总目标相一致，兼顾各责任中心的局部利益和企业的整体利益。防止各责任中心的工作偏离企业总目标。实行责任会计的最终目的是要提高企业的经济效益，如果各责任中心各行其是，不顾企业整体利益，那么实行责任会计的意义也就不存在了。

（四）责权利相结合原则

实行责任会计制度，要为每个收支项目确定责任者，而且责任者必须有职有权。同时，还要为每个责任中心制定出合理的绩效考评标准。制定考核标准时，一定要考虑到尽可能充分地调动各个责任中心的工作积极性，兼顾国家、集体和个人三方面的经济利益，做到奖罚分明，真正做到责、权、利三者的有机结合。

（五）反馈性原则

责任会计制度要求对责任预算的执行有一套健全的跟踪系统和反馈系统，使各责任中心不仅能保持良好完善的记录和报告制度，及时掌握预算的执行情况；而且要通过实际数与预计数的对比分析，及时发挥各责任中心的作用，控制和调节生产经营活动，以保证企业预定目标和任务的实现。

（六）激励性原则

实行责任会计制度的目的就是为了最大限度地调动企业员工的积极性和创造性，保证企业整体利益的实现。因此，责任预算的制定、责任业绩的评价考核标准要具有激励作用。目标太高，会挫伤有关责任中心工作的积极性；目标太低，不利于提高企业的经济利益。要使各责任中心都感到目标是合理的，经过努力可以实现，达到目标后所能得到的奖励和报酬与所付出的劳动相比是值得的，这样就可以不断激励各责任中心为实现其责任预算而努力工作。

（七）例外管理原则

例外管理原则也称重要性原则，就是在分析评价各责任中心的责任执行情况和编制责任报告时,应重点分析和报告对各责任中心和企业有重大影响的事项或重大的差异。这样企业能够集中精力和时间解决重大的问题,达到事半功倍的效果。

【拓展阅读8-1】

分权管理与责任会计

分权管理(Decentralized Management)就是将企业生产经营决策权同相应的经济责任下放给下层管理人员,使下层管理人员对日常经营活动能做出及时有效的决策,以迅速适应市场变化的需要。强生公司分权开始于20世纪30年代,有166个独立经营的公司。20世纪90年代,许多企业转向分权管理,如百事可乐、杜邦、宝洁、IBM、通用汽车、福特汽车、松下电器。IBM于20世纪90年代之前还是高度集权的企业,1991~1993年损失超过150亿美元;1991年后开展大规模重组,实行分权制,形成了13个不同业务的独立单位,1994年扭亏为盈。

为了发挥分权管理的优点,抑制其缺点,就必须加强企业内部控制,建立一套完整的管理控制系统(Management Control System),以对各分权单位进行业绩的计量、评价与考核。

组织越大、越复杂,分权管理的优点就越明显。实施分权管理的优点主要有:①有利于企业做出正确的决策。分权管理特别适用于跨国公司,它们在许多国家都设有广泛的分支机构,受不同法律体系和风俗的影响。由于置身于经营环境的较低层管理人员可以更好地了解当地的一些实际信息,因此,实施分权管理更有利于企业做出正确的决策。②有利于提高企业的应变能力。通过分权管理,能使企业更快地对环境的变化做出迅速的反应,从而做出正确的经营决策。如前所述,企业的经营规模日趋庞大,信息的传递要经过多道环节,如果再采用集权制进行经营决策,无疑会影响决策信息的时效性。采用分权管理,可以让基层管理人员参与决策,由于他们更了解具体情况,因此他们能更迅速、有效地制定经营决策,以适应市场变化的需要。③有利于高层管理者关注重点问题。通过分权管理,使高层管理人员能将有限的时间和精力放在企业最重要的战略决策上,以保证企业始终有一个明确的、正确的发展目标。高层管理部门通常在高层的重大决策方面比中层管理部门更具优势,如果他们的时间都花费在日常经营决策上,就会分散他们的精力,从而忽略了重要的战略决策。④有利于提高企业的竞争能力。在一个高度集权的企业中,高额的总体利润可能掩盖了下属分部的无效率。而分权管理则可以使组织能够确定每个分部对企业利润所做的贡献,并使每个分部直接面对市场。⑤有利于激励基层管理人员。通过分权管理,能有效地调动各级管理人员的积极性和创造性,从而群策群力,使全体管理人员既能为提高企业经济效益做出贡献,又能实现自身的价值;同时有利于锻炼、评价和激励基层管理人员。然而,采用分权管理的结果往往是:一方面,使各分权单位之间具有某种程度的相互依存性,主要表现为各分权单位间的产品或劳务的相互提供;另一方面,又不允许各分权单位在所有方面像一个独立的组织那样经营。某一分权单位的行为不仅会影响其自身的经营业绩,有时各分权单位为了其自身的业绩,还会采取些有损于其他分权单位经营业绩甚至于有损于企业集体利益的行为。因此,在实现分权管理时,就需要建立一种制度来协调各分权单位之间的关系,使各分权单位之间及企业与分权单位之间在工作和目标上达成一致，防止各个部门为了片面地追求局部利益而致使企业整体利益受到损害等行为的发生。由此可见，在分权管理使企业日常的经营决策权不断下放，从而使决策达到最大限度的有效性的同时，企业经营管理的责任也应随着经营决策权的下放一起层层落实到各级管理部门。

管理控制系统的核心表现为建立内部控制制度（Internal Control System）。管理控制系统中的业绩控制制度就是责任会计制度（Responsibility Accounting System）。责任会计制度是把会计资料同各责任单位紧密联系起来的业绩控制制度，是通过在企业内部建立责任中心，以责、权、利的协调统一为目标，利用责任预算为控制依据，通过编制责任报告进行业绩考核评价的一种内部会计制度。责任会计产生的原因：满足由分权管理而产生的内部控制制度的需要。分权管理是将生产经营决策权在不同层次的管理人员之间进行适当划分，同时将决策权随同相应的经济责任下放给不同层次的管理人员，使其都能对日常的经营活动做出及时有效的决策，以便迅速适应市场的变化。分权管理需要有效的内部控制制度，以防止分权单位为自己的利益而牺牲其他分权单位甚至整个企业整体的利益。

【案例分析8-1】

新发乳业公司是一家生产和销售乳制品的中型食品生产企业，它有一个集中管理中心，同时负责供应、生产、销售等业务。随着市场逐步扩大，新发乳业公司在全国范围内的订单量不断增加，原有的一个集中管理中心无法满足业务需要，公司决定在全国五个主要省份设置八家生产基地并配置销售分支机构。各个分支机构按公司总部统一标准进行原奶采购、生产加工和产品销售。此后，为了考核各个分支机构的业绩，并激发各分支机构的创收积极性，公司开始实施公平而高效的内部控制系统——责任会计系统。

◎ 问题

责任会计的基本内容有哪些？

任务二 责任中心

一、责任中心的含义及建立条件

（一）责任中心的含义

企业组织结构实现形式的选择与其管理模式是密不可分的，即管理模式决定组织结构的实现形式。这里仅讨论两种较为典型的、极端的管理模式下，企业组织结构的实现形式，即集权和分权管理模式下的企业组织结构实现形式。集权管理模式下的企业组织结构实现形式主要包括直线制组织结构及直线职能制组织结构。随着企业环境的变化，企业组织结构形式经历了一个由集权向分权转变的过程。分权管理模式下，企业组织结构主要的形式有事业部制和模拟分权制等。

企业组织结构的实现形式不同，其内部基本单位所拥有权利、责任和利益就会不同，就会形成不同的责任中心。责任中心也称为责任单位或责任实体，是指企业内部能够在一定程度上使责、权、利有效结合起来的内部组织或单位。

责任中心应根据其管理权限承担一定经济责任，并能反映其经济责任履行情况。企业作为一个经济组织，其本身就是一个责任中心，并由其主要领导人承担全部责任。实行责任中心的企业，首先要将其内部各生产经营单位划分为若干个不同种类、不同层次的责任中心。

（二）责任中心的建立条件

建立责任中心是建立责任会计制度的首要问题。概括来说，建立责任中心必须满足以下四个条件：

（1）具有承担经济责任的主体——责任者。
（2）具有确定经济责任的客体——资金。
（3）具有考核经济责任的标准——责任预算。
（4）具备承担经济责任的条件——职责和权限。

凡不具备以上条件的单位和个人，不能构成责任中心，不能作为责任会计的基本单位。责任中心按其责任范围不同，可以划分为成本（费用）中心、利润中心和投资中心。

二、责任中心的分类

（一）成本中心

1. 成本中心的定义

成本中心是指只对成本负责的责任中心。成本中心通常是没有收入的。因此它只能控制成本，对成本负责，无须对收入和利润负责。任何发生成本、费用的责任区域都可以定为成本中心。

成本中心的应用范围最广，任何对成本、费用负有责任的部门都属于成本中心。例如，企业里每一个分公司、分厂、车间都是成本中心，而它们下属的工段、班组甚至个人也是成本中心，只不过所能控制的成本范围更小一些。至于企业中不进行生产活动而提供专业性服务的职能管理部门，如计划部门、会计部门、统计部门、总务部门等，也属于广义的成本中心。

按照所能控制的成本范围的大小，成本中心可以划分为若干层次。上一层次的成本中心所负责的成本指标是较广的，而下一层次的成本中心所负责的成本指标往往是较窄的，也是比较具体的。一个较大的成本中心一般是由若干个较小的成本中心所组成，而较小的成本中心又可能再细分为若干个更小的成本中心。

2. 成本中心的类型

成本中心有两种类型：标准成本中心和费用中心。

标准成本中心又称技术性成本中心。所谓技术性成本，是指成本发生的数额经过技术分析可以相对可靠地估算出来的成本。例如，间接材料、直接人工、间接制造费用等，其发生额可通过标准成本或弹性预算加以控制，其特点是投入量与产出量有密切关系。标准成本中心是对那些实际产出量的标准成本负责的成本中心，它可以为企业提供一定的物质成果，如在产品、半成品、产成品。

费用中心也称酌量性成本中心。酌量性成本是否发生及发生数额的多少是由管理人员的决策所决定的，主要包括各种管理费用和某些间接成本，适用于那些产出物不能用货币来计量或者投入和产出之间没有密切关系的单位。这些单位包括：一般行政管理部门，如会计、人力、计划等部门；研究开发部门，如设备改造、新产品研制等部门；某些销售部门，如广告、宣传、仓储等部门。费用中心是以直接控制经营管理为主的成本中心。这类成本中心费用的发生主要是为了提供一定的专业服务，一般不能产生可以用货币计量的成果，在技术上，投入量和产出量之间没有直接的关系。酌量性成本的控制应着重于总额的审批上。

3. 成本中心的控制范围

成本中心只对成本或费用负责，但并不一定能对其责任区域内的全部成本或费用负责。可控性是责任会计的一个重要原则。责任会计在对责任中心的各种成本进行核算时，必须首先根据可控性原则对全部成本进行分析。在责任会计看来，各责任中心所发生的成本应区分为可控成本和不可控成本两类。

可控成本是指成本中心真正能够控制和调节的、受其经营活动和业务工作直接影响的有关成本，它是衡量和考核成本中心工作业绩的主要依据。不可控成本则是成本中心无法控制和调节的，不受其经营活动和业务工作直接影响的成本。例如，某一工段为成本中心，在其工段内直接发生的材料消耗、人工消耗属于可控成本，而在车间发生的，分摊给这一工段的车间经费，则属于不可控成本。

将成本中心的成本区分为可控成本和不可控成本不是绝对的，而是相对的。一个成本中心的可控成本往往是另一个成本中心的不可控成本；下一层次成本中心的不可控成本，对上一层次成本中心来说则可能是可控成本。例如，材料的买价和采购费用对于材料采购部门来说属于可控成本，而对生产部门来说则是不可控成本；又如，广告费对于决定其最高限额的最高管理部门来说是可控的，而对于只能在限额内使用、不能随意增减的有关基层单位来说就是不可控成本。还有一些成本，从较短期间来看属于不可控成本，如折旧费、租赁费等。但是从较长期间来看又属于可控成本了。总之，判断一项成本是不是可控成本，应根据以下四个条件判定：

（1）责任中心能够预知将要发生的成本。
（2）责任中心能够对发生的成本进行计量。
（3）责任中心能够对成本加以调节和控制。
（4）责任中心能够分解落实责任成本。

凡不能同时满足上述四个条件的成本，通常是不可控成本，一般不属于成本中心的责任范围。对于特定成本中心来说，它不应当承担不可控成本的相应责任。

就一个成本中心来说，变动成本一般是可控成本，固定成本是不可控成本，但也不完全如此。例如，在手表厂的装配车间，表壳和表带属于变动成本，随着产销量的变动而呈正比例变动；但如果表壳和表带是外购的，对于装配车间责任者来说就是不可控成本了。又如，车间管理人员工资属于固定成本，但车间责任者如果可以决定或影响它的发生，就可作为可控成本。

期末各个成本中心都必须编制责任报告，作为其业绩考核的依据。由于成本中心只对成本负责，对其评价和考核的主要内容是责任成本。成本中心责任报告主要根据责任成本的实际数和预算数来编制,并将成本中心实际发生的责任成本同预算的责任成本或目标成本进行比较,包括成本节约额和节约率,以此反映成本中心的核算情况。成本节约额和节约率计算公式如下:

$$成本（费用）节约额 = 预算责任成本 - 实际责任成本$$

$$成本（费用）节约率 = \frac{成本（费用）降低额}{预算责任成本} \times 100\%$$

例 8-1 某公司成本中心生产甲产品,预算责任成本为 100 000 元,实际产量 1 100 台,单位成本 100 元。该成本中心的节约额和节约率计算如下:

$$成本（费用）节约额 = 预算责任成本 - 实际责任成本$$
$$= 100\,000 - 1\,100 \times 100$$
$$= -10\,000（元）$$

$$成本（费用）节约率 = \frac{-10\,000}{100\,000} \times 100\% = -10\%$$

（二）利润中心

1. 利润中心的定义

利润中心是指既能控制成本,又能控制收入的责任中心。由于利润等于收入减去成本和费用,所以利润中心实际上既要对收入负责,又要对成本、费用负责。利润中心属于企业中的较高层次,同时具有生产和销售的职能,有独立的、经常性的收入来源,可以决定生产什么产品、生产多少、生产资源在不同产品之间如何分配,也可以决定产品销售价格、制定销售政策,它与成本中心相比具有更大的自主经营权。

2. 利润中心的类型

利润中心可分为自然利润中心和人为利润中心两类。自然利润中心是指能够直接与外界发生经营业务往来,获得业务收入,并独立核算盈亏的责任单位。这类利润中心主要是企业内部管理层次较高、具有独立收入来源的分公司、下属工厂等。人为利润中心则是指不直接对外销售,而是通过内部转移价格结算形成收入,从而形成内部收益或利润的责任单位。企业内部如果存在相互提供产品或服务的现象,为了公正地对各责任单位进行业绩考核,企业要制定内部转移价格。在这种情况下,形成人为利润中心。这类利润中心主要是企业中为其他责任中心提供产品或半成品的生产部门,或为其他责任中心提供劳务的动力、维修等部门。显然,当企业为各责任中心相互提供的产品、半成品或劳务规定了内部转移价格后,大多数成本中心可转化为人为利润中心。此时,各责任中心之间虽然没有现金结算,但在会计账务处理上,供应方视同取得收入,受益方视同发生成本或费用,因而也就可以对供求双方的业绩进行考评。

3. 利润中心的评价与考核

对利润中心的考核指标包括"销售收入""边际贡献""部门经理边际贡献""部门边际贡献"等。部门经理边际贡献主要用于评价责任中心负责人的经营业绩,反映的是部门经理(负责人)对控制资源的利用程度。部门边际贡献主要用于评价和考核责任中心(部门)的业绩,反映了该责任中心对于企业利润所做的贡献。

下面举例说明这几个利润指标的计算方法及特点。

例 8-2 XYZ 公司有 A、B 两个利润中心，有关资料见表 8-1 和表 8-2。

表 8-1　A、B 利润中心资料表

（单位：元）

利润中心 项　目	A	B
销售收入	54 000	33 000
变动成本	32 000	28 000
部门可控固定成本	9 000	3 000
部门不可控固定成本	4 000	2 300

表 8-2　A、B 利润中心边际贡献

（单位：元）

利润中心 计算过程	A	B
销售收入	54 000	33 000
减：变动成本	32 000	28 000
边际贡献	22 000	5 000
减：部门可控固定成本	9 000	3 000
部门经理边际贡献	13 000	2 000
减：部门不可控固定成本	4 000	2 300
部门边际贡献	9 000	−300

（三）投资中心

1．投资中心的定义

投资中心是指既对成本、收入和利润负责，又对资金及其利用效果负责的责任中心。这类责任中心不仅在产品和销售上享有较大的经营自主权，而且能够相对独立地运用其所掌握的资金，一般是企业的最高层，如大型集团公司下面的分公司、子公司等。投资中心的责任对象必须是其能影响和控制的成本、收入、利润和资金。

投资中心同时也是利润中心。投资中心与利润中心的区别表现在以下两个方面：

（1）权利不同。利润中心没有投资决策权，它只是在企业投资形成后进行具体的经营。

（2）评价方法不同。评价利润中心业绩时，不进行投入产出的比较，而在评价投资中心业绩时，必须将所获得的利润与所占用的资产进行比较。

从组织形式上看，投资中心通常都是独立的法人。只有具备经营决策权和投资决策权的独立经营单位才能成为投资中心。大型企业集团中具有投资决策权的事业部、子公司、分厂等，或者一个独立经营的常规法人企业，就是一个投资中心。因为它们拥有经营决策权和投资决策权，必须对投资的经济效益负责。投资中心的目标通常也就是企业的总目标，投资中心的责任预算从形式上看类似于企业总预算。因此，投资中心确定目标的前提是企业要有明晰且正确的战略导向。

由于投资中心要对其投资效益负责,为保证其考核结果的公正、公平和准确,各投资中心应对其共同使用的资产进行划分,对共同发生的成本进行分配,各投资中心之间相互调剂使用的现金、存货、固定资产等也应进行有偿使用。

2. 投资中心的评价与考核

由于投资中心控制的范围极广,因此对其进行业绩评价时,不仅要使用利润指标,还需要计算、分析和研究利润与投资关系时经常使用的投资报酬率、剩余收益等指标。

(1) 投资报酬率。单一使用净利润指标无法对投资中心的业绩进行正确评价。如投资中心 A 的净利润为 50 000 元,投资中心 B 的净利润为 100 000 元,是否就能够判断投资中心 B 比投资中心 A 更有成效呢?如果投资中心 A 的全部资产为 250 000 元,投资中心 B 的全部资产为 1 000 000 元,评价的结果又会产生什么变化?显然,只有将报告的利润与产生该利润的资产规模联系起来进行的业绩评价才更具合理性。如果把营业利润和投入资产联系起来,就可以得到每一单位资产所获得的利润的信息。投资报酬率(Return on Investment,ROI)亦称为投资获利能力,它是全面评价投资中心各项经营活动的综合性指标。它既能揭示投资中心的销售利润水平,又能反映资产的使用效果。其计算公式为

$$投资报酬率(ROI)=营业利润÷平均营业资产$$

其中,营业利润(Operating Income)是指未扣除利息和所得税的利润,即息税前利润(Earnings Before Interest and Tax,EBIT)。营业资产(Operating Assets)是指用以产生收益的全部资产,包括流动资产、固定资产和其他长期资产。因营业利润是在整个预算期内实现并累计形成的,属于期间指标,而营业资产占有水平是时点指标,故常常将简单平均的资产占用额作为分母。投资报酬率还可进一步分解为销售利润率和营业资产周转率,其能够揭示更多信息,计算公式为

$$投资报酬率=(营业利润÷销售收入)×(销售收入÷平均营业资产)$$
$$=销售利润率×营业资产周转率$$

由此可见,为了提高投资报酬率,企业除降低成本和增加收入外,还可以从提高销售利润率和加速资产周转两个方面进行改进。

投资报酬率指标的优点主要体现在四个方面:①它能促使管理人员关注销售收入、费用和投资之间的关系,从而引导管理人员充分考虑收入、投资与利润间的相互制约关系,以避免盲目投资。②它能促使管理人员更加关注成本效率。在收入、资产规模一定的情况下,投资利润率的高低取决于利润水平,而利润的多少又取决于成本水平的高低。这会促使管理人员想方设法地降低成本,不断提高成本产出水平。③它能促使管理人员关注营业资产的运用效率。资产占用水平与投资利润率成反比,因此,在收入一定的情况下,降低资产占用也是一种提高投资利润率的有效途径。④可以作为投资方案选择的依据,有利于资源的优化配置。

投资报酬率指标也有如下局限性:①投资报酬率的高低不是各投资中心能够完全控制和把握的,究其原因是共同费用无法被某个投资中心所控制;②投资报酬率没有考虑各投资中心占用资产的机会成本;③用投资报酬率指标评价投资中心经营业绩,会诱使投资中心只考虑本部门利益而放弃对企业整体有利的投资项目,从而使投资中心近期目标与企业远期发展目标相悖。

例 8-3 假设某投资中心可望获得 2 500 万元的新增投资,且现有两个投资项目可供选择,其投资额、年营业利润及投资报酬率见表 8-3。

表 8-3 某投资中心投资项目的有关资料表

项 目	项目A	项目B
投资额(万元)	2 000	500
年营业利润(万元)	260	80
投资报酬率(%)	13	16

该投资中心目前的投资报酬率为 15%,营业资产为 10 000 万元,营业利润为 1 500 万元。公司总部要求的最低投资报酬率为 11%,投资中心闲置的资金将由总部进行投资,投资报酬率为 10%。

该分部经理的方案选择及其影响后果分析如下:

根据上述资料可知,该分部经理为了提高该中心的投资报酬率,就会选择仅投资项目 B,而放弃项目 A。因为这样做可以进一步提高该中心的投资报酬率,使得其分部的投资利润率由 15% 上升到 15.05%。如果投资项目 A,无疑将会降低该中心的投资报酬率,使得其分部的投资利润率由 15% 下降到 14.67%。在总部以投资报酬率指标考核分部经理的情况下,显然该分部经理做这样的选择是最理性的。

但该方案的选择对整个公司来说并不是最优的。因为该分部经理放弃 2 000 万元的项目 A 的投资,节省下的 2 000 万元资金只能由总部进行投资,而总部要求的最低投资报酬率为 11%。这样公司整体相对而言就会减少利润收入 40 万元。由此可见,选择合适的对投资中心经理的考核指标是非常重要的。

(2)剩余收益。如前所述,使用投资报酬率指标考评责任中心经理业绩会造成那些有利于公司整体而不利于责任中心的投资项目被放弃。为了弥补该指标评价的缺陷,使用剩余收益或同时使用投资报酬率与剩余收益两个指标来衡量责任中心的业绩,已成为许多公司考评责任中心经理的选择。

剩余收益(Residual Income)是投资中心的营业收益与总部要求的最低投资报酬之间的差额。其计算公式为

$$剩余收益 = 营业利润 - (营业资产 \times 预期最低投资报酬率)$$

例 8-4 承例 8-3,若采用剩余收益指标考评该投资中心的经理,该分部经理将会做出怎样的选择?

投资项目的各种投资方案的剩余收益计算见表 8-4。

表 8-4 各种投资方案的剩余收益计算表

项 目	备选方案			
	项目A	项目B	项目A和项目B	不投资
营业资产(万元)	12 000	10 500	12 500	10 000
营业利润(万元)	1 760	1 580	1 840	1 500
要求的最低投资报酬(万元)	1 320	1 155	1 375	1 100
剩余收益(万元)	440	425	465	400

由表 8-4 可知，两个项目的剩余收益均为正值，表明它们都是可以接受的项目，同时投资 A、B 两个项目能够产生最大的剩余收益 465 万元。由此可见，采用剩余收益指标考评分部经理将会促使其选择更加有利于公司整体利益的相关投资方案。

剩余收益与投资报酬率的区别还体现在它是一个绝对数指标，因此在直接评价投资规模不等的投资中心的业绩时就会出现困难。解决这种困难的方法之一就是计算剩余收益率，将绝对数指标转化为可比数指标。

（3）剩余收益率。剩余收益率等于剩余收益与营业资产的比率。现以例 8-5 说明运用剩余收益在评价责任中心（投资中心）时可能遇到的困难以及运用剩余收益率的好处。

例 8-5 假设有两个分部的营业资产、营业利润和剩余收益资料，见表 8-5，公司总部要求的最低报酬率为 7%。请根据相关资料对两个分部的业绩进行评价。

表 8-5 两分部剩余收益和剩余收益率计算表

项　目	分部A	分部B
平均营业资产（万元）	2 000	1 500
年营业利润（万元）	210	165
最低投资报酬（万元）	140	105
剩余收益（万元）	70	60
剩余收益率（%）	3.5	4

分析：如果依据剩余收益进行判断，因为分部 A 的剩余收益（70 万元）大于分部 B（60 万元），可能会得出分部 A 的业绩要好于分部 B 的结论。但如果从资产运用效率角度上看，因为分部 A 剩余收益率（3.5%）小于分部 B（4%），就会得出分部 B 更有效率。

因此，在评价指标的选择问题上应全面考虑，一定要结合企业目前的发展阶段以及要实现的短期目标。当然，也应将某些关系到分部和公司总体健康发展的指标，如市场占有率、员工稳定性、公司发展能力等纳入考核范围，从而使考核的内容能够兼顾长期目标和短期目标。

投资中心是企业中最高层次的责任中心，其控制范围最广，考核的内容既涉及成本、收入和利润，也涉及投资的长期效果；考核的重点不仅包括投资报酬率和剩余收益，而且包括一系列关系到公司可持续发展能力的非财务指标。在投资中心的责任报告（或称为成果报告）中除列示销售收入、销售成本、营业利润的预算数、实际数和差异数外，还应列示营业资产、投资报酬率、剩余收益和机会成本等指标，以便于全面评价投资中心的业绩。

某公司 H 事业部为一投资中心，假定该投资中心规定的最低投资报酬率为 12%，该投资中心成果报告见表 8-6。

表 8-6　某公司事业部（投资中心）成果报告表

2019 年 6 月　　　　　　　　　　　　　　　　　　　　　（单位：元）

项　目	预算数	实际数	差异数
销售收入	2 900 000	2 920 000	20 000
减：销售成本	2 706 000	2 732 000	26 000
营业利润	194 000	188 000	−6 000
平均营业资产	700 000	800 000	100 000
销售利润率	6.69%	6.44%	−0.25%
投资周转率	4.14	3.65	−0.49
投资报酬率	27.71%	23.50%	−4.21%
资金成本	84 000	96 000	12 000
剩余收益	110 000	92 000	−18 000

从表 8-6 的成果报告表中可以看出，该投资中心销售收入及销售成本比预算数有所增加，实际营业利润与预算数相比降低了 6 000 元，投资报酬率比预算数低了 4.21%，剩余收益也降低了 18 000 元，说明该投资中心经营情况基本达到了预算要求。

【拓展阅读 8-2】

责任中心的基本特征

责任会计围绕各个责任中心，把衡量工作成果的会计同企业生产经营的责任制紧密结合起来，成为企业内部控制体系的重要组成部分。责任中心的基本特征是权、责、利的结合，通常有以下四个方面：

1. 拥有与企业总体管理相协调、与其管理职能相适应的经营决策权

责任中心拥有与企业总体管理相协调、与其管理职能相适应的经营决策权，使其能在最恰当的时刻对企业遇到的问题做出最恰当的决策。分权管理的主要目的是提高管理的效率。为保证做到这一点，就应在系统思想的指导下，对一些日常的经营决策权直接授予负责该经营活动的部门，使其能针对具体情况及时地做出处理，以避免因延误决策时机而造成的损失。

2. 承担与其经营权相适应的经济责任

有什么样的决策权力，就有什么样的经济责任，所以当一个部门被授予经营决策权时，就必须对其决策的"恰当性"承担责任，这也是对有效地使用其权力的一种制约。所以每一责任中心，必须根据授予的经营决策权的范围承担相应的经济责任。

3. 建立与责任相配套的利益机制

为了保证企业各部门管理人员都能有效地行使其权利，并承担起相应的责任，必须建立与其责任相配套的利益机制，以使每个管理人员的个人利益与其管理业绩相联系起来，从而调动全体管理人员和所有员工的工作热情和责任心。

4. 责任中心应便于进行责任会计核算或单独核算

责任中心不仅要划清责任，而且要单独核算。划清责任是前提，单独核算是保证。只有既划清责任又能进行单独核算的企业内部组织，才能作为一级责任中心。

资料来源：崔国萍. 成本管理会计[M]. 4 版. 北京：机械工业出版社，2017.

任务三 内部转移价格

一、内部转移价格的定义和意义

(一)内部转移价格的定义

内部转移价格也称内部结算价格,是指企业办理内部交易结算和内部责任划分所使用的价格。

在企业中要客观公正地衡量一个责任中心的业绩,就必须很好地解决各部门之间转移产品或劳务的计价问题。如果企业内每一个部门只和企业外部发生往来,则产品和劳务的价格基本上由市场价格决定。但是,在很多实行分权管理的企业中,企业内各部门之间也要互相提供产品和劳务,这就必须借助于内部转移价格来进行结算。实行责任会计制度的企业,不仅各利润中心或投资中心之间相互提供产品或劳务时,需要按内部转移价格进行结算;一个成本中心向其他成本中心提供产品或劳务时,也应按照适当的单位成本进行成本结转,这种单位成本可以视为内部转移价格。

(二)内部转移价格的意义

1. 有利于分清各责任中心的经济责任

划分各责任中心之间的经济责任是实行责任会计制度的重要内容,而制定合理的内部转移价格又是明确划分经济责任的必要条件。要划清各责任中心的经济责任,除正确计量和核算直接发生在各责任中心的成本外,还应合理确定由其他责任中心转来的材料、中间产品或劳务的结算价格。没有合理的内部转移价格,就无法划清各责任中心的责任界限,从而使责任会计制度流于形式。

2. 有利于正确评价各责任中心的经营业绩

合理的内部转移价格,能恰当地衡量企业内部各责任中心的工作业绩,准确计算和考核各责任中心责任预算的实际执行情况。因为内部转移价格充分考虑了各责任中心的成本费用的消耗和补偿,并充分考虑了各责任中心的经营成果,同时又充分考虑了各责任中心的客观性和公正性,因而能够对各责任中心的工作业绩进行统一的比较和综合的评价,使业绩考评公正合理。

3. 有利于进行正确的经营决策

制定和运用内部转移价格,可以对企业内部各责任中心的业绩进行公正而客观的评价,因而企业的最高管理层可以根据各责任中心的责任报告来决定哪些部门的业务应当发展,哪些部门的业务应当缩小或淘汰,哪些产品和劳务应当自制或外购。各部门的责任者也可以根据本部门责任预算执行情况的会计信息,做出有关本部门生产经营的决策。

二、内部转移价格的制定

(一)制定内部转移价格的原则

1. 整体性原则

由于内部转移价格直接决定着每个责任中心的利益,每个责任中心出于自身利益的考虑，会为争取最大利益而努力，如希望能够尽量压低购进的半成品的价格，尽量提高售出半成品的价格等。这样各责任中心的利益将会出现矛盾。因此，制定内部转移价格时，一定要从企业整体利益出发。如果因内部转移价格不合理，导致某一责任中心利润虚增，或某一责任中心的利润反映不足，将影响各责任中心的积极性，可能使整个企业的经济效益受到影响。

2．简便性原则

企业内部各个层次的责任中心很多，会涉及生产或提供多种多样的产品和劳务。因此，制定内部转移价格，确定转账、结算、计价方法时，一定要注意简便易行，以减少不必要的工作量，并使各责任中心心中有数，操作方便。这样才能真正发挥内部转移价格的作用，达到责任会计制度的预期目的。

3．稳定性原则

制定内部转移价格的方法一经确定，应力求稳定，使各责任中心安排任务、评价工作时有据可依。合理、公正的内部转移价格有利于分清各责任中心的成绩与不足，也使各责任中心乐于接受。在这种情况下轻易改变内部转移价格会导致不利的影响。

（二）内部转移价格的制定方法

制定内部转移价格是一项复杂而细致的工作，它影响各责任中心的责任和利益的划分。在实际工作中，内部转移价格的制定有以下两种方法。

1．以市价为基础制定内部转移价格

这种方法就是根据产品或劳务的市场供应价格作为计价基础。在西方国家，通常认为市场价格是内部转移价格的最好依据。市场价格也最能体现责任中心的基本要求，那就是在企业内部引进市场机制，形成一种竞争的氛围，使每个利润中心都成为独立的机构，各自经营，相互竞争，再通过利润指标来评价与考核其经营成果。如果制定的转移价格确能反映真正的市场情况，那么利润中心的净利润就能作为评价其经营成果高低的真正依据。这种处理可以使企业的"内部市场"产生竞争性，将"内购"与"外购"对比，从而做出最优购货决策。具体包括以下三种方法：

（1）市场价格定价法。市场价格定价法是指以产品和劳务的市场价格作为内部转移价格的方法。市场价格比较客观，对买卖双方均无所偏袒，因而特别能促使卖方努力改善经营管理，不断降低成本。但是，采用市场价格也有一定的局限性。有些产品或劳务没有现成的市场价格可供参考，或者只有非完全竞争条件下的市场价格。在这种情况下，只能借助于其他方法来制定内部转移价格。

（2）协商定价法。协商定价法是指由供需双方协商确定内部转移价格的方法。这种由供需双方协商确定的价格叫作协商价格。协商定价法适用于某种产品或劳务没有现成的市场价格，或有不止一种市场价格的情况。协商价格不仅要使供需双方乐于接受，而且不能损害企业的整体利益。一般来说，应把市场价格作为协商价格的上限，把标准成本作为协商价格的下限。双方经过协商，确定一个都能接受的"公允市价"作为计价基础。当具体情况发生变化时，双方可以重新协商，调整价格。

（3）双重定价法

双重定价法是指针对供需双方分别采用不同的价格而制定内部转移价格的方法。当某种产品或劳务有不止一种市场价格时,供应方希望采用较高的市场价格,而需求方则希望采用较低的市场价格。为了满足不同责任中心的需要,可允许双方各自按照自己希望的市场价格进行结算,而不强求一致。一般供应方以市场价格作为内部转移价格,而需求方则以供应方的变动成本作为购入产品的结算价格。内部转移价格的区别对待,可以较好地满足各责任中心在不同方面的需要,从而可以激励双方在生产经营中更好地发挥其主动性和积极性。

2. 以成本为基础制定内部转移价格

成本中心相互之间提供产品和劳务及有关成本中心的责任成本转账,一般应以成本作为内部转移价格,该成本通常指标准成本而不是实际发生的成本。其优点是简便易行,责任清楚,不会把供应单位的浪费或无效劳动转给耗用单位负担,有利于调动双方降低成本的积极性。具体分为以下三种方法:

(1) 标准成本法。标准成本法是以标准(定额)成本作为内部转移价格的方法,其是制定内部转移价格最简便的方法。这种方法适用于成本中心之间相互提供产品或劳务的情况。在管理工作较好的企业里,各种产品的定额资料比较完整,能够容易地计算出各中间产品和半成品的定额成本,而实行标准成本制度的企业则有更完整的标准成本资料。其优点是将管理和核算工作结合起来,避免供应方成本的高低对需求方的影响,使责任清楚,有利于调动供需双方降低成本的积极性。

(2) 标准成本加成法。标准成本加成法是指根据提供产品或劳务的标准成本,加上以合理的成本利润率计算的利润作为内部转移价格的方法。这种方法适用于提供产品或劳务的利润中心和投资中心。其优点是能分清供需双方的经济责任,有利于成本控制。但成本利润率的确定具有一定的主观性,一般认为以最终产品成本利润率确定较为合理。因为最终产品是各有关责任中心共同创造完成的,由此创造的利润应按有关责任中心参加的份额进行分配。各责任中心有了相同的利益,就能相互配合,更好地发展生产。

(3) 共同成本分配法。共同成本又称服务成本,是由服务部门(如动力部门、维修部门等)为生产部门提供服务所发生的成本。由于这些服务使各生产部门共同受益,其服务成本需要各受益部门共同负担,故称之为共同成本。共同成本的分配,可以看成是内部转移价格的一种转换形式,是一种"广义的转移价格"。共同成本的分配方法主要有:按固定比例分配全部共同成本;按受益部门实用劳务量和实际单位成本分配全部实际共同成本;按受益部门实用劳务量和预算单位成本分配共同成本。

上述方法各有其特点及适用性,企业可以根据自己的具体情况选用一种方法,或同时采用几种方法。如对材料采用市场价格定价法,对自制半成品和备件采用标准成本加成法等。

另外,在制定内部转移价格时,可以根据管理的需要,人为提高或降低内部转移价格。如对生产需要量小、市场价格低的材料和半成品,内部转移价格可以定得高一些,以鼓励外购;对生产需要量大、市场价格高的材料、半成品,可以将价格定得低一些,以鼓励自己生产,限制外部采购。

三、内部结算方式

企业内部各责任中心之间发生经济业务往来时,除了要以内部转移价格作为计价标准进行计量外,还应采用适当的内部结算方式进行内部结算。具体做法是通过企业的内部结算中心（财务部门）对各责任中心之间相互提供的产品或劳务，按照内部转移价格进行结算。按照内部结算采用的手段不同，企业内部结算方式通常包括以下几种：

（一）内部支票方式

内部支票方式是指由付款一方签发内部支票，通知内部银行从其账户中支付款项的内部结算方式。内部支票结算方式主要适用于收、付款双方直接进行经济往来的业务结算，如车间到仓库领用材料、车间将完工产品交库等。采用这种方式可以避免由于产品质量、价格等原因在结算过程中发生纠纷，而影响责任中心正常的资金周转的情况。

（二）转账通知单方式

转账通知单方式是指由收款一方根据有关原始凭证或业务活动证明签发转账通知单，通知内部银行将转账通知单转给付款一方，让其付款的一种内部结算方式。转账通知单方式适用于经常性的、质量与价格较稳定的往来业务，如辅助车间向生产车间供气、供水、供电等业务，它手续简便，结算及时。但因转账通知单是单向发出指令，付款一方若有异议，可能拒付，需要交涉。

（三）厂币方式

厂币方式是指使用内部银行发行的限于企业内部流通的货币（包括内部货币、资金本票、流通券、资金券等）进行内部往来结算的一种内部结算方式。各责任中心有结算业务时，直接用厂币进行结算，而不必通过结算中心。因此，采用这种方式会削弱结算中心对各责任中心的监督、控制作用。这种结算方式一般只适用于收、付款双方零星小额的款项结算，以及层次较低、未开设内部结算账户的责任中心之间的结算。

任务四　责任报告与业绩考核

一、责任报告的种类

企业内部的每一责任中心都应将定期执行业务的情况逐级上报，一则用以沟通情况，再则用以衡量业绩。责任报告是对各个责任中心责任预算执行情况的系统概括和总结。根据责任报告，可进一步对责任预算执行差异的原因和责任进行具体分析，以充分发挥反馈作用，以使上层责任中心和本责任中心对有关生产经营活动实行有效控制和调节，促使各个责任中心根据自身特点，卓有成效地开展有关活动以实现责任预算。

责任报告主要有两类：一类用以报告个人成就，另一类用以报告经营成果。前者的目的是将一个责任中心负责人的实际成就与当时条件下应达到的成就做比较；后者是各责任中心作为一个经济实体所取得的经营成果的报告。另外，责任报告按其反映的经济业务内容来划分，可以分为成本报告与财务报告；按其编报的时间来分，可分为日报、周报、月报、年报；按其报告的形式来划分，可分为书面报告、图解报告和口头报告。

二、编制责任报告的原则

责任中心是逐级设置的，责任报告也必须逐级编制，但通常只采用自下而上的程序逐级编报。编制责任报告应遵循如下一些基本原则：

1. 可控性原则

为了能公平地评价业绩,要将可控的业绩成果与不可控的环境因素的影响区分开来,各责任者只对完成或超额完成特定的可控目标负责。

2. 重要性原则

该原则体现在重点分析和报告对各责任者有重大影响的可控业绩指标方面,重要性主要由涉及事项的性质、数额的大小等因素决定。

3. 例外管理原则

在责任报告中,一般列出可控业绩指标的预算、实际和差异(率)三种数据资料。为了提高管理工作的效率,责任者应将注意力集中在属于不正常、不符合常规的关键性差异上。

三、责任报告的内容与形式

(一)成本中心的责任报告

由于成本中心的职能是决定生产要素的投入组合,不会产生收入和利润,它的业绩考核指标为可控成本之和,即责任成本。因此,对于成本中心而言,其责任报告中应当包含大量的关于可控成本的数据。成本中心责任报告的常用格式见表8-7。

表 8-7 成本中心责任报告的常用格式

(单位:元)

项　目	实　际　数	预　算　数	差　异　数
X 分公司第一车间可控成本			
变动成本			
直接材料	2 100	2 000	100
直接人工	800	860	−60
变动制造费用	300	280	20
小计	3 200	3 140	60
固定成本			
固定制造费用	400	450	−50
小计	400	450	−50
X 分公司第一车间可控成本合计	3 600	3 590	10
X 分公司制造部可控成本			
第一车间			
变动成本	3 200	3 140	60
固定成本	400	450	−50
小计	3 600	3 590	10
第二车间			
变动成本	2 200	2 150	50
固定成本	300	360	−60
小计	2 500	2 510	−10
制造部其他费用	400	360	40
X 分公司制造部可控成本合计	6 500	6 460	40
X 分公司可控成本			
制造部	6 500	6 460	40
行政部	1 120	1 200	−80
销售部	1 560	1 600	−40
总　　计	9 180	9 260	−80

（二）利润中心的责任报告

利润中心不但有成本发生，而且有收入发生，因此，利润中心不但要对成本、收入负责，而且要对利润负责，即对收入与成本的差额负责。利润中心最核心的评价指标是利润，利润具体可以划分为边际贡献、分公司利润和总公司利润等。因此，对于利润中心而言，它的责任报告通常包括以上利润指标，其具体格式见表 8-8。

表 8-8 利润中心责任报告的常用格式

（单位：元）

项目	实际额	预算额	差异额
X分公司销售收入			
地区1	4 800	5 000	−200
地区2	5 200	5 500	−300
地区3	6 400	6 200	200
小计	16 400	16 700	−300
X分公司变动成本			
第一车间	3 200	3 140	60
第二车间	2 200	2 150	50
小计	5 400	5 290	110
X分公司边际贡献	11 000	11 410	−410
X分公司固定成本			
制造部			
第一车间	400	450	−50
第二车间	300	360	−60
制造部其他费用	400	360	40
小计	1 100	1 170	−70
行政部	1 120	1 200	−80
销售部	1 560	1 600	−40
小计	2 680	2 800	−120
X分公司利润	7 220	7 440	−220
总公司利润			
X分公司利润	7 220	7 440	−220
Y分公司利润	6 400	6 000	400
合计	13 620	13 440	180

（三）投资中心的责任报告

投资中心不仅需要对成本、收入和利润负责，而且要对所占用的全部资产（包括固定资产和营运资金）负责。投资中心的业绩评价指标除了成本、收入和利润指标外，还包括投资利润率、剩余收益等指标。因此，对于投资中心而言，它的责任报告通常包含上述评价指标。投资中心责任报告的常用格式见表 8-9。

表8-9 投资中心责任报告常用格式

（单位：元）

项目	实际额	预算额	差异额
Y分公司销售收入	17 800	18 000	-200
Y分公司变动成本			
第一车间	3 600	3 800	-200
第二车间	4 400	4 800	-400
小计	8 000	8 600	-600
Y分公司边际贡献	9 800	9 400	400
Y分公司固定成本			
制造部			
第一车间	430	450	-20
第二车间	370	400	-30
行政部	1 400	1 450	-50
销售部	1 200	1 100	100
小计	3 400	3 400	0
经营净利润	6 400	6 000	400
经营资产平均占用额	62 000	62 000	0
经营资产周转率	28.71%	29.03%	-0.32%
销售利润率	35.96%	33.33%	2.63%
投资利润率	10.32%	9.68%	0.64%
剩余收益（规定最低投资报酬率为10%）	200	-200	400

责任报告是对各个责任中心执行责任预算情况的系统概括和总结。通过定期编制责任报告，可以评价企业内部各责任中心的经营业绩；根据责任报告，可以对差异形成的原因和责任进行具体分析，从而发挥信息的反馈功能，有助于企业最高管理层对企业的经营活动进行细致有效的控制和调节。

【案例分析8-2】

长江制品有限公司决定实行全员责任制，以寻求更佳的效益。企业根据三年来实际成本资料，制定了较详尽的费用控制方法。材料消耗实行定额管理，产品耗用优质木材，单件定额6元；工人工资实行计件工资，计件单价3元；在制作过程中需用专用刻刀，每件工艺品限领1把，单价1.3元；劳保手套每生产10件工艺品领用1双，单价1元。当月固定资产折旧费8 200元，摊销办公费800元，保险费500元，租赁仓库费500元，当期计划产量5 000件。车间实际组织生产时，根据当月订单组织生产2 500件，A分部负责人充分调动生产人员工作积极性，改善加工工艺，严把质量关，杜绝了废品，最终使材料消耗由定额的每件6元，降低到每件4.5元；领用专用刻刀2 400把，共计3 120元。但是在业绩考核中，却没有完成任务，出现了令人困惑的结果。

◎ 问题

试用责任会计相关内容分析出现这一考核结果可能的原因。

项目小结

本项目主要介绍了责任会计的基本理论、责任中心及内部转移价格等内容。责任会计是现代管理会计的一项重要内容，是现代分权管理模式的产物。它是通过在企业内部建立若干个责任中心，并对其分工负责的经济业务进行规划与控制，以实现业绩考核与评价的一种内部控制会计。责任会计的核心工作是：根据授予各单位的权利、责任及对其业绩的计量评价，在企业内部建立若干个不同形式的责任中心，并建立起以责任中心为主体，以责、权、利相统一为特征，以责任预算、责任控制、责任考核为内容，通过信息的积累、加工和反馈等方式以实现对各责任中心分工负责的经济活动进行规划与控制的一种内部制度。

责任会计体系建立的前提是划分责任中心。责任中心是指具有一定的管理权限，并承担相应经济责任的企业内部单位，其基本特征是权、责、利相统一。按照责任对象的特点和责任范围的大小不同，责任中心可以分为成本中心、利润中心与投资中心。成本中心是指只发生成本而不取得收入的责任中心。成本中心只考核责任成本，而不考核其他内容。利润中心是指既要发生成本，又得取得收入，还能根据收入与成本配比计算利润的责任中心。以可控收入减去可控成本就是利润中心的可控利润，也就是责任利润。责任利润的考核指标包括"销售收入""边际贡献""部门经理边际贡献""部门边际贡献"等。投资中心是最高层次的责任中心，它拥有最大的决策权，也承担最大的责任。投资中心的业绩评价有两个重要的财务指标：投资报酬率和剩余收益。

在责任会计体系中，企业每一个责任中心都是作为相对独立的主体存在的，为了分清经济责任，各责任中心之间的经济往来要按照一定的价格进行结算。内部转移价格也称内部结算价格，是指企业办理内部交易结算和内部责任划分所使用的价格。制定内部转移价格的原则有整体性原则、简便性原则及稳定性原则。内部转移价格可以市价为基础制定，如市场价格定价法、协商定价法及双重定价法；也可以成本为基础制定，如标准成本法、标准成本加成法及共同成本分配法等。每种方法各有利弊，需要结合企业的实际情况进行选择。按照内部结算采用的手段不同，企业内部结算方式包括内部支票方式、转账通知单方式和厂币方式。

关键术语

责任会计　责任中心　内部转移价格　成本中心　利润中心　投资中心　投资报酬率　剩余收益

实训操作

【实训项目】
内部转移价格的计算。

【实训情境】

某企业有甲、乙两个利润中心,甲利润中心生产的 A 零件(单位变动成本 30 元),是乙利润中心生产的 B 产品所需的一种配件。现在乙利润中心需要 A 零件 1 000 件,乙利润中心生产 B 产品的单位加工费用和销售费用合计为 20 元,B 产品的销售单价为 70 元。A 零件可以以单价 40 元对外销售。

【实训任务】

(1)如果甲利润中心在生产 A 零件 1 000 件后没有闲置生产能力,为了保证利润中心的决策与企业总体利益相一致,企业应该以变动成本还是市场价格作为 A 零件的内部转移价格?

(2)如果甲利润中心用闲置生产能力生产 1 000 件 A 零件,为了保证利润中心的决策与企业总体利益相一致,企业应该以变动成本还是市场价格作为 A 零件的内部转移价格?

(3)为了鼓励甲利润中心使用闲置生产能力,应如何确定 A 零件的内部转移价格?

(4)为了鼓励甲利润中心使用闲置生产能力,以市场价格作为内部转移价格。计算甲、乙两个利润中心的边际贡献。

综合测试

一、单项选择题

1. 成本中心的责任成本是指( )。
   A. 产品成本　　B. 生产成本　　C. 可控成本　　D. 不可控成本

2. 下列不属于责任会计基本原则的是( )。
   A. 责权利相结合原则　　　　　B. 反馈性原则
   C. 一致性原则　　　　　　　　D. 不可控原则

3. 一般来说,标准成本中心的考核指标是( )。
   A. 部门税前利润
   B. 既定产品质量和数量条件下的标准成本
   C. 投资报酬率
   D. 剩余收益

4. 企业某部门本月销售收入 100 000 元,变动成本率为 75%,部门可控固定间接费用 8 000 元,部门不可控固定间接费用 3 000 元,分配给该部门的公司管理费用 2 000 元,则最能反映该部门经理业绩的金额是( )元。
   A. 14 000　　B. 17 000　　C. 11 000　　D. 25 000

5. 利润中心不具有( )。
   A. 价格制定权　B. 投资决策权　C. 生产决策权　D. 销售决策权

6. 只要有费用支出的部门,就可以建立( )。
   A. 成本中心　　B. 利润中心　　C. 投资中心　　D. 责任中心

7. 某企业的辅助生产车间为基本生产车间提供专用零件。对辅助生产车间进行业绩评价时所采用的内部转移价格应该是( )。
   A. 变动成本加固定费用转移价格　　B. 以市场为基础的协商价格

C．市场价格　　　　　　　　　　D．全部成本转移价格

8．通常使用费用预算来评价费用中心的成本控制业绩，确定预算数额的方法不包括（　　）。
　　A．考察同行业类似职能的支出水平　　B．零基预算法
　　C．依据历史经验　　　　　　　　　　D．滚动预算法

9．某投资中心的资产额为500 000元，资本成本为20%，剩余收益为50 000元，则该投资中心的投资报酬率为（　　）。
　　A．10%　　　　B．40%　　　　C．30%　　　　D．50%

10．除了能控制成本、收入和利润外，还能对投入的资金进行控制的责任中心是（　　）。
　　A．成本中心　　B．利润中心　　C．投资中心　　D．责任中心

11．下列指标中，不能用于企业内部业绩评价的是（　　）。
　　A．投资报酬率　　B．剩余收益　　C．经济增加值　　D．市场增加值

12．某生产车间是一个标准成本中心。为了对该车间进行业绩评价，需要计算的责任成本范围是（　　）。
　　A．该车间的直接材料、直接人工和全部制造费用
　　B．该车间的直接材料、直接人工和变动制造费用
　　C．该车间的直接材料、直接人工和可控制造费用
　　D．该车间的全部可控成本

13．企业为了有效地进行内部控制，将整个企业逐级划分为若干责任范围。这些责任范围是指能够严格控制的活动区域，称为（　　）。
　　A．成本中心　　B．利润中心　　C．投资中心　　D．责任中心

14．作为利润中心的业绩考核指标，可控边际贡献的计算公式是（　　）。
　　A．部门营业收入–已销商品变动成本
　　B．部门营业收入–已销商品变动成本–变动销售费用
　　C．部门营业收入–已销商品变动成本–变动销售费用–可控固定成本
　　D．部门营业收入–已销商品变动成本–可控固定成本

15．以对外销售产品而取得收入的利润中心是（　　）。
　　A．人为利润中心　　　　　　　B．自然利润中心
　　C．销售的利润中心　　　　　　D．成本的利润中心

16．对成本、收入和利润负责的是（　　）。
　　A．销售中心　　B．成本中心　　C．利润中心　　D．投资中心

二、多项选择题
1．责任中心按其控制范围和责任范围的大小，可分为（　　）。
　　A．费用中心　　B．成本中心　　C．收入中心　　D．利润中心

2．投资中心应负责的是（　　）。
　　A．成本　　　　B．收入　　　　C．利润　　　　D．资金的使用效果

3．下列关于内部转移价格的说法中正确的有（　　）。
　　A．内部转移价格对于提供产品或劳务的生产部门来说表示收入

B．采用协商价格的条件是中间产品存在完全竞争的市场
C．当用变动成本加固定费用转移价格时，如果最终产品的市场需求很少，则市场风险全部由购买部门承担
D．以全部成本或者以全部成本加上一定利润作为内部转移价格可能是最差的选择

4．不适合建立费用中心进行成本控制的单位有（　　）。
  A．行政管理部门　　　　　　　　B．医院的放射治疗室
  C．生产企业的车间　　　　　　　　D．研究开发部门

5．计算责任成本，必须把成本划分为（　　）。
  A．可控成本　　B．可避免成本　　C．不可控成本　　D．不可避免成本

6．判断一项成本是否属于可控成本的标准有（　　）。
  A．责任中心能够预知将要发生的成本
  B．责任中心能够对发生的成本进行计量
  C．责任中心能够对成本加以调节和控制
  D．必须是变动成本

7．以市场为基础的协商价格作为企业内部各责任中心之间相互提供产品的转移价格，需要具备的条件有（　　）。
  A．在非竞争性市场有买卖的可能性　　B．完整的责任中心之间的成本转移流程
  C．买卖双方有权自行决定是否买卖　　D．最高管理层对转移价格的适当干预

8．下列有关成本中心的说法中正确的有（　　）。
  A．成本中心不对生产能力的利用程度负责
  B．成本中心不进行设备购置决策
  C．成本中心必须对任何成本负责
  D．成本中心不需考核收益

9．用下列方法制定内部转移价格时，不能调动提供部门降低成本积极性的方法包括（　　）。
  A．实际成本法　　　　　　　　　　B．实际成本加成法
  C．标准成本法　　　　　　　　　　D．标准成本加成法

10．对投资中心考核的重点是（　　）。
  A．投资报酬率　　B．销售收入　　C．销售成本　　D．剩余收益

11．利润中心分为（　　）。
  A．自然利润中心　　　　　　　　　B．实际利润中心
  C．人为利润中心　　　　　　　　　D．预算利润中心

12．制定内部转移价格的原则有（　　）。
  A．整体性原则　　B．简便性原则　　C．稳定性原则　　D．自主性原则

13．以下关于责任中心的表述中正确的有（　　）。
  A．任何发生成本的责任领域都可以确定为成本中心
  B．投资中心本质上也是一种利润中心
  C．成本中心具有法人资格
  D．投资中心不仅能够控制生产与销售，还能控制占用的资产

14. 按照管理范围划分，下列各项中属于成本中心的有（　　）。
   A．生产车间　　B．仓库　　C．管理部门　　D．分厂
   E．销售部门

15. 甲利润中心常年向乙利润中心提供劳务，在其他条件不变的情况下，如提高劳务的内部转移价格，可能出现的结果是（　　）。
   A．甲利润中心内部利润增加　　B．乙利润中心内部利润减少
   C．企业利润总额增加　　D．企业利润总额减少

16. 用投资报酬率来评价投资中心业绩具有的优点包括（　　）。
   A．可以对整个部门的经营状况做出评价
   B．有助于提高整个企业的投资报酬率
   C．可以与公司的整体利益保持一致
   D．可用于不同部门之间及不同行业之间的比较

17. 某公司甲部门的收入为15 000元，变动成本为10 000元，可控固定成本为800元，不可控固定成本为1 200元，公司管理费用为1 000元，则下列说法正确的有（　　）。
   A．边际贡献为5 000元　　B．可控边际贡献为4 200元
   C．部门边际贡献为3 000元　　D．部门税前利润为2 000元

18. 内部转移价格的类型有（　　）。
   A．市场价格　　B．标准成本　　C．协商价格　　D．双重价格

19. 一般而言，在成本中心，下列说法正确的有（　　）。
   A．变动成本大多是可控成本　　B．直接成本大多是可控成本
   C．固定成本大多是不可控成本　　D．间接成本大多是不可控成本

20. 剩余收益是评价投资中心业绩的指标之一。下列关于剩余收益指标的说法中，正确的有（　　）。
   A．剩余收益可以根据现有财务报表资料直接计算
   B．剩余收益可以引导部门经理采取与企业总体利益一致的决策
   C．计算剩余收益时，对不同部门可以使用不同的资本成本
   D．剩余收益指标可以直接用于不同部门之间的业绩比较

三、判断题

1．剩余收益指标的优点是可以使投资中心的业绩评价与企业目标协调一致。（　　）
2．对于上级分配来的固定成本，由于利润中心无法控制其数额，所以对这部分固定成本的影响在考核时应将其剔除。（　　）
3．成本中心有两种：一种是自然成本中心；另一种是人为成本中心。（　　）
4．在一定的条件下，可控成本与不可控成本可以实现相互转化。（　　）
5．成本中心只对成本负责，而且这些成本均为可控成本。（　　）
6．内部转移价格是企业之间相互买卖产品或提供劳务的结算价格。（　　）
7．从企业总体看，内部转移价格无论怎样变动，企业利润的总数是不变的，变动的是利润或内部利润在各责任中心之间的分配情况。（　　）
8．利润中心是企业责任中心的最高层次，也是决定企业经济效益高低的关键部门。（　　）

9．责任中心的责任成本就是当期发生的各项可控成本之和。（　　）
10．较低层次责任中心的可控成本，则一定是其所属较高层次责任中心的可控成本。（　　）
11．各个成本中心既要对可控成本负责，又要对不可控成本负责。（　　）
12．用剩余利润指标考核投资中心，可以在投资决策方面使各个投资中心的利益与公司的整体利益取得一致。（　　）
13．在成本中心、利润中心、投资中心中，成本中心是最基本的中心，它仅对成本负责。（　　）
14．利润中心是指除了能够控制成本以外，还能控制收入和利润的责任中心。（　　）
15．剩余收益是指投资中心的营业净利减去其经营资产按规定的最低报酬率计算的投资报酬后的余额。（　　）
16．投资中心在责任中心中处于最高层次，它具有最大的决策权，也承担最大的责任。（　　）
17．与成本中心相比，利润中心的责任相对要大一些。（　　）
18．市场价格定价法比较公正合理，不会偏袒买卖双方。（　　）
19．成本中心没有对外销售权，其工作成果不会形成可以用货币计量的收入。（　　）

四、问答题

1．什么是责任会计？责任会计的主要内容有哪些？
2．什么是责任中心？如何分类？
3．什么是成本中心？成本中心可以分为哪些类型？
4．什么是利润中心？如何分类？有哪些考核指标？
5．什么是投资中心？有哪些考核指标？
6．内部转移价格指什么？内部转移价格的制定方法有哪些？
7．责任报告的种类及编制原则分别是什么？

五、技能题

1．某公司下设 X、Y 两个分公司，均为投资中心，同期各项指标的资料见表 8-10。

表 8-10　X、Y 投资中心同期各项指标

项　目	X分公司	Y分公司
销售收入	800 000	（1）
营业利润	160 000	（2）
营业资产平均占用额	（3）	1 000 000
销售利润率	（4）	24%
投资周转率	（5）	2.5
投资利润率	25%	（6）

要求：计算并填列表格中用括号表示的空白项目。

2．某公司设有 A、B、C 三个分公司，其中 A 分公司 2019 年资产总额 104 万元，营业净利 26 万元，现决定投资 56 万元用于扩大该厂投资规模，预计 2020 年 A 分公司全年可增加营业净利 12 万元。总公司平均投资报酬率为 20%。

要求：

（1）计算 A 分公司 2019 年的投资报酬率及剩余收益。

（2）计算 A 分公司 2020 年预计的投资报酬率及剩余收益。

（3）若以投资报酬率考核 A 分公司经营业绩，A 分公司是否愿意接受该新增投资？若以剩余收益为考核指标呢？请说明理由。

3．已知某集团公司下设甲、乙、丙三个投资中心，相关数据见表 8-11。

表 8-11　投资中心指标信息表

（金额单位：万元）

指　　标	集团公司	甲投资中心	乙投资中心	丙投资中心
净利润	34 650	10 400	15 800	8 450
净资产平均占用额	315 000	94 500	145 000	75 500
规定的最低投资报酬率	10%			

要求：

（1）计算该集团公司和各投资中心的投资报酬率，并据此评价各投资中心的业绩。

（2）计算各投资中心的剩余收益，并据此评价各投资中心的业绩。

（3）综合评价各投资中心的业绩。

项目九
作业成本法

项目目标

1. 知识目标

理解作业成本法的基本概念及特点；熟知作业成本法的理论基础；了解作业成本法与传统成本法的不同；掌握作业成本法计算的一般程序。

2. 能力目标

掌握作业成本法的计算。

3. 素质拓展目标

了解作业成本法产生的时代背景、发展及传统成本法的缺陷；能分析作业成本法和传统成本法的差异。

【项目导入】

农机厂应用作业成本法

红星农机厂是典型的国有企业，拥有以销定产、多品种小批量的生产模式。在传统成本法下，制造费用超过人工费用的200%，成本控制不足。为此，企业决定实施作业成本法。根据企业的工艺流程，确定了32项作业，以及各作业的作业动因。作业动因主要是人工工时，其他作业动因有运输距离、准备次数、零件种类数、订单数、机器小时、客户数等。通过计算，企业发现了传统成本法的成本扭曲：最大差异率达到46.5%。根据作业成本法提供的信息，为加强成本控制，可针对每项作业制定目标成本，使得目标成本可以细化到班组，增加成本控制的有效性。通过对成本信息的分析可知，生产协调、检测、修理和运输作业并不增加顾客价值，这些作业的执行人员归属一个分厂管理，但是人员分布在各个车间。企业通过作业分析发现了大量的人力资源冗余。根据分析结果，企业决定裁减一半的人员，并减少相关的资源支出。分析还表明，运输作业由各个车间分别提供，但是都存在能力剩余，若将运输作业集中管理，可以减少3~4台叉车。此外，正确的成本信息对于销售的决策也有重要的影响，根据作业成本信息以及市场行情，企业修定了部分产品的价格。修定后的产品价格更加真实地反映了产品的成本，使企业具有更强的竞争力。

🔖 讨论

选择合适的成本计算方法的有什么作用？

任务一　作业成本法概述

一、作业成本法的产生背景

作业成本法最早可追溯到 20 世纪 30 年代末，并于 20 世纪 90 年代在许多大型制造企业得到普遍运用。第一个从理论上探讨作业成本法的是美国的会计学家埃里克·路易斯·科勒教授，他在 20 世纪 30 年代末 40 年代初提出作业成本法的基本思想，其作业成本法思想是在 1938~1950 年逐步形成的。1941 年，科勒教授在其发表在《会计论坛》（Accounting Forum）杂志上的一篇文章中指出：作业就是一个组织单位对某项工程、某大型建设项目、某项规划及某项重要经营的各个具体活动所做出的贡献。1952 年，科勒教授在其编著出版发行的《会计师词典》中指出：每项作业都要设置一个账户，即作业账户。作业账户是指某交易事项的收入和费用账户，该交易事项的作业主管人应履行责任，实行控制。交易事项包括材料和各种服务，但属于他人责任范围的及其他事项不应在该账户范围之内。科勒对作业及作业账户的研究为作业成本法以后的发展奠定了基础。

乔治·斯托布斯和哈佛大学的罗宾·库珀教授、罗伯特·卡普兰教授，在对美国公司调查研究之后，对作业成本法进行了系统、深入的研究，对作业成本法给予了明确的解释。乔治·斯托布斯教授主张会计是一个信息系统，作业成本会计是一种与决策有用性目标相联系的会计。斯托布斯在其博士论文中提出：作业成本计算中的成本，不是一种存量，而是一种流出量。斯托布斯的观点对作业成本会计理论框架的形成有着十分重要的意义。1971 年，斯托布斯出版了具有重大影响的《作业成本计算与投入产出会计》。研究作业成本会计应首先明确三个概念："决策有用性""作业""成本"。1988 年，库珀在夏季号《成本管理》杂志上发表了《一论 ABC 的兴起：什么是 ABC 系统》。他认为，产品成本就是制造和运送产品所需全部作业的成本总和，成本计算的基本对象是作业。

西方国家从 20 世纪 90 年代开始在先进制造企业中首先应用起这种全新的企业管理理论和方法，以改善原有的会计系统，增强企业的竞争力。首先，西方发达国家先进的生产力带动了高新技术的蓬勃发展，进一步提高了材料的利用率和生产效率，取代了大量的劳动力，许多企业的生产过程已经实现了高度机械化或自动化。高新技术的运用不仅提高了企业的生产效率，也对产品的成本产生了一系列的影响，导致产品成本中直接材料成本和人工成本出现了普遍下降趋势。尤其是直接人工成本，从以前占产品成本的 40%~50%下降到仅占产品成本的 3%~5%。但该变化使制造费用大规模上升，甚至达到直接人工成本的 400%~500%。如何合理地分配制造费用成为一个重要问题。其次，随着以 MRP Ⅱ 为核心的管理信息系统的广泛应用以及计算机集成制造系统（CIMS）的兴起，生产自动化、智能化程度日益提高，企业的固定资产投资增加，间接成本等也相对增加。最后，由于社会富裕程度增加，人们生活水平不断提高，消费者的需求逐渐由大众化的、能满足基本使用需求的产品转向更加多样化、更具有个性特征的产品。市场多元化的需求导致企业生产多元化，不同产品的生产过程、工艺流程存在着显著的差别，生产环境的复杂化使得传统的成本计算方法已无法提供准确的成本信息。迫于市场竞争的压力，企业不得不放弃传统的大规模批量生产方式，而采用能对客户多样化并不断变化的需求迅速做出反应的柔性制造系统（FMS）。这一系列的变化使企业的经营环境和制造环境发生了巨大的转变，打破了传统成本计算方法赖以存在的社会环境，从而迫使企业改变其生产模式等。

企业或组织实行作业成本法，究其原因，总体可归纳为以下几个方面：①产业竞争激烈；②成本扭曲问题日趋严重；③传统成本会计无法提供有关成本与管理的信息；④制造费用结构改变；⑤ERP系统的广泛使用。

二、作业成本法的概念

（一）基本概念

作业成本法简称ABC法，即以作业为基础的成本计算方法。它是以作业（Activity）为核心，将耗用的资源成本准确地计入作业，然后选择成本动因，将所有作业成本分配给成本计算对象（产品或服务）的一种成本计算方法。作业成本法主要以作业为制造费用的归集对象，通过资源动因的确认、计量，归集资源到作业上，再通过作业动因的确认、计量，归集作业成本到产品上去。作业成本法的目标是把所有为不同产品提供作业所消耗的资源价值测量和计算出来，并恰当地把它们分配给每种产品。

（二）相关概念

作业成本法涉及的概念主要有：作业、作业链、价值链、作业中心、作业成本库等。

1. 作业

作业是企业为了某种目的而消耗资源的各种行为活动或事项，如签订材料采购合同、将材料运达仓库、对材料进行质量检验、办理入库手续、登记材料明细账等；又如机加工车间所进行的车、铣、刨、磨等加工活动；再如产品的质量检验、包装、入库等。其中每一项具体活动就是一项作业。一项作业对于任何加工或服务对象，都必须是重复执行特定的或标准化的过程和办法。如轴承制造企业的车工作业，无论加工何种规格型号的轴承外套，都须经过将加工对象（工件）的毛坯固定在车床的卡盘上，开动机器进行切削，然后将加工完毕的工件从卡盘上取下等相同的特定动作和方法。执行任何一项作业都需要耗费一定的资源。如车工作业，需要耗费人工、材料（如机物料等）、能源（电力）和资本（车床和厂房等）。一项作业可能是一项非常具体的活动，如上述车工作业；也可能泛指一类活动，如机加工车间的车、铣、刨、磨等所有作业可以统称为机加工作业；甚至可以将机加工作业、产品组装作业等统称为生产作业（相对于产品研发、设计、销售等作业而言）。

作业是为提供一定产量产品或劳务所消耗的人力、技术、原材料、方法和环境的集合体。

作业具有三个方面的基本特征：①作业的本质是交易，作业是投入产出因果连动的实体，是一种资源的投入和另一种结果的产出过程，如产品设计，投入的是智慧、技术、工具等，产出的是产品设计图案。②作业活动贯穿于企业生产经营的全过程，包括企业内部和企业外部。内部交易如投入材料、加工、检验等，外部交易如购买原材料、销售、运输等，产品从设计到最终销售出去是由各种作业的行使而完成的。③作业可以量化，即作业可以采用一定的计量标准计量。按照作业发生数量的方法不同，可以将作业分为四类：单位作业、批别作业、产品（品种）作业和维持性作业。作业是计算成本过程中的一个元素，必须具有可量化性，同时又是计算成本的客观依据。

2．作业链

作业链是指把企业看作是为满足客户需要而设计建立的、一系列前后有序的作业集合体。作业成本法的基本思想是在资源和产品之间引入一个中介即作业。从产品设计到产品售出的整个生产经营过程，由一系列前后有序的作业构成，将它们由此及彼、由内到外连接起来，这个有序的集合体就是作业链。在这个作业链上存在这样一种关系："资源→作业→产品"。最终产品作为企业内部各作业链的最后一环，凝结了各作业链所形成并最终提供给客户的价值。

在作业链中，各种作业之间存在着逻辑关系。某些后续的作业是其先行作业的"客户"，作业之间彼此互为客户，从而形成一个由此及彼、由内到外的链条。具体是指从产品设计开始，到物料供应，从生产工艺流程的各个环节、质量检验包装到发运销售的全过程。如某企业的作业链由如下作业活动构成：产品设计、订单处理、采购储存、材料搬运、机器调试、设备运行、质量检验、包装、销售、开发货单、发货装运、收账、售后服务及人员培训，各项作业相互链接形成一个作业链。

3．价值链

价值链的概念是著名的公司战略研究专家迈克尔·波特（Michael Porter）于1985年提出的，是分析企业竞争优势的根本思路。它紧紧地与服务于客户需求的作业链相联系，是作业链的货币表现。作业耗费与作业产出配比的结果就是企业的盈利，因此，作业链同时表现为价值链。

价值链是从开发、生产、营销和向客户交付产品或劳务所必需的一系列作业价值的集合，是伴随着作业转移的价值转移过程中全部价值的集合。如前所述，在作业链上，存在这样一种关系：资源→作业→产品，即作业耗用资源，产品耗用作业。于是就有了下述关系：每完成一项作业就要消耗一定量的资源，同时又有一定价值量的产出转移到下一项作业，据此逐步结转下去，直至最后一个步骤形成产品提供给客户。作业的转移同时伴随着价值的转移，最终产品是全部作业的集合，同时也表现为全部有关作业的价值的集合。因此，价值在作业链上各作业之间的转移就形成一条价值链，作业链的形成过程就是价值链的形成过程。

对价值链的分析，可以从产品环节一直追查到产品设计环节，其目的在于两个方面：①筛选作业，即发现和消除对价值链无所贡献的作业，如消除存货积压；②改善作业，即提高作业环节的工作效率，如改善客户服务质量。因此，对价值链进行分析，可以为企业改善成本管理指明方向，是企业挖掘降低成本潜力、加强全面质量管理、减少资源浪费的有效途径。

4．作业中心

作业中心是一系列相互联系、能够实现某种特定功能的作业集合。以主要作业为标志，将类似的作业归集在一起便构成了作业中心。例如，在原材料采购作业中，材料采购、材料检验、材料入库、材料仓储保管等都是相互联系的，并且都可以归于材料处理作业中心。一个作业中心就是生产程序的一部分。

5．作业成本库

作业成本库是指同一或同质成本动因导致的费用项目归集在一起的成本类别，或者说是由若干个同一（同质）成本动因导致的费用项目归集在一起的特定的集合体，即相同成本动因的作业成本集。作业成本库的建立把间接费用的分配与产生这些费用的原因与成本动因联系起来，不同的作业成本库选择不同的成本动因作为分配标准。例如，质量控制部门可按"外购材料的检验""在产品的检验"和"产成品的检验"三个作业成本库，并分别以"材料订购次数""设备调整与准备次数"和"销售产品数量"作为其成本动因，以它们作为分配标准，对各个作业成本库所汇集的成本、费用进行分配。这样只需要一个成本动因即可分配作业成本库的成本。作业成本库把相关的一系列作业消耗的资源费用归集到作业中心，构成各作业中心的作业成本库。作业成本库是作业中心的货币表现形式。

在作业成本法下，通过设置各种各样的作业成本库，并按多样化的成本动因对间接费用进行分配，使成本计算的过程大大明细化，同时，也使成本计算的正确性和成本的有效性大大提高。

三、作业成本动因

（一）成本动因的定义

成本动因是指引起成本发生变动的原因，换句话说，成本动因就是分配各种成本的标准。这是一种直观的理解，其实成本动因不仅仅是"分配标准"，而且是导致成本发生的最根本的原因。多个成本动因结合起来决定了一项既定活动的成本，一项价值活动的相对成本地位取决于它相对于重要成本动因的地位。企业的特点不同，具有战略地位的成本动因也不同。

（二）成本动因分析

成本动因分析是企业进行作业成本管理的基础，作业成本是企业在作业流程（作业链）中所发生的成本，都要消耗资源。因此，企业需要借助作业成本管理方法，区分增值作业和非增值作业，通过改善作业流程，努力降低或消除非增值作业，持续改进增值作业，对战略实施过程进行有效的控制，从而充分利用企业的有限资源，保证企业战略目标的实现。

识别每项价值活动的成本动因，明确每种价值活动的成本地位形成和变化的原因，为改善价值活动和强化成本控制提供了有效途径。对成本动因的细致划分难以穷尽，但从战略高度看，影响成本发生深刻变化的是那些具有普遍意义的、更具有战略意义的成本动因，如规模经济、生产能力利用模式、价值活动之间的联系及其相互关系、时机选择、企业政策、地理位置等，这些成本动因对企业的成本产生持久的影响。由于企业的特点、条件不同，在进行成本动因分析时，除了要认识一般的成本动因外，还需要结合企业的实际情况，分析对企业影响重大的成本动因。表 9-1 所列内容为代表性作业中心所对应的作业成本动因。

表 9-1　代表性作业中心及作业成本动因

代表性作业中心	作业成本动因
操作机器	机器小时
机器调整	调整小时或次数
采购材料	采购次数
产品设计	产品种类
质量检查	检查次数或小时

（三）成本动因的分类

在作业成本法中，大量地使用着成本动因这一概念。成本动因也称成本驱动因素，是指引起相关成本对象的总成本发生变动的因素。成本动因按其性质不同，可以分为积极性成本动因（Positive Cost Driver）和消极性成本动因（Negative Cost Driver）。积极性成本动因是能够产生收入、产品或利润的作业，如销售订单、生产通知单等。消极性成本动因是引起不必要的工作和利润减少的作业，如重复运送产品等。成本动因按其所考虑的影响因素不同，可以分为执行性成本动因（Executive Cost Driver）和结构性成本动因（Structural Cost Driver）。西方会计学界比较公认的是把成本动因分为后两类，即执行性成本动因和结构性成本动因。

1．执行性成本动因

执行性成本动因是企业在按照所选择的战略定位和经济结构进行生产经营的过程中，要成功控制成本所应考虑的因素，也是决定企业成本水平的重要因素。执行性成本动因分析包括对每项生产经营活动所进行的动因分析，成本分配的最佳方案是通过因果关系确定成本消费因素，这些动因是可观察的，并且能够计量出成本对象的资源消耗情况，是影响资源耗用、作业耗用、成本及收入等方面变化的因素，如员工参与管理、员工承诺持续不断地进步、坚持全面质量管理、保证生产流程效率、充分利用价值链与顾客和供应商加强联系和沟通等。与结构性成本动因不同，执行性成本动因越多，越易于企业进行成本控制，从而达到降低成本的目的。

根据成本动因在资源流动中的位置不同，通常可以将成本动因分为资源动因和作业动因。动因追溯是指使用动因将成本分配至各成本对象的过程。尽管它不如直接追溯法准确，但如果因果关系建立恰当的话，成本归属仍有可能达到较高的准确性。

（1）资源动因是指资源被各作业消耗的方式和原因，它是把资源成本分配到作业的基本依据。如购货作业的资源动因是从事这一活动的员工人数。对资源动因的分析，有利于反映和改进作业效率。在确定作业效率高低时，可将本企业的作业与同行业类似作业进行比较，然后通过资源动因的分析与控制，寻求提高作业效率的有效途径，尤其应注意分析与控制在总成本中占有重大比例或比例正在逐步增长的价值活动的资源动因。例如，产品质量检验工作（作业）需要有检验人员、专用的设备，并耗用一定的能源（电力）等。检验作业作为成本对象，耗用的各项资源，构成了检验作业的成本。其中，检验人员的工资、专用设备的折旧费等成本，一般可以直接计入检验作业；而能源成本往往不能直接计入（除非为设备专门安装电表进行电力耗费记录），需要根据设备额定功率（或根据历史资料统计的每小时平均耗电数量)和设备开动时间来分配。这里,"设备的额定功率乘以开动时间"就是能源成本的动因。设备开动导致能源成本发生,设备的功率乘以开动时间的数值(即动因数量)越大,耗用的能源越多。按"设备的额定功率乘以开动时间"这一动因作为能源成本的分配基础,可以将检验专用设备耗用的能源成本分配到检验作业当中。

(2)作业动因计量各种产品对作业耗用的情况,并被用来作为作业成本的分配基础。作业动因是指作业贡献于最终产品的方式与原因,如购货作业动因是发送购货单数量。可通过分析作业动因与最终产出的联系,来判断作业的增值性:为生产最终产品所需的且不可替代的作业或为最终产品提供独特价值的作业为增值作业;反之,则为非增值作业。一般企业的购货加工、装配等均为增值作业,而大部分的仓储、搬运、检验,以及供、产、销环节的等待与延误等,由于并没有增加产出价值,为非增值作业,应减少直至消除,以使产品成本在保证产出价值的前提下得以降低。例如,某车间生产若干种产品,每种产品又分若干批次完成,每批产品完工后都需进行质量检验。假定对任何产品的每一批次进行质量检验所发生的成本相同,则"检验的次数"就是检验成本的作业动因,它是引起产品检验成本变动的因素。某一会计期间发生的检验作业总成本(包括检验人工成本、设备折旧、能源成本等)除以检验的次数,即为每次检验所发生的成本。某种产品应承担的检验作业成本,等于该种产品的批次乘以每次检验发生的成本。产品完成的批次越多,则需要进行检验的次数越多,应承担的检验作业成本越多;反之,应承担的检验作业成本越少。

2. 结构性成本动因

结构性成本动因是与企业的战略定位和经济结构密切相关的成本因素。不同的战略选择导致了企业不同的生产经营方式,进而导致截然不同的成本动因。当我们将视角从企业的各项具体活动转向企业整体时,就会发现大部分企业成本在其具体生产经营活动展开之前就已被确定,这部分成本的影响因素即称结构性成本动因。迈克尔·波特综合了影响企业价值活动的十种结构性成本动因:规模经济、学习、生产能力利用模式、联系、相互关系、整合、时机选择、自主政策、地理位置和机构因素。结构性成本动因从深层次上影响企业的成本地位。为了创建长期成本优势,应比竞争对手更有效地控制这类成本动因。如美国西南航空公司为了应对激烈的竞争,将其服务定位在特定航线而非全面航线的短途飞行,避免从事大型机场业务,采取取消用餐、定座等特殊服务,以及设立自动售票系统等措施来降低成本。结果其每日发出的众多航班与低廉的价格吸引了众多的短途旅行者,成本领先优势得以建立。

若干个成本动因常常相互作用,以决定一类价值活动的成本。这种相互作用可能是相互加强的,也可能是相互对抗的。因此,企业还应重视分析各成本动因之间的相互作用,以避免成本动因间的相互抵触,并充分利用成本动因间相互加强的效果来获得持久竞争优势。

四、作业成本法的基本原理

作业成本法的理论依据是作业消耗资源,产品消耗作业,选择"作业"为成本计算对象,归集和分配生产经营费用。作业成本法的基本原理是成本动因理论,这种理论认为,企业的产品成本和价值并不是孤立产生的,产品成本的形成是与各种资源的消耗密切相关的,因此,分配制造费用应着眼于费用、成本的来源,将制造费用的分配与产生这些费用的原因联系起来，根据产品生产或企业经营过程中发生和形成的产品与作业、作业链与价值链的关系，对成本发生的动因加以分析。

作业成本计算是一个以作业为基础的管理信息系统。它以作业为中心，而作业的划分是从产品设计开始，到物料供应；从生产工艺流程（各车间）的各个环节、质量检验、总装，到发运销售的全过程。通过对作业及作业成本的确认、认量，最终计算出相对真实的产品成本。同时，通过对所有与产品相关联作业活动的追踪分析，为尽可能消除"不增值作业"，改进"增值作业"，优化"作业链"和"价值链"增加"顾客价值"，提供有用信息，促使损失、浪费减少到最低限度，提高决策、计划、控制的科学性和有效性，最终达到提高企业的市场竞争能力和盈利能力，增加企业价值的目的。

作业成本计算的思想是要以作业为制造费用的分配基础，而不再仅仅以单一的传统的直接人工、机器小时等数量作为分配的基础。这里所说的"作业"不是一般理解的数量，如生产工时等，而是包括各种产品的生产批次、接受货物订单的数目、发送货物订单的数目以及采购、供应订单的数目等。以上这些方面的作业分别驱动了生产计划制订、产品检验、材料管理、设备调试、收货部门及发货部门成本的发生。作业成本法的理论基础是成本动因理论，这种理论提出分配间接费用应着眼于费用、成本的来源，把间接费用的分配与产生这些费用的原因联系起来，如对动力成本的发生可以追溯到产品耗用的机器小时，因为是机器小时驱动了动力消耗，所以用机器小时去分配动力费是合理的。作业成本计算着眼于分析成本产生的动因，由于成本产生的原因不同，控制、汇集和分配费用的方法也不同。

【拓展阅读 9-1】

作业成本法认为，企业的全部经营活动是由一系列相互关联的作业组成的，企业每进行一项作业都要耗用一定的资源；而企业生产的产品（包括提供的服务）需要通过一系列的作业来完成。因而产品的成本实际上就是企业全部作业所消耗资源的总和。在计算成本时，首先按经营活动中发生的各项作业来归集成本，计算作业成本；然后再按各项作业成本与成本对象（产品或服务）之间的因果关系，将作业成本追溯到成本对象，最终完成成本计算过程。

作业成本法主张对成本性态进行再认识，突破了传统管理会计对成本性态的划分，认为传统的按产品成本与产品产量是否相关作为研究成本性态的标准是有缺陷的，从多维角度来看，企业的产品制造成本全是变动的。因此，作业成本法将成本划分为短期变动成本和长期变动成本。短期变动成本是指随产品产量直接变动的成本，如直接人工、直接材料等；长期变动成本是指传统管理会计中的固定成本，它是以作业为基础，随作业消耗量的变动而变动的。间接制造成本的发生受企业产品多样化、生产管理复杂化的影响，所以与企业生产、管理、服务等部门的作业直接相关。因此，作业成本法提出了成本动因理论，即企业间接制造成本的发生是企业产品生产所必需的各种作业所驱动的，其发生的多少与产品产量无关，而只与驱动其发生的作业量相关。

不同目的，有不同的成本。例如，为了进行战略性盈利分析，人们会计算和使用企业在全部经营活动中发生的成本，即价值链成本。价值链成本是指产品的设计、开发、生产、营销、配送和售后服务耗用作业成本的总和。价值链成本的计算，首先是将企业发生的全部资源耗费分配到价值链的一系列作业上，然后再将各项作业成本分配到产品。又如，为了进行短期的战术盈利分析，决策是否接受某一项订单等，则需要计算经营成本。产品的经营成本一般包括生产、销售和售后服务等项作业的成本，而不包括产品设计、开发等成本。再如，企业为了对外提供财务报告，则应按对外报告的要求，计算产品的生产成本。生产成本即制造成本，包括直接材料、直接人工和制造费用；而经营成本是制造成本加上销售费用。价值链成本则是企业某一时期发生的全部成本，包括管理费用、销售费用和制造成本。运用作业成本法，可以将制造成本、销售费用、管理费用等间接成本，更加准确地分配到有关产品，从而得到满足不同需要的成本信息。不过，在运用作业成本法计算产品成本时，人们通常关注的重点是制造成本，强调制造费用的分配。在作业成本法下，直接成本如直接材料成本可以直接计入有关产品，而其他间接成本，如制造费用等则首先被分配到有关作业，计算作业成本，然后再将作业成本分配到有关产品。作业成本法仍然可以分为品种法、分批法和分步法等成本计算基本方法，或者说作业成本法可与品种法、分批法和分步法等结合起来运用。

【拓展阅读 9-2】

成本行为是由成本驱动因素所支配的，要把间接成本分配到各种产品上去，首先要了解成本行为，以便识别出恰当的成本动因。按照这种观点，对短期变动成本应该利用"数量相关成本动因"，如直接材料成本、机器小时和直接人工小时等，而对于长期变动成本中的绝大部分采用与数量相关的成本动因是不合适的，因为这些成本是由各种各样、复杂多变的因素所驱动的，而并非由数量因素驱动。如果用数量相关成本动因对这些成本进行分配，势必歪曲成本信息，这就是传统成本法致命的缺陷。

罗宾·库珀和罗伯特·卡普兰曾举例证实了这一情况。设甲、乙两家企业生产规模完全相同，甲企业生产100万单位的A产品，乙企业生产10万单位的A产品和90万单位的其他同类产品。显然，甲企业属于最典型的大规模生产，生产环境简单，生产准备、存货收发、制订计划等作业都可限定在较小的范围之内；乙企业的生产环境比较复杂，需要制订更多的计划，进行经常性的生产准备及产品检验等作业。这个例子证实了许多成本的变动并非由产量变动引起的，而是由生产的品种范围决定的。如果乙企业生产B产品800单位，若按产量比例大约只分配到0.08%的制造费用，A产品则要负担10%的制造费用，这显然是不合理的，因为产量低的B产品同样要驱使各类支援性作业的发生。因此，按"数量相关成本动因"分配制造费用将低于其实际耗费，而产量高的产品则与之相反。显然B产品的产量较低，但应分摊的制造费用要高。

产生这种情况的根本原因在于：许多间接成本是被各种作业所驱动的，这些作业主要表现为各服务部门为产品提供的劳务。一般来说，那些具有专门用途的低产量产品，实际耗费的制造费用较高，在以数量为基础的分配体系下，却被分配较少的制造费用，而将低于实际耗费的部分转嫁给产量高的产品负担，从而造成成本信息的歪曲，不利于管理决策。

任务二 作业成本法的应用

一、作业成本法的适用范围

作业成本法不仅可以用于事后成本核算，还可以用于事前的计划，有助于成本管理。但其使用具有一定的限制条件，通常在具有下列条件的企业中使用：

（1）生产自动化程度较高。
（2）制造费用占全部产品成本的比重较高。
（3）产品品种结构复杂繁多。
（4）产品生产工艺复杂多变，经常发生设备调整成本。
（5）数据来源较广，会计电算化程度比较高。

除制造业外，其他行业如零售业、服务业等也可以采用作业成本法计算和管理成本。这样，既可以提供有关成本信息，又能有效地提高资源的利用率。

二、作业成本法计算的一般程序

作业成本法计算的一般程序主要有：识别和选择主要作业；归集作业成本到同质成本库；确定成本动因；计算成本分配率；计算产品成本。

（一）识别和选择主要作业

首先，要仔细观测从收到原材料到完成产成品检验入库全过程的每一项作业活动，如原材料的管理、等待时间，各工序的加工时间，半成品在加工点之间的运送、检测等；其次，对记录在流程图中的每项作业进行分析，判别其属于增值作业还是非增值作业，在保证产品质量的前提下，尽量减少或消除工序流程图中非增值性作业；最后，识别和选择产品生产的各项作业。

（二）归集作业成本到同质成本库

作业成本法主要是确认和计量各种资源耗费，将资源耗费价值归集到各成本库。企业资源可以分为货物资源、材料资源、人力资源、动力资源、厂房设备资源等。企业在生产过程中消耗的各种资源，首先要合理分配归集到作业中，按照资源消耗与作业的关系，选择主要作业，归集作业，形成作业成本库。这些资源通常可以从企业的总分类账中得到，但总分类账没有执行各项作业所消耗资源的成本，因此必须将获得的资源成本分配到作业上去。除了可以直接计入特定产品成本或作业成本库的资源耗费外，其他资源耗费必须选择合适的资源动因分配到各作业中。

（三）确定成本动因

确定成本动因，即选择驱动成本发生的因素。一项作业的成本动因往往不止一个，应选择与实耗资源相关程度较高且易于量化的成本动因作为分配作业成本、计算产品成本的依据，如电力消耗的用电度数、订单处理的批次、材料搬运的数量、人工小时、机器小时、机器准备次数等。

（四）计算成本分配率

在确定作业成本库及其成本动因后，将各个成本库的成本按作业量分配到最终产品上去。某成本库分配率就等于该成本库归集的成本除以该成本库成本动因耗用总数。计算公式为

某成本库分配率=该作业成本库成本总额÷该成本动因耗用总数

（五）计算产品成本

作业成本法计算的最终目标是要计算出产品的成本。产品的某成本动因成本等于某作业成本库分配率与该产品耗用的成本动因数量的乘积。直接成本可单独作为一个作业成本库处理，将产品分摊的制造费用，加上产品直接成本，就得出产品成本。

某产品成本=Σ成本动因成本+Σ直接成本。

三、作业成本法应用举例

例 9-1 某企业主要生产甲、乙两种产品，最近一个月生产成本资料见表 9-2，请分别按完全成本法和作业成本法对间接材料处理成本进行分配。

表 9-2 产品生产成本资料

产品名称	产量（件）	领料单次数（次）	间接材料处理成本（元）
甲产品	4 000	400	30 000
乙产品	6 000	400	

如果采用完全成本法分配间接材料处理成本，即按产量作为分配基础，分配结果见表 9-3。

表 9-3 按完全成本法分配表

（单位：元）

间接材料处理成本	甲产品	乙产品	合计
	12 000	18 000	30 000

如果采用作业成本法分配间接材料处理成本，即按领料单次数分配成本，分配结果见表 9-4。

表 9-4 按作业成本法分配表

（单位：元）

间接材料处理成本	甲产品	乙产品	合计
	15 000	15 000	30 000

上述两种不同的成本计算方法计算得出的结果存在着明显的差异，在完全成本法下，产量越大，分摊的间接材料处理成本越多，而不管成本的驱动因素是什么。在作业成本法下，将间接材料处理成本按照成本驱动因素即领料单次数作为分配基础，提高了成本计算的准确性。

例 9-2 某企业同时生产 A、B 两种产品,A 产品每批 1 000 件,年产 8 000 件;B 产品每批 200 件,年产 4 000 件。有关成本动因资料如下:A、B 产品单位机器工时比例为 1:6;A、B 产品每批材料移动次数分别为 10 次、20 次;每批检验单位为 A 产品每批 50 件,B 产品每批 10 件;A 产品直接材料 16 000 元,直接人工 30 000 元;B 产品直接材料 28 000 元,直接人工 15 000 元。

依据不同的成本库,归集的制造费用见表 9-5,请按作业成本法计算 A、B 产品成本。

表 9-5 制造费用(成本库)资料

(单位:元)

项 目	数 额	作业层次成本动因
材料处理	12 000	批作业层次
产品检验	15 000	批作业层次
车间管理	18 000	能量作业层次
取暖照明	4 000	能量作业层次
厂房折旧	30 000	能量作业层次
机器能量	11 000	单位作业层次
合 计	90 000	

按传统成本法计算的产品总成本、单位成本及毛利分别见表 9-6 和表 9-7。

表 9-6 产品生产总成本计算表

(单位:元)

产品名称	直接材料	直接人工	制造费用	合 计
A 产品	16 000	30 000	60 000	106 000
B 产品	28 000	15 000	30 000	73 000
合 计	44 000	45 000	90 000	179 000

注:表 9-6 中制造费用按照直接人工比例分配。

表 9-7 产品单位成本及毛利计算表

(金额单位:元)

产品名称	直接成本	直接人工	制造费用	合 计	售 价	毛 利
A 产品(8 000 件)	2	3.75	7.5	13.25	15	1.75
B 产品(4 000 件)	7	3.75	7.5	18.25	22	3.75

(1)在作业成本法下,根据以上资料,按照作业层次分配制造费用。

1)单位作业层次,机器能量按机器工时比例分配,计算过程见表 9-8。

表 9-8 机器能量成本分配表

产品名称	数量(件)	机器工时(小时)	合计(小时)	分 配 率	分配额(元)
A 产品	8 000	1	8 000		2 750
B 产品	4 000	6	24 000		8 250
合 计			32 000	0.344	11 000

2）批作业层次（材料处理成本与产品检验成本分别按移动次数与检验次数比例分配，见表9-9和表9-10）。

表9-9 材料处理成本分配表

产品名称	批数（批）	每批移动次数（次）	合计（次）	分配率	分配额（元）
A产品	10	10	100		2 000
B产品	25	20	500		10 000
合　计	—	—	600	20	12 000

表9-10 检验成本分配表

产品名称	批数（批）	每批检验数（件）	合计（件）	分配率	分配额（元）
A产品	10	50	500		10 000
B产品	25	10	250		5 000
合　计	—	—	750	20	15 000

3）能量作业层次（车间管理、取暖照明、厂房折旧按照直接材料成本比例分配，见表9-11）。

表9-11 其他作业（全面管理）成本分配表

（金额单位：元）

产品名称	直接材料成本	分配率	分配额
A产品	16 000		18 909
B产品	28 000		33 091
合　计	44 000	1.18	52 000

（2）综合上述计算结果，编制A、B产品总成本和单位成本计算表，见表9-12。

表9-12 A、B产品总成本和单位成本计算表

（金额单位：元）

项　目	A产品（8 000件）		B产品（4 000件）	
	总成本	单位成本	总成本	单位成本
单位工作成本				
直接材料	16 000	2	28 000	7
直接人工	30 000	3.75	15 000	3.75
机器能量	2 750	0.34	8 250	2.06
小计	48 750	6.09	51 250	12.81
批作业层次				
材料处理	2 000	0.25	10 000	2.50
检验成本	10 000	1.25	5 000	1.25
小计	12 000	1.50	15 000	3.75
能量作业层次				
全面管理	18 909	2.36	33 091	8.27
小计	18 909	2.36	33 091	8.27
合　计	79 659	9.96	112 850	24.84

在作业成本法下，单位成本及毛利计算见表 9-13。

表 9-13 产品单位成本及毛利计算表

（金额单位：元）

产品名称	直接成本	直接人工	制造费用	合计	售价	毛利
A 产品（8 000 件）	2	3.75	4.21	9.96	15	5.04
B 产品（4 000 件）	7	3.75	14.09	24.84	22	−2.84

以上通过运用传统成本法与作业成本法，对 A、B 产品成本计算结果可做以下比较：

在传统成本法下，A、B 产品的单位成本均低于单位售价，给管理者提供的信息是 A、B 产品都是盈利产品，而 B 产品的盈利要大于 A 产品。

在作业成本法下，A 产品的单位成本低于单位售价，而 B 产品的毛利为负数，给管理者提供的信息是 A 产品为盈利产品，B 产品为亏损产品。

上例采用不同的成本计算方法，得出了截然不同的成本信息，其原因在于：

在传统成本法下，制造费用是以工时或人工费用这一单一标准为基础进行分配的（单位 A 产品负担制造费用 6 元，单位 B 产品也负担 6 元），这样一方面高估了产量较高、复杂程度较低的产品的成本，同时也低估了产量较低而复杂程度较高的产品的成本，给管理者提供的成本信息是不真实的，会导致管理者做出错误决策。

在作业成本法下，制造费用是以作业为基础，按成本动因来分配的（单位 A 产品负担制造费用 4.21 元，单位 B 产品负担 14.09 元），使成本计算的合理性、准确性大大提高，给管理者提供了真实、可靠的成本信息，有助于管理者做出正确决策。

【拓展阅读 9-3】

作业成本法在生产企业的运用

厦门三德兴公司为生产硅橡胶按键的企业，主要给遥控器、普通电话、移动电话、计算器和计算机等设备提供按键。1985 年 11 月开始由新加坡厂商在厦门设厂生产，1999 年为美国 ITT 工业集团控股。企业的生产特点为品种多、数量大、成本不易精确核算。

厦门三德兴公司在成本核算和成本管理方面情况大致如下：

（1）无控制阶段。1994 年以前，国内外硅橡胶按键生产行业的竞争者很少，基本上属于一个卖方市场，产品的质量和价格完全控制在生产商手里。厦门三德兴公司作为国内主要的硅橡胶按键的生产商之一，在生产管理上最主要的工作是如何尽可能地增加产量，基本上没有太多地考虑成本核算与成本管理的问题。

（2）传统成本核算阶段。从 1994 年开始，一方面，硅橡胶按键行业的竞争者增多，如台湾大洋、旭利等企业的加入；另一方面，由于通信电子设备的价格下降，硅橡胶按键产品的价格也不断下降，1994 年硅橡胶按键价格跌了近 20%。硅橡胶按键行业逐渐变为买方市场。成本核算问题突出表现出来，此时公司才开始意识到成本核算问题的重要性。在这个阶段，公司主要采用传统成本法进行核算，即首先将直接人工和直接材料等计入产品的生产成本里，再将各项间接资源的耗费归集到制造费用账户，然后再以直接人工作为分配基础对整个制造过程进行成本分配。分配率的计算公式为

分配率=单种产品当月所消耗的直接人工÷当月公司消耗的总直接人工

由此分配率可得到各产品当月被分配的制造成本，再除以当月生产的产品数量，就可以得到产品的单位制造成本，将单位制造成本与直接原材料和直接人工相加即得到产品的单位生产总成本。企业简单地将产品的单位总成本与产品单价进行比较，从中计算出产品的盈亏水平。

（3）作业成本法核算阶段。1997年下半年的亚洲金融风暴造成整个硅橡胶按键市场需求量的大幅度下降，硅橡胶按键生产商之间的竞争变得异常激烈，产品价格一跌再跌，产品价格已经处在产品成本的边缘，稍不注意就会亏本。因此，对订单的选择也开始成为一项必要的决策。厦门三德兴公司的成本核算及管理变得非常重要和敏感。此时，硅橡胶按键已经从单纯的生产过程转向生产和经营过程。一方面，生产过程复杂化了，厦门三德兴公司每月生产的产品型号多达数百种，且经常变化，每月不同。其中消耗物料达上千种，工时或机器台时在各生产车间很难精确界定，已经无法按照传统成本法对每个产品分别进行合理、准确的成本核算，也无法为企业生产决策提供准确的成本数据；另一方面，企业中的行政管理、技术研究、后勤保障、采购供应、营销推广和公关宣传等非生产性活动大大增加。为此类活动而发生的成本在总成本中所占的比重不断提高，而此类成本在传统成本法下又同样难以进行合理的分配。如此一来，以直接人工为基础来分配间接制造费用和非生产成本的传统成本法变得不适用，公司必须寻找其他更为合理的成本核算和成本管理方法，即采用作业成本法。

具体来说，厦门三德兴公司实施的作业成本法包括以下三个步骤：

（1）确认主要作业，明确作业中心。根据厦门三德兴公司产品的生产特点，从公司作业中划分出备料、油压、印刷、加硫和检查五种主要作业。其中，备料作业的制造成本主要是包装物，油压作业的制造成本主要是电力的消耗和机器的占用，印刷作业的成本大多为与印刷相关的成本与费用，加硫作业的制造成本则主要为电力消耗，而检查作业的成本主要是人工费用。各项制造成本先后被归集到上述五项作业中。

（2）选择成本动因。在厦门三德兴公司备料、油压、印刷、加硫和检查五项主要作业及其工程部、品管部以及计算机中心等基础作业中，选择合适的成本动因。

（3）最终产品的成本分配。根据所选择的成本动因，对各作业的动因量进行统计，再根据该作业的制造成本求出各作业的动因分配率，将制造成本分配到相应的各产品中去。然后根据各产品消耗的动因量算出各产品的总作业消耗及单位作业消耗。最后将所算出的单位作业消耗与直接材料和直接人工相加得出各个产品的实际成本状况。

任务三　评价作业成本法

一、作业成本法的主要特点

作业成本法在产品和资源之间引入了作业这一桥梁。作业成本法的主要特点是相对于以产量为基础的传统成本法而言的。

（一）成本计算分为两个阶段

作业成本法的基本指导思想是产品消耗作业、作业消耗资源。作业成本法的成本计算过程主要分为以下两个阶段：第一阶段，将作业执行中耗费的资源追溯到作业，计算作业的成本并根据作业动因计算作业成本分配率；第二阶段，根据第一阶段计算的作业成本分配率和产品所耗费作业的数量，将作业成本追溯到各有关产品。具体如图9-1所示。

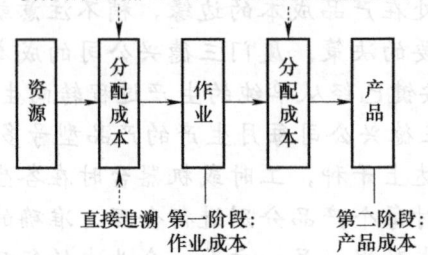

图 9-1　作业成本法分两阶段分配成本

传统成本法首先是将直接成本追溯到产品，同时将制造费用追溯到生产部门，如车间、分厂等；然后将制造费用分摊到有关产品。传统成本法分两步进行：第一步，除了把直接成本追溯到产品之外，还要把不同性质的各种间接费用按部门归集在一起；第二步，以产量为基础，将制造费用分摊到各种产品。传统成本法下把生产活动中发生的资源耗费，通过直接计入和分摊两种方式计入产品成本，即"资源→产品"。

（二）成本分配强调可追溯性

作业成本法的成本分配主要使用直接追溯和动因追溯。直接追溯是指将成本直接确认分配到某一成本对象的过程。这一过程是可以实地观察的。例如，确认一台电视机耗用的显像管、集成电路板、扬声器及其他零部件的数量是可以通过观察实现的。动因追溯是指根据成本动因将成本分配到成本对象的过程。生产活动中耗费的各项资源，其成本并非都能直接追溯成本对象。对不能直接追溯的成本，作业成本法则强调使用动因（包括资源动因或作业动因）追溯方式，将成本分配到有关成本对象（作业或产品）中。采用动因追溯方式分配成本，首先必须找到引起成本变动的真正原因，即成本与成本动因之间的因果关系。例如，各种产品应承担的检验成本，以产品投产的批次数（即质量检验次数）作为作业动因进行分配，是因为检验次数与产品应承担的检验成本之间存在着因果关系。动因追溯虽然不像直接追溯那样准确，但只要因果关系建立恰当，成本分配的结果同样可以达到较高的准确程度。

（三）成本追溯使用众多不同层面的作业动因

在传统成本法中，产量被认为是能够解释产品成本变动的唯一动因，并以此作为分配基础进行间接费用的分配。而制造费用是一个由多种不同性质的间接费用组成的集合，这些性质不同的费用有些是随产量变动的，而多数则并不随产量变动，因此用单一的产量作为分配间接费用的基础显然是不合适的。作业成本法把资源的消耗首先追溯到作业，然后使用不同层面和数量众多的作业动因将作业成本追溯到产品。采用不同层面的、众多的成本动因进行成本分配，要比采用单一分配基础更加合理，更能保证成本的准确性。不同层面的作业动因包括：单位水准动因、批次水准动因以及产品水准动因等。

二、作业成本法与传统成本法的比较

（一）作业成本法与传统成本法的区别

1. 成本计算对象不同

传统成本法都是以企业最终产出的各种产品作为成本计算对象。作业成本法则不仅关注产品成本，而且更多关注产品成本产生的原因及其形成的全过程。因而它的成本计算对象是多层次的，不但把最终产出的各种产品作为成本计算对象，而且把资源、作业、作业中心作为成本计算对象。

2. 理论基础不同

传统成本法的理论基础是企业的产品按照其耗费的生产时间或按照其产量线性地消耗各项间接费用。在这种理论支持下，传统成本法按与"产量关联"的标准来分配间接费用，如材料耗用量、直接工时等。在传统成本法下，将资源归集在统一的成本库里，然后按照某一分配标准把成本分配到各种产品成本中。这种方法只能算是一种近似的分配方法，没有考虑实际生产中产品消耗与费用的配比问题。传统成本法计算流程如图 9-2 所示。

资源——→成本——→产品

图 9-2 传统成本法计算流程

作业成本法的理论基础是"成本动因论"或称"成本驱动因素论"，即产品耗用作业，作业耗用资源。作业成本法在成本核算上突破产品这个界限，使成本核算深入到资源、作业层次。它从资源的消耗入手，以多种资源动因，即资源成本的分配为标准，按作业中心收集成本，并把各作业中心的成本按不同的作业动因，即作业成本的分配标准分配到各种产品中。作业成本法通过选择多样化的分配标准或成本动因进行制造费用的分配，使费用分配和成本计算按产品对象化的过程明细化，使成本的可归属性大大提高，并将按人为标准分配制造费用、计算产品成本的比重缩减到最低限度，从而提高了成本信息的准确性。作业成本法计算流程如图 9-3 所示。

资源——→作业——→产品

图 9-3 作业成本法计算流程

3. 成本计算的侧重点不同

传统成本法的侧重点主要是产品成本中的直接材料和直接人工成本，制造费用笼统计算。作业成本法则把重点放在成本发生的前因后果上，制造费用是作业成本法的侧重点。成本是由作业引起的，该作业是否应当发生，是由产品的设计环节所决定的。在产品设计中，要设计出产品是由哪些作业组成的、每一项作业预期的资源消耗水平，在作业的执行过程中应分析各项作业预期的资源消耗水平以及预期产品最终可为顾客提供价值的大小。

4. 成本内涵不同

传统成本法认为，成本是企业生产经营过程中所耗资金的对象化。这一观点尽管对成本的经济实质进行了概括，但没有揭示成本在管理方面的内涵。而作业成本法将成本定义为资源的耗费，而不是为获得资源而发生的支出。在作业成本法下，作业作为费用发生与成本形成的中介，而成本是一个与作业相关的多层次的概念。作业成本只强调费用的合理性、有效性，而不论费用是否与生产产品有直接关联。

5．适用环境不同

传统成本法适用于与传统推进式生产管理系统相结合的手工制造系统和固定自动制造系统的经营环境。它应用在大批量生产和产品品种少、寿命周期长、工艺不复杂、制造费用比重较低的企业中。作业成本法则适用于实时生产系统与高度自动化制造系统相结合的经营环境。它应用在小批量、多品种、技术复杂、高度自动化生产、制造费用比重相对较高的现代企业中。

（二）作业成本法与传统成本法的联系

1．两者的目的相同

两者的目的都是计算最终产品成本。传统成本法是将各项费用在各成本计算对象之间进行分配，计算出产品成本；而作业成本法是将各项费用先在各作业中心之间分配，再按照各种产品耗用作业的数量，把各作业成本计入各种产品成本，计算出产品成本的方法。

2．对直接费用的确认和分配相同

作业成本法与传统成本法都依据受益性原则，对发生的直接费用予以确认。

3．两者的性质相同

作业成本法与传统成本法都是成本计算系统。它们的功能都是将企业一定期间所发生的与生产有关系的资源耗用信息加工整理为企业成本信息，最终输出给管理者。从性质上来说，它们都是成本信息系统。

三、作业成本法的优缺点

传统成本法和作业成本法之间产生差异的原因是间接制造费用的分配标准不同。由于传统成本法不论是生产制造费用，还是间接制造费用，均按相同的分配标准进行分配。因此，无法正确反映不同产品生产中不同的设计、技术、批量、质量要求等各种经济因素对产品成本的影响，从而使产品成本信息严重失实，然而作业成本法充分地考虑了这些经济因素，使计算的产品成本真实可靠。

（一）作业成本法的优点

（1）作业成本法提供了更真实、丰富的半产品及产成品成本信息，由此而得到了更真实的产品盈利能力信息和与定价、顾客市场及资本支出等战略决策相关的信息。作业成本法试图把支持产品生产和发生的各种活动予以量化，并把它们按其"来龙去脉"原原本本地归集到各个产品中，使企业能得到正确的产品成本信息。激烈的全球竞争和全新的生产技术使准确的产品成本信息对于企业在竞争中的取胜至关重要。

（2）作业成本法拓宽了成本核算的范围。作业成本法把作业、作业中心、顾客和市场纳入成本核算的范围，形成了以作业为核心的成本核算对象体系。它以作业为核心进行成本核算，抓住了资源向成本对象流动的关键，便于合理计算成本，有利于全面分析企业在特定产品、劳务、顾客和市场及其组合以及各相应作业盈利能力方面的差别。

(3)有利于建立新的责任会计系统,调动各部门挖掘盈利潜力的积极性,进行业绩评价。企业的作业链同时也是一条责任链,以成本库为新的责任中心,分析评价该库中费用发生的合理性,以能否为最终产品增加价值作为合理性的标准,建立责任系统,并按是否提高价值链的价值为依据进行业绩评价,充分发挥资源在价值链中的作用,以促进经济效益的提高。

(二)作业成本法的缺点

(1)作业中心的划分有一定难度,与成本动因无直接相关的制造费用还要选择一定的标准分配计入各作业中心,在一定程度上影响了作业成本法的准确性。

(2)作业成本法增加了成本计算的工作量,加大了核算成本。作业成本法增加了大量的作业分析、确认、记录和计量,增加了成本动因的选择和作业成本的分配工作,要处理大量的数据,导致实施成本高昂。

(3)作业成本法下成本的正确性和客观性有时会比较主观。由于它提供的仍然是历史成本信息,所以要发挥决策作用必须要有附加条件。作业成本法虽然大大减少了现行方法在产品成本计算上的主观分配,但并未从根本上消除它们。也就是说,由于作业成本法的基础资料来自于现行的权责发生制,因此其计算结果必须受诸如折旧和开发等成本期末分配中任意性的影响。

(4)作业成本法的运用需结合实际进行。作业成本法没有固定的框架和统一的模式,不同的企业有不同的实施目的和核算体系,因此在多个行业的具体应用中,必须结合企业的实际开展。在我国"信息化带动工业化"的国家战略引导下,制造业企业应用作业成本法的空间十分巨大,但企业必须通过理论学习、模型设计等途径,获得成功实施作业成本管理的知识和经验。

总体看来,作业成本法是个性化的成本核算方法。在推行科学和流程管理的企业,一定要以客户和作业流程为中心来对工作任务进行管理,即开展作业成本管理。

四、作业成本法的运用前景

(一)作业成本法的发展前景

在传统成本法中,产品成本由直接材料、直接人工和制造费用三部分构成。其中,制造费用是产品生产过程中发生的、不能直接归属于产品的间接成本,需要按照一定的标准分配到产品中去,传统分配方法是以直接人工工时、直接人工成本、机器加工工时等作为分配标准,这种分配方法在传统的生产环境中是比较合适的,因为早期的企业大多属于劳动密集型企业,生产过程也较为简单,直接人工成本是产品的主要成本,制造费用的发生与人工成本也存在着一些相关性,因此,将直接人工成本作为分配标准也比较合理。然而,在高新技术和多元化的生产环境下,产品的直接人工成本比率下降,制造费用的比率却在上升,很多时候制造费用发生与否或发生多少与直接人工成本已没有必然的因果关系。例如,很多自动化生产程度很高的工厂可能根本就没有直接人工成本。针对这种情况,如何科学地分配制造费用、提高产品成本计算的准确性已成为一个重要的问题。作业成本法的提出和应用,成为新的生产技术环境对成本计算方法改革的迫切要求。

虽然作业成本法能给企业带来很多优势,如能够辨认出最有价值的顾客、产品和渠道,能够辨认出无利可图的顾客、产品和渠道,能够发现组织财务业绩真正的贡献者和侵蚀者。根据生产产量、组织结构、资源成本的变化,能够准确预测成本、利润及资源需求,能够发现不良财务业绩的根源,能够追踪产生成本的作业和流程,能够提高管理人员的成本意识、促进生产,能够更好地促进营销组合,能够提高企业的议价能力,能够更好地定位产品。但由于诸多条件的限制,我国企业作业成本法的成功应用还不多,有意识地在作业成本管理理论指导下的运用更是少见。从企业生产经营环境看,我国企业虽然在某些方面出现了作业成本管理运行的环境特征,但总体并未成熟。选择高新技术程度较高的企业运用作业成本法,逐步摸索出经验,其应用价值可在我国企业中进行推广。另外,改革成本会计中传统的间接费用单一数量基础分配方法,大力推行间接费用的联合分配法,即复合数量基础分配方法,从而使对间接费用的分配相对准确。

(二)作业成本管理的应用

作业成本管理(Activity-Based Costing Management,ABCM)是以提高客户价值、增加企业利润为目的,基于作业成本法的新型集中化管理方法。自1988年美国第一家企业推行至今,它通过对作业及作业成本的确认、计量,最终计算产品成本,同时将成本计算深入到作业层次,对企业所有作业活动追踪并动态反映,进行成本链分析,为企业决策提供准确信息,指导企业有效地执行必要的作业,消除和精简不能创造价值的作业,从而达到降低成本,提高效率的目的。

ABCM在不同行业、不同经济技术条件、不同规模的企业实施各具特点,但是根据ABCM的基本原理,具体实施时,一般应遵循下列程序进行操作。

(1)分析累积顾客价值的最终商品的各项作业,建立作业中心。既然企业最终商品的顾客价值均由作业链创造,那么ABCM的着眼点就应放在这条作业链上,对构成作业链的各项作业进行分析,确认主要作业和作业中心。一个作业中心即是生产程序的一部分,按照作业中心汇集和披露成本信息,便于管理者控制作业,考评绩效。

(2)归类汇总企业相对有限的各种资源,并将资源合理分配给各项作业。企业的生产经营活动消耗作业,作业则消耗资源,而企业的资源总是有限的。因此,ABCM强调要对企业的各种资源分类汇总,建立资源库,根据需要科学合理地对各项作业进行资源配置,并对各项作业资源耗费所创造的顾客价值大小进行跟踪和动态分析,尽可能降低必要作业的资源消耗,杜绝不必要作业的资源浪费。

(3)对生产经营的最终商品或劳务分类汇总,明确成本对象。成本对象的确定必须包括所有的最终商品或劳务,不能遗漏某种商品或劳务,否则其他商品或劳务就会承担过高的成本,从而造成成本信息的失真。但是,ABCM并不是直接以最终商品或劳务为成本管理的对象,而是将其相关的作业、作业中心、顾客和市场纳入成本管理体系,这样就抓住了资源向成本对象流动的关键。

(4)发掘成本动因,加强成本控制。发掘成本动因,就是摈弃传统的狭隘的成本分析方式,代之以宽广的与战略相结合的方式进行成本动因分析,并以成本动因为标准,将各项成本聚集到终极商品或劳务。加强成本控制,主要强调两个方面:①控制成本动因,只有了解了主要价值链活动的成本动因,才能真正控制成本;②通过改造和优化企业的主要作业链活动,如商品设计与研制开发、生产、营销等,来取得成本竞争优势。

（5）建立健全业绩评价体系，加强成本管理的绩效考评。实施ABCM，必须结合责任会计制度建立健全成本管理的绩效评价体系，将作业中心的确立与责任中心的划分衔接一致，明确经济责任和权限范围。通过使用合适的成本动因，保证成本指标和经营绩效的真实性与可靠性，从而有助于管理者从非财务的角度进行业绩评价，进一步从理论上完善责任会计。

作业成本法是个性化的成本核算方法。作业成本管理是将作业成本法思想与企业的战略管理相融合。ABCM寻求控制成本的途径和方法。它不是简单、盲目地削减成本，而是通过对作业的跟踪和动态反映，通过事前、事中、事后的作业链及价值链分析，实现企业持续低成本、高效益目标。在推行科学和流程管理的企业，一定要以客户和作业流程为中心来对工作任务进行管理，即开展作业成本管理。许多国际性的大型制造和IT企业如今都已实施了作业成本管理，中国的一些领先型制造企业等也在尝试开展作业成本管理。

【拓展阅读9-4】

汽车制造业作业成本管理问题的提出及应用

随着汽车制造行业的竞争者增多，汽车生产商之间的竞争变得异常激烈，汽车产品的价格也不断下降，汽车行业盈利水平逐渐降低，部分产品已经处于保本点水平，而管理者要求的产品盈利能力尤其是成本分析不能及时准确核算。此时，汽车产品已经从单纯的生产过程转向生产和经营过程。第一，产品品种多达数百个，且经常变化，消耗物料品种达上万种，工时或机器台时在各生产车间很难精确界定，传统成本核算无法准确核算成本，也无法为企业生产决策提供准确的成本数据；第二，企业中的行政管理、研究开发、物流、采购供应、营销推广和公关宣传等非生产性活动大大增加，由此发生的间接成本在总成本中所占的比重不断提高，而此类成本在传统成本法下又同样难以进行合理的分配；第三，随着社会分工的精细，汽车制造企业的部分半成品或在制品也直接对外出售，要求对半成品或在制品的成本进行核算才能制定营销价格；第四，随着管理工作的逐步深入，公司基层管理部门要求对作业中心、班组及个人就成本项目进行业绩评价，这要求必须参考作业核算的成本数据制定目标成本。如此一来，以直接人工为基础来分配间接制造费用和非生产成本的传统成本法变得不适用，公司必须寻找其他更为合理的成本核算和成本管理方法。经调研分析，选定实施作业成本法。

主要如下：
（1）以车架作业部为试点进行作业成本管理的试用阶段。
（2）对车架作业部的作业成本管理进行分析与考评。
（3）完善作业成本管理在汽车公司推广应用的计划。
（4）建立责任成本中心，以责任成本中心为对象推行作业成本管理。
（5）构建以战略成本管理理念为指导，以预算成本为标准成本，作业成本与责任成本相结合，成本管理与价值管理相结合，成本中心与利润中心相统一的新型成本管理体系。

1. 车架作业部推行ABCM的必要性
（1）通过实施ABCM提供的及时有效的成本信息，可以为产品定价等经营决策问题、成本控制问题提供科学的决策指导。

（2）车架作业部多品种、单件小批量的生产方式，决定了传统成本计算必然导致各种产品成本之间的成本交互补贴，造成产品成本失真现象，ABCM 可以较好地解决这一问题。

（3）公司高级管理人员的认同和大力支持以及较高素质的财务会计人员，是实施 ABCM 的有利条件，也是实施作业管理的良好基础。

2. 车架作业部推行 ABCM 的不利条件

（1）车架作业部的自动化程度不高，基本上都是人工操作，从而实施 ABCM 的效果可能打折扣。

（2）车架作业部的基础数据，尤其是非财务基础数据资料缺乏，如设备调整准备次数、调运次数或重量、各产品在各作业中心实际消耗的工时数等缺乏，给 ABCM 的实施造成了一定的困难。

3. 车架作业部 ABCM 设计

（1）车架作业部在股份公司的作业部中其工艺流程较为复杂，但过程非常清晰，对此进行实地调查，绘制车架作业部作业流程图。

（2）编写车架作业部作业成本核算的设计说明。根据作业成本法理论，分析分配资源费用时选择的资源动因，将车架作业部发生的所有资源耗费分配至相关的作业中心，并设计说明书。

（3）划分车架作业部的作业中心。掌握了车架作业部耗费的资源费用后，根据对生产工艺流程的了解，进行作业的划分。

根据生产工艺流程归集建立作业并确定成本动因后，可以根据作业"质的相似性"原则做进一步合并，选择主要作业，建立作业中心。建立作业中心时，一般是先确定一个核心作业，然后将上下游工序中一些次要任务或作业与之合并，归集为一个作业中心。在每一个作业中心中，都有一个或多个同质成本动因，应该从中选择一个最具代表性的成本动因作为计算成本动因分配率的基础。选择成本动因时，主要考虑成本动因与作业中心资源消耗的相关程度、计量成本等因素。

【拓展阅读 9-5】

快递公司引入作业成本法开展成本管理

通达快递公司经营业绩每年都保持 30% 以上的增幅，负责财务的王经理自信地认为财务工作也不错，手持文件夹准时来到 CEO 的办公室汇报。"从报告上看来，公司的业绩不错，正处于快速增长时期，但是我有一个问题，"CEO 突然问道，"我想知道，快递员从北京国贸大厦取一个银行的快件寄到厦门，这个单子的真实成本是多少？"

王经理有些诧异，还是第一次有人问这样的问题，一时不知如何回答。"我们公司共有多少家分公司？"CEO 又问。"90 多家。"王经理回答说。"各分公司的盈利情况如何？""我们目前的成本核算方法都是以分公司为单位，按分公司归集成本费用，然后得到公司的总成本。至于分公司的盈利，因为长期以来我们都关注公司的整体业绩，没有做这方面的工作。"无法让领导满意，王经理有些沮丧。"如果我们不能算出每个单子的真实成本，也不能很好地计算各分公司的成本，这将使公司进行盈利能力分析、产品定价决策、路线优化分析等受到限制。""这个，这个……"王经理有些不知所措。"改革迫在眉睫，我们必须尽快找到合适的成本核算方法。你去想想办法。"CEO 的语气很肯定。

由于快递业务具有如下特点：快递公司的运作需要一个庞大的服务网络支撑；产品复杂多样，影响因素较多；高额的间接费用等。传统的成本核算方法在该公司遇到了很大的困难。传统成本核算方法中，快递公司只能按分、子公司归集成本费用，然后得到公司的总成本。对子公司的盈利能力分析、产品定价等信息，在传统成本法下，财务部门无能为力。

因而需要一套能解决问题的成本核算方法和成本管理工具，将高额的间接费用准确分配到复杂多样的产品，把多个分支机构的成本串联为产品的成本，衡量单一产品和客户的盈利性，以便于公司进行成本管理。经过详细分析与调查，明确根源在于成本管理方法不能满足管理的需要，引入作业成本法，开展作业成本管理是明确出路。

项目小结

作业成本法是管理会计适应经济管理发展需要的结果。作业成本法以作业为制造费用的归集对象，通过资源动因的确认、计量，归集资源到作业上，再通过作业动因的确认计量，归集作业成本到产品上去。作业成本法的目标是把所有为不同产品提供作业所消耗的资源价值测算出来，并合理分配给每种产品。作业成本法涉及的概念主要有资源、作业、作业链和价值链、成本动因、作业成本库和作业中心等。

作业成本法计算的一般程序主要有：识别和选择主要作业；归集作业成本到同质成本库；确定成本动因；计算成本分配率；计算产品成本。作业成本法在产品和资源之间引入了作业这一桥梁。作业成本法的主要特点是相对于以产量为基础的传统成本法而言的。与传统成本法相比，作业成本法在成本计算对象、理论基础、成本计算的侧重点、成本内涵及适用环境等方面存在着不同，但两者的目的、对直接费用的确认和分配及两者的性质相同。

作业成本法有优点，也有缺点。作业成本法的提出和应用，成为新的生产技术环境对成本计算方法改革的迫切要求。作业成本管理（ABCM）是以提高客户价值、增加企业利润为目的，基于作业成本法的新型集中化管理方法。

作业成本法　作业链　作业中心　价值链　成本动因分析　执行性成本动因　结构性成本动因　作业成本管理

【实训项目】
作业成本法的运用。

【实训情境】

某企业生产A、B两种产品，其中生产A产品800件，B产品400件，A产品直接成本（人工+材料）为40 000元，B产品直接成本（人工+材料）为80 000元，其作业情况资料见表9-14。

表9-14　A、B产品作业情况资料

作业中心	资源耗用（元）	动因	动因量（A产品）	动因量（B产品）	合计
材料处理	18 000	移动次数（次）	400	200	600
材料采购	25 000	订单件数（件）	350	150	500
使用机器	35 000	机器小时（小时）	1 200	800	2 000
设备维修	22 000	维修小时（小时）	700	400	1 100
质量控制	20 000	质检次数（次）	250	150	400
产品运输	16 000	运输次数（次）	50	30	80
合计	136 000				

【实训任务】

按作业成本法计算A、B两种产品的成本，并填制表9-15。

表9-15　A、B产品成本（作业成本法）

作业中心	成本库（元）	动因量	动因率	A产品	B产品
材料处理	18 000	600			
材料采购	25 000	500			
使用机器	35 000	2 000			
设备维修	22 000	1 100			
质量控制	20 000	400			
产品运输	16 000	80			
合计总成本	136 000				
单位成本					

综合测试

一、单项选择题

1. 作业成本法下的成本计算程序，首先要确认作业中心，将（　　）归集到各作业中心。

   A. 资源耗费价值　　B. 直接材料　　　　C. 直接人工　　　　D. 制造费用

2. 下列有关作业成本法的说法正确的是（　　）。

   A. 作业成本法认为，将成本分配到成本对象有两种不同的形式：直接追溯和动因追溯

   B. 在运用作业成本法计算产品成本时，人们通常关注的重点是间接经营成本

   C. 在作业成本法下，运用资源动因可以将作业成本分配给有关产品

   D. 作业成本法能够提供更加真实、准确的成本信息

3. 作业成本法的成本计算是以（　　）为中心的。

   A. 产品　　　　　　B. 作业　　　　　　C. 费用　　　　　　D. 资源

4. 下列各项中，属于满足客户需求所必需的作业是（　　）。

A．非增值作业　　B．增值作业　　C．作业链　　D．资源动因

5．下列属于增值作业的是（　　）。
   A．原材料储存作业　　　　　　B．原材料等待作业
   C．包装作业　　　　　　　　　D．质量检查作业

6．传统成本法的计算对象为（　　）。
   A．资源　　B．作业中心　　C．费用　　D．最终产品

7．在作业成本法下，引起作业成本变动的驱动因素称为（　　）。
   A．资源动因　　B．作业动因　　C．数量动因　　D．产品动因

8．使用作业成本法计算技术含量较高、生产量较小的产品，其单位成本与使用传统成本法计算相比要（　　）。
   A．高　　B．低　　C．两者一样　　D．以上都可能

9．下列各项中，属于机器调整作业动因的是（　　）。
   A．产品设计　　B．一般管理　　C．生产批次　　D．检验次数

10．（　　）是作业成本法的核心内容。
   A．作业　　B．产品　　C．资源　　D．成本动因

11．下列各项中，属于机器设备的资源动因的是（　　）。
   A．人工小时　　B．机器小时　　C．生产批次　　D．材料消耗数量

12．与传统成本法相比，作业成本法更注重成本信息决策的（　　）。
   A．有用性　　B．相关性　　C．可比性　　D．一致性

二、多项选择题

1．作业成本法下的资源包括（　　）。
   A．货币资源　　B．材料资源　　C．人力资源　　D．动力资源

2．下列各项中，可以作为作业成本计算的理论依据的有（　　）。
   A．作业消耗资源　　　　　　　B．产品消耗作业
   C．直接人工成本的增加　　　　D．间接费用的降低

3．关于作业成本法的优点，下面说法正确的有（　　）。
   A．有利于提高成本信息质量，完全克服传统成本法分配成本时主观因素的影响
   B．有利于分析成本升降的原因
   C．有利于完善成本责任管理
   D．有利于成本的预测和决策

4．下列说法不正确的有（　　）。
   A．作业成本管理由两个相互关联的过程组成，其中的一个是作业成本的计算（分配）过程，即所谓的过程观，反映作业产生的原因、作业的确认和作业的评价
   B．传统成本管理的对象是产品，作业成本管理的对象是作业
   C．传统成本管理忽视非增值成本，而作业成本管理高度重视非增值成本
   D．传统成本管理以最优或理想成本作为控制标准，作业成本管理以现实可能达到的水平作为控制标准

5．成本动因按其性质不同，可以分为（　　）。
   A．积极性成本动因　　　　　　B．资源动因

       C．消极性成本动因   D．作业动因
6．成本动因作为将作业成本分配到成本对象中去的分配基础，可分为（　　　）。
       A．执行性成本动因   B．结构性成本动因
       C．实际成本动因   D．空间成本动因
7．在作业成本法下，成本计算的对象是多层次的，大体上可以分为（　　　）。
       A．资源   B．作业   C．作业中心   D．制造中心
8．下列各项中，属于作业成本计算与传统成本计算明显区别的有（　　　）。
       A．以作业中心来归集资源费用   B．采用多元化的制造费用分配标准
       C．不计算产品成本   D．计算作业消耗
9．以下关于成本动因的叙述，正确的有（　　　）。
       A．成本动因也称成本驱动因素
       B．成本动因是指可以引起相关成本对象的总成本发生变动的因素
       C．引起作业成本变动的因素，称为资源动因
       D．引起产品成本变动的驱动因素，称为作业动因
10．与作业成本法相比，关于传统成本法下列说法中错误的有（　　　）。
       A．传统成本法低估了产量大而技术复杂程度低的产品成本
       B．传统成本法高估了产量大而技术复杂程度低的产品成本
       C．传统成本法低估了产量小而技术复杂程度高的产品成本
       D．传统成本法高估了产量小而技术复杂程度高的产品成本

三、判断题

1．第一个提出作业成本法思想的是哈佛大学的库珀。　　　　　　　　　　（　　）
2．按照作业发生数量的方法不同，可以将作业分为单位作业、批别作业、产品（品种）作业和维持性作业。　　　　　　　　　　　　　　　　　　　　　　（　　）
3．作业成本法的基本原理是成本动因理论。　　　　　　　　　　　　　　（　　）
4．执行性成本动因是与企业的战略定位和经济结构密切相关的成本因素。（　　）
5．采用作业成本法，作业分类越细越好。　　　　　　　　　　　　　　　（　　）
6．成本动因按其性质不同可以分为积极性成本动因和消极性成本动因。　（　　）
7．作业成本法的理论依据是作业消耗资源，产品消耗作业。　　　　　　　（　　）
8．作业成本法把作业、作业中心、顾客和市场纳入成本核算，拓宽了成本核算的范围。　　　　　　　　　　　　　　　　　　　　　　　　　　　　　　　（　　）
9．作业成本法主要是确认和计量各种资源耗费，将资源耗费价值归集到各资源库。
　　　　　　　　　　　　　　　　　　　　　　　　　　　　　　　　　　（　　）
10．作业成本法适用于事后成本核算，不适用于事前的计划。　　　　　　（　　）

四、问答题

1．作业成本法的产生背景主要是什么？
2．什么是作业成本法？
3．简述作业成本法计算的主要特点和程序。
4．简述作业成本法与传统成本法的区别与联系。
5．作业成本法的优点和缺点有哪些？

五、技能题

1. 某企业主要生产 A、B 两种产品，该企业最近决定将现在实施的传统成本法改为作业成本法。在实施全企业范围的变革之前，想事先评价一下该变革对企业产品成本带来的影响。为评价该变革的影响而搜集的数据见表 9-16。

表 9-16　企业产品基本数据

项　目	A 产品	B 产品
产量（个）	150 000	60 000
主要成本（元）（直接材料+直接人工）	70 000	150 000
机器小时（小时）	50 000	12 500
维修成本（元）	250 000	250 000
材料转移次数（次）	700 000	100 000
材料转移成本（元）	300 000	300 000
生产准备次数（次）	100	50
生产准备成本	450 000	450 000

在目前的传统成本法下，维修成本、材料转移成本以及生产准备成本均按机器小时分配到各产品。

要求：

（1）采用目前的传统成本法，计算 A、B 产品的单位成本。

（2）采用作业成本法，计算 A、B 产品的单位成本。

2. 某制造企业生产 A、B 两种产品。A、B 两种产品 20×9 年 1 月份的有关成本资料见表 9-17。

表 9-17　A、B 两种产品 20×9 年 1 月有关成本资料

（金额单位：元）

产品名称	产量（件）	单位产品机器小时（小时）	直接材料单位成本	直接人工单位成本
A	200	1	50	40
B	300	2	80	30

该制造企业每月制造费用总额为 50 000 元，与制造费用相关的作业有 4 个，有关资料见表 9-18。

表 9-18　与制造费用相关的作业资料

作业名称	成本动因	作业成本（元）	作业动因数		
质量检验	检验次数	4 000	A：5	B：15	合计：20
订单处理	生产订单份数	4 000	A：30	B：10	合计：40
机器运行	机器小时数	40 000	A：200	B：800	合计：1 000
设备调整准备	调整准备次数	2 000	A：6	B：4	合计：10
合计	—	50 000			

要求：

（1）用作业成本法计算该制造企业生产 A、B 两种产品的单位成本。

（2）以机器小时作为制造费用的分配标准，采用传统成本法计算 A、B 两种产品的单位成本。

项目十
战略管理会计

项目目标

1. 知识目标

理解战略管理会计的产生背景、发展和概念;熟知战略管理会计的特征、基本程序;掌握战略管理会计的方法体系、战略管理会计研究的主要内容。

2. 能力目标

能够充分理解并实践价值链分析、SWOT 分析、成本动因分析等战略管理会计在实际中的应用及方法体系上的创新;熟悉战略管理会计的适用环境条件。

3. 素质拓展目标

认识战略管理会计的现实意义;了解战略管理会计的发展趋势。

【项目导入】

京东集团旗下设有京东商城、京东金融、拍拍网、京东智能、海外事业部。2014 年 5 月 22 日,京东集团在纳斯达克挂牌。2015 年第一季度,京东商城在中国自营式 B2C 电商市场的占有率为 56.3%。2015 年 11 月 12 日,京东商城入选 MSCI 中国指数。2016 年 6 月 8 日,《2016 年 BrandZ 全球最具价值品牌百强榜》公布,京东商城首次进入百强榜,排名第 99 位。2018 年 6 月 18 日,京东集团和谷歌宣布,谷歌将以 5.5 亿美元现金投资京东。2018 年 12 月 27 日,京东集团宣布,董事会已批准一项股票回购计划,在未来 12 个月内,京东集团回购 10 亿美元的公司股票。截至 2018 年 9 月 30 日,京东持有的现金、现金等价物、受限现金和短期投资总额为人民币 429 亿元(约合 62 亿美元)。

京东集团旗下的京东商城在线销售家电、数码通信、电脑、家居百货、服装服饰、母婴、图书、食品、在线旅游等上万个品牌百万种商品。京东商城对价值链进行有效分析和管理,在降低企业经营成本的同时,利用大数据分析和挖掘等技术,建立完善的仓储系统缩短商品周转周期;根据消费者浏览记录及购买行为习惯,实现精准营销;自建物流体系为消费者提供优质的服务;利用自建支付体系,方便消费者支付。京东商城通过对虚拟价值链中信息的有效分析和挖掘,通过物流连接虚拟价值链和实体价值链,提升整个价值链的价值,形成核心竞争力,使自己从众多的电子商务平台中脱颖而出。商品从京东商城送至客户的价值链条上,包括以下几个环节:库存管理环节—网络销售环节—专业物流配送环节—支付环节—售后服务环节。

（1）库存管理环节。京东商城是根据商品的点击率来预测商品的销量，而不是将所有商品都存放在仓库里面。京东商城利用大数据技术，分析、挖掘数据，根据历年商品订单来判断分析客户的潜在消费需求，在商品点击率在某个地区比较多的情况下，会提前将需求的商品运送到当地仓库，如果不是畅销的商品，则会从附近的仓库进行调货。这种方式可以在保证正常经营活动的同时，减少存货的数量，降低存货占用的资金，从而减少库存成本。

（2）网络销售环节。京东商城有网络销售和线下销售实体店两种模式。但实际上，线下店只是一种体验店，数量较少，主要的销售还是采取虚拟店铺的形式。这种方式的好处在于节约了大量的店面租金成本以及后续的维修成本和选址不当所带来的风险问题。另一个好处来自于目前发展迅速的网络信息技术，京东商城可以利用门户网站广告和微信接入口导入流量，将自己产品的信息、商场的各种活动及时通过网络散播出去，分析客户的购买习惯，有针对性地向客户推荐购买产品的信息，形成有效的互联网精准营销。

（3）专业物流配送环节。物流配送是电子商务核心竞争力的体现，也是能提高整个价值链的关键环节。京东商城通过巨额投资，自己建立仓储物流体系。京东商城的物流环节是其差异化战略的一个重点。在物流环节，京东商城的自营商品和一部分合作店铺采用的是京东商城自建的物流体系。这个方式的好处在于，京东商城能够为客户提供优质高效的服务。与其他快递公司需要3~4天相比，京东包裹一般能够当天或者次日到达，尤其在江浙沪等地区可以做到"211"限时达。凭借极快的到货速度加上规范的用语、统一的着装等形式，京东商城轻松地在客户中树立了品牌形象，降低了物流成本并增强了自己在市场上的竞争力。

（4）支付环节。京东商城最初采用的是阿里巴巴的支付宝和腾讯的财付通支付系统。但是在2012年，京东集团开始打造自己的支付系统，客户可以选择网银支付、货到付款、分期付款、打白条等结算方式，方便了各种购买人群选择适合自己的支付方式。京东集团有效建立自己的支付体制，对资金进行了全方位的管控，能够及时地收回资金，减少资金的成本，同时也避免了核心资料和数据的外泄。

（5）售后服务环节。京东通过在线咨询、畅销产品排行榜、售后评价以及价格保护机制等线上服务，并结合24小时客户服务电话、全国免费上门取件、上门装机、电脑故障诊断以及家电清洗等线下服务，增强了客户黏性，降低了退换货率。

讨论

京东商城取得成功的原因是什么？电子商务企业要想发展壮大，应该采取哪些战略措施？

任务一　战略管理会计概述

一、战略管理会计的产生与发展

战略管理会计诞生于20世纪80年代，是随着现代科学技术的迅速发展，全球性竞争日益激烈而产生的。现代企业面临着竞争激烈而且不断变化的外部市场环境，这使得企业管理者不得不把企业长远的战略目标和发展方向放在第一位，紧跟市场变化形势，分析和预测变化多端的市场环境，以主动的措施适应环境的变化，从而取得核心的竞争优势，以战胜竞争对手，在竞争中立于不败之地。现代企业不仅需要科学精细的日常管理，更需要有高瞻远瞩的战略眼光和战略思想。在此情况下，企业管理理念从"职能管理"向"战略管理"转变。

（一）经济社会快速发展产生对战略管理会计的需求

随着经济社会高速发展，经济全球化趋势更加明显。企业制造费用的比重明显上升，而直接人工成本下降；固定成本所占比重上升，而变动成本所占比重下降。在这种情况下，人们对传统的成本计算方法产生质疑。面对知识经济、信息经济和全球化经济的迅速发展，管理会计必须丰富新内容、新方法来满足现代经济的管理要求，推动企业管理观念和管理技术变革。新环境冲击了管理会计的基本要素、研究对象、价值观念以及内容等，使管理会计的功能也要做相应的改变。管理会计应从只注重产品经营、资产经营方式及短期会计利润，主要关注单纯竞争、缺乏风险观念，属于纯粹的对内管理，逐渐转为注重资本经营方式、长期经济效益、风险预测与分析，并进行信息管理。决策者需要从战略的角度研究企业所处的地位并进行战略决策，这就迫切需要传统管理会计对信息支持系统做出变革。管理会计的研究与发展应当立足于自身的经济条件，建立在自身经济、社会环境的基础之上。以战略管理思想为指导，对管理会计理论与方法加以完善和改进，将其推进到战略管理会计的新阶段，是逻辑和历史发展的必然结果。战略管理会计主要是研究在新的竞争环境下，企业怎样能更正确地从战略的角度规划其发展计划，更好地利用资源，创造更大的效益。

（二）信息技术的进步为战略管理会计发展提供了技术条件

电子信息技术在20世纪70年代开始引入企业并转化为生产力，高科技进入蓬勃发展时期，使得企业的内部环境和外部环境发生了显著变化，并对传统管理会计形成挑战。随着电子数控机床、自动化设备、机器人、计算机辅助生产等得到广泛应用，企业制造环境从劳动密集型向资本密集型和技术密集型转化，从而使产品成本结构发生了重大变化。战略管理会计提供的战略管理信息是多维的。从时间区间上讲，它跨越历史、现在和未来；就会计主体而论，它涉及会计主体及其竞争对手的内外部会计信息；依会计信息的形式来分，它提供的既有财务信息，也有非财务信息。传统管理会计把工作的重心放在企业内部管理与运作上，在成本控制方面主要是采取降低成本措施来实现成本控制的目的，力求在工作现场不浪费资源、节能降耗、防止事故，以招标方式采购设备和原料，这些都属于降低成本的初级形态。在预测与决策内容上，传统管理会计把模型应用和结果计算放在首位，忽视模型应用的前提分析和取数过程，以致影响了支持预测、决策信息的准确性。在责任报告内容方面，传统会计所提供的信息更多的是财务信息，忽略了非财务信息对企业的影响。信息技术的发展使管理会计有可能以较低的成本及时提供战略管理所需要的上述信息。此外，成本更低、使用更方便的信息技术将会越来越多地用于解决管理会计问题。在这种情况下，管理会计人员就可以将更多的精力用于解决战略水平上的问题。从这种意义上讲，信息技术把管理会计推向了战略管理会计新阶段。

（三）企业经营管理需要促使战略管理会计产生

战略管理会计是提升企业经营管理水平的需要。时代的变革导致企业经营环境变化，经营环境的变化推动管理科学的发展，在此变化下，战略管理顺势而生。企业战略管理强调外部环境对企业管理的影响，重视内外协调和面向未来。会计是环境的产物，环境决定了战略管理会计的形成和发展。改革开放的深入以及经济全球化的进一步发展，使得企业间竞争日趋激烈，企业的经营管理环境也由封闭走向开放，由死板走向灵活，企业的战略管理日益重要，而战略管理需要信息系统的支持，现行的管理会计是不能实现这一目的的。市场竞争日益加剧使人们认识到传统管理会计不能适应制造和竞争环境的变化，例如，不能考虑新环境中成本形态的变化，在实务中"从属于"财务会计，扭曲了产品和劳务的真实成本；不能反映质量、可靠性、生产的弹性、顾客的满意程度等一系列与企业战略目标密切相关的指标；缺少重视外部环境的战略观念，不能提供成本、价格、业务量、市场份额、现金流量等方面相对水平和变化趋势的会计信息。而战略管理会计则可以弥补传统管理会计的缺陷，可以帮助企业从战略的角度审视企业的组织机构设置、市场营销、资源配置。当战略管理深入企业管理之后，借鉴战略管理的思想，提出战略管理会计这一范畴进行研究无疑是非常必要的。它将有利于进一步深入考察企业环境对管理会计的影响和作用，从而使管理会计的眼界更加宽广，以适应企业战略管理的要求。

（四）管理会计理论方法的完善促使战略管理会计产生

管理理论中出现的战略管理、全面质量管理、柔性管理等理论，经济学中的委托代理理论、行为学派的行为理论和权变理论等，特别是管理会计方法的发展为战略管理会计的产生提供了可能。为了更加正确完整地提供管理会计信息，充分体现新的经济环境下管理会计功能，管理会计又进一步划分为环境管理会计、战略管理会计、行为会计、人力资源会计等。环境管理会计主要是关注及保护环境，关注企业的社会效益，协调企业与生态环境之间的关系，并在长期的竞争中逐渐发展壮大。而行为会计更关注企业全体员工包括企业领导的行为对企业效益的影响。人力资源会计则重视人才培养和人才带给企业的效益，认为人才是企业在竞争中制胜的法宝。管理会计除了理论方法的发展壮大，更为主要的是管理会计价值观的改变。价值观是现代管理会计的基础观念，其中价值链在管理会计中最具外部性特性。管理会计研究的目的之一就是要围绕企业核心竞争力寻求这种组合价值链，发现价值链中的"战略环节"，探索适应市场经济发展的管理会计新理论与新方法。管理会计理论研究应适应管理会计的新发展，实施"价值创新"。管理会计的一些方法是在实践中得来的，是经验的总结，而有的方法、概念和模式是借鉴经济学和统计学得来的，如回归分析、边际成本、经济批量、经济成本等。引入这些方法是管理会计的进步，但实际运用这些方法有一定的难度。在管理会计中导入战略管理的思想，实现管理会计功能上的扩张，是管理会计发展的必然结果。事实上，企业中的各项决策和计划以及为实现其战略目标所采取的一些措施，不仅与现代管理会计所确定的控制内容与目标密切相关，而且它们的实现也都离不开管理会计功能作用的发挥。现代管理会计的重要历史使命也在于服从企业战略经营和战略管理的需要，其工作重点也应放在配合企业的战略管理措施的实行方面。

二、战略管理会计相关概念

随着企业战略管理的发展,企业管理从日常经营活动上升到长远发展的战略层面,作为管理支持系统的管理会计也需要具有战略管理功能。战略管理会计是社会生产力进步以及战略管理理论不断发展和完善的必然结果。国内外许多管理会计学者提出了战略管理会计这一新的研究领域,试图从管理会计视角,为企业战略管理提供有效的信息支持。在此之后,许多学者对战略管理会计进行了定义及描述。

(一)战略管理

20世纪50年代末,战略作为"手段"或"方法"的代名词开始进入管理领域,成为企业管理学中的一个范畴。一般是指企业为实现其宗旨和长期目标,使用的一种比较宽泛和基本的计划方法。最初,企业的战略管理行为被称为战略计划(Strategic Planning),着眼于企业内部,强调企业现状只是把预算中的数字往后多推几年,缺乏战略调整空间。1973年的石油危机,把企业带到了动荡的环境中,人们意识到对外部环境完全准确的预测几乎是不可能的,企业的计划必须以外部环境的变化为基础,必须更加留心市场变化的动态,更加密切关注竞争对手。在这一时期,企业管理的战略特色已渗透到管理的各个环节,"战略管理"(Strategic Management)一词正式提出,企业的管理者认识到必须以外部环境为基础考虑多种备用的战略方案,同时认识到战略比预测更重要。

战略管理是管理者确立企业长期目标,在综合分析所有内外部相关因素的基础上,制定达到目标的战略,并执行和控制整个战略的实施过程。进入20世纪80年代以后,行为科学、竞争对手分析、购并战略、全球化战略、信息技术和生产技术的发展,拓展了战略管理的范围,完善了战略管理的理论,丰富了战略管理的内容。企业战略管理的过程一般包括三个阶段:战略制定、战略实施、战略业绩评价与控制,如图10-1所示。

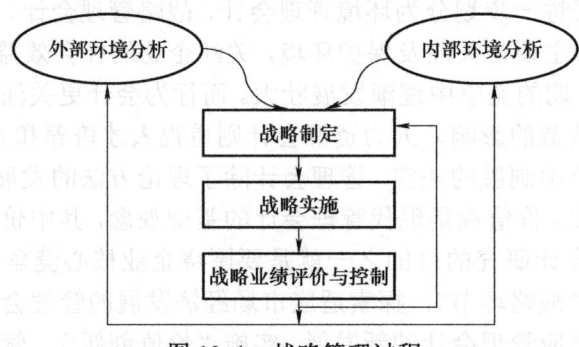

图 10-1 战略管理过程

图10-1表明,企业战略管理过程包括了从企业内部和外部环境因素的分析到对企业战略管理的结果进行评价和控制的一系列活动。为了制定企业战略,高层管理者必须分析企业的内外环境,明确企业的优势、劣势、机会和威胁。由于企业所处环境日益复杂多变,战略管理的关键就是要在不断审视企业内外环境变化的前提下,寻求一个能够利用优势,抓住机会,弱化劣势和避免、缓和威胁的战略。管理者根据对企业优势、劣势、机会和威胁的分析、比较,明确企业的宗旨,树立企业的目标,选择企业的战略,制定企业的政策,这就是企业战略制定阶段的主要内容。

企业战略确定以后，首先要建立一个战略实施的计划体系，其中包括各种行动方案、预算、程序，目的是将企业战略具体化，使之在时间安排和资源分配上有所保障。然后，要根据新战略来调整企业的组织结构、人员安排、领导方式、财务政策、生产管理制度、研究与发展政策、企业文化等，目的是通过这些战略措施使企业战略的实施更有效率。对企业战略管理的过程和结果要及时地进行评价。通过评价所得到的信息要及时、准确地反馈到企业战略管理的各个环节上去，以便企业的各级管理者采取必要的纠正行动。造成战略实施的进度和结果与原来计划不同的原因是多方面的。管理者在发现这些偏差之后，首先应重新检查或调整战略实施的计划体系或实施措施；其次是检查企业的政策、战略、目标是否正确；最后是重新考虑企业的宗旨。如果造成这种偏差的原因是企业内外环境中的关键因素发生了重大和根本性的变化，那么整个企业战略都要重新制定。

（二）战略管理会计

战略管理会计这一名称已普遍被管理会计学界使用，然而对其定义和范围未达成统一的共识。对战略管理会计概念的界定，国内外学者的认识尚不统一，然而都反映出战略管理会计的一些基本特征，即重视外部环境和市场、注重整体等。肯尼斯·西蒙将战略管理会计（Strategic Management Accounting）定义为"是关于企业及其竞争者管理会计数据的准备和分析，用来建立和控制企业战略"。1988 年，布罗姆维奇撰写的《管理会计的定义和范围：从管理角度的认识》一文推进了对战略成本管理的研究，将战略管理会计定义为"收集并分析企业产品在市场和竞争对手方面的成本以及成本结构的信息，并在一定时期内监察企业和竞争对手的战略"。1993 年，杰克·桑克和戈文德瑞亚在《战略成本管理》一书中指出，战略管理会计是成本信息在战略管理的战略表述、战略传达、战略实施和战略控制四个阶段中所起的作用。特许管理会计师公会（CIMA）认为战略管理会计应内外兼顾，其给出的定义是"在战略管理会计理念下，企业在重视非财务信息和内部提供的信息的同时，涉及企业外部因素的信息也受到同等程度的重视"。我国会计学家余绪缨教授认为"战略管理会计可从战略的高度，提供顾客和竞争对手具有战略相关性的外向型信息，并对本企业的内部信息进行战略审视，帮助企业决策层知己知彼地进行战略的制定和实施，保持并不断创造竞争优势，以促进企业长足、健康发展"。王化成认为"战略管理会计是以企业价值最大化为最终目标，运用灵活多样的方法，搜集、加工、整理与企业战略管理相关的各种信息，并据此来协助管理当局确立战略目标、进行战略规划、评价战略管理业绩的一个管理会计分支"。夏宽云认为"战略管理会计就是一种明确强调战略问题的管理会计方法，它把管理会计建立在一个更广泛的背景上，是财务信息被用于战略以取得持续的竞争优势"。其主要职能在于"一方面为企业的战略管理决策提供有用的信息，即为确定企业的战略目标、拟定实施战略的备选方案、选择适合企业的战略方案、制定实施战略的措施、监督与考核战略的执行情况等一系列战略管理活动提供决策依据；另一方面以战略眼光来评价企业的内部信息"。

归纳起来，当前学术界对战略管理会计概念的不同理解大致可以分为两类。一类观点从技术工具的角度出发，认为战略管理会计是管理会计体系的一个组成部分，是适应环境变化而形成的管理会计技术方法，是服务于企业战略管理目标的一组创新工具。另一类观点则认为战略管理会计是战略性的管理会计，是管理会计整体在新时期的发展，为企业整体和长期的战略性发展提供信息。

综合而言，战略管理会计是指为企业战略管理服务的会计信息系统，即服务于战略比较、战略选择和战略决策的一种新型会计，它是管理会计向战略管理领域的延伸和渗透。具体地说，它是指会计人员运用专门的方法为企业提供自身和外部市场以及竞争者的信息，通过分析、比较和选择，帮助企业管理层制定、实施战略计划以取得竞争优势的手段。战略管理会计的形成和发展不是对传统管理会计的否定和取代，而是为了适应社会经济环境的变化而对传统会计理论的丰富和发展。战略管理会计的宗旨立足于企业的长远目标，以企业的全局为对象，将视角更多地投向影响企业经营的外部环境。

（三）战略管理会计与战略管理的关系

把战略因素引入管理会计分析体系，发展战略管理会计是现行管理会计理论与方法符合逻辑的扩展。20 世纪 40 年代盛行的成本会计未能把 20 世纪 50 年代已经开始流行的决策分析框架纳入其体系中，因而缺乏决策相关性。这导致管理会计取代成本会计成为一种新的决策分析框架。战略管理这一新的决策分析方法的蓬勃发展，使人们开始重新审视现行管理会计的理论与方法，并普遍认为其缺乏战略性。传统的管理会计不能提供诸如企业所处的相对竞争地位的信息，不能提供有利于企业竞争战略调整的会计资料，从而不能起到预警目的。事实上，"传统的管理会计只从短期的观点出发，依据投资报酬率和其他财务数据进行管理"。因此，自 20 世纪 80 年代以来，人们开始将战略的因素引入管理会计的理论与方法中，从而将其逐步推向战略管理会计的新阶段。战略管理会计的产生与战略管理理论的发展密不可分，没有战略管理理论的出现，战略管理会计也就无从谈起。

战略管理要求企业管理者在不断审视企业内外环境变化的前提下，制定能够利用优势、抓住机会、弱化劣势以及避免和缓和威胁的企业战略。从企业战略制定到实施，客观上需要大量的内部和外部、财务和非财务、定性和定量、历史和现实等多样化的管理会计信息，战略管理会计随之产生。战略管理会计在战略管理理论的基础上产生，并为战略管理服务，二者密不可分。会计信息存在于战略管理过程的各个阶段，即在战略流程的每个阶段都需要对信息进行收集、分析、加工和处理，企业的领导者才能知己知彼，最大限度地促进本企业的改进和完善，保持优势并不断创新，促进企业长期、健康地向前发展。在对信息进行收集加工时需要使用一定的方法，战略管理会计方法便应运而生。

自从战略和战略管理概念引入管理领域之后，信息技术和生产技术的飞速发展、企业内外环境的明显变化促使人们热衷于研究战略管理，行为科学、竞争对手分析、购并战略、全球化战略等的发展拓宽了战略管理的范畴，使其内容不断充实和完善。战略管理过程可分为战略制定、战略实施及战略评价与控制等阶段。相应的，战略管理会计方法包括企业的经营环境分析、竞争优势分析、价值链分析、战略成本管理和战略业绩评价等。在企业不同的战略管理阶段，可以选择相应的战略管理会计方法为之服务。具体而言，在战略制定阶段，企业可以通过竞争对手分析、价值链分析判断竞争对手的成本、效益及其竞争力；通过市场定位分析判断企业所处的行业环境及自身的竞争力，借以选择适合本企业的战略决策；通过结构性成本动因分析判断企业的政策、经营规模等因素是否合理。在战略实施及战略评价与控制阶段，企业可以通过分析内部价值链找出在价值链的哪一个阶段可以增加顾客价值或降低成本，通过作业成本管理判断企业的增值与非增值作业，并消除非增值作业，优化增值作业，提高企业的经营效率；通过目标成本管理帮助企业尽可能地实现目标利润；通过分析执行性战略成本动因调整企业关键价值链上的资源配置，提高企业价值；通过全面质量管理，降低企业的故障成本支出，维护企业及品牌声誉；实施平衡计分卡制度，为企业全面考核与评价企业战略管理业绩提供了制度保障。

三、战略管理会计的特征

战略管理会计是一种新型的管理会计体系。它是在传统管理会计提供的信息远远不能满足战略决策需要的情况下，为适应和促进战略管理思想应运而生的。它要求管理会计要从战略管理的需要出发，关注企业外部环境信息提供和控制程序，不仅要和特定阶段的战略目标相适应，而且要有助于战略目标的实现，从而大大突破了传统管理会计的时空观念，极大地冲击了传统管理会计的理论体系。传统管理会计的应用方法主要是对财务指标的计算，具体应用更多体现在它的基本职能中，如预测分析、决策分析、预算编制、预算控制、业绩评价及考核方法等。战略管理会计是企业战略管理的产物，为适应外界环境及企业组织机构的变化，其应用方法较传统管理会计有很大变化。概括而言，与传统管理会计相比，战略管理会计具有以下几个方面的特征：

（一）战略管理会计是外向型的综合信息系统

从管理会计研究对象的范围上看，传统管理会计是内向型的财务信息系统，是建立在传统的企业管理体制基础上的，注重本企业内部的决策、计划及控制执行，只对本企业的成本管理、决策及责任会计负责。在市场竞争不是很激烈的情况下，企业只需在其内部加强成本管理，提高劳动生产率，便可生存。传统管理会计对企业的外部环境有所忽视，其视野基本上不涉及企业的顾客和竞争对手的相关信息，在外部环境日益复杂、竞争日趋激烈的今天，致使其提供的信息失去战略相关性。

战略管理会计不再局限于本企业这一狭小的空间范围，而是更多地关注影响企业的外部环境，立足全局，从整体上抓住主要矛盾，密切关注整个市场和竞争对手的动向，适当调整和改变自己的战略和战术，寻求企业建立竞争优势的途径。战略管理会计制定企业相关决策的前提就是要充分分析与掌握企业的外部环境并密切关注企业所在行业以及市场的动态，从而扩大了会计信息收集、整理、报告的范围与角度。战略管理会计应站在战略的高度，做到知己知彼，以求在市场竞争中立于不败之地，既重视系统内部各种资源和条件的制约，又充分考虑系统外部各种环境因素的影响，强调企业发展与市场环境变化的协调一致，以求得产业价值链的最优效益。战略管理会计提供了超越企业自身的更为广泛、更为有用的信息，重点从市场的角度提供管理信息，如销售网络和服务网络、顾客满意度、社会购买力、宏观经济发展趋势、目前宏观经济政策等信息，以及市场需求量、产品质量、价格、市场占有率等企业外部环境变化信息。可见，战略管理会计克服了传统管理会计的重要缺陷，拓展了管理会计对象的范围，由内向型向外向型发展，以适应战略管理的需要，增强企业对环境的应变性。

（二）战略管理会计以取得竞争优势为长远目标

传统管理会计以获取最大利润为目标，并将这一目标贯穿到预测、决策和成本控制中。

虽然传统管理会计也强调对成本的控制，强调降低成本获取高额利润，但究其本质只是一种短期、片面的行为，仍未考虑竞争优势观念及对企业竞争地位的影响。传统管理会计所注重的只是单个企业在有限的期间内的发展，提供的信息主要是对企业内部经营决策及经营管理发挥作用。传统管理会计注重营运资本的控制，对投资方案的评价仅限于从财务效益的角度展开，企业经营业绩也只表现在当期的利润上，只注重追求企业短期利润的最大化。而实际上，当企业间的竞争上升为全局性的战略竞争时，追求长远目标、抢占市场份额已成为企业刻不容缓的奋斗目标。

企业战略管理的核心目的是获得和保持持久的竞争优势，在竞争日益激烈的市场中立于不败之地。战略管理会计主要针对企业的长期战略计划与决策，使企业的竞争优势具有持久性和稳定性，从长远利益来分析评价企业的资本投资。战略管理会计始终把扩大市场份额和追求企业的长期竞争优势作为其根本目的。市场份额和竞争优势代表企业未来的收入或利润，因此战略管理会计不是不注重利润，而是更注重长期的利润，其目标具有长期性。

战略管理会计明确考虑企业竞争战略，主要包括企业价值链分析、确定战略地位、成本动因分析等。从战略的高度，企业投资开始倾向于以智力投资为主，在人力资源、科技开发、新产品开发等多方面投入资金，以求保持企业长久的竞争力。这样，在战略管理会计中，对企业投资方案的评价不再局限于财务效益指标，而必须同时考虑非财务效益方面的指标，如引进人才的未来效益、引进高新技术的未来效益及新产品的市场份额等。投资决策不仅要采用定量分析法，还要辅之以定性分析法。战略管理会计应用于企业集团作战，则注重全局利益，它的信息分析完全基于整体利益考虑。为了长远利益，它会考虑放弃短期利益；为了顾全整体利益，它甚至会放弃某个成员企业的利益。企业的经营成果不仅要反映在利润指标上，还要反映在企业价值的增加上。相比传统管理会计，战略管理会计具有长远性、整体利益的最大化以及超前性等特征。

（三）战略管理会计研究与战略管理相关的多样化信息

从管理会计的研究对象上看，传统管理会计研究的是单一的财务信息，而忽视了非财务信息对企业的影响。然而，外界环境及企业内部管理体系的变化会带来对管理会计信息需求的变化。首先，企业外界环境的变化，如市场竞争、经营战略、信息加工技术变化等，会引发企业组织机构的变化。这又必然导致管理会计研究对象及内容发生相应变化，这种变化表现在：一方面，财务信息的种类将发生变化；另一方面，非财务信息的需求也将大幅上升，如产品更新换代信息、知识产权、市场竞争信息及市场战略规划等。

战略管理会计收集信息涉及面广、考虑多种因素，使之搜集与整合的信息不仅是财务信息，还增加了多项应该考虑的重要非财务信息。战略管理会计既重视主要活动，也重视辅助活动；既重视生产制造，也重视其他价值链活动，如人力资源管理、技术管理、后勤服务等活动；同时，它既着眼于现实的活动，也放眼于各种潜在的经济活动，如扩大经营范围的前景分析等。这些信息有的来源于企业内部的财务、市场、技术、人事等部门，有的则来自企业以外的政府机关、金融机构及大众媒体等。因此，战略管理会计的视野更加开阔，有利于企业把握各种潜在的机会，回避可能的风险，增加赢利能力和企业价值。

战略管理会计克服了传统管理会计的缺点，大量提供诸如质量、需求量、市场占有份额等非财务信息,这为企业洞察先机、改善经营和竞争能力、保持和发展长期的竞争优势创造了有利条件。这样既能适应企业战略管理和决策的需要,也改变了传统管理会计比较单一的计量手段模式。战略管理会计提供的信息具体包括五类:①战略财务信息和经营业绩信息。其中战略财务信息是指:与战略成本、生产率有关的数据;与从事战略经营业务有关的数据;与包括人力资源在内的战略资源数量和质量有关的数据;与知识开发和创新有关的指标;员工的参与度和满意度;与供货方的战略关系等。经营业绩信息主要是指与收入、市场占有率、质量等有关的经营活动的信息。②企业管理部门对上述战略财务信息与经营业绩信息的评价分析。③前瞻性信息。具体包括:揭示机会和风险的信息;揭示管理部门的计划信息,包括影响成功的战略因素;实际经营业绩与以前披露的机会和风险进行比较的信息,以及与计划比较的信息。④背景信息。具体包括:企业的广泛目标和战略;企业经营业务、企业资产的范围和内容;产业结构对企业的影响。⑤竞争对手信息。具体是指:竞争对手的目标和所采取的战略措施及其成功的可能性;竞争对手的竞争优势和劣势;面临外部企业的挑战,竞争对手是如何反应的等。

知识链接 10-1

战略管理流程及步骤

战略管理是企业为求得长远发展和核心竞争力,根据外部环境的变化和内部的资源条件采用一定的方法和技术,对企业各层次的业务活动所进行的全局性谋划过程。战略管理一般可以分为三个阶段:战略制定、战略实施、战略评价与控制。这三个阶段构成了一个循环发展、螺旋上升的循环体系,也就是战略流程。"确立战略""实施战略"和"评价战略"构成了战略流程;而"信息"则存在于战略流程的各个阶段。在对信息进行收集、加工时,需要使用一定的方法,而战略管理会计方法则显示出一定的优越性。战略管理会计方法是联系战略流程与信息的桥梁,应该在战略流程的基础上构建战略管理会计方法体系。

企业通过控制相关措施,实现企业战略实施中的控制,评价企业战略业绩,找出差距,并加以分析和改进。战略管理是一个动态管理过程,可进一步细分为九个步骤:

1. 确定组织当前的宗旨、目标和战略

定义公司的宗旨意在促使管理者仔细确定公司的产品和服务范围。对"我们到底从事的是什么事业"的理解关系到公司的指导方针。如一些学者指出,美国铁路公司之所以不景气是因为它错误地理解了自己所从事的事业。在 20 世纪 30~40 年代,如果美国铁路公司认识到它从事的是运输事业,而不仅仅是铁路事业,它的命运也许会完全不同。当然,管理者还必须搞清楚组织的目标以及当前所实施的战略的性质,并对其进行全面而客观的评估。

2. 分析环境

环境分析是战略管理过程的关键环节和要素,包括外部环境分析和内部环境分析。组织环境在很大程度上规定了管理者可能的选择。成功的战略大多是那些与环境相适应的战略。松下电器是家庭娱乐系统的主要生产商,自 20 世纪 80 年代中期开始,松下在微型化方面取得了技术突破,同时家庭小型化趋势使得对大功率、高度紧凑的音响系统的需求剧增。松下家庭音响系统战略的成功，就是因为松下及早地认识到环境中正在发生的技术和社会变化。管理者应很好地分析公司所处的环境，了解市场竞争的焦点，了解政府法律法规对组织可能产生的影响，以及公司所在地的劳动供给状况等。其中，环境分析的重点是把握环境的变化和发展趋势。关于环境的信息可以通过各种各样的外部资源来获取。

3．发现机会和威胁

分析了环境之后，管理者需要评估环境中哪些机会可以利用，以及组织可能面临的威胁。机会和威胁都是环境的特征。威胁会阻碍组织目标的实现，而机会则相反。在分析机会与威胁时，以下因素是关键的：竞争者行为、消费者行为、供应商行为和劳动力供应。技术进步、经济因素、法律、政治因素以及社会变迁等一般环境虽不对组织构成直接威胁，但作为一种长期计划，管理者在制定战略时也必须慎重考虑。分析机会和威胁还必须考虑压力集团、利益集团、债权人、自然资源以及有潜力的竞争领域。如某公司发现竞争对手在开发新产品并削减价格，该公司所做的反应首先应是加强广告宣传、提高其品牌的知名度。

4．分析组织的资源

这一分析将视角转移到组织内部：组织中雇员拥有什么样的技巧和能力？组织的现金状况怎样？在开发新产品方面一直很成功吗？公众对组织及其产品或服务的质量评价怎样？这一环节的分析能使管理者认识到：无论多么强大的组织，都在资源和能力方面受到某种限制。

5．识别优势和劣势

优势是组织可开发利用以实现组织目标的积极的内部特征，也是组织与众不同的能力，即决定作为组织竞争武器的特殊技能和资源；劣势则是抑制或约束组织目标实现的内部特征。管理者应从以下方面评价组织的优势和劣势：市场、财务、产品、研究与发展。内部分析同样也要考虑组织的结构、管理能力和管理质量，以及人力资源、组织文化的特征。管理者可以通过各种各样的报告来获得有关企业内部优势和劣势的信息。

6．重新评价组织的宗旨和目标

按照SWOT分析和识别组织机会的要求，管理者应重新评价公司的宗旨和目标。

7．制定战略

战略需要分别在公司层、事业层和职能层制定。在这一环节，组织将寻求其恰当定位，以便获得领先于竞争对手的相对优势。

8．实施战略

无论战略制定得多么有效，如果不能恰当地实施，仍不可能保证组织的成功。此外，在战略实施过程中，最高管理层的领导能力固然重要，但中层和基层管理者执行计划的主动性也同样重要。管理者需要通过招聘、选拔、处罚、调换、提升乃至解雇职员以确保组织战略目标的实现。

9．评价结果

战略管理过程的最后一步是评价结果：战略的效果如何？需要做哪些调整？这涉及控制过程。

【拓展阅读10-1】

战略管理属于动态管理

战略管理是一种动态管理,这种权变管理思想必然要求战略管理会计在变动的外部环境条件下进行各项决策分析,以进一步提高会计信息战略相关度。战略管理会计主要通过过程的控制将企业生产经营的各个环节和企业整体目标相联系,以过程的控制来保证战略目标的实现,提高了控制的有效性,有利于发挥企业的整体优势。在竞争环境下,衡量竞争优势的不仅有财务信息,还有大量的非财务信息。许多非财务信息尽管不能直接反映企业的经营业绩,但对企业的长远发展起着至关重要的作用,如目标市场占有率、产品合格率、顾客的满意度、产品交货率、产品退货率和产品返修率等。传统管理会计以货币为计量尺度,研究的是货币信息,对于企业决策只能从财务分析中获取信息,忽略了其他信息对企业的影响,因而在激烈的市场竞争中常导致企业舍本逐末,决策失误。相比之下,作为企业决策支持系统的战略管理会计超越了会计货币计量的范围,是为适应战略管理的需求而创立起来的一个独特的全面性的管理会计信息系统。战略管理会计将信息范围扩展到各种与企业战略决策相关的领域中,信息种类和信息来源非常广泛,而且信息分析、处理技术多样化。

从战略管理的高度而言,最重要的资源莫过于人力资源因素。然而,传统管理会计的主要研究对象是"物",对各种物质资源尤其是实物,如直接材料和直接人工的计价和管理特别重视,却很少研究或涉及管理主体"人"的因素,对无形资产,包括各种人力资源的计价和管理则缺乏系统的、比较成熟的方法和体系。战略管理会计拓展了管理会计人员的职能范围,管理会计人员能够在更为广阔的领域中发挥作用,同时也受到了前所未有的挑战。战略管理会计对管理会计人员的要求已不只是财务信息的提供,而是要求他们能够运用多种方法,对包括财务信息在内的各种信息进行综合分析与评价,向管理层提供全部的整体分析结论和决策建议。在战略管理会计中,对管理会计人员的素质提出了更高的要求,管理会计人员将转变为"跨专业的、具有广博知识和敏锐洞察力的管理会计人",为企业提供高智慧的谋策,全面提高企业综合竞争能力。随着管理会计人员职能的扩展,对其知识结构和能力水平也有了更高的要求。管理会计人员不仅要熟悉本企业及所在行业的特征,而且更要通晓经济领域其他各个方面的知识,并且要具有战略的眼光、开阔的思路、敏锐的洞察力和高瞻的谋略,善于抓住机遇,从整体发展的高度来认识和处理问题。显然,这一要求与知识经济时代高智能、高创造力人才的要求是一致的。

任务二 战略管理会计的方法体系

管理会计与战略的结合,拓展了管理会计的范围,强调着眼于竞争,用战略的眼光看待企业内部信息、外部市场信息和竞争者信息。从管理会计应用的方法来看,传统管理会计的方法相对单一,主要依赖于对财务指标的计算,而战略管理会计则是在此基础上，从多方位、多角度来进行综合分析和研究，其应用方法是多元化的。传统管理会计是建立在传统的经济管理体制基础上的，其目的是满足企业经营管理的需要，其内向型的管理及信息来源、种类的单一性又决定了传统管理会计应用方法的单一。传统管理会计的方法体系分为预测与决策、过程控制与业绩评价两大类，战略管理会计基于战略制定、战略实施和战略评价与控制的需要，在吸收战略管理、经济数学、组织行为学等学科最新成果的基础上，发展出一套不同于传统管理会计的方法体系，战略管理会计运用的方法更灵活多样，具体包括以下几个方面：

一、价值链分析

（一）价值链分析的含义

为了提升企业战略，美国战略管理学家迈克尔·波特1985年第一次提出价值链分析方法。他将一个企业的经营活动分解为若干战略性相关的价值活动，每一种价值活动都会对企业的相对成本地位产生影响，进而成为企业采取差异化战略的基础。供应商通过向企业出售产品对企业价值链产生影响，而企业通过向客户销售产品影响着买方的价值链。价值链是一种高层次的物流模式，由原材料作为投入资产开始，直至原材料通过不同过程售给顾客为止，其中做出的所有价值增值活动都可作为价值链的组成部分。价值链的范畴从核心企业内部向前延伸到供应商，向后延伸到分销商、服务商和客户。价值链分析方法视企业为一系列的输入、转换与输出的活动序列集合，每个活动都有可能相对于最终产品产生增值行为，从而增强企业的竞争能力。信息技术和关键业务流程的优化是实现企业战略的关键。企业通过在价值链过程中灵活应用信息技术，发挥信息技术的使能作用、杠杆作用和乘数效应，可以增强企业的竞争能力。价值活动是构筑竞争优势的基石，对价值链的分析不仅要分析构成价值链的单个价值活动，而且更重要的是，要从价值活动的相互关系中分析各项活动对企业竞争优势的影响。价值链分析的任务就是要确定企业的价值链，明确各价值活动之间的联系，提高企业创造价值的效率，增加企业降低成本的可能性，为企业取得成本优势和竞争优势提供条件。

（二）价值链分析的特征

（1）价值链分析的基础是价值，其重点是价值活动分析。各种价值活动构成价值链。价值是买方愿意为企业提供给他们的产品所支付的价格，也代表着顾客需求满足的实现。价值活动是企业所从事的物质上和技术上的界限分明的各项活动。它们是企业制造对买方有价值的产品的基石。

（2）价值活动可分为两种：基本活动和辅助活动。基本活动是涉及产品的物质创造及其销售、转移给买方和售后服务的各种活动。辅助活动是辅助基本活动并通过提供外购投入、技术、人力资源以及各种公司范围的职能以相互支持。

（3）价值链列示了总价值。价值链除包括价值活动外，还包括利润，利润是总价值与从事各种价值活动的总成本之差。

（4）价值链的整体性。企业的价值链体现在更广泛的价值系统中。供应商拥有创造和交付企业价值链所使用的外购输入的价值链（上游价值），许多产品通过渠道价值链（渠道价值）到达买方手中，企业产品最终成为买方价值链的一部分，这些价值链都在影响企业的价值链。因此，获取并保持竞争优势不仅要理解企业自身的价值链，而且也要理解企业价值链所处的价值系统。

（5）价值链的异质性。不同的产业具有不同的价值链。在同一产业，不同的企业的价值链也不同，这反映了他们各自的历史、战略以及实施战略的途径等方面的不同，同时也代表着企业竞争优势的一种潜在来源。

（三）价值链分析的类型

1．横向价值链分析

横向价值链分析简单地讲就是对一个产业内部的各个企业之间的相互作用进行分析。在大多数产业中，不论其产业平均盈利能力如何，总会有一些企业比其他企业获利更多。企业通过横向价值链分析可以确定自身与竞争对手之间的差异，从而确定能够为企业取得相对竞争优势的战略。横向价值链分析是企业确定竞争对手成本的基本工具，也是公司进行战略定位的基础。例如，通过对企业自身各经营环节的成本测算，不同成本额的公司可采用不同的竞争方式，面对成本较高但实力雄厚的竞争对手，可采用低成本策略，扬长避短，争取成本优势，使得规模小、资金实力相对较弱的小公司在主干公司的压力下能够求得生存与发展；而相对于成本较低的竞争对手，可运用差异性战略，注重提高质量，以优质服务吸引顾客，而非盲目地进行价格战，使自身在面临价格低廉的小公司挑战时，仍能立于不败之地，保持自己的竞争优势。

2．纵向价值链分析

纵向价值链分析是将企业看作整个行业价值生产的一个环节，与上游和下游存在紧密的相互依存关系。企业可以通过协调与上游供货商和下游销售渠道的关系来优化价值链的流程。纵向价值链分析的重要作用在于决定企业在哪一产业中参与竞争。具体来说，其研究的内容包括以下几个方面：①产业进入和产业退出：企业通过对某产业在整个纵向价值链上的利润共享情况的分析，以及对产业未来发展趋势的合理预期可以做出进入或者退出该产业的战略决策。②纵向整合：纵向整合是指在某一企业范围内对企业现有生产过程进行扩展。纵向整合可以分为前向整合和后向整合，即在企业范围内分别向纵向价值链的上游和下游延伸，通过这种方式来建立企业的优势地位。纵向价值链分析往往涉及的是投资决策问题，该类投资往往是投资额大、投资影响期长、事关企业重大发展的具有战略意义的投资。过去此类投资决策往往简单归为一般的投资决策问题，因而未能将差异很大的投资问题区别开来，造成决策与实践的脱节。价值链分析从全新的角度以战略的眼光去对待不同的投资决策问题。

3．内部价值链分析

内部价值链分析指的是企业的内部价值运动。内部价值链分析始于原材料、外购件的采购，而终于产品的销售即顾客价值的实现。其目的是找出最基本的价值链、企业生产作业的成本动因及与竞争对手的成本差异，区分增值与非增值的作业，探索提高增值作业效率的途径。内部价值链分析涉及决策、预算、分析和控制所有方面，企业的内部价值链分析涉及企业的职能活动和生产经营活动。企业内部价值链分析是纵向价值链分析和横向价值链分析的交叉点。纵向价值链分析的结果确定企业应该生产什么，横向价值链分析指出企业生产该种产品的竞争优势所在，同时明确与外部竞争者有关的因素有哪些，从而确定企业进行生产的限制条件,即确定企业应如何进行生产;这两种分析的落脚点都在企业内部价值链分析的结果之上。企业内部价值链分析强调通过对企业的生产经营活动、基本职能活动、人力资源管理活动的组织,完成成本最低、差异最佳、价值增值最大的目标。

(四)价值链分析的步骤

(1)把整个价值链分解为与战略相关的作业、成本、收入和资产,并把它们分配到"有价值的作业"中。

(2)确定引起价值变动的各项作业,并根据这些作业,分析形成作业成本及其差异的原因。

(3)分析整个价值链中各节点作业之间的关系,确定核心企业与顾客和供应商之间作业的相关性。

(4)利用分析结果,重新组合或改进价值链,以更好地控制成本动因,产生可持续的竞争优势,使价值链中各节点作业在激烈的市场竞争中获得优势。

二、SWOT 分析

SWOT 分析是基于内外部竞争环境和竞争条件下的态势分析。这种分析方法将与研究对象密切相关的各种主要内部优势、劣势和外部的机会和威胁等,通过调查列举出来,并依照矩阵形式排列,然后用系统分析的思想,把各种因素相互匹配起来加以分析,从中得出一系列相应的结论,这些结论通常带有一定的决策性。运用这种方法,可以对研究对象所处的情景进行全面、系统、准确的研究,从而根据研究结果制定相应的发展战略、计划以及对策等。

SWOT 是由英文 Strength(优势)、Weakness(劣势)、Opportunity(机会)、Threat(威胁)的首字母组成的。优势是组织机构的内部因素,具体包括有利的竞争态势、充足的财政来源、良好的企业形象、成本优势、广告攻势等。劣势也是组织机构的内部因素,具体包括设备老化、管理混乱、缺少关键技术、研究开发落后、资金短缺、经营不善、产品积压、竞争力差等。机会是组织机构的外部因素,具体包括新产品、新市场、新需求、外国市场壁垒解除、竞争对手失误等。威胁也是组织机构的外部因素,具体包括新的竞争对手、替代产品增多、市场紧缩、行业政策变化、经济衰退、客户偏好改变、突发事件等。

按照企业竞争战略的完整概念,战略应是一个企业"能够做的"(即组织的优势和劣势)和"可能做的"(即环境的机会和威胁)之间的有机组合。SWOT 分析方法属于综合分析方法,因为其既要分析内部因素,也需要分析外部条件。即根据企业自身的既定内在条件进行分析。SWOT 分析有其形成的基础。迈克尔·波特提出的竞争理论从产业结构入手对一个企业"可能做的"方面进行了透彻的分析和说明,而能力学派管理学家则运用价值链解构企业的价值创造过程,注重对公司的资源和能力的分析。SWOT 分析,就是在综合了前面两者(波特竞争理论、能力学派)的基础上,以资源学派学者为代表,将公司的内部分析与产业竞争环境的外部分析结合起来,形成了自己结构化的平衡系统分析体系。SWOT 分析将企业面临的外部机会和威胁,与企业内部具有的优势和劣势进行对比,得出四种组合方式,分别用四个区域表示,如图 10-2 所示。

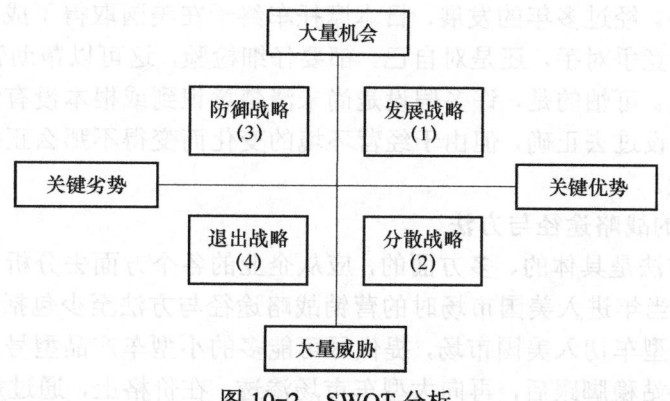

图 10-2　SWOT 分析

图 10-2 中区域（1）是最理想的组合，企业面临较多的机会和优势，应采取发展战略；区域（2）的业务以关键优势面对不利环境，这时企业要么利用现有优势在其他产品或市场上建立长期机会，要么以其优势克服环境设立的障碍；区域（3）的业务具有较大的市场机会，同时内部劣势也较明显，这时企业应有效地利用市场机会，并努力减少内部劣势；区域（4）是最不理想的情形，企业应采取减少产品或市场，或者改变产品或市场的战略。

三、竞争对手分析

确定竞争对手是制定企业竞争战略的前提条件。在确立了重要的竞争对手以后，就需要对每一个竞争对手做出尽可能深入、详细的分析，揭示出每一个竞争对手的长远目标、战略假设、战略途径与方法、战略能力，并判断其行动的基本轮廓，特别是竞争对手对行业变化，以及当受到竞争对手威胁时可能做出的反应。

1．竞争对手的长远目标

对竞争对手长远目标的分析可以预测竞争对手对目前位置是否满意，由此判断竞争对手会如何改变战略，以及它对外部事件会采取什么样的反应。日本摩托车企业在 20 世纪 70～80 年代的战略目标很明显，就是要全面占领美国这块市场。因此，像本田公司在遇到关税壁垒时，就可能采取到美国直接建厂的办法绕过美国关税壁垒的限制。

2．竞争对手的战略假设

每一个企业所确立的战略目标，其根本是基于他们的假设之上的。这些假设可以分为三类：

（1）竞争对手所信奉的理论假设。例如，许多美国公司所奉行的理论是短期利润，因为只有利润才能支持发展。而日本企业信奉的是市场占有率和规模经济理论，他们认为，只要能占领市场，扩大生产销售规模，单位成本就会下降，利润自然滚滚而来。

（2）竞争对手对自己企业的假设。有些企业认为自己的产品在功能和质量上高人一等，有些企业则认为自己的产品在成本和价格上具有优势。名牌产品企业对低档产品的渗透可能不屑一顾，而以价格取胜的企业对其他企业的降价则会迎头痛击。

（3）竞争对手对行业及行业内其他企业的假设。哈雷公司在 20 世纪 60 年代不仅对摩托车行业充满信心，而且对日本企业过于掉以轻心，认为他们不过是在起步学习阶段，对自己构不成威胁。经过多年的发展，日本摩托车终于在美国取得了成功。实际上，对战略假设，无论是对竞争对手，还是对自己，都要仔细检验，这可以帮助管理者识别对所处环境的偏见和盲点。可怕的是，许多假设是尚未清楚意识到或根本没有意识到的，甚至是错误的；也有的假设过去正确，但由于经营环境的变化而变得不那么正确了，可企业仍在沿循着过去的假设。

3．竞争对手的战略途径与方法

战略途径与方法是具体的、多方面的，应从企业的各个方面去分析。从营销战略的角度看，本田公司在当年进入美国市场时的营销战略途径与方法至少包括这样一些内容：在产品策略上，以小型车切入美国市场，提供尽可能多的小型车产品型号，以提高产品吸引力，在小型车市场站稳脚跟后，再向大型车市场渗透；在价格上，通过规模优势和管理改进降低产品成本，低价销售；在促销上，建立摩托车新形象，使其与哈雷的粗犷风格相区别。事实证明，这些战略途径行之有效，大获成功。相对而言，哈雷公司却没有明确的战略途径与方法。哈雷公司的母公司 AMF 公司虽然也为哈雷公司注入资本，提高产量，也曾一度进行小型车的生产，结果由于多方面因素的不协同而以失败告终。

4．竞争对手的战略能力

目标也好，途径也好，都要以能力为基础。在分析研究了竞争对手的目标与途径之后，还要深入研究竞争对手是否具有能力采用其他途径实现其目标。这就涉及企业如何规划自己的战略以应对竞争。如果较之竞争对手本企业具有全面的竞争优势，那么则不必担心在何时何地发生冲突。如果竞争对手具有全面的竞争优势，那么只有两种办法：要么不要触怒竞争对手，甘心做一个跟随者；要么避而远之。如果不具有全面的竞争优势，而是在某些方面、某些领域具有差别优势，则可以在自己具有差别优势的方面或领域把文章做足，但要避免以己之短碰彼之长。

四、市场定位分析

市场定位是 20 世纪 70 年代由美国学者阿尔·赖斯提出的一个重要营销学概念。所谓市场定位就是企业根据目标市场上同类产品竞争状况，针对顾客对该类产品某些特征或属性的重视程度，为本企业产品塑造强有力的、与众不同的鲜明个性，并将其形象生动地传递给顾客，取得顾客认同。市场定位分析包含了企业环境分析，企业环境分析与市场定位分析共同构成了企业战略定位的分析方法。因为企业可以通过外部环境分析，判断企业所处的宏观环境、竞争对手状况以及顾客的偏好等，识别企业的机遇和挑战，从而有针对性地选择战略，利用机会消除危险；通过内部环境分析，判断企业自身资源的占有和控制等情况，以此考察企业经营中的优势和劣势。因此，战略定位分析能够帮助企业审视其内外部环境，并选择相应的战略，利用优势，化解劣势，从而保证战略目标的实现。

市场定位分析的首要工作是确定目标市场，目标市场确定后，企业就要在目标市场上进行定位。市场定位的实质是使本企业与其他企业严格区分开来，使顾客明显感觉和认识到这种差别，从而在顾客心目中占有特殊的位置。市场定位引导企业的资源配置，市场定位的改变也必然改变企业的资源配置方式。市场定位分析要求企业对市场环境的变化始终保持足够的敏锐性，择机而行，相机而动，从而在市场竞争中始终把握主动性。

五、风险预警系统

企业活动作为集合经济、技术、管理、组织等各方面的综合性社会活动,在各个方面都存在着不确定性。企业风险预警系统就是通过建立风险评估体系,进而进行风险预防、化解风险的发生,并将风险造成的损失降至最低程度的有效手段。开展企业活动的风险分析与管理,预防和化解风险的发生,将风险造成的损失控制在最低限度,已成为保证企业经营活动并创造最大效益的重要措施之一。

企业风险预警系统主要包括三个子系统,即风险识别子系统、风险评价子系统和风险预警子系统。风险识别子系统的关键是要树立风险识别分析的系统观。风险评价子系统就是对识别出的风险因素进行量化和重要性评价,进而通过风险预警子系统来判断是否应当发出警报以及发出警报的级别。

在风险管理体系中,一般包括风险管理计划、风险识别、风险定性分析、风险定量分析、风险响应和风险监控。风险管理的本质是对不确定性的管理,这种不确定性不仅会给企业带来威胁,同时也可能意味着机会。因此加强风险管理还可以帮助企业发现新的机会。风险管理贯穿企业各项业务的整个业务过程,包括事前、事中和事后,但越早发现风险,越早采取措施,则风险管理的成本就越低,给企业带来的效益也就越大。按照 1:10:100 的理论,如果在第一个阶段控制风险的成本是 1,那么如果到了第二个阶段才采取措施,它的成本就会是 10,到了第三个阶段时的成本将是 100。因此,在风险管理领域中普遍强调风险管理的计划性和预测性。风险预警系统可以为风险识别、风险分析、风险监控等提供强有力的手段,在整个风险管理体系中具有极其重要的地位。

风险预测需要对大量的信息进行综合分析,落后的人工管理手段已经无法适应,只有依靠高科技手段,结合人工管理,提高分析的自动化水平和处理能力,才能逐步提高风险预测的准确性和及时性。因此,建立一个高度自动化、智能化的风险预警系统,与企业其他系统密切配合,将在企业的风险管理体系中发挥出积极的作用。

风险预警分析有助于企业预测内外部环境变化,是战略管理会计用于分析与预测的重要方法。预警分析系统不仅可以进行风险预警,还可以有效地预测企业竞争地位的变化。因此,在战略选择阶段运用预警分析系统有助于经营者在战略选择中进行风险和收益的权衡,降低战略选择阶段的风险。

六、全面质量管理

不同客户对产品与服务质量的预期并不完全相同,但是质量不同的产品与服务对应的成本一般不同。产品与服务是企业价值的载体,产品与服务的质量无疑是企业实施战略的重要抓手,战略管理会计纳入全面质量管理的观念与方法自然顺理成章。

全面质量管理就是一个企业以质量为中心,以全员参与为基础,目的在于通过让客户满意和本组织所有成员及社会受益而达到长期成功的管理途径。20 世纪 50 年代末,美国通用电气公司的阿曼德·费根堡姆和质量管理专家约瑟夫 M.朱兰提出了"全面质量管理"的概念,认为"全面质量管理是为了能够在最经济的水平上,并考虑充分满足客户要求的条件下进行生产和提供服务,把企业各部门在研制质量、维持质量和提高质量的活动中构成为一体的一种有效体系"。20世纪60年代初，美国一些企业根据行为管理科学的理论，在企业的质量管理中开展了依靠员工自我控制的"零缺陷运动"，日本在工业企业中开展质量管理小组活动，使全面质量管理活动迅速发展起来。

全面质量管理的基本方法可以概括为四句话十八字。即"一个过程、四个阶段、八个步骤、数理统计方法"。一个过程，即企业管理是一个过程。企业在不同时间内应完成不同的工作任务。企业的每项生产经营活动，都有一个产生、形成、实施和验证的过程。根据管理是一个过程的理论，美国的威廉·爱德华兹·戴明博士把它运用到质量管理中来，总结出"计划（Plan）——执行（Do）——检查（Check）——处理（Act）"四个阶段的循环方式，简称 PDCA 循环，又称为"戴明循环"。为了解决和改进质量问题，PDCA 循环中的四个阶段还可以具体分为八个步骤：①计划阶段：分析现状，找出存在的质量问题；分析产生质量问题的各种原因或影响因素；找出影响质量的主要因素；针对影响质量的主要因素，提出计划，制定措施。②执行阶段：执行计划，落实措施。③检查阶段：检查计划的实施情况。④处理阶段：总结经验，巩固成绩，工作结果标准化；提出尚未解决的问题，转入下一个循环。在应用 PDCA 循环时，需要收集和整理大量的数据资料，并用科学的方法进行系统的分析。数理统计方法，即最常用的七种统计方法，它们是排列图、因果图、直方图、分层法、相关图、控制图及统计分析表。这些方法是以数理统计为理论基础的，不仅科学可靠，而且比较直观。

世界经济正经历着由"数量型经济"向"质量型经济"转变的过程，经济全球化、信息网络化的发展使企业面临的竞争更为激烈，为开拓并占领市场，企业应努力满足消费者对质量的追求。而质量和质量成本有着内在的必然联系，也就是说，必要的预防成本、鉴定成本的支出，可以减少质量损失成本，维护企业及其品牌的声誉。因此，在战略已经选定的情况下，实施全面质量管理可以使企业减少质量损失成本的支出，力求以尽可能低的质量成本，确保企业战略目标的执行和实现。

七、产品生命周期管理

市场竞争的加剧使产品更新换代极快，任何产品投入市场后最终都会被新产品所取代而退出市场，从而存在着产品生命周期。产品生命周期就是指从人们对产品的需求开始，到产品淘汰报废的全部生命历程。产品生命周期管理是一种先进的企业信息化思想，它让人们思考在激烈的市场竞争中，如何用最有效的方式和手段来为企业增加收入和降低成本。产品生命周期看似一个自然的过程，企业只能被动适应，在既有的产品生命周期条件下决策是传统管理会计的思维模式。而战略管理会计要求企业管理者化被动为主动，自觉介入和干预产品生命周期，最大限度地挖掘产品的价值潜力。

根据产品生命周期理论，这一周期可分为投放期、成长期、成熟期和衰退期等几个阶段。在产品的不同阶段，企业根据产品的收入和成本具有不同的配比结果，企业面临的机会和挑战不同，而需采取不同的战略以抓住机遇，迎接挑战。如在投放期，应关注消费者的满意度和产品的缺陷，以便在技术上改进和完善；在成长期，以提高市场占有率为目标，挤垮竞争对手；在成熟期，应以获取利润和保持市场占有率为目标；在衰退期，应维护生产能力，把长期利润放在首位，甚至不惜牺牲部分市场份额。产品生命周期管理可以很好地指导企业的战略成本管理。产品生命周期管理的主要意义在于通过判断产品与企业所处的不同阶段，制定相应的战略，通过价值链管理和作业管理做好整个产品生命周期的成本管理。

八、综合业绩评价

从战略角度看，企业竞争能力受到外部环境、内部条件和竞争态势的强烈影响。竞争使企业经营的不稳定因素越来越多，市场增长、客户需求、产品生命周期、技术更新等的变化速度大大提高，如何以最直接、最简便的方式满足客户需求，如何构造企业组织体系以便能够对环境变化做出灵敏反应，如何在激烈的竞争中获得优势等，这些都是管理者必须认真考虑的问题。面对这些问题，传统的业绩财务计量方法受到挑战，需要在业绩财务计量基础上，对业绩进行综合评价，以便从更高层次上对企业的业绩进行更为全面的评价。综合业绩评价包括业绩的财务计量和非财务计量两个方面。业绩的财务计量在传统上占主导地位。然而，当竞争环境越来越需要管理者们重视和进行经营决策时，像市场占有率、客户满意度、服务质量、业务流程、产品质量、市场战略、人力资源等非财务计量指标被更多地用于衡量企业的业绩，在企业业绩计量方面起着更大的作用。业绩的非财务指标必须结合公司的行业特点、发展目标和发展战略加以确定。不同行业的企业和同一行业的不同企业，其目标、使命和战略各不相同，其业绩衡量指标也不尽相同。

业绩评价在预算管理、责任会计和成本控制等传统管理会计内容中具有重要作用，但是传统业绩评价的重点是基于事后的财务评价。即使是差异分析和责任中心的考核，也是基于事后的财务指标与预算或责任指标的对比。传统管理会计绩效评价指标只重"结果"而不重"过程"，其业绩评价指标一般采用投资报酬率指标，而忽视了相对竞争指标在业绩评价中的作用。战略业绩评价是指将评价指标与企业所实施的战略相结合，根据不同的战略采取不同的评价指标。而且战略管理会计的业绩评价贯穿于战略管理应用过程的每一步中，强调业绩评价必须满足管理者的信息需求。传统管理会计业绩评价本质上坚持了单一的历史维度，深深打上了财务会计的烙印，因而是不平衡的业绩评价。战略管理会计引入平衡计分卡进行业绩评价，增加了客户、内部流程以及学习与成长三个维度，使得企业的业绩评价更加具有说服力，增强了业绩评价的导向性。

平衡计分卡为管理者提供了全面的框架，它以企业的战略为中心，并从财务、客户、内部流程以及学习与成长四个维度评价企业的战略业绩，也就是说，要获得组织最终目标——财务上的成功，必须使客户满意，使客户满意只能优化内部价值创造过程，优化内部价值创造过程只能通过学习和提高员工个人能力。而由于企业的战略目标仍然是价值最大化，这就要求我们在评价企业价值时充分考虑企业的权益资本成本，而经济附加值满足这一要求。因此，我们可以将经济附加值作为平衡计分卡财务层面的主要评价指标，以此建立一个基于经济附加值的平衡计分卡体系。但是，平衡计分卡仅仅是构建了用于战略业绩评价的指标体系，对于评价标准的确定，平衡计分卡并未涉及。近年来，战略管理会计又总结吸收了标杆法，这有利于管理会计完善业绩评价的方法体系。标杆法初始于美国施乐公司，是从企业外部寻找绩优企业作为标准，评价本企业的战略选择和实施效果，这一方法的使用可以动态确定战略业绩的评价标准。因此，标杆法和平衡计分卡共同作为战略业绩的评价方法，丰富了战略管理会计综合业绩评价的理论与方法。

【拓展阅读 10-2】

构建适于企业战略流程的战略管理会计方法体系

战略管理会计方法与战略管理的关系是什么？各方法之间存在何种联系？这些问题不仅是进行战略管理会计方法研究的出发点，更重要的是，通过对这些问题的透视，既可以找出贯穿于战略管理会计方法的主线，也为构建战略管理会计方法体系提供了导航作用。因此，应从战略管理会计定义出发，通过梳理有关战略管理会计定义的经典解释，构建出适于企业战略流程的战略管理会计方法体系。

如果说，战略管理会计方法是保证企业战略实现的前提和基础，那么战略流程则是贯穿战略管理会计的主线，在战略制定阶段，战略管理会计方法可以帮助企业制定并选择相应的战略；在战略实施阶段，战略管理会计方法保证企业战略的执行和监督；在战略评价与控制阶段，战略管理会计方法可以帮助企业及时调整战略。

在对战略管理会计方法研究现状梳理的基础上，按照战略流程构建战略管理会计方法体系是适应当前企业战略管理发展潮流和趋势的。在战略管理会计中，企业是主体，"信息"是客体，战略管理会计方法是手段，而战略流程则是贯穿战略管理会计的主线，也是构建战略管理会计方法体系的基础。随着全球经济一体化趋势的加快以及国内外竞争的加剧，战略管理会计方法体系将以其特有的系统性、实用性和操作性为企业战略管理服务。

【案例分析 10-1】

上海佰草集化妆品有限公司是一家隶属于上海家化联合股份有限公司（以下简称"上海家化"）的中国化妆品公司，在兰蔻、雅诗兰黛等高档化妆品的市场夹缝中，抢得了一席之地。化妆品行业是产业利润很高的品牌竞争领域，但这个领域的国际品牌非常强大，几乎很难看到国内企业有所作为。当初上海家化打算把佰草集品牌定位在中高端市场，在对竞争对手进行一番调查后，发现居然没有一款定位中国传统文化的商品，都是国外化妆品品牌，定位集中在欧美品牌，行销也是以源自法国为概念。而通过调查分析强大的竞争对手及其共同特质，佰草集找到了一个差异化的市场定位，并符合行销宣传中的概念。多年前，佰草集生产的第一套17款中草药化妆品，从脸部护理到手部护理一应俱全，是一套定位中草药文化的化妆品品牌。传统文化元素在本土企业与跨国公司的竞争中，居然成了小成本获胜的一个利器。

♋ 问题

该公司采取了哪些战略管理方面的措施？

任务三　战略管理会计的发展趋势

战略管理会计是顺应企业在竞争环境中生存和发展的需要而产生的，其应用要服务于企业的战略发展，也要以企业的战略研究和分析为前提。在与传统管理会计的比较中，战略管理会计体现出信息和战略的优势，是对传统管理会计的完善和超越。

一、战略管理会计与战略管理发展相辅相成

对一个企业而言，战略是企业使命与发展诉求的集中体现，也是企业管理者履行受托责任的抓手，围绕战略进行资源配置是现代企业管理的基本特性。随着经济全球化和一体化趋势加快，中国企业面临的内部与外部环境日益复杂化，更多的中国企业需要以国际市场作为资源配置平台，战略分析、战略选择、战略实施、战略控制和战略调整已经成为中国企业日常管理的必修课。所以，作为企业资源配置的方法论，战略管理会计必须更加重视战略的引领作用，用战略管理的思维改造传统管理会计的方法，使管理会计的理论与方法更加适合企业战略管理的需要。以全面预算方法为例，传统的预算方法体系侧重于对企业未来经济活动过程及结果进行事前描述，没有主次之分。而且以年度为时间长度，缺乏长计划下的短安排，降低了实际的可操作性。从战略管理会计角度出发，为了适应企业战略管理的需要，就需要在编制全面预算的基础上，编制企业的战略预算，做到预算的全面性与战略性相结合。同时，在编制年度预算的基础上，要补充编制季度与半年度的预算，做到长计划与短安排相结合，使预算更加具有可操作性，更加符合企业战略管理的需要。

现阶段及未来的企业战略管理包括企业自身、企业外部及竞争对手的管理，企业的国际化发展也要求企业在重视内部管理的同时，必须注重外部环境的管理，因此，战略管理会计也必然要随着企业战略管理的发展而发展，以便更好地为企业战略管理服务。从目前阶段来看，企业战略管理的特点有：以建立企业战略竞争力为主要目标；面临环境变化的巨大挑战；以战略管理过程为核心，研究企业内外部资源，以获取超额回报。因此，战略管理会计必须以获取企业战略竞争优势为主要目标，重点分析企业外部环境，围绕企业战略管理展开。

二、战略管理会计促进会计理论体系完善

战略管理会计虽然是对管理会计的超越和发展，但其许多内容和方法无法局限于会计的原有范围之内，如对会计目标的认同，对会计假设的认同，对会计对象的认同，对会计要素的认同等。因此，战略管理会计的出现和发展势必要求传统会计理论进行改革和完善，而战略管理会计理论也会在改革后的会计理论的基础上进一步得到升华。管理会计的理论与方法是一个开放的系统，它能够不断吸收其他学科发展的最新成果，从而丰富自身的理论与方法体系。管理会计发展到战略管理会计阶段，是对传统管理会计理论与方法的扬弃。一方面，战略管理会计在观念上突破了传统管理会计观念的束缚，要求企业资源的动员与配置服从于企业战略的需要；另一方面，战略管理会计仍然要借助于传统管理会计既有的方法体系，进行预测、决策、过程控制与业绩评价，服务于企业战略管理的需要。所以，战略管理会计与传统管理会计在内容上的融合是大势所趋。只有这样，管理会计才能与时俱进，才能找到理论与实践的契合点，才能保持永久的生命力。

传统财务会计本身存在天然的局限性，那就是财务会计信息系统是对企业经济活动过程及其结果的历史反映，而且会计信息的确认、计量、记录和报告的过程省略掉了大量对投资者有用的信息。为了弥补上述局限，财务会计在信息披露体系上新增了内部控制报告

和企业社会责任报告，但是这样的举措并不足以打消外部利害关系人的疑虑。投资人需要揭示企业价值创造过程的信息，更需要基于战略考量的企业预期的资源配置信息，而这些信息是传统财务会计本身无法通过账户体系提供的。要解决会计信息披露上的困境，必须借助于战略管理会计的支持。过度苛责财务会计并不客观，财务会计本身有自身独立的方法体系与逻辑过程。认识管理会计信息系统的重要性与承认传统财务会计系统的局限性同等重要，与其在传统财务会计基础上修修补补，不如推动企业披露战略管理会计报告，这也是未来会计发展的大势所趋。有关国际组织已经着手开展这样的工作。2013年，国际综合报告理事会（IIRC）发布的综合报告框架其实就是战略管理会计报告框架。这一趋势必然会逐步颠覆人们对传统财务会计的认识，同时赋予战略管理会计新的使命。

三、战略管理会计扩展多方应用领域

战略管理会计是顺应时代和经济发展的要求而产生的，其发展也要顺应环境和市场的需要。战略管理会计的应用和发展，一方面要有利于企业战略管理，另一方面要以企业战略优势分析为前提。企业发展战略是战略管理会计的基础，战略管理会计扩展了管理会计的应用范围，把管理会计提升到一个新的高度。市场经济不断变化，企业的发展战略涉及越来越多的重大问题，需要战略管理会计给予配合和支持，包括提供企业生存的外部市场环境和其竞争对手的各种信息，并用战略眼光分析其自身存在的相关信息，以帮助企业制定跨越式的发展战略，帮助企业取得持久的核心的竞争优势。

管理会计是企业资源配置的方法论，其使用的微观主体就是企业。其实，除了企业以外，其他社会组织，如行政事业单位都是资源的配置主体，只不过这些单位的资源属性与企业的资源属性存在差异，行政单位依托行政资源，事业单位依靠社会资源。不仅如此，行政事业单位的资源配置目标与企业的资源配置目标也有所不同，行政事业单位更多追求行政效率与社会效益目标，企业更多追求经济效益目标。但是，行政事业单位与企业一样，都需要借助于一系列的管理手段作用于资源对象，通过不断优化资源配置方式实现既定目标。因此，管理会计的预测、决策、过程控制与业绩评价的很多理论与方法都可以用于行政事业单位的管理。战略管理会计注重战略对组织运行的统领作用，其理念和方法创新对行政事业单位提高资源配置效率具有现实意义。所以，战略管理会计的作用已经上升到提升国家治理能力的层面，不论是企业的经营者，还是行政事业单位的管理者，都需要领会战略管理会计的理论与方法，积极践行战略管理会计的理论与方法，通过管理方式创新提高全社会的资源配置效率。

【拓展阅读10-3】

战略绩效评价系统中的 EVA 与平衡计分卡

战略绩效管理是指对企业的长期战略制定实施过程及其结果采取一定的方法进行考核评价，并辅以相应激励机制的一种管理制度。战略绩效管理是一种以战略为导向的绩效管理系统，可促使企业在计划、组织、控制等所有管理活动中全方位地发生联系并适时进行监控。其活动内容主要包括两方面：①根据企业战略，建立科学规范的绩效管理体系，以战略为中心牵引企业各项经营活动；②依据相关绩效管理制度，对每一个绩效管理

循环周期进行检验，对经营团队或责任人进行绩效评价，并根据评价结果对其进行价值分配。

目前围绕战略绩效评价管理会计的研究已成为学术界与实务界的研究热点。20世纪90年代以来，国际学术界对绩效评价理论的研究也出现了一个新的高潮，产生了一些新的绩效评价方法。比较有代表性的评价方法是经济附加值、平衡计分卡、标杆法和绩效金字塔等。然而，综观这些研究成果，最具有影响力的当属经济附加值和平衡计分卡。尤其是平衡计分卡已经发展成为战略绩效评价系统的重要内容之一。

EVA是经济附加值（Economic Value Added）的英文缩写，又称经济增加值。EVA绩效评价方法是美国斯腾斯特咨询公司于1982年提出并实施的一套以经济附加值理念为基础的财务管理系统、决策机制及激励报酬制度。EVA是指从税后净营业利润中扣除包括股权和债务的全部投入资本成本后的所得。其核心是资本投入是有成本的，企业的盈利只有高于其资本成本时才会为股东创造价值。其中资本成本不仅包括债务资本成本，也包括股本资本成本。EVA是对真正"经济"利润的评价，或者说，是表示净营运利润与投资者用同样资本投资其他风险相近的有价证券的最低回报相比，超出或低于后者的量值。目前，许多世界知名的跨国公司，如孟山都、宝洁、通用电气等，都先后采用该方法评价企业及内部各业务部门的经营业绩，而可口可乐公司则是较早在管理上应用经济附加值业绩评价方法而获得巨大成功的典范。EVA是一种评价企业经营者有效使用资本、为股东创造价值的能力及体现企业最终经营目标的经营业绩考核工具。

现行财务会计对债务资本成本和权益资本成本区别对待，前者作为费用处理，后者作为股利支付或利润分配处理（这意味着先有利润，再分配）。因此，企业可以通过调整资本结构（如通过债权转股权或配股资金置换债务等股权稀释行为）人为地"创造"利润。斯腾斯特公司提出的经济附加值指标是对企业利润进行适当调整后的经济价值指标，用公式表示为

$$EVA = NOPAT - C \times WACC = (RONA - WACC) \times C$$

式中，NOPAT为调整后的税后净营业利润，C为全部资本的经济价值（包括权益资本和债权资本），RONA为资产收益率，WACC为企业加权平均资本成本率（综合资本成本率），可以理解为金融市场的平均收益水平（其实就是一种机会成本）。可见，EVA取决于上述三个变量，在数量上就是企业经营所得收益扣除全部要素成本（包括生产要素和资本要素）之后的剩余价值。因此，经济附加值观念是一种"全要素补偿"观念。企业可以通过增加税后净营业利润、减少资本占用或者降低加权平均资本成本率来提高EVA。上述模型表明，EVA是超过资本成本的那部分价值，突出反映了股东价值的增量；企业不能单纯追求经营规模，更要注重自身价值的创造。因此，EVA可以提供一种最可靠的尺度，来反映管理行为是否增加了股东财富，以及增加股东财富的数量。

平衡计分卡源自哈佛商学院教授罗伯特·卡普兰与诺朗诺顿研究院的执行长戴维·诺顿于20世纪90年代所从事的"未来组织绩效衡量方法"的一种绩效评价体系，当时该计划的目的在于找出超越传统以财务量度为主的绩效评价模式，以使组织的策略能够转变为行动；经过20多年的发展，平衡计分卡已经发展为集团战略管理的工具，在集团战略规划与执行管理方面发挥着非常重要的作用。平衡计分卡主要是通过图、

卡、表来实现战略的规划。

平衡计分卡强调，传统的财务会计模式只能衡量过去发生的事项（落后的结果因素），但无法评估企业前瞻性的投资（领先的驱动因素），因此必须改用一个由四项指标组成的绩效指标架构来评价组织的绩效。此四项指标分别是：财务、客户、内部运营、学习与成长。平衡计分卡能有效解决制定战略和实施战略脱节的问题。平衡计分卡系统包括战略地图、平衡计分卡以及个人计分卡、指标卡、行动方案、绩效考核表。在直观的图表及职能卡片的展示下，部门职责、工作任务与承接关系等显得层次分明、量化清晰、简单明了。

根据这四项指标，组织得以采用明确和严谨的手法来诠释其策略。平衡计分卡一方面保留传统的衡量过去绩效的财务指标，并且兼顾了促成财务目标实现的绩效因素之衡量；在支持组织追求业绩之余，也监督组织应兼顾学习与成长。并且透过一连串的互动因果关系，组织可以把产出和绩效驱动因素串联起来，以衡量指标与其量度作为语言，把组织的使命和策略转变为一套前后连贯的系统绩效评核量度，把复杂而笼统的概念转化为精确的目标，借以寻求财务与非财务之间、短期与长期目标之间、落后与领先指标之间，以及外部与内部绩效之间的平衡。

项目小结

本章主要介绍了战略管理会计的产生背景、基本理论、特征、基本方法、研究的主要内容及发展趋势。战略管理会计是管理会计与战略管理相结合的产物，是为企业战略管理服务的会计，是以协助高层领导制定竞争战略、实施战略规划，从而保障企业可持续发展为目的，能够从战略的高度进行分析和思考，既提供客户和竞争对手具有战略相关性的外向型信息，也提供本企业与战略相关的内部信息，服务于企业战略管理的一个会计分支。

与传统管理会计相比，战略管理会计具有以下显著特征：属于外向型的综合信息系统；以取得竞争优势为长远目标；研究与战略管理相关的多样化信息等。战略管理会计的形成与发展是理论与现实演进的一种必然结果。企业经营环境的变化为战略管理会计提供了现实必然性，而战略管理理论的出现则促成了战略管理会计的产生与发展。为了适应战略管理的需要，战略管理会计要采取相应的步骤与战略管理循环相配合。

从其发展过程和特点看，战略管理会计是围绕战略管理而展开的，其基本方法主要包括价值链分析、SWOT分析、竞争对手分析、市场定位分析、风险预警系统、全面质量管理、产品生命周期管理及综合业绩评价等。企业进行战略管理必须从分析经营环境入手，了解和把握其发展变化的基本趋势，并及时做出迅速的反应，以充分适应环境变化对各个方面产生的影响。战略管理会计的发展将与战略管理发展相辅相成，进一步促进会计理论体系完善，且将扩展多方应用领域。

关键术语

战略管理　　战略管理会计　　价值链　　SWOT分析　　竞争对手分析

市场定位分析　　风险预警系统　　全面质量管理　　产品生命周期管理
综合业绩评价

实训操作

【实训项目】
调查战略管理会计在企业中的运用。

【实训情境】
戴尔公司利用信息技术将计算机价值链上的供应商、生产商和顾客垂直地联系起来。公司的创始人迈克尔·戴尔认为,这种做法会使戴尔公司获得更高的生产效率和更强的赢利能力。此外,他认为"实质性联合"的公司将会成为信息时代的组织模型。对市场而言,价值链上的所有组织就像是一个整体。供应商为计算机生产零部件。戴尔公司将供应商的送货与生产计划协调起来。只有在戴尔需要时,供应商才会将生产的零部件直接送到车间,而不是送到仓库,也不需经过卸货、检查、储存、领用等环节。这就需要供应商和购买者的信息和计划能够持续地共享。索尼公司为戴尔公司的计算机提供显示屏。但是,显示屏并不送到戴尔公司,而是由 Airborne Express 或 UPS 将它们同需要发送的主机一起包装,发送给顾客。戴尔公司重视提高产品的价值和减少顾客的成本,如伊士曼化工公司和波音公司。伊士曼化工公司的计算机需要配置专业化程度很高的软件,如果在收到计算机后再安装这种软件,那么每台计算机需要的花费将超过 200 美元。为了减少顾客的成本,戴尔公司在组装计算机时就为每台计算机安装了这种专业软件,其安装费用只有 15~20 美元。波音公司有 10 万台戴尔计算机,戴尔公司则安排 30 名员工长驻波音公司。迈克尔·戴尔说,"我们看起来更像是波音公司的计算机部门。"他注意到戴尔公司已经密切地参与到波音公司的计算机需求计划和网络计划之中。

【实训任务】
试问在本案例中,戴尔公司运用了哪些战略管理会计思想和方法?

综合测试

一、单项选择题

1. 1981 年首次提出"战略管理会计"的是(　　)。
   A. 迈克尔·波特　　　　　　　　B. 赫伯特·西蒙
   C. 伊戈尔·安索夫　　　　　　　D. 罗伯特·卡普兰

2. 在学术界,正式提出"战略管理"一词是在(　　)。
   A. 20 世纪 50 年代　　　　　　　B. 20 世纪 60 年代
   C. 20 世纪 70 年代　　　　　　　D. 20 世纪 80 年代

3. 下列各项中,属于传统管理会计特征的有(　　)。
   A. 外向型　　　B. 长期性　　　C. 全面性　　　D. 单一性

4. 围绕企业的优势与劣势、机会与威胁所开展的分析,在战略管理会计中属于(　　)。
   A. 经营环境分析　　　　　　　　B. 战略定位分析

C. 价值链分析 D. 竞争能力分析

5. 下列不属于企业战略管理过程对应阶段的是（   ）。
   A. 战略制定 B. 市场调研
   C. 战略实施 D. 战略评价与控制

6. 下列项目中，（   ）不是战略管理会计所提供的经营业绩信息。
   A. 与收入有关的活动信息
   B. 与市场占有率有关的活动信息
   C. 与员工的参与度和满意度有关的活动信息
   D. 与质量有关的活动信息

7. 下列项目中，属于战略管理核心问题的是（   ）。
   A. 确定企业目前的宗旨和目标 B. 分析环境
   C. 制定战略 D. 组织实施

8. 价值链分析的基础是价值，其重点是（   ）分析。
   A. 采购活动 B. 生产活动 C. 价值活动 D. 销售活动

9. 价值链分析的类型不包括（   ）。
   A. 横向价值链分析 B. 内部价值链分析
   C. 纵向价值链分析 D. 外部价值链分析

10. 企业风险预警系统不包括（   ）。
    A. 风险识别子系统 B. 风险评价子系统
    C. 风险计量子系统 D. 风险预警子系统

11. （   ）是保证性目标，其明确了在实施竞争战略的过程中，公司各个职能部门应该发挥什么作用、达到什么目标。
    A. 公司总战略目标 B. 经营竞争性战略目标
    C. 职能性战略目标 D. 既成性战略目标

12. 下列各项中，属于战略管理特点的是（   ）。
    A. 短期性 B. 全面性 C. 层次性 D. 动态性

13. 下列不属于非财务计量指标的是（   ）。
    A. 市场占有率 B. 顾客满意 C. 投资报酬率 D. 服务质量

14. 主要用于分析从原材料供应商至最终产品的消费者相关作业的整合，从战略层面上分析、控制成本的有效方法是（   ）。
    A. 增值分析 B. 价值链分析 C. 竞争优势分析 D. 成本动因分析

二、多项选择题

1. 下列各项中，属于战略管理会计研究内容的有（   ）。
   A. 企业的经营环境分析 B. 价值链分析
   C. 竞争能力分析 D. 竞争战略的选择

2. 与传统管理会计相比，下列属于战略管理会计特征的是（   ）。
   A. 战略管理会计是外向型的综合信息系统
   B. 战略管理会计以取得竞争优势为长远目标
   C. 战略管理会计研究与战略管理相关的多样化信息

D．战略管理会计以获取最大利润为目的
3．战略管理会计的体系内容主要包括（　　）。
   A．战略管理目标　　　　　　　　　　B．战略管理会计信息系统
   C．战略成本管理　　　　　　　　　　D．战略性经营投资决策和绩效评价
4．战略绩效指标应具有的基本特征包括（　　）。
   A．注重企业长远利益
   B．集中体现与企业战略相关的内外部因素
   C．重视企业内部跨部门的合作
   D．绩效的不可控性
5．战略管理会计是为企业战略管理服务的会计信息系统，即服务于（　　）的一种新型会计。
   A．战略比较　　　　　　　　　　　　B．战略成本
   C．战略选择　　　　　　　　　　　　D．战略决策
6．价值链分析的内容包括（　　）。
   A．企业外部价值链分析　　　　　　　B．行业价值链分析
   C．竞争对手价值链分析　　　　　　　D．企业内部价值链分析
7．企业战略层可选择的结构性成本动因主要包括（　　）。
   A．规模因素　　　　　　　　　　　　B．业务范围因素
   C．经验因素　　　　　　　　　　　　D．技术因素、厂址因素
8．下列各项中，属于战略管理会计研究内容的有（　　）。
   A．公司战略　　B．经营战略　　C．职能战略　　D．资源战略
9．平衡计分卡评价企业战略业绩的维度包括（　　）。
   A．财务　　　　B．顾客　　　　C．内部流程　　D．学习与成长
10．产业分析模型一般包括（　　）。
    A．新进入企业的威胁　　　　　　　B．消费者和企业的谈判实力
    C．替代品的威胁　　　　　　　　　D．行业现有竞争
11．迈克尔·波特在对企业进行价值链、SWOT分析之后，提出的竞争战略有（　　）。
    A．低成本战略　B．差异化战略　C．集聚战略　　D．竞争优势战略
12．内部价值链成本分析的要求有（　　）。
    A．识别企业自身的价值链
    B．为各项活动分配相应的成本、收入和资产
    C．找出统驭每个价值活动的成本动因
    D．找出产生顾客价值的主要作业活动
13．战略管理会计的分析方法有（　　）。
    A．企业环境分析　　　　　　　　　B．价值链分析
    C．成本动因分析　　　　　　　　　D．竞争能力分析
14．下列各项中，能够揭示实施低成本战略特征的有（　　）。
    A．追求广阔的市场　　　　　　　　B．生产有限的产品品种
    C．追求低价格　　　　　　　　　　D．生产多种产品品种

三、判断题
1．战略管理会计是一种综合性的风险管理。（   ）
2．1981年，英国学者大卫·李嘉图率先提出了战略管理会计的概念。（   ）
3．战略成本管理的基本框架是对于成本驱动因素，运用价值链分析工具，明确成本管理在企业战略中的功能定位。（   ）
4．现代管理会计与战略管理会计的不同，是源于它们据以形成的社会经济发展的阶段性不同。（   ）
5．战略管理会计注重长远性及整体利益的最大化。（   ）
6．战略管理在环节上包括战略的制定、战略的实施和战略的调整等。（   ）
7．企业战略的制定和实施必须将注意力全部集中在企业内部。（   ）
8．价值活动（作业）可以分为基本活动和辅助活动。（   ）
9．"价值链"这一术语最早是由美国学者迈克尔·波特于1985年提出的。（   ）
10．行业价值链分析中关键的问题是价值活动的分解。（   ）
11．内部价值链分析终于原材料、外购件的采购，而始于产品的销售，即顾客价值的实现。（   ）
12．战略管理会计与战略管理发展相辅相成，体现出信息和战略的优势。（   ）
13．非财务业绩评价指标的设立，必须充分结合公司的目标和发展战略。（   ）
14．传统管理会计注重内部管理，战略管理会计从战略角度扩展到宏观层面，寻求企业整体竞争优势。（   ）

四、问答题
1．战略管理会计与传统管理会计主要有哪些区别？
2．如何理解管理会计与财务会计的融合趋势？
3．战略管理会计常用的分析方法有哪些？
4．如何理解战略管理会计在行政事业单位适用的可行性？
5．如何理解战略管理对管理会计发展的引领作用？

附 录

附录A 复利终值系数表

$$(F/P, i, n) = (1+i)^n$$

利率 i 期数 n	1%	2%	3%	4%	5%	6%	7%	8%	9%	10%
1	1.010 0	1.020 0	1.030 0	1.040 0	1.050 0	1.060 0	1.070 0	1.080 0	1.090 0	1.100 0
2	1.020 1	1.040 4	1.060 9	1.081 6	1.102 5	1.123 6	1.144 9	1.166 4	1.188 1	1.210 0
3	1.030 3	1.061 2	1.092 7	1.124 9	1.157 6	1.191 0	1.225 0	1.259 7	1.295 0	1.331 0
4	1.040 6	1.082 4	1.125 5	1.169 9	1.215 5	1.262 5	1.310 8	1.360 5	1.411 6	1.464 1
5	1.051 0	1.104 1	1.159 3	1.216 7	1.276 3	1.338 2	1.402 6	1.469 3	1.538 6	1.610 5
6	1.061 5	1.126 2	1.194 1	1.265 3	1.340 1	1.418 5	1.500 7	1.586 9	1.677 1	1.771 6
7	1.072 1	1.148 7	1.229 9	1.315 9	1.407 1	1.503 6	1.605 8	1.713 8	1.828 0	1.948 7
8	1.082 9	1.171 7	1.266 8	1.368 6	1.477 5	1.593 8	1.718 2	1.850 9	1.992 6	2.143 6
9	1.093 7	1.195 1	1.304 8	1.423 3	1.551 3	1.689 5	1.838 5	1.999 0	2.171 9	2.357 9
10	1.104 6	1.219 0	1.343 9	1.480 2	1.628 9	1.790 8	1.967 2	2.158 9	2.367 4	2.593 7
11	1.115 7	1.243 4	1.384 2	1.539 5	1.710 3	1.898 3	2.104 9	2.331 6	2.580 4	2.853 1
12	1.126 8	1.268 2	1.425 8	1.601 0	1.795 9	2.012 2	2.252 2	2.518 2	2.812 7	3.138 4
13	1.138 1	1.293 6	1.468 5	1.665 1	1.885 6	2.132 9	2.409 8	2.719 6	3.065 8	3.452 3
14	1.149 5	1.319 5	1.512 6	1.731 7	1.979 9	2.260 9	2.578 5	2.937 2	3.341 7	3.797 5
15	1.161 0	1.345 9	1.558 0	1.800 9	2.078 9	2.396 6	2.759 0	3.172 2	3.642 5	4.177 2
16	1.172 6	1.372 8	1.604 7	1.873 0	2.182 9	2.540 4	2.952 2	3.425 9	3.970 3	4.595 0
17	1.184 3	1.400 2	1.652 8	1.947 9	2.292 0	2.692 8	3.158 8	3.700 0	4.327 6	5.054 5
18	1.196 1	1.428 2	1.702 4	2.025 8	2.406 6	2.854 3	3.379 9	3.996 0	4.717 1	5.559 9
19	1.208 1	1.456 8	1.753 5	2.106 8	2.527 0	3.025 6	3.616 5	4.315 7	5.141 7	6.115 9
20	1.220 2	1.485 9	1.806 1	2.191 1	2.653 3	3.207 1	3.869 7	4.661 0	5.604 4	6.727 5
21	1.232 4	1.515 7	1.860 3	2.278 8	2.786 0	3.399 6	4.140 6	5.033 8	6.108 8	7.400 2
22	1.244 7	1.546 0	1.916 1	2.369 9	2.925 3	3.603 5	4.430 4	5.436 5	6.658 6	8.140 3
23	1.257 2	1.576 9	1.973 6	2.464 7	3.071 5	3.819 7	4.740 5	5.871 5	7.257 9	8.254 3
24	1.269 7	1.608 4	2.032 8	2.563 3	3.225 1	4.048 9	5.072 4	6.341 2	7.911 1	9.849 7
25	1.282 4	1.640 6	2.093 8	2.665 8	3.386 4	4.291 9	5.427 4	6.848 5	8.623 1	10.835
26	1.295 3	1.673 4	2.156 6	2.772 5	3.555 7	4.549 4	5.807 4	7.396 4	9.399 2	11.918
27	1.308 2	1.706 9	2.221 3	2.883 4	3.733 5	4.822 3	6.213 9	7.988 1	10.245	13.110
28	1.321 3	1.741 0	2.287 9	2.998 7	3.920 1	5.111 7	6.648 8	8.627 1	11.167	14.421
29	1.334 5	1.775 8	2.356 6	3.118 7	4.116 1	5.418 4	7.114 3	9.317 3	12.172	15.863
30	1.347 8	1.811 4	2.427 3	3.243 4	4.321 9	5.743 5	7.612 3	10.063	13.268	17.449

（续）

利率 i 期数 n	12%	14%	15%	16%	18%	20%	24%	28%	32%	36%
1	1.120 0	1.140 0	1.150 0	1.160 0	1.180 0	1.200 0	1.240 0	1.280 0	1.320 0	1.360 0
2	1.254 4	1.299 6	1.322 5	1.345 6	1.392 4	1.440 0	1.537 6	1.638 4	1.742 4	1.849 6
3	1.404 9	1.481 5	1.520 9	1.560 9	1.643 0	1.728 0	1.906 6	2.087 2	2.300 0	2.515 5
4	1.573 5	1.689 0	1.749 0	1.810 6	1.938 8	2.073 6	2.364 2	2.684 4	3.036 0	3.421 0
5	1.762 3	1.925 4	2.011 4	2.100 3	2.287 8	2.488 3	2.931 6	3.436 0	4.007 0	4.652 6
6	1.973 8	2.195 0	2.313 1	2.436 4	2.699 6	2.986 0	3.635 2	4.398 0	5.289 9	6.327 5
7	2.210 7	2.502 3	2.660 0	2.826 2	3.185 5	3.583 2	4.507 7	5.629 5	6.982 6	8.605 4
8	2.476 0	2.852 6	3.059 0	3.278 4	3.758 9	4.299 8	5.589 5	7.205 8	9.217 0	11.703
9	2.773 1	3.251 9	3.517 9	3.803 0	4.435 5	5.159 8	6.931 0	9.223 4	12.166	15.917
10	3.105 8	3.707 2	4.045 6	4.411 4	5.233 8	6.191 7	8.594 4	11.806	16.060	21.647
11	3.478 5	4.226 2	4.652 4	5.117 3	6.175 9	7.430 1	10.657	15.112	21.199	29.439
12	3.896 0	4.817 9	5.350 3	5.936 0	7.287 6	8.916 1	13.215	19.343	27.983	40.037
13	4.363 5	5.492 4	6.152 8	6.885 8	8.599 4	10.699	16.386	24.759	36.937	54.451
14	4.887 1	6.261 3	7.075 7	7.987 5	10.147	12.839	20.319	31.691	48.757	74.053
15	5.473 6	7.137 9	8.137 1	9.265 5	11.974	15.407	25.196	40.565	64.359	100.71
16	6.130 4	8.137 2	9.357 6	10.748	14.129	18.488	31.243	51.923	84.954	136.69
17	6.866 0	9.276 5	10.761	12.466	16.672	22.186	38.741	66.461	112.14	186.28
18	7.690 0	10.575	12.375	14.463	19.673	26.623	48.039	86.071	148.02	253.34
19	8.612 8	12.056	14.232	16.777	23.214	31.948	59.568	108.89	195.39	344.54
20	9.646 3	13.743	16.367	19.461	27.393	38.338	73.864	139.38	257.92	468.57
21	10.804	15.668	18.822	22.574	32.324	46.005	91.592	178.41	340.45	637.26
22	12.100	17.861	21.645	26.186	38.142	55.206	113.57	228.36	449.39	866.67
23	13.552	20.362	24.891	30.376	45.008	66.247	140.83	292.30	593.20	1 178.7
24	15.179	23.212	28.625	35.236	53.109	79.497	174.63	374.14	783.02	1 603.0
25	17.000	26.462	32.919	40.874	62.669	95.396	216.54	478.90	1 033.6	2 180.1
26	19.040	30.167	37.857	47.414	73.949	114.48	268.51	613.00	1 364.3	2 964.9
27	21.325	34.390	43.535	55.000	87.260	137.37	332.95	784.64	1 800.9	4 032.3
28	23.884	39.204	50.066	63.800	102.97	164.84	412.86	1 004.3	2 377.2	5 483.9
29	26.750	44.693	57.575	74.009	121.50	197.81	511.95	1 285.6	3 137.9	7 458.1
30	29.960	50.950	66.212	85.850	143.37	237.38	634.82	1 645.5	4 142.1	1 0143

附录 B 复利现值系数表

$$(P/F, i, n) = 1/(1+i)^n$$

期数 n \ 利率 i	1%	2%	3%	4%	5%	6%	7%	8%	9%	10%
1	0.990 1	0.980 4	0.970 9	0.961 5	0.952 4	0.943 4	0.934 6	0.925 9	0.917 4	0.909 1
2	0.980 3	0.961 2	0.942 6	0.924 6	0.907 0	0.890 0	0.873 4	0.857 3	0.841 7	0.826 4
3	0.970 6	0.942 3	0.915 1	0.889 0	0.863 8	0.839 6	0.816 3	0.793 8	0.772 2	0.751 3
4	0.961 0	0.923 8	0.888 5	0.854 8	0.822 7	0.792 1	0.762 9	0.735 0	0.708 4	0.683 0
5	0.951 5	0.905 7	0.862 6	0.821 9	0.783 5	0.747 3	0.713 0	0.680 6	0.649 9	0.620 9
6	0.942 0	0.888 0	0.837 5	0.790 3	0.746 2	0.705 0	0.666 3	0.630 2	0.596 3	0.564 5
7	0.932 7	0.870 6	0.813 1	0.759 9	0.710 7	0.665 1	0.622 7	0.583 5	0.547 0	0.513 2
8	0.923 5	0.853 5	0.789 4	0.730 7	0.676 8	0.627 4	0.582 0	0.540 3	0.501 9	0.466 5
9	0.914 3	0.836 8	0.766 4	0.702 6	0.644 6	0.591 9	0.543 9	0.500 2	0.460 4	0.424 1
10	0.905 3	0.820 3	0.744 1	0.675 6	0.613 9	0.558 4	0.508 3	0.463 2	0.422 4	0.385 5
11	0.896 3	0.804 3	0.722 4	0.649 6	0.584 7	0.526 8	0.475 1	0.428 9	0.387 5	0.350 5
12	0.887 4	0.788 5	0.701 4	0.624 6	0.556 8	0.497 0	0.444 0	0.397 1	0.355 5	0.318 6
13	0.878 7	0.773 0	0.681 0	0.600 6	0.530 3	0.468 8	0.415 0	0.367 7	0.326 2	0.289 7
14	0.870 0	0.757 9	0.661 1	0.577 5	0.505 1	0.442 3	0.387 8	0.340 5	0.299 2	0.263 3
15	0.861 3	0.743 0	0.641 9	0.555 3	0.481 0	0.417 3	0.362 4	0.315 2	0.274 5	0.239 4
16	0.852 8	0.728 4	0.623 2	0.533 9	0.458 1	0.393 6	0.338 7	0.291 9	0.251 9	0.217 6
17	0.844 4	0.714 2	0.605 0	0.513 4	0.436 3	0.371 4	0.316 6	0.270 3	0.231 1	0.197 8
18	0.836 0	0.700 2	0.587 4	0.493 6	0.415 5	0.350 3	0.295 9	0.250 2	0.212 0	0.179 9
19	0.827 7	0.686 4	0.570 3	0.474 6	0.395 7	0.330 5	0.276 5	0.231 7	0.194 5	0.163 5
20	0.819 5	0.673 0	0.553 7	0.456 4	0.376 9	0.311 8	0.258 4	0.214 5	0.178 4	0.148 6
21	0.811 4	0.659 8	0.537 5	0.438 8	0.358 9	0.294 2	0.241 5	0.198 7	0.163 7	0.135 1
22	0.803 4	0.646 8	0.521 9	0.422 0	0.341 8	0.277 5	0.225 7	0.183 9	0.150 2	0.122 8
23	0.795 4	0.634 2	0.506 7	0.405 7	0.325 6	0.261 8	0.210 9	0.170 3	0.137 8	0.111 7
24	0.787 6	0.621 7	0.491 9	0.390 1	0.310 1	0.247 0	0.197 1	0.157 7	0.126 4	0.101 5
25	0.779 8	0.609 5	0.477 6	0.375 1	0.295 3	0.233 0	0.184 2	0.146 0	0.116 0	0.092 3
26	0.772 0	0.597 6	0.463 7	0.360 4	0.281 2	0.219 8	0.172 2	0.135 2	0.106 4	0.083 9
27	0.764 4	0.585 9	0.450 2	0.346 8	0.267 8	0.207 4	0.160 9	0.125 2	0.097 6	0.076 3
28	0.756 8	0.574 4	0.437 1	0.333 5	0.255 1	0.195 6	0.150 4	0.115 9	0.089 5	0.069 3
29	0.749 3	0.563 1	0.424 3	0.320 7	0.242 9	0.184 6	0.140 6	0.107 3	0.082 2	0.063 0
30	0.741 9	0.552 1	0.412 0	0.308 3	0.231 4	0.174 1	0.131 4	0.099 4	0.075 4	0.057 3

（续）

利率 i / 期数 n	12%	14%	15%	16%	18%	20%	24%	28%	32%	36%
1	0.892 9	0.877 2	0.869 6	0.862 1	0.847 5	0.833 3	0.806 5	0.781 3	0.757 6	0.735 3
2	0.797 2	0.769 5	0.756 1	0.743 2	0.718 2	0.694 4	0.650 4	0.610 4	0.573 9	0.540 7
3	0.711 8	0.675 0	0.657 5	0.640 7	0.608 6	0.578 7	0.524 5	0.476 8	0.434 8	0.397 5
4	0.635 5	0.592 1	0.571 8	0.552 3	0.515 8	0.482 3	0.423 0	0.372 5	0.329 4	0.292 3
5	0.567 4	0.519 4	0.497 2	0.476 2	0.437 1	0.401 9	0.341 1	0.291 0	0.249 5	0.214 9
6	0.506 6	0.455 6	0.432 3	0.410 4	0.370 4	0.334 9	0.275 1	0.227 4	0.189 0	0.158 0
7	0.452 3	0.399 6	037 59	0.353 8	0.313 9	0.279 1	0.221 8	0.177 6	0.143 2	0.116 2
8	0.403 9	0.350 6	0.326 9	0.305 0	0.266 0	0.232 6	0.178 9	0.138 8	0.108 5	0.085 4
9	0.360 6	0.307 5	0.284 3	0.263 0	0.225 5	0.193 8	0.144 3	0.108 4	0.082 2	0.062 8
10	0.322 0	0.269 7	0.247 2	0.226 7	0.191 1	0.161 5	0.116 4	0.084 7	0.062 3	0.046 2
11	0.287 5	0.236 6	0.214 9	0.195 4	0.161 9	0.134 6	0.093 8	0.066 2	0.047 2	0.034 0
12	0.256 7	0.207 6	0.186 9	0.168 5	0.137 2	0.112 2	0.075 7	0.051 7	0.035 7	0.025 0
13	0.229 2	0.182 1	0.162 5	0.145 2	0.116 3	0.093 5	0.061 0	0.040 4	0.027 1	0.018 4
14	0.204 6	0.159 7	0.141 3	0.125 2	0.098 5	0.077 9	0.049 2	0.031 6	0.020 5	0.013 5
15	0.182 7	0.140 1	0.122 9	0.107 9	0.083 5	0.064 9	0.039 7	0.024 7	0.015 5	0.009 9
16	0.163 1	0.122 9	0.106 9	0.098 0	0.070 8	0.054 1	0.032 0	0.019 3	0.011 8	0.007 3
17	0.145 6	0.107 8	0.092 9	0.080 2	0.060 0	0.045 1	0.025 8	0.015 0	0.008 9	0.005 4
18	0.130 0	0.094 6	0.080 8	0.069 1	0.050 8	0.037 6	0.020 8	0.011 8	0.006 8	0.003 9
19	0.116 1	0.082 9	0.070 3	0.059 6	0.043 1	0.031 3	0.016 8	0.009 2	0.005 1	0.002 9
20	0.103 7	0.072 8	0.061 1	0.051 4	0.036 5	0.026 1	0.013 5	0.007 2	0.003 9	0.002 1
21	0.092 6	0.063 8	0.053 1	0.044 3	0.030 9	0.021 7	0.010 9	0.005 6	0.002 9	0.001 6
22	0.082 6	0.056 0	0.046 2	0.038 2	0.026 2	0.018 1	0.008 8	0.004 4	0.002 2	0.001 2
23	0.073 8	0.049 1	0.040 2	0.032 9	0.022 2	0.015 1	0.007 1	0.003 4	0.001 7	0.000 8
24	0.065 9	0.043 1	0.034 9	0.028 4	0.018 8	0.012 6	0.005 7	0.002 7	0.001 3	0.000 6
25	0.058 8	0.037 8	0.030 4	0.024 5	0.016 0	0.010 5	0.004 6	0.002 1	0.001 0	0.000 5
26	0.052 5	0.033 1	0.026 4	0.021 1	0.013 5	0.008 7	0.003 7	0.001 6	0.000 7	0.000 3
27	0.046 9	0.029 1	0.023 0	0.018 2	0.011 5	0.007 3	0.003 0	0.001 3	0.000 6	0.000 2
28	0.041 9	0.025 5	0.020 0	0.015 7	0.009 7	0.006 1	0.002 4	0.001 0	0.000 4	0.000 2
29	0.037 4	0.022 4	0.017 4	0.013 5	0.008 2	0.005 1	0.002 0	0.000 8	0.000 3	0.000 1
30	0.033 4	0.019 6	0.015 1	0.011 6	0.007 0	0.004 2	0.001 6	0.000 6	0.000 2	0.000 1

附录C 年金终值系数表

$$(F/A, i, n) = [(1+i)^n - 1]/i$$

期数 n \ 利率 i	1%	2%	3%	4%	5%	6%	7%	8%	9%	10%
1	1.000 0	1.000 0	1.000 0	1.000 0	1.000 0	1.000 0	1.000 0	1.000 0	1.000 0	1.000 0
2	2.010 0	2.020 0	2.030 0	2.040 0	2.050 0	2.060 0	2.070 0	2.080 0	2.090 0	2.100 0
3	3.030 1	3.060 4	3.090 9	3.121 6	3.152 5	3.183 6	2.214 9	3.246 4	3.278 1	3.310 0
4	4.060 4	4.121 6	4.183 6	4.246 5	4.310 1	4.374 6	4.439 9	4.506 1	4.573 1	4.641 0
5	5.101 0	5.204 0	5.309 1	5.416 3	5.525 6	5.637 1	5.750 7	5.866 6	5.984 7	6.105 1
6	6.152 0	6.308 1	6.468 4	6.633 0	6.801 9	6.975 3	7.153 3	7.335 9	7.523 3	7.715 6
7	7.213 5	7.434 3	7.662 5	7.898 3	8.142 0	8.393 8	8.654 0	8.922 8	9.200 4	9.487 2
8	8.285 7	8.583 0	8.892 3	9.214 2	9.549 1	9.897 5	10.260	10.637	11.028	11.436
9	9.368 5	9.754 6	10.159	10.583	11.027	11.491	11.978	12.488	13.021	13.579
10	10.462	10.950	11.464	12.006	12.578	13.181	13.816	14.487	15.193	15.937
11	11.567	12.169	12.808	13.486	14.207	14.972	15.784	16.645	17.560	18.531
12	12.683	13.412	14.192	15.026	15.917	16.870	17.888	18.977	20.141	21.384
13	13.809	14.680	15.618	16.627	17.713	18.882	20.141	21.495	22.953	24.523
14	14.947	15.974	17.086	18.292	19.599	21.015	22.550	24.215	26.019	27.975
15	16.097	17.293	18.599	20.024	21.579	23.276	25.129	27.152	29.361	31.772
16	17.258	18.639	20.157	21.825	23.676	25.673	27.888	30.324	33.003	35.950
17	18.430	20.012	21.762	23.689	25.840	28.213	30.840	33.750	36.974	40.545
18	19.615	21.412	23.414	25.645	28.132	30.906	33.999	37.450	41.301	45.599
19	20.811	22.841	25.117	27.671	30.539	33.760	37.379	41.446	46.018	51.159
20	22.019	24.297	26.870	29.778	33.066	36.786	40.995	45.762	51.160	57.275
21	23.239	25.783	28.676	31.969	35.719	39.993	44.865	50.423	56.765	64.002
22	24.472	27.299	30.537	34.248	38.505	43.392	49.006	55.457	62.873	71.403
23	25.716	28.845	32.453	36.618	41.430	46.996	53.436	60.893	69.532	79.543
24	26.973	30.422	34.426	39.083	44.502	50.816	58.177	66.765	76.790	88.497
25	28.243	32.030	36.459	41.646	47.727	54.865	63.249	73.106	84.701	98.347
26	29.526	33.671	38.553	44.312	51.114	59.156	68.676	79.954	93.324	109.18
27	30.821	35.344	40.710	47.084	54.669	63.706	74.484	87.351	102.72	121.10
28	32.129	37.051	42.931	49.968	58.403	68.528	80.698	95.339	112.97	134.21
29	33.450	38.792	45.219	52.966	62.323	73.640	87.347	103.97	124.14	148.63
30	34.785	40.568	47.575	56.085	66.439	79.058	94.461	113.28	136.31	164.49

（续）

期数 n \ 利率 i	12%	14%	15%	16%	18%	20%	24%	28%	32%	36%
1	1.000 0	1.000 0	1.000 0	1.000 0	1.000 0	1.000 0	1.000 0	1.000 0	1.000 0	1.000 0
2	2.120 0	2.140 0	2.150 0	2.160 0	2.180 0	2.200 0	2.240 0	2.280 0	2.320 0	2.360 0
3	3.374 4	3.439 6	3.472 5	3.505 6	3.572 4	3.640 0	3.777 6	3.918 4	3.062 4	3.209 6
4	4.779 3	4.921 1	4.993 4	5.066 5	5.215 4	5.368 0	5.684 2	6.015 6	6.362 4	6.725 1
5	6.352 8	6.610 1	6.742 4	6.877 1	7.154 2	7.441 6	8.048 4	8.699 9	9.398 3	10.146
6	8.115 2	8.535 5	8.753 7	8.977 5	9.442 0	9.929 9	10.980	12.136	13.406	14.799
7	10.089	10.730	11.067	11.414	12.142	12.916	14.615	16.534	18.696	21.126
8	12.300	13.233	13.727	14.240	15.327	16.499	19.123	22.163	25.678	29.732
9	14.776	16.085	16.786	17.519	19.086	20.799	24.712	29.369	34.895	41.435
10	17.549	19.337	20.304	21.321	23.521	25.959	31.643	38.593	47.062	57.352
11	20.655	23.045	24.349	25.733	28.755	32.150	40.238	50.398	63.122	78.998
12	24.133	27.271	29.002	30.850	34.931	39.581	50.895	65.510	84.320	108.44
13	28.029	32.089	34.352	36.786	42.219	48.497	64.110	84.853	112.30	148.47
14	32.393	37.581	40.505	43.672	50.818	59.196	80.496	109.61	149.24	202.93
15	37.280	43.842	47.580	51.660	60.965	72.035	100.82	141.30	198.00	276.98
16	42.753	50.980	55.717	60.925	72.939	87.442	126.01	181.87	262.36	377.69
17	48.884	59.118	65.075	71.673	87.068	105.93	157.25	233.79	347.31	514.66
18	55.750	68.394	75.836	84.141	103.74	128.12	195.99	300.25	459.45	700.94
19	63.440	78.969	88.212	98.603	123.41	154.74	244.03	385.32	607.47	954.28
20	72.052	91.025	102.44	115.38	146.63	186.69	303.60	494.21	802.86	1 298.8
21	81.699	104.77	118.81	134.84	174.02	225.03	377.46	633.59	1 060.8	1 767.4
22	92.503	120.44	137.63	157.41	206.35	271.03	469.06	812.00	1 401.2	2 404.7
23	104.60	138.30	159.28	183.60	244.49	326.24	582.63	1 040.4	1 850.6	3 271.3
24	118.16	158.66	184.17	213.98	289.49	392.48	723.46	1 332.7	2 443.8	4 450.0
25	133.33	181.87	212.79	249.21	342.60	471.98	898.09	1 706.8	3 226.8	6 053.0
26	150.33	208.33	245.71	290.09	405.27	567.38	1 114.6	2 185.7	4 260.4	8 233.1
27	169.37	238.50	283.57	337.50	479.22	681.85	1 383.1	2 798.7	5 624.8	11 198.0
28	190.70	272.89	327.10	392.50	566.48	819.22	1716.1	3 583.3	7 425.7	15 230.3
29	214.58	312.09	377.17	456.30	669.45	984.07	2129.0	4 587.7	9 802.9	20 714.2
30	241.33	356.79	434.75	530.31	790.95	1 181.9	2 640.9	5 873.2	12 941.0	28 172.3

附录 D 年金现值系数表

$(P/A, i, n) = [1-(1+i)^{-n}]/i$

期数 n \ 利率 i	1%	2%	3%	4%	5%	6%	7%	8%	9%
1	0.990 1	0.980 4	0.970 9	0.961 5	0.952 4	0.943 4	0.934 6	0.925 9	0.917 4
2	1.970 4	1.941 6	1.913 5	1.886 1	1.859 4	1.833 4	1.808 0	1.783 3	1.759 1
3	2.941 0	2.883 9	2.828 6	2.775 1	2.723 2	2.673 0	2.624 3	2.577 1	2.531 3
4	3.902 0	3.807 7	3.717 1	3.629 9	3.546 0	3.465 1	3.387 2	3.312 1	3.239 7
5	4.853 4	4.713 5	4.579 7	4.451 8	4.329 5	4.212 4	4.100 2	3.992 7	3.889 7
6	5.795 5	5.601 4	5.417 2	5.242 1	5.075 7	4.917 3	4.766 5	4.622 9	4.485 9
7	6.728 2	6.472 0	6.230 3	6.002 1	5.786 4	5.582 4	5.389 3	5.206 4	5.033 0
8	7.651 7	7.325 5	7.019 7	6.732 7	6.463 2	6.209 8	5.971 3	5.746 6	5.534 8
9	8.566 0	8.162 2	7.786 1	7.435 3	7.107 8	6.801 7	6.515 2	6.246 9	5.995 2
10	9.471 3	8.982 6	8.530 2	8.110 9	7.721 7	7.360 1	7.023 6	6.710 1	6.417 7
11	10.367 6	9.786 8	9.252 6	8.760 5	8.306 4	7.886 9	7.498 7	7.139 0	6.805 2
12	11.255 1	10.575 3	9.954 0	9.385 1	8.863 3	8.383 8	7.942 7	7.536 1	7.160 7
13	12.133 7	11.348 4	10.635 0	9.985 6	9.393 6	8.852 7	8.357 7	7.903 8	7.486 9
14	13.003 7	12.106 2	11.296 1	10.563 1	9.898 6	9.295 0	8.745 5	8.244 2	7.786 2
15	13.865 1	12.849 3	11.937 9	11.118 4	10.379 7	9.712 2	9.107 9	8.559 5	8.060 7
16	14.717 9	13.577 7	12.561 1	11.652 3	10.837 8	10.105 9	9.446 6	8.851 4	8.312 6
17	15.562 3	14.291 9	13.166 1	12.165 7	11.274 1	10.477 3	9.763 2	9.121 6	8.543 6
18	16.398 3	14.992 0	13.753 5	12.659 3	11.689 6	10.827 6	10.059 1	9.371 9	8.755 6
19	17.226 0	15.678 5	14.323 8	13.133 9	12.085 3	11.158 1	10.335 6	9.603 6	8.950 1
20	18.045 6	16.351 4	14.877 5	13.590 3	12.462 2	11.469 9	10.594 0	9.818 1	9.128 5
21	18.857 0	17.011 2	15.415 0	14.029 2	12.821 2	11.764 1	10.835 5	10.016 8	9.292 2
22	19.660 4	17.658 0	15.936 9	14.451 1	13.163 0	12.041 6	11.061 2	10.200 7	9.442 4
23	20.455 8	18.292 2	16.443 6	14.856 8	13.488 6	12.303 4	11.272 2	10.371 1	9.580 2
24	21.243 4	18.913 9	16.935 5	15.247 0	13.798 6	12.550 4	11.469 3	10.528 8	9.706 6
25	22.023 2	19.523 5	17.413 1	15.622 1	14.093 9	12.783 4	11.653 6	10.674 8	9.822 6
26	22.795 2	20.121 0	17.876 8	15.982 8	14.375 2	13.003 2	11.825 8	10.810 0	9.929 0
27	23.559 6	20.706 9	18.327 0	16.329 6	14.643 0	13.210 5	11.986 7	10.935 2	10.026 6
28	24.316 4	21.281 3	18.764 1	16.663 1	14.898 1	13.406 2	12.137 1	11.051 1	10.116 1
29	25.065 8	21.844 4	19.188 5	16.983 7	15.141 1	13.590 7	12.277 7	11.158 4	10.198 3
30	25.807 7	22.396 5	19.600 4	17.292 0	15.372 5	13.764 8	12.409 0	11.257 8	10.273 7

（续）

利率 i / 期数 n	10%	12%	14%	15%	16%	18%	20%	24%	28%	32%
1	0.909 1	0.892 9	0.877 2	0.869 6	0.862 1	0.847 5	0.833 3	0.806 5	0.781 3	0.757 6
2	1.735 5	1.690 1	1.646 7	1.625 7	1.605 2	1.565 6	1.527 8	1.456 8	1.391 6	1.331 5
3	2.486 9	2.401 8	2.321 6	2.283 2	2.245 9	2.174 3	2.106 5	1.981 3	1.868 4	1.766 3
4	3.169 9	3.037 3	2.913 7	2.855 0	2.798 2	2.690 1	2.588 7	2.404 3	2.241 0	2.095 7
5	3.790 8	3.604 8	3.433 1	3.352 2	3.274 3	3.127 2	2.990 6	2.745 4	2.532 0	2.345 2
6	4.355 3	4.111 4	3.888 7	3.784 5	3.684 7	3.497 6	3.325 5	3.020 5	2.759 4	2.534 2
7	4.868 4	4.563 8	4.288 3	4.160 4	4.038 6	3.811 5	3.604 6	3.242 3	2.937 0	2.677 5
8	5.334 9	4.967 6	4.638 9	4.487 3	4.343 6	4.077 6	3.837 2	3.421 2	3.075 8	2.786 0
9	5.759 0	5.328 2	4.916 4	4.771 6	4.606 5	4.303 0	4.031 0	3.565 5	3.184 2	2.868 1
10	6.144 6	5.650 2	5.216 1	5.018 8	4.833 2	4.494 1	4.192 5	3.681 9	3.268 9	2.930 4
11	6.495 1	5.937 7	5.452 7	5.233 7	5.028 6	4.656 0	4.327 1	3.775 7	3.335 1	2.977 6
12	6.813 7	6.194 4	5.660 3	5.420 6	5.197 1	4.793 2	4.439 2	3.851 4	3.386 8	3.013 3
13	7.103 4	6.423 5	5.842 4	5.583 1	5.342 3	4.909 5	4.532 7	3.912 4	3.427 2	3.040 4
14	7.366 7	6.628 2	6.002 1	5.724 5	5.467 5	5.008 1	4.610 6	3.961 6	3.458 7	3.060 9
15	7.606 1	6.810 9	6.142 2	5.847 4	5.575 5	5.091 6	4.675 5	4.001 3	3.483 4	3.076 4
16	7.823 7	6.974 0	6.265 1	5.954 2	5.668 5	5.162 4	4.729 6	4.033 3	3.502 6	3.088 2
17	8.021 6	7.119 6	6.372 9	6.047 2	5.748 7	5.222 3	4.774 6	40.591	3.517 7	3.097 1
18	8.201 4	7.249 7	6.467 4	6.128 0	5.817 8	5.273 2	4.812 2	4.079 9	3.529 4	3.103 9
19	8.364 9	7.365 8	6.550 4	6.198 2	5.877 5	5.316 2	4.843 5	4.096 7	3.538 6	3.109 0
20	8.513 6	7.469 4	6.623 1	6.259 3	5.928 8	5.352 7	4.869 6	4.110 3	3.545 8	3.112 9
21	8.648 7	7.562 0	6.687 0	6.312 5	5.973 1	5.383 7	4.891 3	4.121 2	3.551 4	3.115 8
22	8.771 5	7.644 6	6.742 9	6.358 7	6.011 3	5.409 9	4.909 4	4.130 0	3.555 8	3.118 0
23	8.883 2	7.718 4	6.792 1	6.398 8	6.044 2	5.432 1	4.924 5	4.137 1	3.559 2	3.119 7
24	8.984 7	7.784 3	6.835 1	6.433 8	6.072 6	5.450 9	4.937 1	4.142 8	3.561 9	3.121 0
25	9.077 0	7.843 1	6.872 9	6.464 1	6.097 1	5.466 9	4.947 6	4.147 4	3.564 0	3.122 0
26	9.160 9	7.895 7	6.906 1	6.490 6	6.118 2	5.480 4	4.956 3	4.151 1	3.565 6	3.122 7
27	9.237 2	7.942 6	6.935 2	6.513 5	6.136 4	5.491 9	4.963 6	4.154 2	3.566 9	3.123 3
28	9.306 6	7.984 4	6.960 7	6.533 5	6.152 0	5.501 6	4.969 7	4.156 6	3.567 9	3.123 7
29	9.369 6	8.021 8	6.983 0	6.550 9	6.165 6	5.509 8	4.974 7	4.158 5	3.568 7	3.124 0
30	9.426 9	8.055 2	7.002 7	6.566 0	6.177 2	5.516 8	4.978 9	4.160 1	3.569 3	3.124 2

参 考 文 献

[1] 安东尼 A 阿特金森，罗伯特 S 卡普兰，埃拉·梅·玛苏姆拉，等．管理会计[M]．6 版．北京：清华大学出版社，2013．

[2] 查尔斯 T 亨格瑞，加里 L 森登，威廉 O 斯特尔顿，等．管理会计[M]．潘飞，沈红波，译．14 版．北京：北京大学出版社，2011．

[3] 查尔斯 T 亨格瑞，斯坎塔 M 达塔，乔治·福斯特，等．成本与管理会计[M]．13 版．北京：中国人民大学出版社，2011．

[4] Ray H Garrison, Eric W Noreen, Peter C Brewer. Managerial Accounting[M]. 16 版. New York: McGraw-Hill Education, 2017.

[5] 罗纳德 W 希尔顿，迈克尔 W 马厄，弗兰克 H 塞尔托．成本管理[M]．罗飞，温倩，等译．北京：机械工业出版社，2009．

[6] 陈昌龙．管理会计[M]．上海：立信会计出版社，2016．

[7] 崔国萍．成本管理会计[M]．4 版．北京：机械工业出版社，2017．

[8] 冯巧根．管理会计[M]．3 版．北京：中国人民大学出版社，2016．

[9] 贺志东．管理会计操作指南[M]．北京：电子工业出版社，2017．

[10] 乐艳芬．成本管理会计[M]．4 版．上海：复旦大学出版社，2017．

[11] 林玉辉，吕晓芳．管理会计[M]．北京：清华大学出版社，2017．

[12] 蔺颖．管理会计学习题集与实训指导[M]．上海：上海交通大学出版社，2014．

[13] 刘海生，吴大红，陈莹莹．管理会计[M]．北京：科学出版社，2011．

[14] 刘群，华琦，陈鸿琦．管理会计[M]．南京：南京大学出版社，2016．

[15] 刘运国．管理会计学[M]．3 版．北京：中国人民大学出版社，2018．

[16] 孙茂竹，文光伟，杨万贵．管理会计学[M]．7 版．北京：中国人民大学出版社，2017．

[17] 孙世敏，李云宏，李红侠．管理会计[M]．北京：清华大学出版社，2013．

[18] 田高良，张原．管理会计[M]．北京：高等教育出版社，2017．

[19] 王保林，姬昂．管理会计[M]．北京：清华大学出版社，2012．

[20] 王化成．管理会计[M]．北京：高等教育出版社，2000．

[21] 王郁茹，冉铖．管理会计学[M]．上海：上海交通大学出版社，2012．

[22] 熊素宜，陈世文．管理会计实用教程[M]．2 版．北京：北京交通大学出版社，2012．

[23] 徐哲，李贺，路萍．管理会计基础[M]．上海：上海财经大学出版社，2017．

[24] 于树彬，刘萍，王忠民．管理会计[M]．5 版．大连：东北财经大学出版社，2014．

[25] 余恕莲．管理会计[M]．北京：中国财政经济出版社，2009．

[26] 余绪缨．管理会计学[M]．北京：中国人民大学出版社，1999．

[27] 袁天荣．管理会计[M]．武汉：武汉大学出版社，2012．

[28] 张德红．管理会计学[M]．北京：经济科学出版社，2017．

[29] 赵贺春，于国旺，洪峰．管理会计[M]．北京：清华大学出版社，2016．

[30] 中国注册会计师协会．财务成本管理[M]．北京：中国财政经济出版社，2019．

[31] 周谦，彭浪．管理会计案例实训[M]．武汉：华中科技大学出版社，2015．

[32] 宗国恩，王雍欣．管理会计学[M]．成都：西南财经大学出版社，2012．